U0930252

高速铁路工程技术创新丛书
国家铁路局组织编写

高速铁路车站

魏 崴 贾 坚 等编著
郑 健 主 审

中国铁道出版社有限公司
2021年·北 京

内　容　简　介

本书是高速铁路工程技术创新丛书之一，由国家铁路局组织编写。全书总结了十余年来中国高速铁路车站建设经验，以交通、建筑、规划设计与实践为主线，系统论述了高速铁路车站在服务旅客出行、交通规划和设计技术应用、助推周边城市建设等方面所产生的巨大影响和作用，并通过诸多国内外建设实例对交通建筑设计中的功能、流线、空间、环境等关键构成要素全面进行剖析，充分阐释了高速铁路车站建设作为工程学科的技术体系发展、系统设计方法及其产出的技术标准、学科意义和社会价值，为未来高速铁路车站运营品质提升、设计学科建设、协同城市发展提供了理论与实践的依据。

本书可作为从事高速铁路车站设计、建造、施工及运营管理人员以及高等院校师生的参考用书。

图书在版编目（CIP）数据

高速铁路车站/魏崴等编著.—北京：中国铁道出版社有限公司，2021.12
（高速铁路工程技术创新丛书）
ISBN 978-7-113-28123-6

Ⅰ.①高…　Ⅱ.①魏…　Ⅲ.①高速铁路-铁路车站-设计　Ⅳ.①U291.1

中国版本图书馆CIP数据核字（2021）第130575号

书　　名：高速铁路车站
GAOSU TIELU CHEZHAN
作　　者：魏　崴　贾　坚　等

策　　划：金　锋
责任编辑：张　婕　邱金帅　高　楠　　编辑部电话：(010)51873656　　电子信箱：83262198@qq.com
封面设计：高博越
责任校对：孙　玫
责任印制：樊启鹏

出版发行：中国铁道出版社有限公司（100054，北京市西城区右安门西街8号）
网　　址：http://www.tdpress.com
印　　刷：北京盛通印刷股份有限公司
版　　次：2021年12月第1版　2021年12月第1次印刷
开　　本：787 mm×1 092 mm　1/16　印张：21.5　字数：490千
书　　号：ISBN 978-7-113-28123-6
定　　价：125.00元

主要编著者简介

魏崴，1961年8月出生，同济大学建筑系建筑学专业，现任同济大学建筑与城市规划学院建筑系副教授，美国Rensselaer Polytechnic Institute（伦斯勒理工大学）建筑系联合教学访问教授（2002—2003年），同济大学建筑设计研究院（集团）有限公司轨道交通建筑设计院总建筑师，国家一级注册建筑师。长期从事建筑设计专业理论教学研究与铁路客站、城市轨道交通领域的建筑设计及区域规划实践，发表学术论文20余篇，近年出版《中国高铁丛书　高铁车站》《新时代铁路客站设计理论创新与实践》等著作。主持多项我国重大高铁车站建筑工程设计项目，曾获中国建筑学会建筑创作奖、教育部优秀建筑工程设计一等奖、全国优秀工程勘察设计一等奖、詹天佑奖和国家优质工程金奖。

贾坚，1963年1月出生，同济大学地下建筑工程专业，获工学博士学位，教授级高级工程师，博士生导师。现任同济大学建筑设计研究院（集团）有限公司集团副总裁，兼轨道交通建筑设计院院长，中国交通运输协会现代客运枢纽分会副会长，上海建筑学会理事，上海土木工程学会理事，《城市轨道交通研究》理事会副秘书长。长期从事地铁及地下工程、交通枢纽工程的设计与研究工作，主持并完成100余项国家与省部级重大工程项目，获省部级以上设计奖20余项，其中包括全国优秀工程勘察设计行业奖工程勘察一等奖1项；科研成果获省部级以上科技奖10余项，其中包括上海市科技进步特等奖1项，上海市科技进步一等奖2项，上海市决策咨询成果一等奖1项。累计发表论文50余篇，其中被SCI、EI检索20余篇，申请并获国家授权专利20余项、主编、参编规范5种，撰写出版《城市地下综合体设计实践》《上海地铁监护实践》《高铁车站》等著作。

序

铁路是国民经济大动脉、关键基础设施和重大民生工程，是综合交通运输体系的骨干和主要交通方式之一，在我国经济社会发展中的地位和作用至关重要。高速铁路集聚了现代工业文明的丰硕成果，以其安全、便捷、舒适、环保等技术经济优势，显示出强大生命力。我国高度重视发展高速铁路，经过几代人的不懈努力，实现了从无到有、从探索到突破、从制造到创造，特别是党的十八大以来，我国高速铁路快速发展，已建成世界上最现代化的高铁网络，成为高铁运营里程最长、在建规模最大、高速列车数量最多、商业运营速度最高、高铁技术体系最全、运营场景和管理经验最丰富的国家。“复兴号奔驰在祖国广袤的大地上”。截至2020年底，我国高速铁路已达3.8万公里，占世界高铁总里程的三分之二以上。四通八达的高铁网，在服务国家重大战略、支撑经济社会发展、满足人民群众美好生活需要、助力“一带一路”建设、推动世界铁路发展等方面做出了巨大贡献。

我国高速铁路借鉴世界高铁发展的成功经验，通过原始创新、集成创新、引进消化吸收再创新，坚定不移地走出了一条符合国情路情、具有中国特色的自主创新道路。系统掌握了艰险山岭、风沙戈壁、黄土湿地、高寒酷热等各种复杂地质及气候条件下高速铁路建造成套技术，建成了一大批世界级标志性工程；创建了成套的高速铁路列车运行控制技术标准体系、认证体系和仿真平台，具备从列控系统设计、生产制造到工程实施的全过程能力；具有成熟的高速动车组设计、制造、测试技术，构建了科学的高速动车组技术标准体系，打造了规模强大的生产基地和完整的产业链；形成了适应复杂路网条件下长距离跨线运行的高铁运营管理成套技术，构建人防、物防、技防“三位一体”的高铁主动安全保障机制。我国高速铁路技术已经走在世界前列，成为推动世界高速铁路发展的重要力量。

习近平总书记指出：“我国自主创新的一个成功范例就是高铁，从无到有，从引进、消化、吸收再创新到自主创新，现在已经领跑世界。要总结经验，继续努力，争取在‘十四五’期间有更大发展。”今年，习近平总书记对发展职业教育做出重要指示。国家铁路局坚决贯彻习近平总书记重要指示精神，牵头组织铁路行业科研和工程技术人员编写了“高速铁路工程技术创新丛书”（以下简称“丛书”），旨在全面梳理创新成果，系统总结建设经验，进一步厚植技术优势，持续推进高质量发展；旨在集聚行业智慧，丰富教学载体，助力高铁专业人才培养；旨在分享我国高铁科技创新成果，促进各国铁路合作交流，服务“一带一路”建设。丛书共31册，涵盖高速铁路规划设计、土木建筑、装备制造、生态保护、运营管理、安全工程等高速铁路工程技术全产业链、全寿命周期。丛书力求全面反映我国高速铁路科技创新发展成就,体现铁路行业科技创新水平;阐述高铁工程基础理论、规律、机理,呈现技术、方法、路径,可验证,可复制,可传承;汇集专业积累和经验积淀,源于实践,指导实践;涵盖高铁主要工程技术领域,内在统一、自成体系。丛书坚持理论与实践、规范与实证、传承与创新相结合,着力构建"理论+技术+实践"三位一体的高铁工程技术框架,矢志推动建立反映时代特征、体现中国特色、具有世界高度的高铁工程技术创新体系。丛书得到了国家出版基金的大力支持,已列为2021年度资助项目。

我们深刻地认识到,我国高速铁路科技创新能够取得丰硕成果,是以习近平同志为核心的党中央坚强领导亲切关怀、铁路全行业攻坚克难实干奉献的结果,是集中力量办大事的社会主义制度优势的突出体现,是坚持改革开放强国之路的最好例证;得益于中央各部门和地方政府的协同奋战、通力合作,得益于广大人民群众的广泛参与、大力支持。丛书编著人员来自于我国高铁各领域一线,长期从事高铁技术研究与实践,具有深厚理论功底和丰富实践经验,是我国高速铁路建设发展的亲历者、见证人,是铁路各专业具有代表性和影响力的领军人物。丛书专家委员会由行业内具有崇高威望、为我国高速铁路发展做出重大贡献的资深权威专家组成,全程指导丛书编著,并进行审定把关。丛书既是高铁工作者的智慧和汗水的结晶,更是追逐梦想、奋发有为的写照。

当今世界正经历百年未有之大变局,我国正处于两个百年奋斗目标的历史交汇期,开启了全面建设社会主义现代化国家的新征程,立足新发展阶段,贯彻新发展理念,构建新发展格局,实现高质量发展,铁路面临新形势、新使命。我们必须坚决贯彻习近平新时代中国特色社会主义思想,全面落实《交通强国建设纲要》,不忘初心、牢记使命,传承守正、培元固本,继续推进高速铁路创新发展,高质量建设铁路强国,为全面建设社会主义现代化国家当好先行。

国家铁路局"高速铁路工程技术创新丛书"编委会

2021年6月

前言

党的十八大以来，我国高速铁路快速发展，取得了举世瞩目的成就。为了全面梳理我国高铁工程技术创新成果、系统总结建设经验、推进高铁持续创新，国家铁路局组织一批具有深厚理论功底和丰富实践经验的科研和工程技术人员编写了“高速铁路工程技术创新丛书”，并请高铁工程领域资深权威专家全程指导、审定把关。丛书共31册，本书为丛书之一。

本书总结了十余年来中国高速铁路车站建设经验和成就，以新时代高速铁路车站的建设背景展开，综述了国内外铁路车站历史发展沿革，阐释高速铁路车站的相关概念、属性、设计原则和依据。从宏观的车站选址规划到微观的细部设计；从客运功能的建构到空间形态的呈现；从现代的智能技术应用到未来智慧客站的发展，以大量车站工程建设实践为基础，系统论述了高速铁路车站在高效服务旅客出行、枢纽区域规划设计、新技术应用，以及助推周边城市建设等方面产生的巨大影响和作用，阐明以高速铁路车站为核心的综合交通枢纽地区与城市建设协同、融合发展的设计策略和方向，并展望未来高速铁路车站的发展前景。

本书共分为8章，结合专业纵深和领域广度，分别从高速铁路车站建筑设计和城市综合交通枢纽规划的两个视角，在设计技术和实践层面进行较为全面的总结。通过国内外铁路车站建设案例分析，对车站建筑设计中的功能、流线、空间、环境等关键构成要素进行深入剖析，充分阐释了新时代高速铁路车站建设在工程技术体系发展、系统设计方法创新、技术标准完善和文化艺术环境呈现等方面产生的学科意义和社会价值，为未来高速铁路车站运营品质提升、工程设计学科建设、协同城市发展提供了理论与实践的依据。

本书由同济大学、同济大学建筑设计研究院（集团）有限公司、中国铁路设计集团有限公司联合参与编写，由国铁集团总工程师郑健主审。具体编写分工如下：第1章由贾坚、魏崴、李曙、樊鹏涛编写；第2章由陶然、张鹏、魏崴、郑云升、张佳玮编写；第3章由魏崴、薛慧明、潘维怡、李曙编写；第4章由魏崴、樊鹏涛、王凯夫、戚广平、贾涛编写；第5章由贾坚、刘传平、张峥、张志彬、刘天鸾编写；第6章由贾坚、张东见、蔡珊瑜、许云飞编写；第7章由魏崴、许笑冰、张东见、蔡珊瑜、许云飞编写；第8章由魏崴、贾坚、樊鹏涛、张少森、戚广平编写。

本书在编写过程中得到国家铁路局、中国国家铁路集团有限公司、中国铁路经济规划研究院集团有限公司、中国铁路设计集团有限公司、同济大学建筑设计研究院（集团）有限公司以及国内许多领导、专家的悉心指导与鼓励。特别致谢国家铁路局谢晓东、党立，中国铁路经济规划研究院集团有限公司左鹏飞多次参与本书写作讨论并提出重要的意见和建议。衷心致谢中国国家铁路集团有限公司王峰、周孝文、吴克非、徐尚奎、钱桂枫、陈东杰、韩志伟、谭月仁、李京、姚涵、刘振娟、吴琪，中国铁路成都局集团有限公司褚松涛，重庆铁路投资集团有限公司汪钦琳对本书在总结高速铁路车站设计技术创新和建设实践经验方面所给予的支持和指导。致谢中国铁路设计集团有限公司周铁征，中铁第四勘察设计院集团有限公司盛晖、罗汉斌，中铁二院工程集团有限公司金旭炜、毛小兵，中铁第一勘察设计院集团有限公司傅海生、宋继，中铁第五勘察设计院集团有限公司刘亚刚，以及业内同仁李春舫、王睦、朱志鹏、刘红伟等，予以本书写作过程中有益意见和见解，并提供了大量高速铁路车站设计的丰富素材、翔实数据和优秀作品，为本书增色添彩。同时对刘文利、刘高文、吴克允等同行专家为本书提供的专业技术资料和信息，对同济大学建筑设计研究院（集团）有限公司轨道交通建筑设计院高文佳、李昌辉、刘一源、刘恺、汤晟怡、海伟，张羽、汪汉等专业设计师为本书编写付出的努力，表示诚挚的感谢！

对于本书中的各种数据参数，采取了严谨的态度，备注了相关的来源和参考文献，以供有兴趣的读者可以进一步的延伸阅读相关的专业论文和资料。由于资料来源和编者水平所限，本书中难免存在不足之处，敬请读者批评指正。

编著者

2021 年 12 月

目　　录

1 绪　　论

铁路从诞生到今天经历了近 200 年的发展，是人类历史和近代文明进步的重要标志，也是人类科技发展的里程碑。无论是交通工具的进化和运输能力的提升，还是对经济贸易的促进和城市化进程的推动，都具有划时代的重要意义。1964 年 10 月 1 日，世界上第一条高速铁路东海道新干线在日本正式通车，运营时速 210 km，开启了世界高速铁路的新纪元。法国、意大利、德国紧随其后，纷纷修建高速铁路，并对整个欧洲产生了巨大影响。2008 年 8 月 1 日，设计时速 350 km 的京津城际铁路建成运营，标志着中国迈入了高速铁路时代。党的十八大以来，我国高速铁路发展进入快车道，年均投产 3 500 km，建成了世界上规模最大、现代化水平最高的高速铁路网，发展速度之快、质量之高令世界惊叹，成为世界高铁发展的新航标。

伴随我国高速铁路网的快速发展，以北京南站为代表的一批新型高速铁路车站应运而生。新型客站不仅在客运效率、建筑技术、空间品质、运营环境等方面改变了传统铁路车站的面貌，而且影响城市建设、产业布局、经济结构、文化风貌等多方面的发展和变化，极大地促进了高速铁路车站工程学科建设和相关学科的融合发展。

本章以我国高速铁路车站大规模快速发展为背景，追溯国内外铁路客站建筑发展历史，阐述高速铁路车站在我国诞生和发展的历程以及所取得的成就，在专业层面概述高速铁路车站的基本特征和属性，同时对全面建设社会主义现代化国家新征程中高速铁路车站建设面临的机遇与挑战进行剖析。

1.1　国外铁路车站发展历程

铁路作为工业革命最重要的科技成果之一，是基于人类对提高物资运输能力的迫切需求而出现的技术创造和发明，因此最早的铁路车站是以辅助列车的物资材料运输功能为首要目的，通常在铁路沿线设置一系列为列车停靠服务的机车能源补给站和物资装卸的货运站。斯托克顿—达林顿铁路于 1825 年建成通车，是第一条蒸汽机车牵引的铁路，该条线路大部分列车，包括早期客运大都使用马匹牵引，主要用于煤炭运输，几乎不载客。1830 年利物浦至曼彻斯特铁路（Liverpool and Manchester Railway）通车，这是世界上第一条全部使用蒸汽机车的铁路。利物浦路站于 1844 年结束客运服务，1975 年结束货运服务，被保留下来并作为科学与工业博物馆（Museum of Science and Industry，MOSI）开放，如图 1.1、图 1.2 所示。

从 1830 年利物浦至曼彻斯特铁路开通至 20 世纪初近一个世纪的时间里，铁路对于不同出行目的的旅客几乎是唯一可选的出行方式。铁路的出现，人们得以横跨大陆、游历各地，物资的长距离运输才得以更加便捷。铁路出现的第一个百年中，它扮演着连接世界的重

图 1.1　利物浦路站站台视角
（左侧为仓库，右侧为车站）

图 1.2　利物浦路站油画
（Alfred Peter Harris，1932 年）

要角色，促进了全球化的开启，帮助资本扩张的加速，催生了工业技术和社会经济文化领域的巨大变革，成为社会现代化的催化剂。到 20 世纪之交，世界铁路建成已达百万公里，世界大部分国家都迈入了铁路时代，美国在一战前铁路里程更是达到惊人的 40 万 km。世界部分国家铁路开通运营时间见表 1.1。

表 1.1　世界部分国家铁路开通运营时间

国　家	开始运营年份	国　家	开始运营年份
英国	1825	列支敦士登	1844
法国	1826	牙买加	1845
美国	1830	匈牙利	1846
爱尔兰	1834	丹麦	1847
德国	1835	西班牙	1848
比利时	1835	墨西哥	1850
加拿大	1836	秘鲁	1851
古巴	1837	智利	1851
俄国	1837	印度	1853
奥地利	1839	巴西	1854
荷兰	1839	挪威	1854
意大利	1839	澳大利亚	1854
捷克	1839	日本	1872
瑞士	1844		

1.1.1　萌　芽　期

19 世纪 30 年代，伴随着铁路正式登上历史舞台，铁路车站也作为一种全新的建筑类型登上历史舞台。最初的曼彻斯特利物浦路站和利物浦的皇冠街站都是很简单的建筑，只有一个单独的上车点(还不能称为站台)以及一间用于售票、候车的屋子。但很快,各大铁路公司开始认识到车站作为公司实力展示平台的重要性,开始为蒸汽火车建起傲人的建筑殿堂。至 19 世纪 40 年代末,在一些大城市中只有当地的大教堂才能与铁路车站相媲美。得益于工业革命的成果,在短短二十余年时间内,铁路车站便完成了从最初简单的功能性车棚,到各铁路公司资本实力的象征,再到作为政治、社会和国家愿景表现形式的蜕变。伴随着铁路在世界范围的蔓延、扩张,技术、艺术、材料、工艺等应用不断革新,这一时期的铁路车站建筑在古典建筑形制趋于成熟的基础上也表现出工业革命的萌芽。

铁路先驱罗伯特·斯蒂芬森(Robert Stephenson)担任总工程师的伦敦至伯明翰铁路于 1838 年开通,希腊风格建造的起点站尤斯顿站(图 1.3)和终点站伯明翰柯松街站(图 1.4)开启了欧洲铁路车站建筑风格的壮丽时代。1840 年,由铁路工程师布鲁内尔设计的布里斯托尔圣殿区草甸站(Bristol temple meads station)建成,车站由跨度达 60 m 的车棚与混合着古典的中世纪建筑和文艺复兴建筑形制——都铎(Tudor)风格的办公楼组成,车站整体呈现经典的 U 形布局(图 1.5)。1849 年,欧洲大陆第一座大教堂式、具有罗马风格的巴黎东站投入使用,装饰着巨大拱形玻璃窗的巴黎东站被认为是当时最时尚的车站(图 1.6)。

图 1.3 尤斯顿站多立克拱门

图 1.4 伯明翰柯松街站

图 1.5 布里斯托尔圣殿区草甸站

图 1.6 巴黎东站

1.1.2 发展期

进入 19 世纪 50 年代后,欧美各国进入相对稳定和繁荣的历史阶段,1851 年伦敦第一届世界博览会作为工业革命成果的集中展示更是影响空前，特别是钢和玻璃开始在建筑中大规模应用，铁路车站建设得以快速发展。19 世纪 40 年代末至 50 年代，经历了短暂的实践，从铁路车站的布局模式到建筑形制都开始走向成熟，车站也不再是一个新鲜的事物，各大铁路公司逐步将铁路车站作为永久性建筑而建造，呈现更为宏大的规模。

这一时期，国外铁路车站建筑发展的特征，表现为极致古典主义风格与理性现代主义风格之间的转换，相互交织、迭代、更替。

1. 古典主义风格鼎盛

受 1851 年伦敦世博会水晶宫影响，1854 年建成的帕丁顿站引起了很大的轰动，开创了钢结构＋玻璃站台顶棚的先河，一座壮观的文艺复兴风格建筑与车站紧密衔接，并成为当时英国最大的酒店。随后，大跨度钢结构玻璃站台顶棚与酒店的组合成为当时大多数火车站建筑的范本（图 1.7、图 1.8）。1868 年通车的圣潘克勒斯站其哥特式风格的酒店与巨大的拱形钢结构玻璃顶棚形成强烈对比（图 1.9），将铁路车站带入殿堂时代。

图 1.7 帕丁顿站酒店

图 1.8 帕丁顿站玻璃车棚

图 1.9 圣潘克勒斯站

19 世纪下半叶，铁路公司之间的竞争和扩张心态在欧洲主要国家迅速蔓延，几乎都修建巨大的铁路车站，将古典建筑风格推向极致。如今保存下来具有古典建筑风格的铁路车站，大都是 19 世纪 60 年代后期至 20 世纪初期建成的，而非最初铁路开通时的车站型制。法国巴黎北站（图 1.10）的新古典主义立面造型完成于 1865 年，而非开通时的 1846 年；现在的斯特拉斯堡站（图 1.11）完成于 1883 年，而首次开通在 1846 年；如今的巴黎里昂站（图 1.12）完工于 1900 年，首次开通于 1849 年；西班牙马德里的阿托查站（图 1.13）经历火灾后，于 1892 年重新开放。

图 1.10 巴黎北站

图 1.11 斯特拉斯堡站

图 1.12 巴黎里昂站

图 1.13 阿托查站

在这段历史时期，欧美各国的铁路车站随着铁路建设的热潮而飞速发展，奠定了现存历史铁路车站遗产风貌的基础。这期间，人们往往把车站看作是和市政大厅一样重要的建筑，铁路车站不仅成为铁路公司实力的展示，更成为政治、社会和国家愿景的表现形式，因此铁路车站建设得愈加富丽堂皇。1888 年建成的法兰克福火车总站（图 1.14）合并了三套服务于不同区域的线路，覆盖这些线路的三组列车棚，长 610 英尺，宽 549 英尺，是圣潘克勒斯站的三倍多，这种巨大的混合性建筑借鉴了所有可以想象的风格，并以古典建筑风范适应火车站城市功能的时代需求。米兰中央站（图 1.15）借鉴了卢浮宫的建筑风格，有铁路大教堂美誉的比利时安特卫普站（图 1.16）则是对工艺美术运动的颂扬。其间，最充满活力的火车站或许是 1900 年建成的巴黎奥赛站（图 1.17），由于电气化机车的引入而实现了密封玻璃天棚的建筑形式，为车站带来了不同于以往车站的内部空间效果，加上外部布扎艺术（Beaux-Arts）风格的造型设计，完全融入周边的政府大楼、酒店等城市中心的环境之中。此外，1871 年德国柏林中央站（图 1.18），1896 年瑞士的卢塞恩站（图 1.19）等都是这一时期的典型代表。1919 年，出自著名设计师埃利尔·沙里宁（Eliel Srinen）的赫尔辛基中央站（图 1.20）轮廓清晰，外形明快，不仅昭示着现代主义运动的到来，同时也象征芬兰独立的宣言。在美国，很多车站设计都借鉴欧洲，如采用了仿君士坦丁凯旋门立面的华盛顿联合站（图 1.21）。

图 1.14 法兰克福总站

图 1.15 米兰中央站

图 1.16 安特卫普站

图 1.17 奥赛站

图 1.18 柏林中央站

图 1.19 卢塞恩站

图 1.20 赫尔辛基中央站

图 1.21 华盛顿联合站

此外，一些车站多体现出殖民国家或者移民的审美品位，如印度孟买的维多利亚站(图 1.22)体现出哥特复兴的风格，阿根廷布宜诺斯艾利斯的雷蒂罗·米特雷站(图 1.23)采用了当时英国流行的新巴洛克式建筑风格，加拿大多伦多联合站采用新文艺复兴风格(图 1.24)。

图 1.22 孟买维多利亚站

图 1.23　雷蒂罗・米特雷站

图 1.24　多伦多联合站

2. 现代主义风格开启

20 世纪前半叶，经历过两次工业革命的积淀，科学技术有了突飞猛进的发展，工业化和城市化大规模扩展，交通方式作为一种新的秩序，促进社会协调发展。20 世纪的前两个十年内，铁路仍在继续发展，内燃机车和电力机车开始逐步代替蒸汽机车。铁路车站建设相较以往出现两种转变：其一，与早期古典形式相比，在现代建筑思潮影响下，欧洲部分国家的铁路车站的形式开始出现了现代主义建筑风格；其二，在技术和资本背景下，车站型制有较大的变化，出现了新的进出站以及候车模式，美国的部分铁路车站开始呈现出更加复杂的综合枢纽雏形。

1926 年投入使用的荷兰纳尔登・布瑟姆站（图 1.25），由红砖砌筑的直线体量构成，内部空间受现代主义先驱赖特设计的联合教堂的影响。类似的还有 1940 年投入使用的芬兰土尔库站（图 1.26）、1936 年完工的坦佩雷中央站（图 1.27）。英国则在一些小站中出现装饰艺术风格的形式，如 1937 年完工的瑟比顿站（图 1.28）、1938 年投入使用的毕晓普斯通站（图 1.29）。意大利在时任国家铁路总工程师的建筑师安吉欧洛・马佐尼（Mazzoni Angiolo）的主持下建造了一批富有动态线条表达当时意大利未来主义速度和流线造型的车站，如意大利东北部特伦托站（图 1.30）、佛罗伦萨圣玛丽亚站（图 1.31）、锡耶纳站（图 1.32）、威尼斯圣卢西亚站（图 1.33）等。这些 20 世纪前半叶的铁路车站设计，是建筑师在铁路车站领域对现代主义先锋思想的回应。

图 1.25　纳尔登・布瑟姆站

图 1.26　土尔库站

图 1.27 坦佩雷中央站

图 1.28 瑟比顿站

图 1.29 毕晓普斯通站

图 1.30 特伦托站

图 1.31 佛罗伦萨圣玛丽亚站

图 1.32 锡耶纳站

图 1.33 威尼斯圣卢西亚站

同一时期美国的铁路车站则朝着另一个方向发展。1910 年完工的纽约宾夕法尼亚站(图 1.34),虽然其外观仍是古典主义建筑的模样,但车站的模式已经开始出现线上候车进站和盖上开发的概念;1913 年建成的纽约大中央站(图 1.35)出现双层车场、盖上开发并集合城市轨道交通等基础设施的模式,至今仍是世界铁路车站的典范;1930 年开通的费城第 30 街站也有相同的特征(图 1.36);1933 年建成的辛辛那提联合站(图 1.37)采用装饰艺术风格的造型,同时已经具有高架机动车匝道和线上候车的现代车站功能特征。

图 1.34　纽约宾夕法尼亚站

图 1.35　纽约大中央站

图 1.36　费城第 30 街站

图 1.37　辛辛那提联合站

1.1.3　衰 退 期

第二次世界大战后,世界铁路发展变得缓慢,一方面由于汽车工业的崛起使得铁路出行的交通方式受到影响,在中短途旅行范围,汽车以灵活、方便、居家等优势取代了火车;另一方面,航空工业飞速发展,新型、大容量机型不断产出、更新,同时灵活调度、小型、多空港的模式在长距离运输方面做出了卓越的贡献。铁路发展开始进入短暂的衰退期,向特快专列和豪华列车方向发展,注重出行的品质和舒适性体验。这一时期,铁路车站建设主要集中在战后重建的国家。由于现代主义建筑思想的广泛传播以及大规模建设需要,新建的铁路车站形态基本摒弃了古典主义装饰特征,更多以直线条和简洁的体量呈现,直接反映功能和建造技术。荷兰埃因霍温站(图 1.38)由水平展开的站房和简洁的竖向钟塔构成,几乎没有多余装饰,类似的还有鹿特丹中央站(图 1.39)和阿姆斯特尔站(图 1.40)。英国在 20 世纪 60 年代随着西海岸线的电气化改造,启动了尤斯顿站的重建计划,新的车站设计方案包含一个水平延伸的站房和一座国际式风格的高层玻璃办公塔楼,于 1966 年完工,但最终取消了办公塔楼的建设(图 1.41)。1961 年重新开通的位于伦敦东部巴金镇的巴金站(图 1.42)同样采用极简的现代主义风格,整座车站是一个未加装饰的混凝土和玻璃构成的透明盒子。在意大利重新启动了由于战争而停止的罗马中央站的建设,设计方案由一座横向线条的多层办公楼和通高的玻璃大厅构成(图 1.43),新的车站于 1950 年落成。在德国,“二战”后重建的车站也基本选用功能主义的国际式风格,如 1954 年建成的维尔茨堡站(图 1.44),1955 年建成的慕尼黑中央站和海德堡总站(图 1.45),1957 年建成的科隆中央火车站等。

在国际现代主义建筑思潮的影响下,战后苏联的社会主义建设也摒弃了战前政府崇尚的集中式新古典主义风格,以现代主义风格的建筑作品取而代之。铁路车站也步入了现代主义建筑的行列,如圣彼得堡芬兰站(图 1.46)和里加中央站等。

图 1.38　埃因霍温站

图 1.39　鹿特丹中央站

图 1.40　阿姆斯特尔站

图 1.41　尤斯顿站

图 1.42　巴金站

图 1.43 罗马中央站

图 1.44 维尔茨堡站

图 1.45 海德堡总站

图 1.46 圣彼得堡芬兰站

1.1.4 复兴期

1964 年 10 月，日本东海道新干线东京至大阪高速铁路以最高速度 210 km/h 开通运营。1981 年 9 月法国高速铁路(TGV)东南线部分通车，1983 年 9 月全线建成通车，TGV 东南线列车最高运行时速 270 km，超过了日本东海道新干线的最高运行速度，随后德国、西班牙、意大利等欧洲国家相继开通高速铁路。高速铁路技术横空出世，使铁路在中长距离客运交通中重新获得优势，并以更加环保的运营环境介入城市，带来了铁路的回归和复兴，铁路车站也逐渐开始作为后工业时代城市中心的客运交通枢纽而再度引起重视。

其间的铁路车站建设，欧美、日本等发达国家较多的以历史车站改扩建形式出现，其特征为：一是以高科技建造为主导，车站空间环境更具兼容性和多义性，形式表征反映时代科技或结合历史车站保护、修缮、更新的特征；二是紧密关联城市功能，车站空间更加开放，以综合交通枢纽的形式呈现城市多功能空间的意义。巴黎蒙帕斯站(图 1.47)于 1969 年拆除旧站房，在原址上修建了覆盖站场的蒙帕斯公园和围绕四周的办公综合楼，车站融入中心城区，上盖绿化公园为综合楼提供了良好的景观。日本大阪站(图 1.48)在经历几个阶段发展后，呈现出以车站为中心结合地上、地下空间开发，与周边城市连为一体，集合高层办公、商业、餐饮等多功能为一体的城市活力中心，形成了“站城一体”的开发理念。

京都站(图 1.49)于 1997 年完工,集合了商场、零售、餐饮、展览为一体,在满足铁路车站功能的同时成为周边地区重要的商业中心。此外经典代表作品还包括:德国柏林中央站(图 1.50)、葡萄牙里斯本东方站(图 1.51)和英国伦敦伯明翰新街站(图 1.52)等。

图 1.47 巴黎蒙帕斯站

图 1.48 大阪站

图 1.49 京都站

图 1.50 柏林中央站

图 1.51 里斯本东方站

图 1.52 伯明翰新街站

1.2　中国铁路车站发展概述

中国铁路车站建设同样受到世界铁路发展的影响，并处于相对滞后的状态。自 19 世纪末中国自主建成唐胥铁路以来，经历了一个多世纪的历史变迁，其建设发展始终受到战争、政治、经济、文化、技术等因素的影响。直至 20 世纪，在改革开放、经济快速发展形势的大背景下，铁路建设日益繁荣，伴随着高速铁路建设快速发展，铁路车站建设开始蓬勃发展。以车站历史发展、建筑学科发展以及长期建设实践的脉络为线索，大致可以概括为以下几个历史时期。

1.2.1　移 植 期

自 1876 年上海吴淞铁路开始至新中国成立前，我国长期处于社会动荡和战乱时期，铁路建设发展相对缓慢，截至 1949 年全国仅留有铁路 22 600 km。这一历史时期我国的铁路车站建设分为两个阶段：一是清政府与殖民国争夺路权时期，以西方国家建筑师为主导的设计阶段；二是民国时期，中国建筑师开始逐渐主导设计或参与其中的阶段。

1. 清政府时期

鸦片战争结束，中国封建社会闭关自守的发展格局逐步瓦解，被迫开始与国际社会交流。由于建筑工程科学技术整体落后，国内一些沿海地区和原殖民地城市、地区的重要建筑包括铁路车站建筑，基本由外国建筑师主持设计并建造，因此在建筑形制上都留有殖民建筑文化和技术的烙印。由詹天佑主持设计并修建的京张铁路清河站等一批铁路车站，都融入了部分中国文化元素，开启了中国设计师主导铁路车站设计的先河。这一时期建筑作品的设计风格，同样受到西方国家建筑学派和科技思潮影响，在形态上表现出与西方古典主义建筑类似的柱式、分段比例、构图等基本设计手法。比较发达的城市在大量公共建筑包括铁路车站的建设中，无论从平面布局、功能流线和空间组织，还是在建筑造型的型制上，明显具有移植或承袭欧美国家古典建筑风格、建造技术和文化的印迹。

早期铁路车站主要代表有：淞沪铁路上海站、青岛站、清河站、汉口站、济南站、中东铁路哈尔滨站、正阳门站、奉天站等，如图 1.53～图 1.60 所示。

图 1.53　淞沪铁路上海站

图 1.54　青岛站

图 1.55 清河站

图 1.56 汉口站

图 1.57 济南站

图 1.58 哈尔滨站

图 1.59 正阳门站

图 1.60 奉天站

2. 民国时期

20 世纪 20 至 40 年代，中国虽然处于动荡时期，但新民主主义、新民族文化意识不断涌现，西方文明观念也开始广泛被社会接受。一批教育院校的设立，工程技术学科逐渐成形，成为建筑师、工程师的重要培养途径，开启了中国建筑自主设计、营造的历史，进入短暂的新探索与实践阶段，由此建筑形态逐步从早期翻版西方古典形式走向结合本民族形式的转型。这一时期的铁路车站建筑，虽然建设量不大，但形式多种、风格迥异并相互交织、嫁接，也表现出中国自主设计意识和工程建造技术的发展，既有西方古典主义风格的延续，又有中国民族传统形式的嫁接,同时还有在国际化、功能主义思想影响下的现代主义建筑风格。

代表性车站主要有:沈阳北站(1930 年辽沈总站)、南京下关站(1930 年)、西安站(1935 年)、大连站(1937 年)、苏州站(1940 年改建)、杭州站(1942 年重建,日本奈良风格)等,如图 1.61~图 1.66 所示。

图 1.61 辽沈总站

图 1.62 下关站

图 1.63 西安站

图 1.64 大连站

图 1.65 苏州站

图 1.66 杭州站

1.2.2 探索期

新中国成立后,我国铁路建设取得了长足的发展,开创了铁路车站建设的新纪元。受经济和技术条件的影响,除少量特大型铁路车站外,多数车站规模较小、功能简单,车站设计呈程式化和形式化的特征。这一时期的铁路车站设计在空间和造型上多借鉴苏联铁路车站的模式,即空间形态上追求纪念性,多采用对称、高大、庄严的形象。这一时期我国铁路车站的代表当属 1959 年建成的北京站,作为新中国成立后的第一座铁路车站,其功能流线、空间组织及其具有民族特色的建筑形象,在此后很长一段时期内都对我国铁路车站设计产生了深远的影响。此外,代表性车站还有广州站(图 1.67)、长沙站、南京站(图 1.68)等。

图 1.67 广州站

图 1.68 南京站

1.2.3 转 型 期

改革开放后，我国开始全面进入社会主义建设阶段，国内的政治形势、社会面貌、技术实力发生了巨大的变化，深刻影响中国社会的上层建筑和意识形态，并在科技、文化、艺术等领域得以充分反映。

铁路车站作为当时我国各地连接其他省市的最重要交通建筑，肩负“城市门户”“地域标志”“民族与民风的象征”等多重政治和文化的意义。20 世纪 70 至 90 年代，只要有旅行记录的个人和家庭，几乎都会有一张与铁路车站站房建筑合影的留念照片，铁路车站在这一时期成为主要的城市精神与大众文化的象征。

1. 车站建筑形式发展

20 世纪 80 年代，改革开放使我国经济社会建设翻开了新的一页，思想的解放、技术的提高、对外合作交流的逐步展开，促进了经济的繁荣，也引发了建筑领域的创作生机，并在“现代主义”“地域主义”“后现代主义”等各种建筑学术思潮的影响下，设计观念、设计方法悄然转变，铁路车站建筑形式呈现百花齐放的态势。这一时期我国人口增长、客运量增大，使铁路车站规模逐渐增大，城市建设发展及城市交通衔接方式的变化，不仅使铁路车站在外部建筑空间形态上产生了变化，而且在城市形态和满足内部功能需求中也逐步分化出多种不同的形式。

较之前期的广州站、天津站、南京站等现代主义风格的车站造型，银川站、宁波站、彰化站、海口站等外立面的装饰风格则反映出一定的地域化倾向，而合肥站、九江站、吉林站的建筑造型则略带有后现代主义建筑风格的痕迹，如图 1.69～图 1.75 所示。

图 1.69 银川站

图 1.70 宁波站

图 1.71 彰化站

图 1.72 海口站

图 1.73 合肥站

图 1.74 九江站

2. 车站功能空间演变

这一时期铁路车站的平面布局模式出现了多种类型，主要体现在候车空间组织的不同变化，大型车站的早期集中式候车模式演变为分散式的多候车空间组合形式，分为并联式、上下分离式、主次分离式等，以满足发往不同方向列车的候乘需求。上海站是我国首个高架候车模式的线上式车站，其平面简图和鸟瞰图如图 1.76 和图 1.77 所示。

图 1.75 吉林站

大型车站建造技术的提升，交通流线关系改变了线侧式车站的候车空间分布组织方式，旅客通过进站广厅的自动扶梯上达车场上方，由跨线通廊连接两侧的多组并列式候车大厅，大大提高了站内交通效率。之后建成的南京站是将城市道路双向连接高架候车厅的线侧式车站，进一步改变了铁路车站与城市交通快速连接的进站模式，如图 1.78、图 1.79 所示。

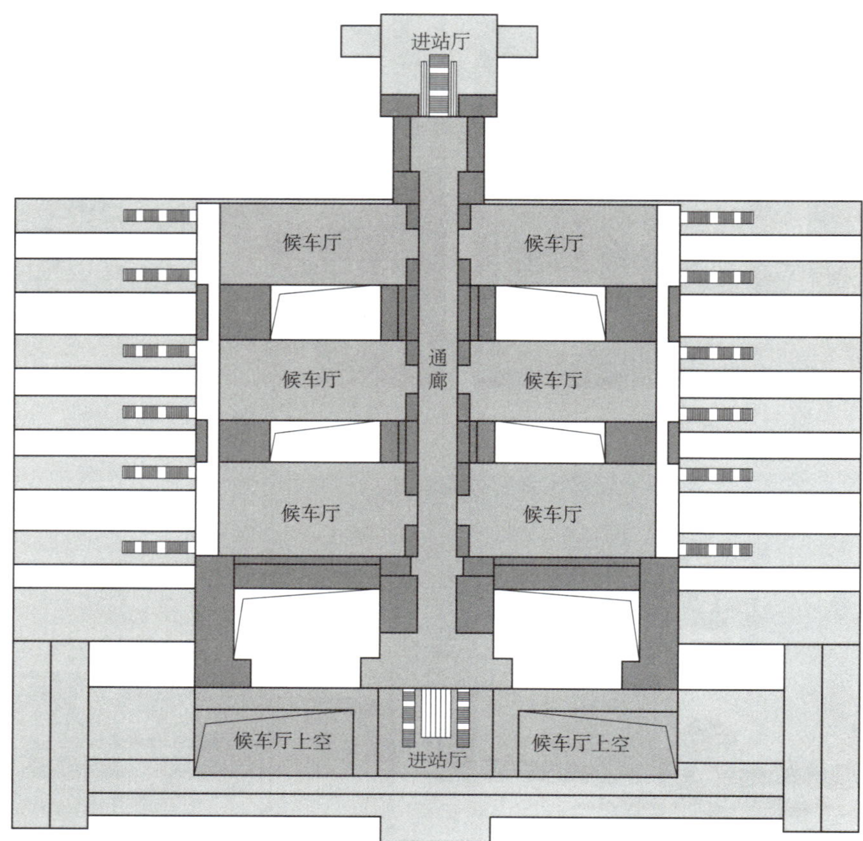

图 1.76　上海站平面简图

图 1.77　上海站鸟瞰

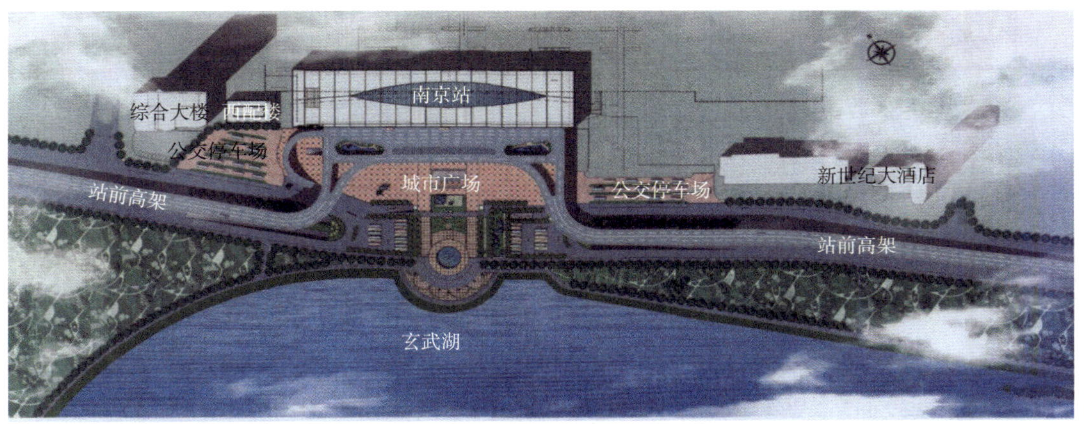

图 1.78　南京站总体布置示意

3. 车站介入城市环境

北京西站是我国早期将交通建筑与城市配套建设紧密结合的第一个铁路车站综合体，如图 1.80 所示。铁路车站的独立建筑形象演化为区域城市发展的主导空间形态，并以交通建筑综合体形象成为当时北京城市新地标的象征。同时期建成的郑州站、深圳站、杭州站（图 1.81～图 1.83）等都不同程度体现了当时铁路车站的城市意义，并融入地域环境的积极思辨。当然，由于当时经济、技术条件的局限，以及对后期中国社会城市及交通发展预测的局限，时隔不久许多车站的运营能力、交通组织与换乘乃至空间形态与尺度都面临难以适应城市发展的窘境。

图 1.79　南京站鸟瞰

20 世纪 50 年代至 90 年代，铁路车站建设历经艰难，执着前行，观念的不断转变和技术进步为随后而至的高铁时代打下了坚实的基础和卓越的技术贡献。

图 1.80　北京西站

图 1.81　郑州站

图 1.82 深圳站

图 1.83 杭州站

1.2.4 繁荣期

2006 年 5 月 9 日晚，老北京南站开往乌海西站的最后一班 2141 次旅客列车驶离站台，次日老北京南站正式开始闭站重建。2008 年 8 月 1 日，京津城际铁路开通，焕然一新的北京南站(图 1.84)正式重新启用。这一时刻，记录了中国首座高标准、高技术、现代化的高速铁路车站的诞生，标志中国大型铁路客运交通枢纽建设的历史性开端。

图 1.84 北京南站

进入 21 世纪，中国经济建设飞速发展，铁路建设日新月异，《中长期铁路网规划》于 2008 年、2016 年两次调整。截至 2020 年底，全国铁路运营里程已达 14.6 万 km，高速铁路运营里程达 3.79 万 km，高速铁路里程居世界第一。高速铁路车站伴随高速铁路相继出现，铁路旅客车站逐步更新。持续的设计创新、建设发展，从车站空间功能、技术设备、客运服务及管理方式的一系列变化，扩展到对城市结构、经济、文化乃至发展前景的辐射影响。

如果说 20 世纪末的铁路客站建设尚处于对城市建设的积极探索和思辨，那么新世纪高速铁路车站建设则是在新的国家建设发展理念、经济快速增长的条件下，结合了先进技术、地域文化、人性体验以及未来综合交通枢纽发展的深入认知与实践。

1. 整合多种交通方式

从 2008 年北京南站开通，高速铁路车站除与城市公交、地铁等城市交通整合外，开始与对外交通如城际铁路、长途公路客运、航空客运等集合，形成以高速铁路车站为中心无缝衔接其他交通方式的铁路综合客运交通枢纽，更加注重城市交通基础设施的系统性和协同建设，尤其是城市轨道交通的引入，利用广场或车站地下空间设置铁路与城市交通接驳的换乘空间，极大提高了换乘效率，高速铁路车站呈现出全面的发展态势。

功能上，车站内部开始引入更加多元丰富的商业活动；造型上，注重城市地域文化和传统文化的表达，弘扬民族精神，如北京南站天坛的形象隐喻，广州南站芭蕉叶造型体现岭南文化特征等；技术上，高架候车、“上进下出”的流线组织模式更加普及。“桥建合一”技术的出现不仅更加节约城市用地，而且强化铁路两侧城市的连通，在整体布局上开始将站房、站场、广场一体化考虑，并向地下和空中三维发展。这一时期的高速铁路车站总体上呈现交通立体、功能紧凑、换乘便捷、空间集约等特征，代表性车站有：北京南站、上海虹桥站、广州南站、武汉站、南京南站、杭州东站、郑州东站、宁波站、大连北站、合肥南站、兰州西站等。

2. 关注旅客出行品质体验

这一时期高速铁路车站建设更加注重空间环境的塑造，关注旅客体验和精细化设计，在完善功能的同时，丰富车站建筑内涵的文化艺术性设计创作，并进一步以畅通融合的交通环境、温馨舒适的出行体验、经济艺术的公共审美、智能便捷的技术服务，完善了车站功能流线组织设施，提升了公共空间环境品质，优化了客运服务性能为广大旅客服务。高速铁路车站出现的一系列以人为本，高度关注旅客出行体验的设计方法，提升了车站设计的质量，也吻合了新时代人们对日益增长的美好生活需要的诉求。代表性车站有：雄安站、北京朝阳站、清河站、太子城站、平潭站、吉水西站、下花园站、太和东站等，它们以丰富多样的空间环境和精良的建造品质纷纷呈现，受到地方政府和民众的褒奖。

3. 注重站城空间协同发展

高速铁路车站与城市的发展更加紧密，随着中国经济转型升级、铁路政企改制以及以信息技术为主的新经济时代的到来，高速铁路车站已逐步突破了独立铁路客运车站的建造模式，整体空间形象得到较大的提升，成为全面参与地区和城市建设的综合交通公共场所、城市发展的引擎。“站域一体化”开发建设，使车站与城市的界面更加融合，并促进城市结构调整，带动周边土地升值，呈现高密度、高强度的发展态势。许多中心城市的大型车站周边业态日趋多元，成为引导城市发展的重要媒介，与城市协同发展的车站属性更加鲜明。

随着车站与城市空间的融合，更多的城市功能和业态介入、升级，车站的功能与流线组织也变得更加多元和复杂。为保障旅客出行流线的畅通便捷、车站与城市功能的合理衔接，综合换乘交通中心、城市客厅等新的概念随之出现；多维步行交通廊道、绿化景观和开放空间的城市形态系统成形，使车站衔接城市的空间愈加丰富。高速铁路车站除了满足人们出行需要外逐步朝着城市活力的生活中心发展，而车站外部形态也不再是形象塑造的唯一重点，呈现出站城空间相互融合发展的趋势，车站再度成为城市公共场所的地标和城市建设的焦点，展现铁路与城市的双重意义，如与城市公园融为一体的西九龙站、隐匿于城市中心地下的深圳福田站等。

4. 新技术的广泛应用

虽然高速铁路车站的基本功能、作业情况与早期铁路车站的运营要求相仿，但在线路工程设施、场站布局、城市规划、建筑空间、结构技术、机电设备、环境质量等方面，是以新技术、新材料、新工艺应用和以人为本的设计理念为指导，出行环境和服务水平得以全面提高，提升了客运交通设施的条件，改变了高速铁路车站公共空间环境的品质，并通过先进的交通运输技术、站房建造技术和智能控制技术，提高了客运作业效率和空间环境的舒适度。

目前比较成熟的新技术应用包括异型结构幕墙体系、金属屋面体系、大跨度空间结构体系、地基基础和地下工程技术、抗震加固与改造技术、桥梁减震技术、自动化信息技术、绿色节能技术等。特别是“桥建合一”技术应用，将铁路轨道、桥梁与建筑结构全面结合，使车站站房建筑与站场设施的功能无缝衔接，提高了空间利用率和交通效率；无站台柱雨棚技术应用，改变了早期站台立柱的条状单元雨棚设计方法，将雨棚柱设于线间形成整体框架柱网结构，提高了站台雨棚结构的稳定性和抗风揭能力，大大改善了站台客流上下车通行条件；互联网信息技术应用替代了低效的人工售票系统，提升了客运服务品质；结构安全监测技术、旅客信息数据库建设、安全防范控制技术为车站建筑安全和营运安全提供了有效保障。高速铁路车站新技术示例如图 1.85 所示。

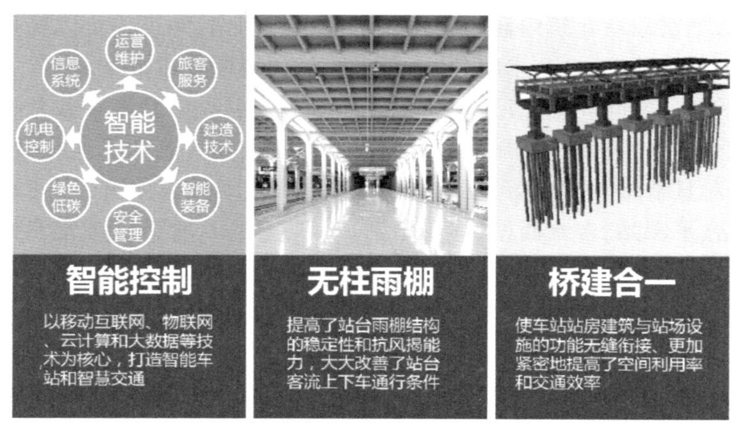

图 1.85　高速铁路车站新技术示例

在持续的建设实践过程中，一系列重大工程技术课题和创新研究、试验不断展开，极大推动了高速铁路车站工程技术发展，为实现“交通强国，铁路先行”的战略目标，引领新时代高速铁路车站建设呈现当代先进技术水平作出了贡献。

5. 关联学科互动

改革开放初期培养的建设人才，经历了我国从贫穷落后到经济起步，逐步开放国门走向国际并占领全球经济、技术高地的整个发展历程。完备的人才队伍建设，不断成长、成熟、壮大，成为各行各业中的中流砥柱，也成为亲历我国高速铁路建设与发展的领军者、策划者、建设者和见证者，更成为高速铁路学科建设的践行者和发展的推动者。

高速铁路车站对城市建设的影响愈加深入，其涵盖并关联的学科也愈加广泛，交通运输、基础设施、城市规划、城市设计、建筑设计、景观设计、机电设备等学科，在一体化建设发展指导理念的背景下，形成更加紧密的关联。早期独立学科的研究发展方式已无法适应高速铁路车站融入城市建设的发展需求，各学科边缘逐渐出现盲区，站场、站房、站前广场的三段式传统车站分布模式，在一定程度上阻碍了客运交通枢纽的发展，产生与周边城市规划对接的矛盾和隐患。因此，铁路与站房建筑、桥梁结构与建筑结构、铁路线下空间与城市互通互联、车站地下空间与周边基础设施、交通空间与自然环境等交叉学科的研究方法应运而生，并扩展到对客运行为与地区文化历史环境等方面的思考，催生了行为学、协同学、交互技术等新型学科，相互依托、密切融合，在不同的学科维度上扩大了研究范围。

同时，各学科的纵深研究也在持续推进，综合结构选型和分型、BIM技术应用、数字化环控技术模拟、绿色节能技术、特殊性消防技术，新材料新工艺运用乃至结合人性化旅客体验文化环境呈现、车站产品性能设计、建筑语言体系下的艺术设计与表达等提升车站品质的学科深层关联性，都在进一步分层展开，呈现出精细化设计研究与学科研究的繁荣景象，收获了无数国内外行业技术研究奖项和产品专利，为高速铁路车站建设的未来发展打下了深厚的学科互动建设基础。

1.3 高速铁路车站的特征与属性

人们普遍认知的火车站，在现代意义上一般多指铁路客运站，称为“铁路旅客车站”，简称“铁路客站”。车站的客运设施由站场、站房和站前广场组成。由于高速铁路的出现，相应的车站配套服务功能扩大，社会需求的增强，以及综合交通设施的完善和建造技术水平的进步，我国出现了一批以北京南站、上海虹桥站（图1.86）、广州南站（图1.87）、武汉站（图1.88）等为代表的新型铁路客站，并被广泛称为高速铁路车站。如从更加广义的视角理解，高速铁路车站可以认为是我国高速铁路时代的新型铁路客站。

图1.86 上海虹桥站

图1.87 广州南站

图1.88 武汉站

1.3.1 主要特征

与普速铁路客站相比，高速铁路车站在旅客流线、客运功能、空间结构、候乘环境、旅客服务等方面有极大的提升，并具有以下显著特征。

1. 高效率交通组织

高速铁路车站以实现“快进快出”的客流组织方式为基本目标，适应高速铁路高效运营需求，从传统的“等候式”车站候乘客运模式，转变为“通过式”客流组织方式。

在大型和特大型高速铁路车站的建设中，通过车站站房与市政交通设施的技术整合，实现了城市各类交通方式与车站零距离对接，使城市轨道交通等各类机动车交通能够快速抵达车站，同时形成站内“上进下出”“下进下出”等便捷的旅客进、出站流线组织方式，极大提高了通行及换乘效率，方便旅客出行。

2. 多元化客运功能

高速铁路车站不仅提升了交通效率，并在保障高效交通功能的基础上，拓展了车站的旅客服务功能，植入了更多的城市业态、社会信息和地区文化功能，满足多样化旅客出行的需求。传统铁路客站功能单一，独立性较强，而现代高速铁路车站利用核心交通功能配置，正在衍生、吸引更多的城市资源的聚集，形成交通功能与城市功能高度综合的、更加开放的公共活动场所。

车站交通功能衍生：高速铁路车站的区域交通结构优势，使城市人群的可达性大大提升，从而衍生出大量和交通行为密切相关的功能业态，如零售商业、便捷酒店、商务办公、会议、商贸会展、公寓住宅等，促使车站形成多元复合的功能体系。基于可达性条件，促进商业、办公、旅游、居住等多功能、多元化业态的聚集，既扩展了车站交通功能的服务范围，同时植入丰富的城市功能，形成明显的结构圈层，由交通秩序主导，辐射影响至车站周边区域，提升土地价值、推动城市发展、激发地区活力。

站内服务功能完善：现代高速铁路车站始终贯穿“以人为本”的建设理念，从早期基本的客运交通服务，转变为更加关注铁路旅客出行多样化和人性化需求，并提供不同旅客群体的针对性服务，在业态分布、卫生设施条件、旅客候乘环境等诸多方面，升级、完善配套服务功能。

3. 舒适性车站环境

随着我国经济建设发展和城市生活水平提高，铁路出行已成为城市百姓生活的常态。高速铁路车站的舒适性空间环境正在不断提高品质，从而满足新时代城市出行的需求。

整体形态和谐：我国新建或改扩建高速铁路车站规划，以充分尊重地区自然风貌和人文环境为基本准则，因地制宜，并协调周边城市空间形态、环境景观，降低铁路交通对城市的不利影响，营造舒适、和谐的站城空间形态。

公共环境舒适：近年来，高速铁路车站的站内环境舒适度成为我国现代化铁路客运的显著特征。建筑材料、空间结构以及机电设备等先进工艺和技术应用，使旅客候车的空间环境质量得到明显提升。大量车站不仅拥有宽敞的空间尺度，适宜的采光、通风，并将自然环境融入其中，提高了空间使用品质，同时结合车站公共空间环境的文化艺术性表达，丰富旅客出行体验。

4. 多维度空间构成

高速铁路车站的空间整体性与系统性相较于传统铁路车站，在空间延伸和分区上更具灵活性，可以方便将具有关联功能的空间在不同维度上进行整合，从而提升交通效率，创造经济效益。

多类空间复合：高速铁路车站的公共区域，交通与各类业态服务功能在空间上全面复合高效利用。将交通集散广场、进站前厅与城市商业复合，形成多功能、开放型站前空间；将出站厅与城市公交换乘空间结合，形成连接铁路两侧的城市通廊，成为站城双向的公共活力区域。

多层空间叠合：充分进行地下空间、铁路线下空间、线上空间综合开发，形成交通行为与综合服务空间竖向叠合，并与城市功能混合、叠加，形成立体化铁路交通枢纽综合体。结合高速铁路车站多方向进出站流线与周边城市在多维度空间上进行互联互通，形成多层活动基面，与周边城市空间衔接，一体化协同发展。

5. 智能化客运服务

智能化技术应用与智慧管理体系已成为当代高速铁路车站建设的重要标志。智能化车站客运服务体现在车站票务系统、动静态信息导向、环境控制、安全监控、运营管理等多个方面。通过搭建智能化旅客信息平台、数据库建设，不仅提高了客运服务效率和服务质量，而且降低了人工能耗、减少偏差，增强车站应急、应变能力，从而保障高速铁路车站的安全运行。

1.3.2 基本属性

1. 综合交通属性

高速铁路车站的交通属性是车站功能的最根本属性，是本地区城市规划建设的重中之重。车站建筑首先需要解决的是交通问题，包括铁路交通和城市交通两大系统，这也是车站区别于城市其他民用建筑，以交通功能主导展开为城市建设和城市生活服务的根本目的。高速铁路车站具有双重性质，车站交通功能组织的合理性既要服从铁路线网的总体功能布局，又需要对接区域性城市空间规划发展的需求，高速铁路车站交通组织系统的优劣对铁路和城市双重发展，会产生巨大的影响。

从铁路客运交通学科的整体层面上，一座高速铁路车站的总体设计范围基本包括站场、站房和站前广场三个部分，其综合交通组织包含站场与站房之间的交通行为关系：作用于旅客进入车站后登上列车的过程，可理解为“城市对外铁路交通连接系统”或“车站为部交通”；而另一交通系统为站房与站前广场（城市公交接驳区域）之间的旅客行为关系：作用于旅客通过各类城市交通方式抵达或离开车站的过程，可理解为“城市内部公共交通转运系统”或“车站外部交通”，两者共同作用构成整体的铁路客运综合交通枢纽体系。

1）城市对外铁路交通连接系统（站内交通）

高速铁路车站的铁路交通服务系统主要由铁路路网交通的线路和旅客乘降站台构成，称为客运铁路站场，复杂的高速铁路车站站场可以由多组不同线路方向的车场组成。北京南站由普速铁路（到发线 5 条、站台 3 座）、高速铁路（到发线 12 条、站台 6 座）和城际铁路（到发线 7 条、站台 4 座）三个不同方向和等级的车场组成，总规模 24 线 13 台。另外，还包括提供旅客服务的乘降列车设施:站台、雨棚、进出车场的竖向交通设施、跨线进站天桥和出站通廊等。

高速铁路车站站型选择及其重要交通空间分布原则是最大程度地满足客运交通功能,合理地组织便捷的进出站流线是高速铁路车站站型选择及其交通空间分布的基本原则,也是高速铁路车站定位的首要依据。

铁路交通连接系统还包括车站本身的物资运输交通组织和一些重要通道,如:配套旅客行包输送的行包转运设施,以及货物运输、设备维修、消防车或兼顾特殊贵宾服务的通道等。

2)城市内部公共交通转运系统(站外交通)

高速铁路车站的站外交通主要指进出站客流与城市公共交通系统的衔接交通。由于多种交通方式换乘高效便捷,可以更好地解决关联站外交通的城市交通问题。

接驳高速铁路车站的站外交通工具和设施包括以下内容:

(1)城市轨道交通:单线或多线换乘的地面、地下及高架城市轨道交通车站(或磁悬浮车站),进出站站厅及附属人行交通设施;

(2)机动车道路交通:包括城市连接车站的快速干道、桥梁、匝道、跨线隧涵和停车设施;

(3)城市公共交通:包括公交车、长途客运、旅游集散或空港捷运线等车站站房及车场;

(4)小汽车交通:包括出租车、网约车、社会车接送客区域和停车场;

(5)慢行交通:包括非机动车、共享单车车道及停车设施、人行步道等。

诸多的交通工具和设施的集合,大客流量的交通对接、转换,使得高速铁路车站必然成为城市或地区极为重要的客运交通中心,彰显其铁路与城市的双重交通服务职能与使命。

2. 城市社会属性

高速铁路车站建筑在我国社会普遍关注度之高、受众群之巨、影响力之大,无论作为交通建筑的一脉,还是民用建筑大类的分支,与其他公共建筑类别有很大不同。作为百姓个体,可能未曾去过博物馆、体育场、酒店会所或影剧院,但通常因为省际、城际出行,坐过火车,见过车站。另一方面航空出行成本高、机场建设受到飞行空中作业条件的制约而比较偏离城市中心区域;港口建设往往受到地理条件的约束,局限于江河流域及沿海地区,因此高速铁路车站在交通建筑领域中,承担了中长距离、大运量客流输送的重要的作用。近年来,我国城市化进程加速而导致的城市扩张,城际综合交通枢纽的高度衔接,大量新建大型铁路车站已纳入城市区域规划的蓝图之中,并辐射影响了周边环境的建设,这也是我国高速铁路车站城市属性与社会价值的真正体现。

在我国,高速铁路车站通常具有显著的城市属性,也通常具有城市门户地标建筑的象征意义,尤其是大量新建车站,通常会选址在城市待开发的新区属地,会引起政府和民众对车站建筑形态和空间的高度重视,也将受到指导区域开发的政府职能部门,以及参与规划设计建设技术团队和顾问专家的倾心关注,因为新建高速铁路车站的落成,必将对周边区域规划、空间形态控制形成极为重要的影响。因此,大量高速铁路车站的建筑形态特征与空间表达相对比较工整、对称,一些重要城市或省会城市的大型高速铁路车站这一特征尤为明显。

任何重要的城市公共建筑所承担的社会责任与地区政府形象紧密关联。高速铁路车站的空间形态可以理解为城市精神的标志,更广义的解读是历史文化的传承、地域风貌的载体和象征，表明了车站作为城市大型交通建筑具有很高的社会关注度，这不仅是中国社会的现象，国际上一些中心城市的重要建筑物，如纽约大中央站、肯尼迪机场航站楼、京都站等所引起的社会反响，同样表明了重要的特殊建筑具有高度的国家属性。因此，我国高速铁路车站建设的社会属性决定了其在未来的城市发展中将再度呈现铁路历史传承、城市精神象征的多重意义。

3. 经济技术属性

高速铁路车站是时代的产物，其设计建造过程必然具有时代经济基础和科技发展的烙印，也将代表这一时期的经济和科技生产力的最高水平，并反映相应的社会整体文化素养。

面向未来的高速铁路车站将更加注重新理念和新技术的应用，是车站先进性的重要保障。20 世纪 80 年代，上海站成为我国第一个高架车站，在当时大跨度预应力钢筋混凝土结构技术(最大跨度不超过 30 m)的条件下，使传统车站候车空间从铁路站场的一侧(线侧式)转变为高架于铁路站场的上方(线上式)，旅客检票后直接通过扶梯进入站台登上列车，检票后的上车路径大大缩短，省时、便捷。直至今日，线上候车线下疏散的旅客流线组织依然是最主流的车站交通模式。不同于当年上海站建造受制于预应力混凝土结构跨度而采取线上多组候车空间组合的方式，更大的改变是大跨度钢结构技术的运用，自北京南站建设起，大量的线上候车空间结构跨度多采用 64～72 m，这仅仅是高速铁路车站结构技术的一个侧面，在交通、建筑、机电、材料等诸多方面技术的发展和进步，成就了当代的新型高速铁路车站。

技术发展的另一面是经济基础。高速铁路车站的整体建造既反映社会经济实力，又需要在相应经济条件下创造最佳的技术可行性和文化艺术性。车站建造作为铁路客运交通产品，同样应具有高度的性价比，坚持经济性原则，不可随意突破投资控制。技术与艺术理所当然地应呈现于当代高速铁路车站之中，成为时代风貌的象征，但未必是必须用高昂的经济代价换取，运用工程经济学分析方法，预测并严格控制成本，强化安全性、耐久性、创新技术、绿色环境、历史保护与传承等方面的投入，并相应通过精细化设计、施工、管理，减少过度的装饰装修工程、材料浪费等超额投资，更应通过高速铁路车站的城市“门户”、铁路“窗口”效应，在提升车站交通效率的同时，扩大高铁品牌服务效应和社会影响力，发现新的效益增长点，创造车站社会效益和经济效益。

4. 地域文化属性

高速铁路车站建筑文化属性的背景，是基于我们如何理解传统审美、大众审美、专业审美的关系，以及如何定位并在铁路客站建筑形态上表达和反映。割裂地解读或直陈上述三种审美文化属性，会致使所创作车站建筑形式流于或复古、或通俗、或曲高和寡的表象。文化属性始终是建筑置于社会环境中的烙印。无论是刻意的追捧或是潜意识反映，建筑形式所折射的无外乎建设方的意愿和设计者构思共同的追求和展现，只是这种文化属性的综合展现是否拥有特定的含义与恰当的意味，这将左右车站建筑在建成后是否能得到广大受众群欢迎的关键。

与文化属性相对应的是地域属性。我国幅员辽阔，地势起伏、气候特征分明，东部的时尚、西域的淳厚、南岭的俊秀、北疆的豪放、中原的神韵，构筑了由各地域变化而形成的不同城市面貌、自然环境特征和物质空间上的差异，铸就了千姿百态的各地风情。然而，我们却很难在相同省份的不同城市间得出不同自然属性，所以这种属性还应涵盖除了地理、气象等自然条件之外的经济、资源、产业和科技等人文背景，建筑形式因地制宜是这一属性的充分而必要的综合反映，也将成为车站建筑是否具有地域文化“气质”的在地性表现评判的分水岭。

1.4　新时代背景下中国高速铁路车站发展面临的新课题

铁路与工业革命相生相伴，与城市发展紧密相连。过去，铁路拉来了城市，城市因铁路而生；如今，高速铁路改变了城市，城市因高速铁路而兴。高速铁路是经济、技术、社会发展到一定阶段的必然产物，为人口高度集中的国家和地区建设提供了高效率的交通保障，速度改变了时间和空间结构关系，再度带动了城市建设的蓬勃发展。十余年来，高速铁路和线网上的车站不断生长发展、更新换代，极大地促进了我国经济的增长、加快了城市化进程、缩小了城乡建设差别、方便了人民群众的出行、提升了城市交通基础设施建设的品质。在高速铁路连接城市的节点上，发挥了重要的作用。

1.4.1　车站发展战略指引

2004 年 1 月国务院批准了第一个铁路中长期规划。经过 15 年的历程，中国高速铁路快速发展，“四纵四横”高铁网络提前建成，并正在进一步密织扩展为“八纵八横”网络。新一代高速动车组复兴号以时速 350 km 上线运行，一批具有世界先进水平的铁路标志性工程成为新时代的中国地标。

1. 依据国家政策部署

为贯彻新时代发展理念、建设现代化经济体系，推动高质量发展，党中央、国务院相继出台了《交通强国建设纲要》《中长期铁路网规划》《国家新型城镇化规划》《关于推进高铁站周边区域合理开发建设的指导意见》等一系列重要政策性文件，对综合交通运输体系建设、城镇化进程推进部署了一系列制度性安排，为高速铁路车站综合客运枢纽建设、城市发展带来了机遇。其中《交通强国建设纲要》作为重要的纲领性文件，对高速铁路车站与城市发展提出了建设现代化高质量综合立体交通网络的新目标。

1）明确提出以国家发展规划为依据，发挥国土空间规划的指导和约束作用；统筹铁路、公路、水运、民航、管道、邮政等基础设施规划建设，以多中心、网络化为主形态，完善多层次网络布局；实现立体互联，增强系统弹性。

2）构筑多层级、一体化的综合交通枢纽体系：明确提出要依托京津冀、长三角、粤港澳大湾区等世界级城市群，建设一批全国性、区域性交通枢纽；推进综合交通枢纽一体化规划建设，提高换乘换装水平，完善集疏运体系；大力发展枢纽经济。

3）构建便捷顺畅的城市（群）交通网：强调要建设城市群一体化交通网，推进干线铁路、城际铁路、市域（郊）铁路、城市轨道交通融合发展；尊重城市发展规律，立足促进城市的整体性、系统性、生长性，统筹安排城市功能和用地布局，科学制定和实施城市综合交通体系规划。

4）完善治理体系，提升治理能力：强调要建立健全适应综合交通一体化发展的体制机制；统筹制定交通发展战略、规划和政策；强化规划协同，实现“多规合一”“多规融合”。

2. 实现铁路发展目标

为贯彻落实《交通强国建设纲要》,中国国家铁路集团有限公司 2020 年 8 月印发并实施了《新时代交通强国铁路先行规划纲要》,首次提出了 2035 年、2050 年铁路发展目标和主要任务,描绘了新时代现代化铁路强国发展的新蓝图。

《新时代交通强国铁路先行规划纲要》提出,到 2035 年,路网规模达到 20 万 km,其中高速铁路里程达到 7 万 km;构建全国 1、2、3 小时高铁出行圈和全国 1、2、3 天快货物流圈全面形成,人享其行、物畅其流。按此目标,预计新建铁路客站将超过 2 000 座,其中高铁车站 1 000 座,未来仍然是铁路发展的持续增长、提升品质的重要时期。

1)发展综合交通

构筑一体化衔接顺畅的现代综合交通枢纽。按照"零距离"换乘要求,建设以高速铁路车站为核心的综合交通枢纽,强化枢纽内外交通有机衔接,促进客站合理分工及互联互通;推进干线铁路、城际铁路、市域(郊)铁路和城市轨道交通"四网融合"及与机场高效衔接,实现多种交通方式间的便捷换乘。

发展快捷融合的城际和市域铁路网。着重在经济发达、人口稠密的城镇化地区,构建多层次、大容量、通勤式、一体化的快捷轨道网,打造城市群综合交通网的主骨干;城市群各中心城市之间及与其他主要城市间发展城际铁路,服务快速通勤及商贸出行;都市圈内,在超大、特大城市中心城区与郊区、周边城镇组团间,发展快速市域(郊)铁路,服务公交化便捷通勤出行。

2)站城协同建设

为推进高铁车站周边区域合理开发建设,2018 年 6 月国家发展改革委联合多部门印发《关于推进高铁站周边区域合理开发建设的指导意见》,对未来高速铁路及车站规划、选址以及与产业、城市融合发展等提出了具体要求,明确了重点任务。

以"规划协调、布局合理,量力而行、有序建设,站城一体、综合配套,市场运作、防范风险"为基本原则,促进站城一体融合发展。倡导产城融合、站城一体开发建设理念,与城市建成区合理分工,在城市功能布局、综合交通运输体系建设、基础设施共建共享等方面同步规划、协调推进;进一步提升车站的综合配套保障能力,凸显以人为本的新型城镇化发展理念,营造宜居宜业的城市环境,提高交通便利性和公共服务能力,增强产业、人口集聚效应,强化城市内外交通衔接,加强修建高速铁路车站与城市公共交通配套线路设施的规划建设,实现与城市中心区及其他重要综合交通枢纽之间的快捷转换、直达连接。

1.4.2 以问题为导向实现车站的再发展

高速铁路车站建设正面临前所未有的机遇,但就高质量发展目标而言,仍存在一些问题和不足。

1. 车站规模、定位与功能配置

一些城市对高速铁路的影响机制认识不足,对自身发展水平和发展阶段的现实条件缺乏科学的规划,或未能全面的考虑自身在区域中的定位,导致对新建高铁车站的规模、定位和功能配置认识上存在偏差。

2. 车站与城市交通的衔接

高速铁路车站区域主要关注与城市中心组团的交通联系，忽视了与其他功能组团之间的交通系统关联；对旅客换乘城市交通方式偏重考虑的是出租车、网约车、小汽车等机动车交通方式接驳铁路客流，而对公交车、轨道交通等中、大运量公共交通方式的换乘便利性，以及对车站周边慢行交通体系的衔接不够关注。

3. 车站与城市空间形态及功能的整体性

强调车站作为“城市门户”的象征性意义，这也导致在很长时间中，我国铁路车站设计都更为重视本体的独立性，而较少地顾及站与城之间彼此互动影响的关系，铁路车站站前广场孤立且缺乏弹性，日常使用率低，对于与人的体验密切相关的公共空间与景观系统的设计缺乏整体性考虑，难以有机地融入于城市空间，造成城市空间形态及功能的分离。

4. 车站空间环境体验与文化表达

目前我国高速铁路车站设计往往只重视交通需求，忽视了其作为公共空间的场所营造。车站空间环境尚缺乏对旅客行为差异性考虑和对文化表达的深入思考，导致旅客使用体验较为单调。

5. 站区规划与城市发展规划融合

高速铁路车站站区规划与城市控规、详规的融合度在整体性、协调性、系统性、互补性上有待进一步加强。目前，车站区域综合体开发受到多边利益制约，各类资源共享开发程度不高，高速铁路枢纽经济的潜力未能有效发挥，城市活力未能得到充分释放。

未来 15 年，高速铁路车站与城市协同发展的挑战与机遇并存。“十四五”时期是乘势而上开启新征程的第一个五年，高速铁路车站建设需要化解发展掣肘，落实国家重大决策部署，凝聚发展合力，充分利用支持政策，发挥高速铁路枢纽的辐射带动作用，为城市发展培育新动能、注入新活力。

中国新时代高速铁路车站正不断以其特有的多重性内涵，参与城市建设，以创造交通价值为己任，收获愈加广泛的经济效益和社会效益。

2 高速铁路车站规划

以高速铁路车站为核心的综合交通枢纽区域规划涉及车站选址、铁路与城市综合交通组织、相关客运功能用房分布等关联旅客交通运输系统的车站片区城市空间布局，同时需要衔接城市总体规划和城市区域规划，是高速铁路车站工程设计中至关重要、高度综合的实施性规划，具有很强的交通运输学科专业性以及城市规划、城市设计、建筑设计、景观规划的多学科综合性。合理的规划布局是高速铁路车站及枢纽整体良好运作并推动区域城市发展的起点。本章详述高速铁路车站与综合交通枢纽规划的内涵和外延关系、合理选址及功能分区、各类城市交通衔接方式、车站与周边城市的相互影响以及枢纽核心区的具体规划原则和基本设计方法。

2.1 车站规划的基本内容

高速铁路枢纽是以高铁车站为核心的综合交通枢纽的简称，可以理解为是高速铁路车站扩大化的区域概念，区域的物理边界一般设定为车站外围步行 5～12 min 的半径距离。

高速铁路枢纽规划设计的前提是研究更大范围铁路枢纽所在城市中铁路客站数量与规模、多客站模式中各客站的分工、高速铁路枢纽在城市中的区位、衔接交通方式和衔接模式等相关因素。这些因素紧密联系、互相制约，在规划时应统筹考虑、系统决策。

2.1.1 车站分布与规模

铁路枢纽是铁路网的一个组成部分，是指在铁路网的交汇点或终端地区由各种铁路线路、专业车站以及其他为运输服务的有关设备组成的总体。枢纽内各站既有分工又有联系，共同担负着枢纽地区的铁路运输任务。

1. 客流性质与客运流量

铁路枢纽所在城市的乘降客流比例越高、客流量越大，对铁路车站（包括普速铁路客站和高速铁路车站）数量及规模的要求越高。与地区乘降客流量、城市规模、铁路在该城市综合交通体系中所占的地位以及枢纽在铁路网中的作用和分工密切相关。可见，城市规模在一定程度上对铁路客运站的数量有影响，中小城市一般设置一个高铁车站就能满足铁路客运需求，而对于大城市和特大城市，要依据具体情况确定高铁车站数量。根据铁路建设较发达国家的经验，大城市内一般设多个客运站，如巴黎、伦敦、柏林、莫斯科、东京及纽约所设客站数量，按人口计约 40 万～100 万人设一处客站，按城市面积计算约每 100 km^2 设一处客站。而对比城市铁路客站规模，国内相同规模等级城市的铁路客站数量要少于国外。以人口规模与铁路客站规模比值进行测算，国内超大城市铁路平均 200 万～300 万人/站，特大城市铁路数量平均 100 万～200 万人/站。国内外城市铁路枢纽规模对比见表 2.1。

表 2.1 国内外部分重要城市铁路枢纽规模对比

国内外对比	城市规模	城市	城市常住人口/万人	枢纽数量
国内	超大城市	北京	2 189	8
		上海	2 487	7
		深圳	1 756	7
		广州	1 867	9
	特大城市	南京	931	4
		杭州	1 193	6
	大城市	苏州	1 274	5
		常州	527	2
国外	特大城市	巴黎都会区	1 300	10
		纽约都市区	1 980	10
		伦敦都市区	2 100	15
	大城市	柏林	340	7
		维也纳	188	6

注：表中国内城市分级来自国家统计局第七次全国人口普查以城区常住人口为标准最新城市评级，截至 2020 年；国外城市人口数据来自维基百科。

根据我国中长期铁路网规划要求，为满足快速增长的旅客运输需求，建立省会城市及大中城市间的快速客运通道，京津冀、长三角、粤港澳大湾区的铁路枢纽内的客站数量及规模必然呈上升趋势。

2. 铁路枢纽结构与城市布局

铁路枢纽结构与城市布局关系密切，铁路枢纽结构应在满足自身作业要求的同时，结合城市布局规划要求进行铁路枢纽的系统性规划，两者对铁路客站数量及规模都有影响。如一些城市市区布局分散、呈狭长带形或为江河分割，各区客流均很大，在具有单独开设客运站的条件时，可采用多客站模式。兰州铁路枢纽以路地双方协调一致为原则系统规划，提出兰州铁路枢纽新线引入总图布局方案，兰州铁路枢纽衔接铁路增加至 11 条铁路干线，形成南客北货的大型环状枢纽格局，如图 2.1 所示。客运枢纽根据兰州城市的带状地形，以特大型客运站兰州站、新建兰州西站及其他中小型车站的多客站方式组成。

3. 铁路枢纽规划与建设条件

铁路枢纽规划应根据区域规划、城市总体规划以及铁路枢纽总体规划，并综合考虑建设地区的自然条件和经济条件情况，进行铁路客站、铁路线的平面布置及竖向空间综合设计，并随铁路网与城市建设发展逐步形成。

铁路枢纽有不同的性质和规模。为了满足铁路运营和城市建设的基本要求，铁路枢纽必须根据合理的路网和车流组织规划，综合分析各车站在路网中的性质和作用，客货运输的数量、性质和方向（车流条件），引入线路的技术特征，已有铁路的设备状况，以及城市建设、综合运输的发展规划，地区的自然条件等因素，编制铁路枢纽总体规划与总图设计。

铁路枢纽总图应根据总体规划方案在地形图上结合定线选择专业车站站坪，利用有利地形和良好地质条件设置车站和建筑物，确定站场标高，进行车站与线路的平面和纵断面设

图 2.1　兰州铁路枢纽总平面示意

计，以节省车站和线路工程数量，并妥善解决防洪排涝和取、弃土等重要问题。铁路枢纽线路立体疏解设计是车站设计的系统延伸，也是规划的重要组成部分。

4. 综合枢纽与联运衔接

一座城市的铁路客站数量与规模主要与铁路客流的性质和流量、城市规模枢纽结构、客站建设条件，以及各种交通方式联运要求（航空、城市轨道交通、公路客运等大客流量交通）等因素有关。国外一些城市考虑铁路与航空交通方式衔接，直接把铁路客站引入航空港，扩大了大型航空港服务范围，实现了多种交通方式间的高效联运。法国巴黎戴高乐机场枢纽就是较早采用空铁联运的成功案例（图 2.2）。戴高乐机场枢纽在机场 2 号航站楼下建有高速铁路，旅客可通过通道和电扶梯直接搭乘开往法国及国外其他城市的高铁，迅速完成换乘。空铁联运方式，可大大减少换乘时间，提升交通效率，吸引商务人群，机场、车站均可从中获益。我国首例空铁联运紧密结合的案例是上海虹桥枢纽，实现了高速铁路与航空一体化的交通联运方式，如图 2.3 所示。近年来，空铁联运的综合交通枢纽模式在我国的一些发达城市和地区开始逐步出现。

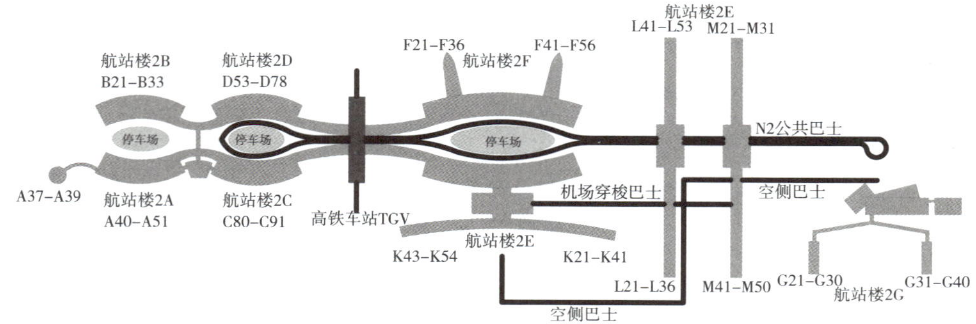

图 2.2 戴高乐枢纽平面布局示意

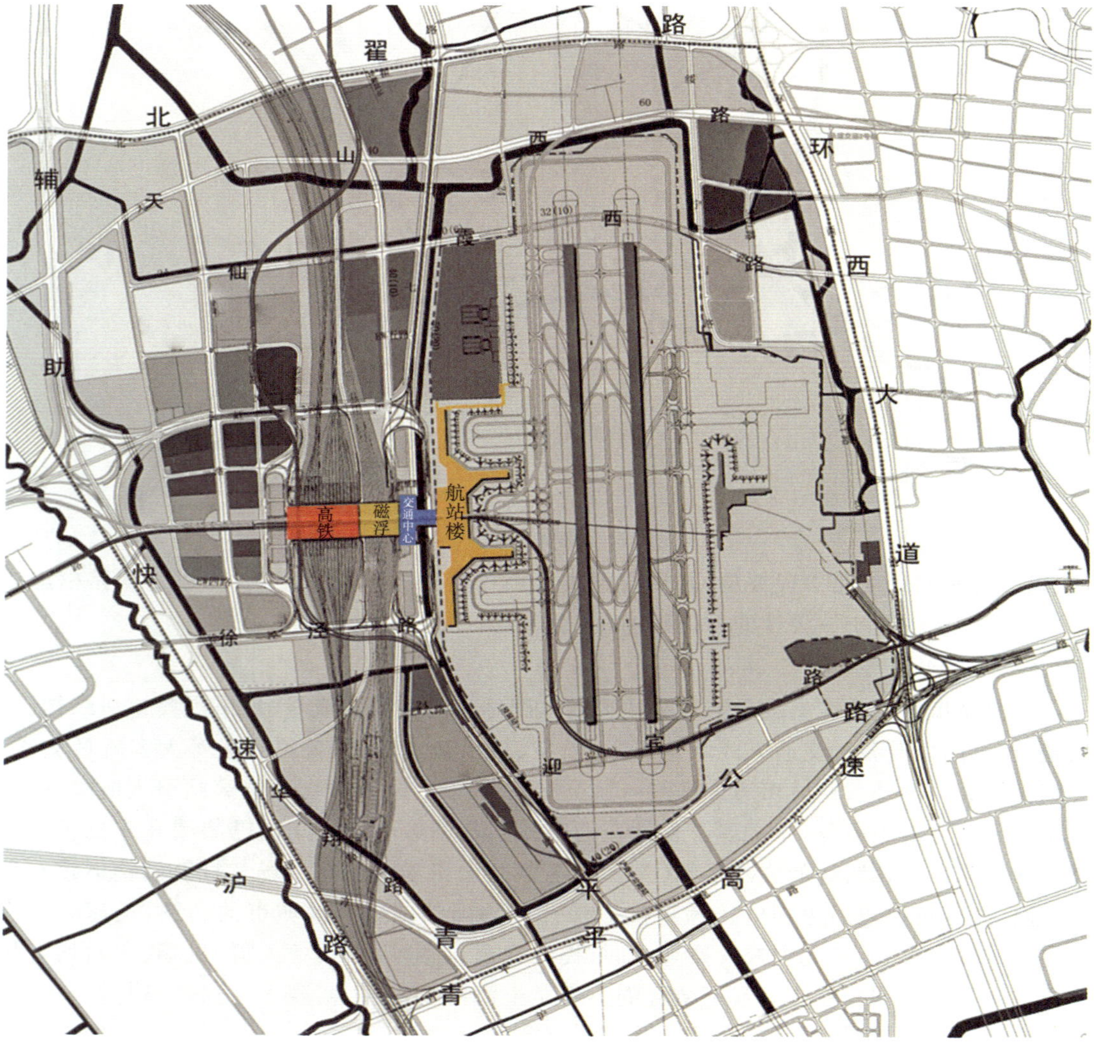

图 2.3 上海虹桥枢纽总平面布局

2.1.2　铁路枢纽内车站分工

采用多客站模式的铁路枢纽城市，各客站的分工规划是客站规划的重要内容。客站分工包括主、辅分工和承担铁路客流（或铁路客运作业）分工两个方面，两者相互关联。各客站分工的影响因素很多，包括铁路客站现状布局及分工、铁路枢纽规划的线路引入情况及总图布置、城市布局、备选客站位置的建设条件等。

铁路客站承担客流分工，可按三种模式进行分类：一是按不同线路接入方向客流进行分类；二是按城际铁路客流或跨区域铁路客流进行分类；三是按客运专线（及高速铁路）客流或普速铁路客流进行分类。根据承担客流的类型，铁路客站分为客运专线（高速）客站、城际铁路客站、普速铁路客站和综合铁路客站等。

1. 按客流方向分工

铁路客站的主、辅分工，是明确了铁路枢纽多客站体系的规模结构，铁路主客站一般是指枢纽内承担主要客流方向的大型客站，铁路辅客站则是承担次要客流方向或辅助主客站承担主要客流方向的客站。《上海市城市总体规划（2017—2035）》指出，在虹桥站、上海站、上海南站的基础上，结合浦东国际机场新增国家沿海通道上的上海东站（祝桥），形成4个主要客站；完善安亭北站、松江南站，新增宝山站、奉贤站、南汇站"等，形成"四主多辅"的铁路客运枢纽布局。上海铁路枢纽总图布置示意如图2.4所示。

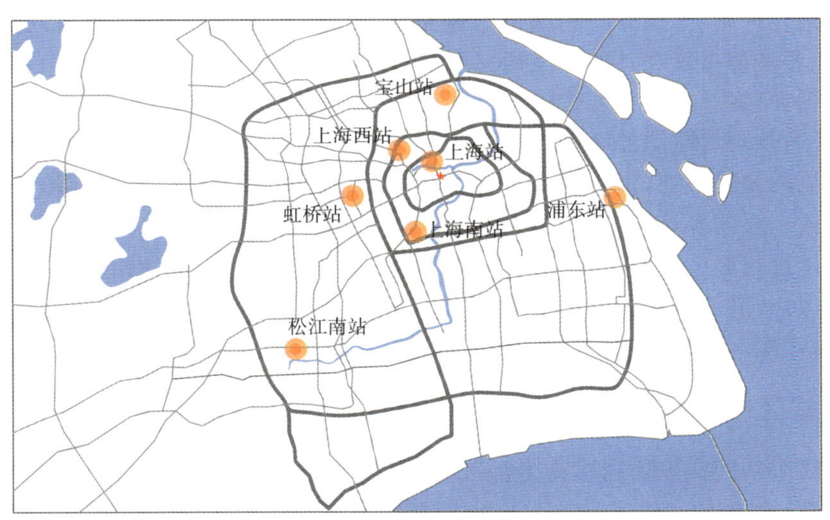

图2.4　上海铁路枢纽总图布置示意

我国各大城市铁路总体布局基本采用两个和两个以上的客站，上海、北京等特大城市采用4个以上的客站分布，铁路在城市空间中布局或均匀分布在城市四周，或位于城市中心。北京铁路枢纽总图布置示意如图2.5所示。

2. 按客流性质分工

在考虑各客站分工时，应结合铁路枢纽内客流组织方式，明确各客站服务的客流类型，采用集中与分散相结合、分工与协作相结合的原则确定各铁路客站的分工。集中与分散的结合原则，集中有利于不同类型铁路客流之间的中转和换乘；分散则有利于按照不同类型的

图 2.5 北京铁路枢纽总图布置示意

客流要求，合理选择站址，方便乘客乘车，可以减少引入铁路枢纽干线或连接线的长度。分工与协作的结合原则，如国外一些城市的铁路客站是按照客流的方向（或引入线路方向）进行分工的，各客站都布置在其所办理到发作业线路的引入方向上，使铁路车站可以有效地向城市中心区延伸，客站之间由发达的城市轨道交通网络相连。

此外，对途外附属时间的敏感性也是铁路客站分工的因素，如对于主要服务城际客流和高速铁路客流的铁路客站，由于主体客流对途外附属时间较为敏感，宜将其选址在接近城市中心的区域或主要的客流集散源（如大型航空港），以压缩乘客的途外附属时间；而对于服务跨区域的普速铁路客流的客站，由于其客流对途外附属时间的敏感性相对弱一些，且其占地规模一般较大，并需就近配置机务段、客车整备所等配套设施，因此该类客站的选址可适当远离市中心，并配套规划完善城市交通接驳系统，提高可达条件。

2.1.3 车站区位规划及选址

高速铁路车站区位规划同属铁路客站规划理论的重要内容。车站区位总体上应方便旅客，提高铁路运输效能，并与城市布局和城市交通有机结合。影响高速铁路车站区位的因素很多，既要统筹铁路本体的需求，又要与城市规划等外部因素充分协调一致，不能片面地放大某一因素，应系统、综合地进行考虑。

1. 铁路本体因素

影响车站区位选择的铁路本体因素主要有以下几个方面：

1）铁路线路接入城市的方向

铁路线路接入城市的方向在一定程度上决定着客站在城市中所处的方位。通常高速铁路车站应尽可能靠近铁路线路接入城市的方向，减少铁路正线（或连接线）在城市市区绕行，减弱对外交通与市内交通的相互影响。

2)高速铁路车站综合交通枢纽总图布置

车站区位应方便旅客运输,与衔接的各线路有便捷的通路,符合铁路枢纽总图布置,与枢纽内其他既有车站和其他设备的配置相协调。

3)客站类型

车站在铁路枢纽中的定位和主要服务的客运形态,如城际铁路(高、中速)车站、客运专线(高速)车站、普速铁路(慢速)车站和综合铁路车站等。车站类型对车站区位的影响主要表现为不同类型的车站具有不同的经济技术特征和不同的途外附属时间敏感性等特征,而这些特征是受不同的用地区位、城市交通可达性及周边建设开发条件影响的。

4)高速铁路车站用地规模

由于城市土地价值的空间分布是非均匀的,且差值较大,高速铁路车站选址及布局必须考虑土地价值因素,用地规模不同的车站在区位选择上也存在差别。

5)铁路运输组织因素

这主要是针对设置了多个铁路客站的城市而言,高速铁路车站的区位选择应尽可能消除或减少多个客站在运营过程中的冲突和干扰,如多个铁路客站之间列车由铁路干线进出高速铁路车站的干扰等。在某一方向的铁路干线拟采用多个车站衔接时,应平衡这些客站在城市中的布局,以减少旅客乘车的途外附属时间。北京站、北京西站的地下直径线就可以连通北京站和北京西站两大主车站,乘客可根据自己需要就近上车,既减少了途外附属时间,又方便了不同方向铁路干线之间的客流换乘。

2. 地理环境条件

由于高速铁路车站占地规模较大,对场地要求较高,因此,城市的地形、地貌及地质、水文等自然条件也会限制车站的规划区位。

自然环境中的山川河流等地理因素会直接影响周边区域的规划布局及城市空间形态。这种自然环境带来的影响有两种情况:

(1)如果车站周边的用地情况比较紧张,用地选择又要避开地理障碍,地区发展将受到局限。

日本新大阪车站距离大阪市中心约 6 km,虽然车站靠近大阪城市中心,但是由于淀川河将车站地区在城市地理版图上割裂,最初车站区的发展是非常有限的。20 世纪 90 年代,随着规划战略的实施,车站地区的发展开始增强,大规模的建设项目围绕车站地区展开。但由于城市发展用地的原因,新大阪站只能绕开淀川在河流北侧展开建设,如图 2.6 所示。

(2)如果车站周边开敞,可利用改造为公共空间,有利于车站的生态环境与特色的形成。

南京站通过交通连接的改造,使自然环境与车站广场相融合,形成了积极的城市公共空间。南京站位于南京老城区以北,东侧为紫金山,南侧为玄武湖,北侧为小红山,自然环境优美。车站通过立体化的交通组织模式化解站区地面交通压力,避免了站前广场常见的车辆混杂、人车交流的局面,有效释放了地面空间,将站前纯粹的交通广场形态转换成城市休闭绿化景观广场。同时,通过在玄武路上设置四车道的下穿隧道,将过境交通与站区交通分离,使站前绿化景观广场与玄武湖公园连成一片,从而让站区成为玄武湖风景区的自然扩展和延伸,如图 2.7 所示。

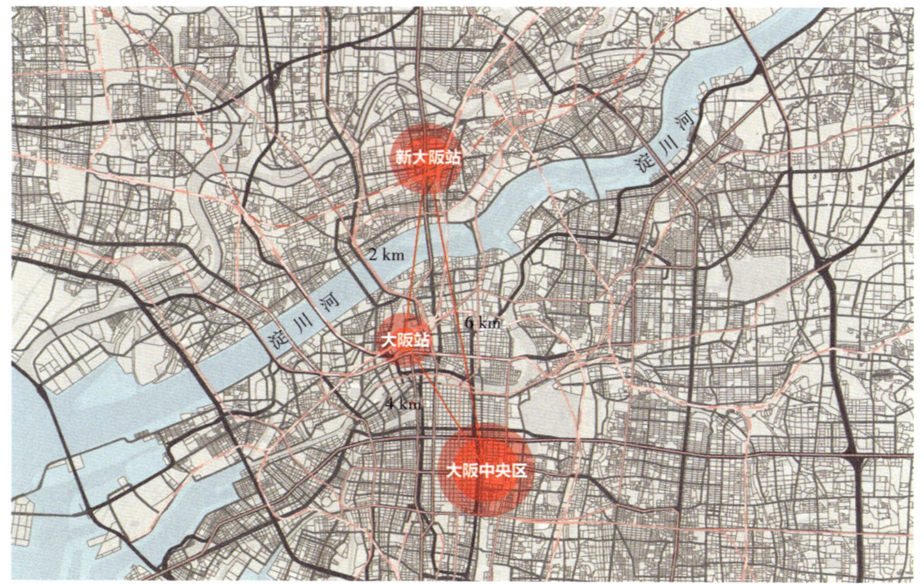

图 2.6 新大阪站区位示意

图 2.7 南京站

3. 城市规划发展

高速铁路车站与城市紧密关联，是城市的重要组成部分，是城市中最具活力的地区之一，只有系统整合车站与城市的关系，才能使客站功能发挥更大的城市作用。我国城市的格局正在发生巨大变化，如何使高速铁路车站建设与城市的快速发展相契合，是未来车站建设的一个非常重要的内容，是体现其系统性的关键因素。

1)与城市总体规划的关系

高速铁路车站的站址选择必须与城市规划相配合。站址选择除受线位、地形、地质条件、征地拆迁、工程投资等技术经济因素影响外,更要考虑城市规划的要求,站房应选址在符合城镇发展的区域。车站选址在实现铁路运输功能的同时,应适应和满足城市功能布局等方面的需求,充分发挥高速铁路车站对城市的服务功能。

高速铁路车站作为城市基础设施的重要组成部分,高速铁路车站规划应当符合城市规划的要求,使车站建设与城市发展相契合。这需要将车站规划纳入总体城市规划之中,融入城市整体发展布局,以便更好地为城市建设和人民生活服务。

2)城市发展形态与城市化水平

城市化水平对高速铁路车站的选址影响重大,直接关系到车站的客运规模以及与市中心区的距离问题。一般来说,城市化水平越高,城市人口越多,其产生的客流量也就越大,对交通需求也更为强烈。随着我国城市化进程的不断推进,特大城市往往存在交通拥堵、环境恶化等弊端。国家提出了严格控制特大城市人口规模的战略要求,一些特大城市逐步采用了建设卫星城、规划开发新区等更为科学的规划方案。因此,新建高速铁路车站可选择在城市即将发展的区域或既有城区边缘等位置,并与新区的布局、主要道路系统及城市轨道交通相互配合,同时应考虑车站站场有足够的规模并留有可持续发展空间。随着我国城市化水平的提高,城市规模不断扩大,大型高速铁路车站区域将随着时间延续逐渐改变其结构形态,而发展成为新的城市副中心。

现代城市的发展历程见证了高速铁路车站是城市中最具活力的元素之一,越来越多城市和地区在总体规划中,将高速铁路枢纽区域定义为城市的副中心,并利用车站建设积极引导周边地区开发,成为推动城市建设有序发展的新引擎。

4. 与城市协同发展

铁路在发挥其交通运输功能作用的同时,其线路穿越以及客流交通集聚,必然会对城市的整体结构、土地使用及空间的完整性、连续性产生相应的影响。因此,高速铁路车站在选址时,必须考虑与城市的建设相互融合,让城市活动渗透于整个空间环境之中,使车站成为铁路与城市发展间的桥梁和纽带。

1)车站与周边区域共同发展

高速铁路车站区域与城市之间的关系一直在变化中,随着城市的逐步发展,大量新建高速铁路枢纽区域也将经历与城市同步成长的过程,形成从城市边缘交通功能到城市区域中心综合发展的位置转化。

(1)车站建设初期。我国大量新建高速铁路车站建设启动,尤其是中小型车站通常位于城市边缘区域的初期建设阶段,车站主站房一般设于线侧面向中心城区,配套服务设施用地区面积较小,业态发展水平较低;城市交通多以公交、出租车、社会车和步行交通为主,轨道交通尚处于规划阶段或没有需求,区域城市交通设施资金投入较少。由于初期城市出行客流量需求相对较小,高速铁路列车运行班次密度较低,城市用地与铁路用地之间较少出现矛盾,如颍上北站、太和东站等。

(2)车站运营中期。车站区域城市业态服务设施日趋稳定,区域用地规模逐渐扩大;城市交通需求升高,高速铁路车站带来的大量人流、物流,使得车站周边商业贸易得到发展,出现"集聚效应"吸引了更多的资金、人力资源投入,车站地区成为城市的繁荣区域。但这一时期更多的情况是城市开始在铁路的两翼同时发展,而铁路线却将城市在地理上分割成两个片区形成了人为的屏障,线路两侧城市空间被切割为发展状态不均的区域。开始产生城市用地与铁路用地间的矛盾。面向主站房一侧的区域建设发展趋于成型,而另一侧发展缓慢。车站周边道路交通情况复杂,易出现拥堵问题,并面临城市交通基础设施的再度改造,如南通站、嘉兴南站。

(3)车站成为区域城市中心。随着铁路客运技术进步,高速铁路车站区域不断发展,与城市的关系形成良性的整合并进一步完善,高速铁路出行日渐成为城市生活的常态。同时,高速铁路车站区城市建设范围也在不断拓展,特别是一些特大城市,车站数量和客流量仍在不断增长,围绕车站周边的城市功能更加健全,完善的交通设施、大量的人流、物流、信息流汇聚其中,商务办公、城市商业、休闲娱乐业、城市居住成为主要功能,并吸引更多的科技产业入驻,改变了城市空间、功能和经济格局,高速铁路车站区域逐步成为城市经济、建设新的增长点,并成为新的城市中心。而城市的成长、成熟再度反哺高速铁路枢纽发展,形成良性循环,如兰州西站等。

2)大型高速铁路车站选址策略

高速铁路车站的选址应力求避免分割城市,减少对城市的干扰,方便城市旅客出行。近年来,许多高速铁路车站采取下穿地道和高架桥等立体交通手段来消除这种影响,实现铁路两侧城市区域的沟通;通过跨越铁路线的站房两端设置进站空间,贯通面向铁路线两侧的城市区域,使车站服务面更广,铁路两侧城市的旅客进出流量更加均衡,从而更全面发挥高速铁路车站的城市公共场所作用。

大型高速铁路车站在选址阶段对是否符合与周边区域融合、协同发展的规划要求进行初步研究,还包括地下空间贯通、子站房设置、立体交通等方面。

(1)地下空间贯通

作为综合交通枢纽的大型高速铁路车站选址应衡量是否有能够设置贯通地下空间的条件,前期的实践在此方面提供了宝贵的经验:高速铁路综合交通枢纽将城市轨道交通车站、公交车站、机动车停车场等交通设施和城市商业、酒店、办公设施等公共服务设施整合在一起,成为以公共交通为核心功能的城市商业综合体。它不仅是为交通旅行服务的空间,更为车站枢纽区域城市日常生活提供了综合服务的公共场所。北京南站将地铁、商业引入到地下层与车站出空间连接,地铁站厅布设在中心位置,两侧配置走行空间和商业区,形成车站地下空间综合体。

在衡量是否有能够设置连通铁路两侧城市区域的地下空间时,可依据站房所在的区位条件,并按以下程序进行分析:

①位于特大城市核心区的改扩建车站,首先应考虑是否有能够设置地下空间综合体的条件,在条件受限无法设置综合体时,可按设置地下通廊或单独设置地下通道进行研究。

②位于其他区域的改扩建车站,首先考虑是否有能够设置地下通廊的条件,对于条件受限无法设置地下通廊的,应研究单独设置地下通道的可行性。

③位于其他区域的新建车站,研究是否有能够设置地下通廊的条件,如不满足则该址不适于新建大型高速铁路车站。

(2)子站房设置条件

我国早期铁路客站多为侧式站房,且面向主城区一侧,随着城市发展铁路线路双侧都设站房时会被区分为主站房和子站房。现行线上式或线下式高速铁路车站的子站房概念被逐步模糊，或根据面朝方向通常被称为“东、西站房”或“南、北站房”。因此，面向城市商业、商务地块的一侧或两侧是否有能够设置子站房的条件，也是衡量高速铁路车站选址是否合理的重要因素。在大型高速铁路车站选址阶段就应对建设子站房的条件进行分析论证。

对于铁路两侧均为城市商务、商业区的情况，应在铁路两侧均设置子站房，并研究拟选址区域两侧设置子站房的条件。如果铁路仅一侧为商务、商业区，应尽量在铁路两侧设置子站房，为未来发展预留条件；用地条件受限时，可考虑跨越城市道路采用过街通廊联系的子站房设置条件；当周边条件受限严重时，至少在面向城市商务商业区的一侧设置子站房。如果完全没有子站房设置条件则不宜建设大型高速铁路车站。

(3)立体交通

建设用地周围是否有联系铁路用地两侧的立体交通条件，是衡量大型高速铁路车站选址是否合理的重要因素。

尽端式大型高速铁路车站，应在有铁路线的一侧具有设置城市立体交通的条件；非尽端式大型高速铁路车站，应在站房两侧均具有设置城市立体交通的条件。否则该区域不宜建设大型高速铁路车站。

5. 土地利用及物业开发

土地利用取决于就业、社区生活和其他在可用空间中的活动分布，严格意义上指的是一个地理区域的城市功能类型，如住宅用地或工业用地等。每种土地利用类型按其在房地产或其他结构中所占比例进行分类。高速铁路车站的建设必然会对附近地区城市土地的使用状态产生影响，铁路与城市之间的土地利用之存在着紧密的互动关系。

高速铁路车站不仅是城市的综合交通枢纽，更是枢纽区域城市发展的引擎，其高可达性优势对商业、商务办公、娱乐中心等有较强的人流吸引力和集聚作用。因此，重视对高速铁路车站周边地区进行有效的土地规划与开发，将产生未来更有公共性的附加功能和价值，使综合交通枢纽地区成为集多种城市功能于一体的综合城市组团和地区发展的先导区。

1)高速铁路车站对城市土地利用、物业开发的影响范围

作为城市中心区的高速铁路枢纽形态与城市空间布局关系，未来对周边影响分可为三个等级的影响范围和功能分布层次。根据高速铁路车站的可达性变化，综合交通枢纽区域可以划分为作为核心的一级发展区域、具有影响作用的二级发展区域和辐射扩大的外围三级发展区域。

一级发展区域可以借助一些运输工具(如城市轨道交通等，用来载运乘客，通常为固定路线)而得到扩大。在这个区域，由车站带来的预期影响最大。由于邻近铁路网络，直接提升其地理位置的价值。一级发展区土地及房地产价值相对较高，多开发为高端办公、公共场所，高层建筑、高密度建设成为在这一区域的特征。城市将利用高速铁路的影响作为促进区域经济增长的催化剂，积极主动地投资在一级开发区实施建设。

为享受高速铁路车站带来的便利交通，其他一些高端的城市职能业态也可能入驻二级开发区，但房产价值和建筑密度将比一级开发区有所降低。虽然在初期，利益相关方一般不会直接投资这些区域，但在稍后的稳定发展阶段仍将吸引可能的投资参与。至于三级区域，即使其可达性条件有所改善，但铁路可能与这些地区的发展并不存在十分密切的直接相关性。

2)城市土地利用、物业开发对高速铁路车站选址的反哺作用

合理的城市土地布局、物业开发是保证高速铁路车站充分发挥其城市功能的重要因素。综合交通枢纽区域合理的土地利用和物业开发是为铁路提供潜在客流的重要支撑。

高速铁路车站是联系城际交通与市内交通的枢纽节点,现代高速铁路车站集多种交通工具和多种服务于一身,趋向协同城市的综合性、多功能方向发展。因此,车站选址应与城市土地利用规划、物业开发规划相结合,利用交通枢纽的聚集效应进行联合开发。

由于列车进、出站产生的噪声、振动会对周围环境造成副作用,车站人员密集、活动频繁的状况也会对周边整体环境产生不良影响,因此毗邻高速铁路车站的周边地块不宜作为居住区开发,进而也丧失了车站对周边城市经济的带动作用和促进发展的机遇。

高速铁路车站选址在城市新建商业商务区、文化会展区等经济活力区附近,可以充分利用高速铁路客流进一步带动周边经济发展,且符合城市规划功能分区明确、混合使用的原则,同时完善的周边的商业、商务配套也能够为车站提供良好的基础服务设施和空间环境,提供更多潜在的客流资源,为高速铁路营运产出更多的效益。综合交通枢纽区域的城市高质量综合服务环境不仅能够增加对未来投资者的吸引力,也将间接产出铁路企业的文化效益和企业的品牌形象。

6. 特征及类型

1)我国高速铁路车站选址特征及类型

高速铁路车站利用既有车站选址予以扩能改造是一种激活城市的方式。新建高速铁路车站选址城市边缘,可以最大限度地利用高速铁路车站区位优势和大规模客流集散的人气优势,建设城市新区,与既有城区互动发展。从国际案例及近年来实践经验,我国高速铁路车站选址类型有三种基本方式,如图 2.8 所示。

(1)既有站选址

利用既有铁路客站站址进行改造扩建,使客站更新建设成为再次激活城市发展的诱因和动力。既有站选址的车站相对投入的经济成本较低,有利于保持既有城市风貌和特定空间场所的识别性,方便中心城区的居民出行,同时带动旧城区域城市更新。但由于改造规模受限,通常难以最大限度地发挥客站的优势。同时,周边地区的征地拆迁、既有道路交通改造、城市新建轨道交通的引入都会形成相应的困难,如青岛站、宁波站、上海站等。

(2)依托型选址

客站选址在城市边缘(近郊区),定位准确,能最大限度地利用区位优势开发、利用土地,带动城市边缘区城市发展。依托于主城区发展布局,扩展主城区功能、设施服务于铁路客站为主体的周边区域,当其开发建设发展达到一定程度后,对主城区形成进一步促进作用。依托型选址布局多适用于中小型客站,初期客流规模相对较小,虽然车站功能性强,但综合性较弱,集聚效应较低,城市服务功能也相对比较单一,通常也比较难以快速实现周边土地有效开发,并对主城区有较强的依

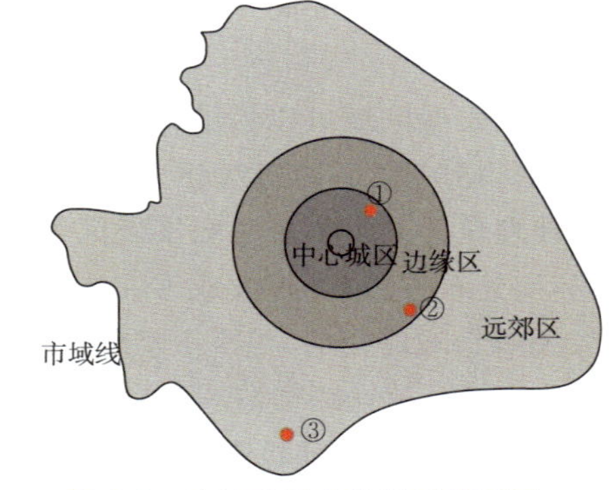

图 2.8 高速铁路车站选址类型图

①—既有站选址;②—依托型选址;③—独立型选址

赖关系，如昆山南站、无锡东站、苏州北站等。

(3)独立型选址

大型或特大型铁路客站作为城市新区发展的核心功能，依托大运量客流交通及相应形成的新型产业结构布局独立于主城区发展(远郊区)。客站周围结合多种城市公共交通方式乃至与机场联合，形成大型综合客运交通枢纽，与主城之间通过城市轨道交通实现快速交通连接，以其自身得天独厚的优势和人流集聚效应吸引投资开发，形成独立于主城区的城市副中心开发模式，更可能成为省际城市群的客流交通中心。这种关联到国家地区联动发展的特大型铁路客站选址方式，近年来多为我国的大型城市所选择，进而相互贯连，形成一主多辅的客站选址格局，具有前瞻性的重大战略意义，其建设必须与区域城市互动且定位难度颇大，但最终将与主城区形成竞争和共存的关系，而改变未来城市发展的趋向，如上海虹桥站、广州佛山西站、武汉站。

2)国内高速铁路车站选址与中心区距离

高速铁路车站的选址主旨还需要与城市之间保持良好的可达性，这直接影响到城市居民的出行。我国高速铁路车站选址基本处于城市中心区外围，根据统计，一般高速铁路车站距离城市中心点基本维持在 4～12 km 内。另外，由于不同规模城市的中心区覆盖面积不同距离城市中心点距离相同的车站对于不同的城市来说可能位于城市的边缘地区或者中心区。如对于特大城市而言，高速铁路车站选址在 10 km 的范围可能仍然处在城市中心区内部；而对于中小型城市来说，10 km 可能就处于远郊范围。高速铁路车站选址与中心区的距离分析必须结合城市的规模类型进行，如图 2.9 所示。

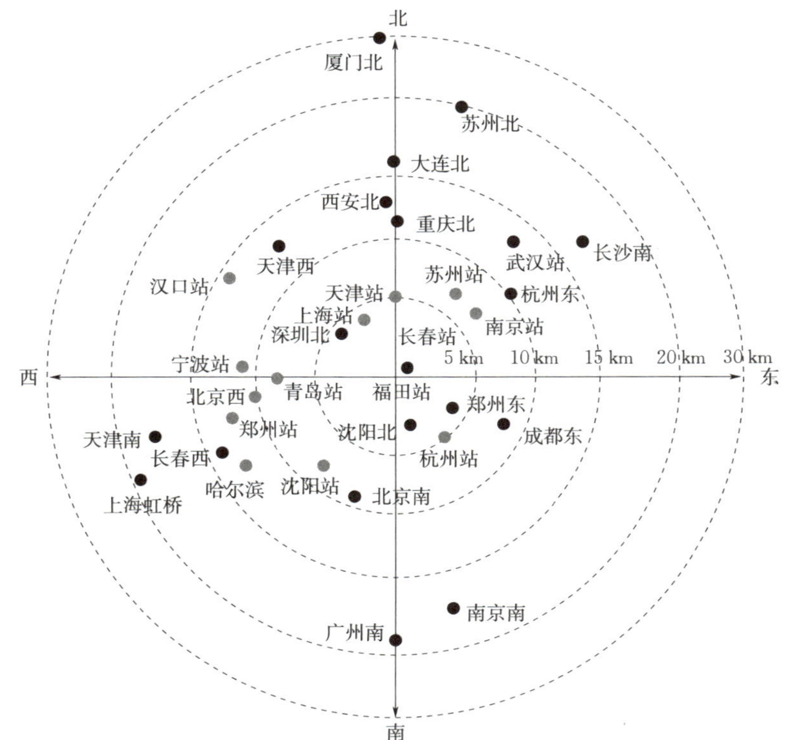

图 2.9　高速铁路车站与中心城区的位置关系

大型、特大型城市由于城市中心区域覆盖范围大，为加强与城市内部的联系，高速铁路车站一般都选址在中心区内部边缘地带，如北京、上海。中小城市中心区范围较小，为带动外围新城区域发展，高速铁路车站通常选址在中心区的边缘区或远郊，距离中心约 5～10 km 的范围。并与中心主城区通过城市快速路连接，实现主城与新区的互利共生。

2.1.4 车站与城市交通系统

处理好铁路与各种大、小交通形式的接驳关系，是体现高速铁路车站系统性规划的一项基本要求。车站选址要从城市轨道交通规划、城市道路网规划、城市内外部交通设施布局规划等方面统筹考虑，与周边交通脉络融合统一。

1. 与城市市政道路衔接

车站周边地区路网布局一般有“窄路网—高密度—小街区”棋盘式和“双环—放射”式两种道路网布局模式。

1)窄路网—高密度—小街区

“窄路网—高密度—小街区”道路网布局模式指车站地区采用高密度的方格网状支路系统，并与外围城市干路系统紧密相连的道路网布局模式，通常适用于城市中心的高速铁路车站地区在更新改造中逐步形成的路网形式。这种道路网布局模式既可以有效缓解主干道上的交通压力，又能够有效分散各类交通流，实现交通流量的均衡分布，有利于“公交＋慢行”系统的发展，但这种道路网布局对角线绕行距离较长，容易产生过境交通和集散交通对车站地区通勤交通的干扰，造成交通拥堵。

2)双环—放射

“双环—放射”路网布局模式是由高速铁路车站周边地区内外循环系统和放射性干道系统组成，包括外部大循环和内部小循环，其中外部大循环是指由快速路围合而成，分离过境交通，避免干扰车站地区内部交通的环状系统；内部小循环是指车站客流“单向进、单向出”的循环系统，承担车站周边地区内部通勤交通。“双循环”路网布局模式的优点在于能够有效地分离过境交通和枢纽集散交通，提高交通组织效率，但是车站地区内部通勤交通压力增加时，可能会造成干路系统交通压力增大，导致道路交通拥堵。“双环—放射”布局模式常见于我国大型高速铁路站站区交通组织，如上海虹桥站和杭州东站。

2. 与城市公共交通衔接

1)车站与公交的衔接

常规公交是城市公共交通发展战略的重要组成部分，也是高速铁路枢纽的主要接驳方式之一。据统计，在一些没有引入轨道交通的中小城市的高速铁路车站的到发客流集大部分是靠公共交通承担的。以海口站为例，公共交通客流分摊比例高达 65%。在大部分以轨道交通集散为主的高速铁路综合交通枢纽中，城市公交作为轨道交通的有益补充，客流量分担比例达 16%～30%，高于其他换乘方式，在客流接驳规划设计中占有很高的分摊比例。

在大中型高速铁路车站规划中，路边港湾式公交停靠站往往无法满足客流量需求，因此需要配备专用的公交蓄车场。蓄车场可以单独布置，也可以集中布置。北京南站北广场的地下公交车蓄车场结合载客区设于下沉广场内。按照蓄车场与铁路站房的相对位置不同可分为以下几种布局。

(1)站场下方布置

站场下方的布局模式是指公交车场布置在站台下方的地面层,适合高架车站,如郑州东站、南京南站等,如图 2.10 所示。

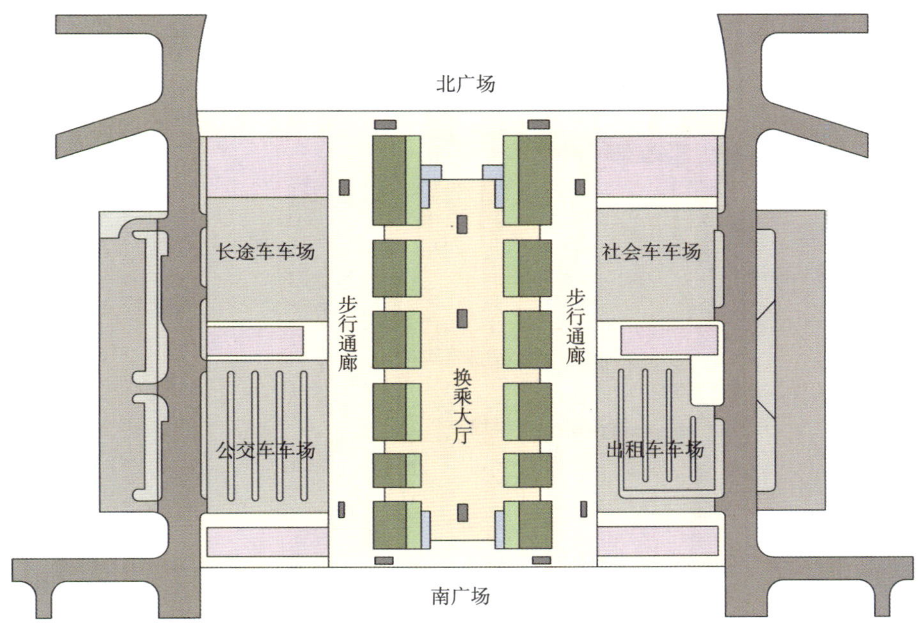

图 2.10　南京南站蓄车场位于站场下方

(2)结合站前广场布置

结合站前广场布置可以分为平面布局和立体布局。立体布局是特大型、大型高速铁路车站中常见的布局方式,如北京南站、杭州东站和天津西站等都将公交蓄车场设于站前广场两侧的下沉空间内,如图 2.11 所示。

平面式布局是指蓄车场直接布置在站前广场两侧的地面上,适合中小型车站使用,如太和东站、颍上北站等公交蓄车场就布置在站前广场两侧的地面上。

图 2.11　蓄车场结合广场立体式布局

(3)远离站房布置

在枢纽用地紧张或蓄车场面积较大的情况下,可以采取远离站房的布局模式,将蓄车场布置在枢纽附近地区,始发公交车短距离运行到高速铁路车站载客,快速疏散客流,如图2.12所示。

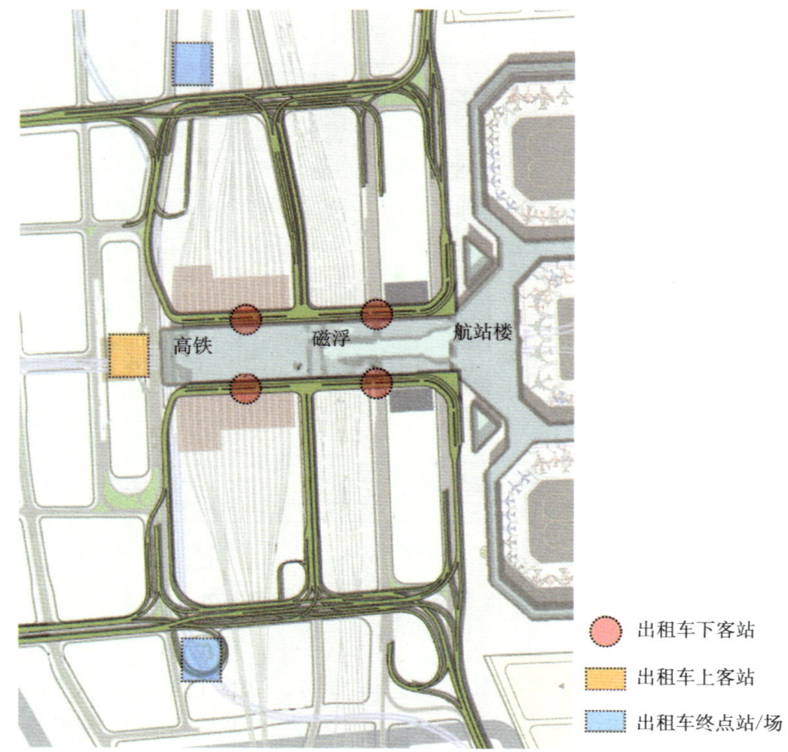

图2.12 远离站房布局示意

上海虹桥站综合交通枢纽核心区采用了公交巴士站、场分离模式布置,分别位于交通中心建筑主体(高速铁路车站、磁浮车站和机场航站楼)南侧和北侧布置巴士(长途、线路和专线)的出发站点,在东、西交通广场布置到达站点,站点均为中途过境站,巴士蓄车场和服务设施等均设在核心区外。

2)车站与出租车场的衔接

出租车是城市公共交通组成部分,但与轨道交通和公交不同,出租车运输组织模式类似于个体运输工具,没有发车时间的限制,乘客随到随走,也没有固定线路,通常是直接到达目的地,避免了绕行,减少了换乘时间。出租车体积小,机动灵活,能够在道路状况良好的条件下覆盖大面积的区域载客,具有可达性高,舒适性好、方便快捷等优点。虽然出租车在接驳方面存在运量相对较低的缺点,但仍是比私家车更高效的运输工具,因此对其发展应给予一定的鼓励。

(1)车站与出租车站点的衔接布局

为实现高速铁路车站与出租车站点的无缝接驳,出租车的落客站、上客站通常采用分离式布局。落客站与进站口直接相连,上客站与出站口直接相连,缩短了旅客的步行距离,最大限度地方便乘客换乘。分离式布局按照落客站、上客站相对空间位置的不同可分为平面式分离和立体式分离两种形式。

①平面分离式

平面分离式是指落客站、上客站在同一标高平面内分开布置，适合与没有高架进站系统的高速铁路车站，如天津东站落客站、上客站同时设在地下一层的不同位置。

②立体分离式

立体分离式是指落客站、上客站位于不同标高的平面上，适用于设有高架快速集散系统的高速铁路客站。较常见的模式是落客站设在高架车道上的进站口处，上客站位于地下或地面出站口。

(2)车站与蓄车场的衔接布局

蓄车场是指出租车进入载客区之前的车辆排队等候区域，蓄车场可以结合上客站布置，如南京南站、济南西站和天津西站等。车站规模较大时可以适当远离站房单独布置，车站规模较小时也可以不设。

蓄车场的规模主要根据近、远期高峰时段列车集中到达时的出租客流分担率来确定，在充分满足当前需求的情况下应当考虑到远期的增容需要。高速铁路车站出租蓄车场主要起等候作用，没有存放功能，因而形式比较简单，车场内部布局以线式停车为主。根据所需蓄车场的规模，其形式大体可以分为点式、线式和面式三种。

①点式蓄车场

点式蓄车场规模较小，只设几个等待车位，适合以轨道接驳集散客流为主，且出租车场站的规模受到相应的限制的车站。深圳福田枢纽主要以轨道交通接驳为主，汇集了 4 条地铁，鉴于福田中心区开发密度较大，出租车场站会产生大量的出租车流，对周边道路交通产生压力。因此采用点式蓄车场布局模式，设置两处出租车接驳场站，并限制出租车场站的规模，同时加强交通管理。设置少量上下客车位，不提供或适量提供等候车位。这种合理的规划方式，既降低了对周边城市干道的影响，又提高了道路交通效率。福田站出租车场设置如图 2.13 所示。

图 2.13 福田站出租车场设置

②线式蓄车场

线式蓄车场布局以出租车进出站专用车道兼做蓄车场地，不单独开辟专门场地蓄车，候客车辆排队进入，如果上客区已停满，后到达的出租车则不得进入，必须离开。实际工程中线式蓄车场的具体形式种类灵活多样，不一而足，常常将线式蓄车场环绕其他场站联合布置。北京南站中出租车道包围地下小汽车停车场设置，由于车道与站房或广场有较长的接触距离，换乘口的选择和设置就会更加充足、灵活自由，整体布局也更加紧凑有机，如图 2.14 所示。因此，线式蓄车场布局模式适合有集约用地需求的高速铁路车站。

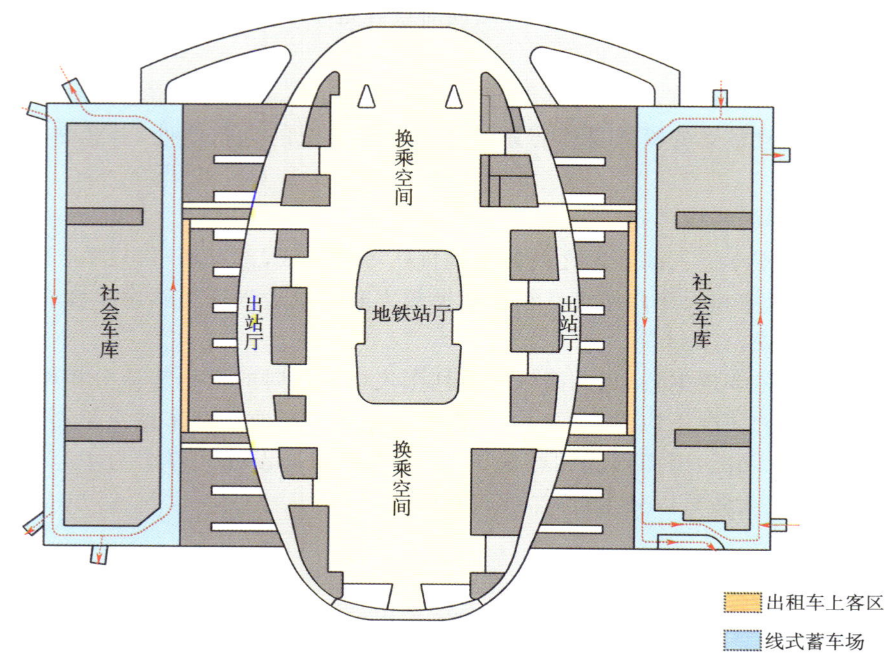

图 2.14 北京南站出租车地下线式蓄车场与上客区合设示意

③面式蓄车场

面式蓄车场适合需要大面积蓄车场地的独立蓄车场，可以布置在地下，也可以布置在地面，如图 2.15 所示。面式蓄车场布局按照车辆的停放方式可分为普通停车布局和车道式停车布局两种。

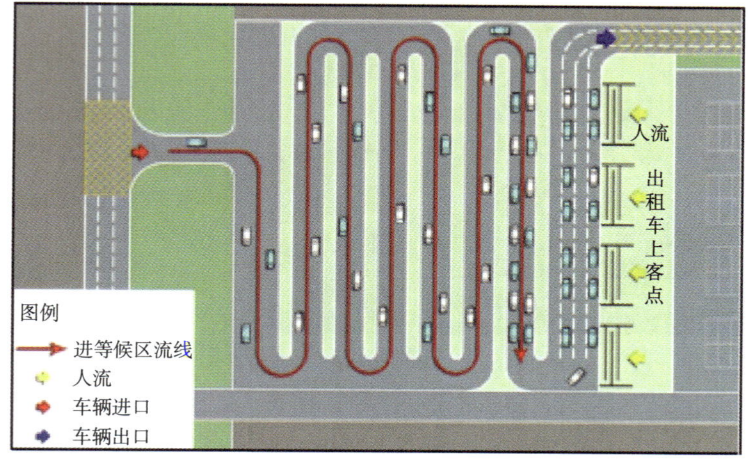

图 2.15 南京南站面式蓄车场与上客区合设模式

3. 与周边步行系统衔接

在站城一体化建设发展的框架指导下，以高速铁路车站为核心的综合交通枢纽将交通功能与城市商业、办公、休闲等功能更加紧密而有机地融合，形成具有丰富内部功能的综合设施，旨在成为城市居民出行、日常生活的公共活动的中心，其中步行系统的建立将是激发枢纽区域公共场所活力的重点，并通过步行意愿、步行设施和步行环境等影响因素构成。

1)步行意愿

客流步行意愿的产生主要受车站周边城市商业活力空间、公共活动空间、公共交通站点等设施的数量与分布影响。吸引点多、界面开放程度高、服务功能全面的车站环境会更容易吸引步行人群。相反，区域无法形成连续的商业活力空间，车站与城市开发地块步行联系距离过长，或链接设施不完善、缺乏品质，都将导致客流步行意愿降低。

2)步行设施

建立合理的、连续的步行设施是高速铁路车站区域步行交通网络可达性、便捷性的重要保障。采用“多层步行廊道”的方式进行步行交通组织，通过构建“地下、地面、空中”立体叠合的多维步行空间设施，缩短车站连接周边城市业态、环境的距离，并提升车站最大限度地利用城市空间，强化功能混合，推动实现产城融合、站城一体化发展。

3)步行环境

步行环境包括步行空间通道及通道附属设施(绿化、景观、休憩、照明及无障碍设施等)其品质的优劣将直接影响步行交通的安全性和舒适性。

高速铁路车站区域，优质的城市土地开发、配套完善的步行交通网络，可以促进车站的交通价值外溢，成为提升城市活力的媒介，可以串联起商务、通勤、购物、会展等常发性城市活动，与铁路客运交通紧密相关的综合业态构成，并有助于提升地区开发价值和城市形象。

4. 与城市轨道交通衔接

城市轨道交通以大、中运量的公共交通方式参与高铁车站的城市集散系统交通组织，是现代客运枢纽发展的必然趋势。

(1)重合式布局

重合式布局是指轨道交通车站与高速铁路车站的在空间布置上上下重合，两者在同一水平面上的投影完全重叠的布局模式，如图 2.16 所示。重合式布局在国内外的各种大型综合交通枢纽中较为常见，应用非常广泛。在我国，多数情况下重合式布局的轨道交通车场位于铁路车场的下方。由于高铁站房多采用上进下出或下进下出的进出站模式，因此常结合铁路的出站换乘大厅布置地铁的进出站口，以方便旅客的换乘，减少旅客的走行距离。

(2)半重合式布局

半重合式布局是指轨道交通车站与高速铁路站房在同一水平面上的投影部分重叠的布局模式，如图 2.17 所示。将多条轨道交通线路集中在一起，方便旅客的集中换乘。轨道交通的进出站口一般结合换乘大厅设置，乘客无需出站就能通过室内换乘。

由于半重合式布局轨道交通车站偏于铁路站房一侧布置，与重合式相比增加了部分换乘旅客的步行距离，因此换乘的均好性和舒适性均受到一定影响，因此在不影响交通功能的情况下，合理地设置轨道交通的进出站口，为旅客换成提供便利的条件就成为该布局模式的关键点。

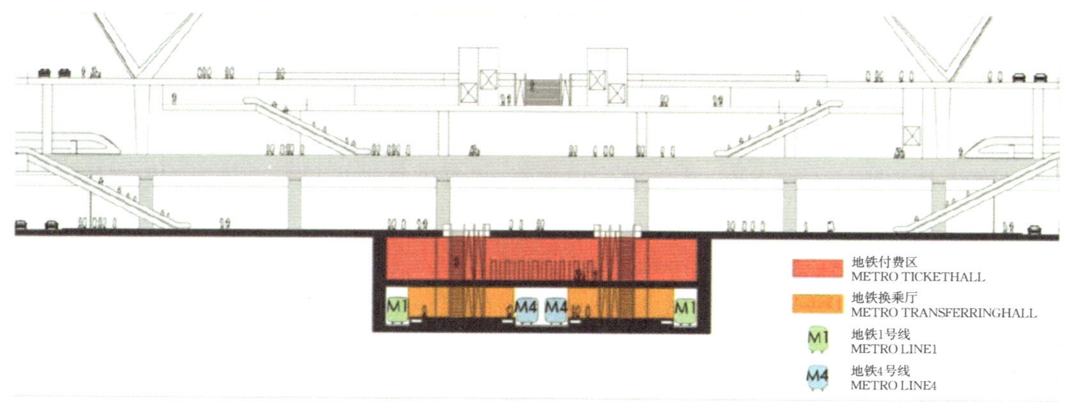

图 2.16 重合式布局

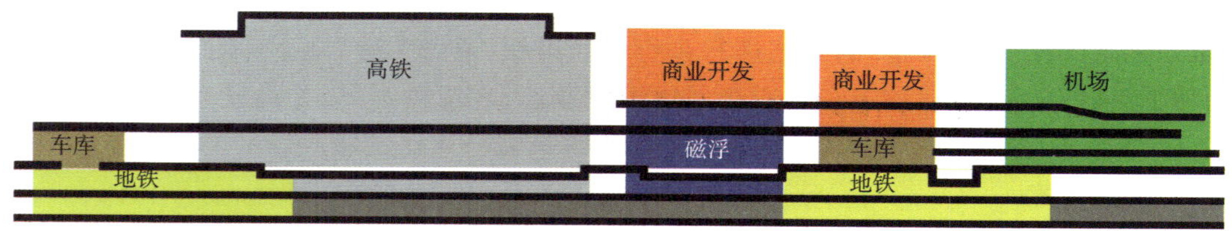

图 2.17 半重合式布局

(3)并列式布局

并列式布局是指轨道交通车站与高速铁路站房在同一水平面上的投影完全不重叠,两者相邻布局的模式,如图 2.18 所示。此时,轨道交通车场可以与铁路车场位于同一层面上也可以位于不同标高层面,但两者仍然是同一建筑的两个部分,在建筑内部直接连通,轨道交通的换乘大厅一般结合铁路站房的进、出站层设置,以满足旅客站内换乘的需求。

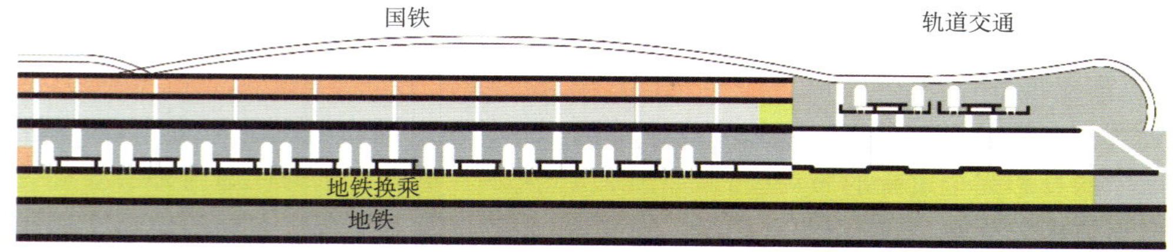

图 2.18 并列式布局

5. 与私家车、网约车等社会交通衔接

社会车辆包括私家车和城市公共交通以外的各种机动车。根据各地高速铁路枢纽客流量预测数据统计,社会车辆的客流分担率与出租车基本持平,各占旅客总数的 8%～26%,是对外客运枢纽客流实现内外交通换乘的另一类重要的交通方式。

未来我国高速铁路车站与社会车辆的衔接可能出现以下两种趋势:

其一,预计使用社会车辆换乘高铁的客流数量将会增加。

其二,“同城效应”引发停车换乘(P+R)的可能性,高速铁路催生的“同城效应”逐步显现,随着城市群内部中心城市与周边城市的通勤人口日益增多,综合交通枢纽出现停车换乘的可能性也逐渐增加，在规划设计中也应当引起一定的重视。

在实际应用中，需根据相关政策，对社会车辆的规模做出合理的预测，对社会车辆与高速铁路车站的衔接换乘给予更多的重视，确保综合交通枢纽的健康、可持续发展。车站与社会车场的衔接可分为结合车站站前广场布局、结合站房布局，而根据高度关系又可细分平面布局、立体布局等。

1)结合站前广场布局

(1)平面布局

平面布局是指在用地宽裕，交通量较少的中小型高铁客站中，结合站前广场两侧的地面布置方式，如扬州站、廊坊站、天津南站等。

(2)立体布局

在大中型高速铁路枢纽中，考虑到节约用地和换乘的紧凑性、舒适性，常将停车场结合站前广场地下、半地下布置。如上海虹桥站的社会停车场结合站前广场地下分南北两块布置；杭州东站的社会车辆停车场位于站前和站后广场下方；苏州站分两部分对称布置在站前广场地下－6.75 m 层(图 2.19)。而深圳北站将地面和地下相结合，形成多层停车场。

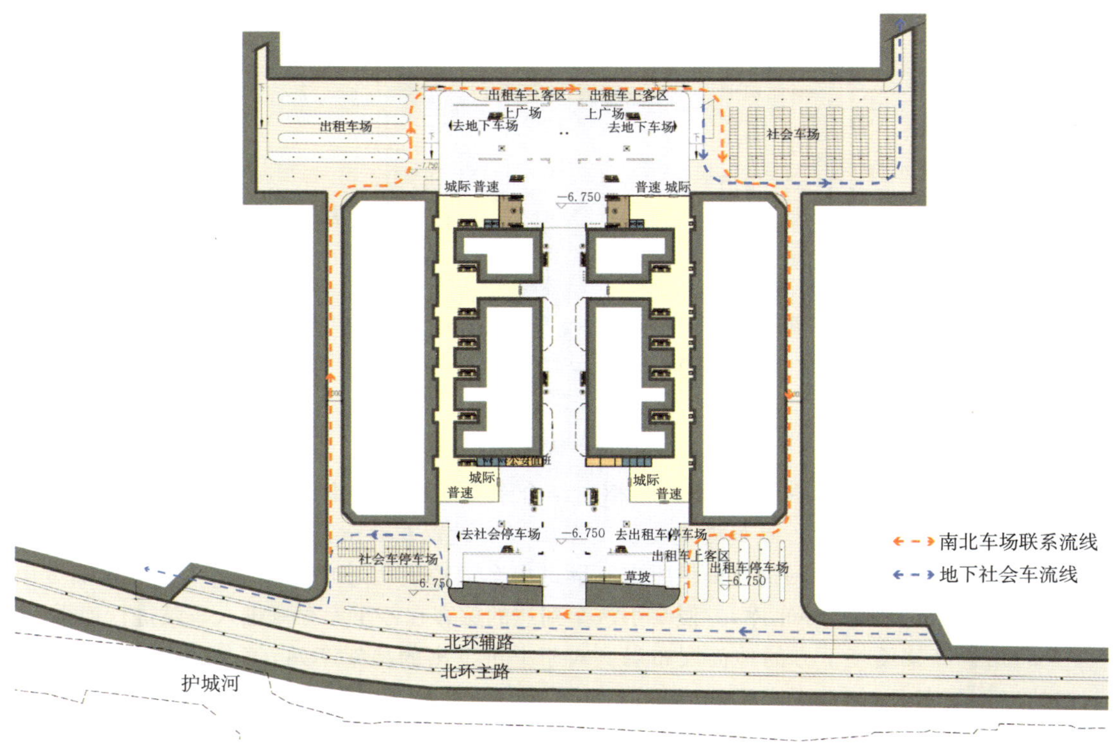

图 2.19 苏州站前广场地下布局示意

立体式布局的社会停车场往往在地下与站房出站层结合在一起，旅客在站内经出站大厅就能直接到达停车场，换乘社会车辆出站，这种布局不仅能够节约用地，减少对地面环境的影响，而且能够缩短换乘距离。

2)结合站房布局

结合站房布局可以分为以下五种情况。

(1)结合站房地下空间布局。结合站房地下空间布局模式将场站设施都集中到一栋建筑内,能够极大地节约土地,缩短换乘距离,因此在国外大型铁路车站区域非常常见。如伦敦滑铁卢国际客运站,地下三层设有大型车库,上、下层之间设有自动扶梯;日本新大阪铁路客运站地下三、四层是停车库,有螺旋形坡道供车辆上下。北京南站的社会车辆停车场也采用了这种与站房一体式的立体化布局,将停车场设在地下一层出站大厅的两翼(图 2.20),极大缩短了换乘距离。虽然这种布局模式造价较高,对施工、防火等都有较高的标准要求,但由于其在无缝接驳方面的显著优势使其在我国大中型高速铁路车站的实际建设中有广阔的应用前景。

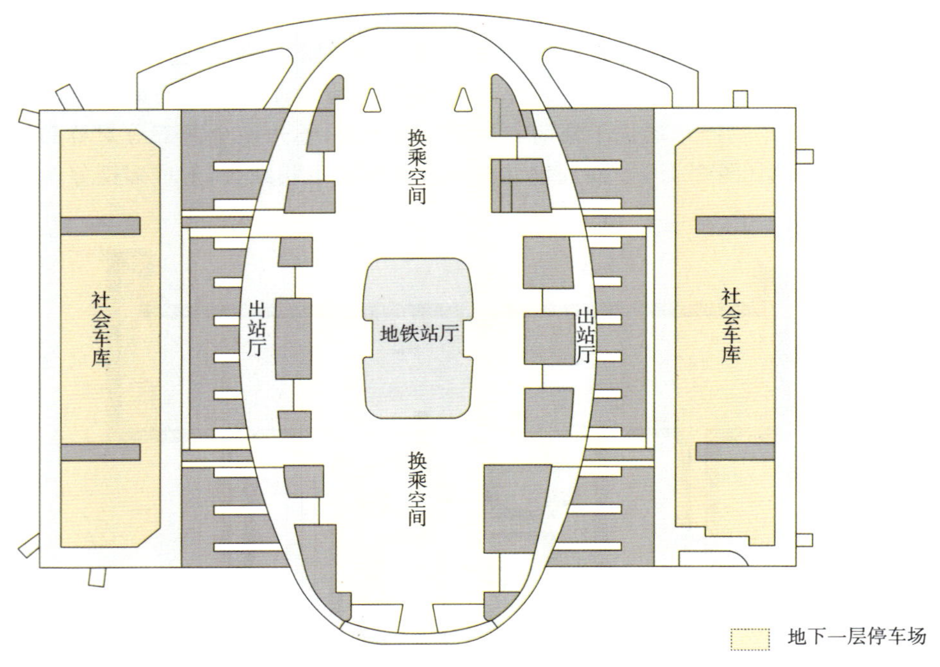

图 2.20 结合车站地下布置停车场

(2)结合站房设置停车楼。上海虹桥枢纽结合东交通中心在南北两侧各布置了服务于航站楼和磁悬浮的立体车库。停车楼主要机动车出入口设置在 0 m 层,每侧停车楼 6.6 m 层也各设有 1 进 1 出两个辅助闸机口提供库内车辆进出车道边使用,如图 2.21 所示。美国旧金山港湾枢纽,毗邻设置多层停车库,方便乘小汽车到达的旅客在停车库存车进入车站进行换乘。

(3)结合高架站场下方的地面层布局。对于上进下出的高架车站,停车场可以结合站场下方的出站层布置,如南京南站。

(4)结合站房屋顶布局。比利时港口城市奥斯坦德(Ostend)枢纽车站是由原来的火车、电车、公交车站改建而来,2006 年车站竞赛方案的主要亮点在于能容纳 700 辆车的换乘停车场被设置于火车、电车、公交车站上部的屋面平台上,通过这种方式实现了多种交通方式的一体化换乘。又如东京上野站经过不同时期的改造扩建,充分利用车站建筑层面设置公共停车场和跨线层顶通廊。高效利用城市土地资源,满足区域功能需求,如图 2.22 所示。

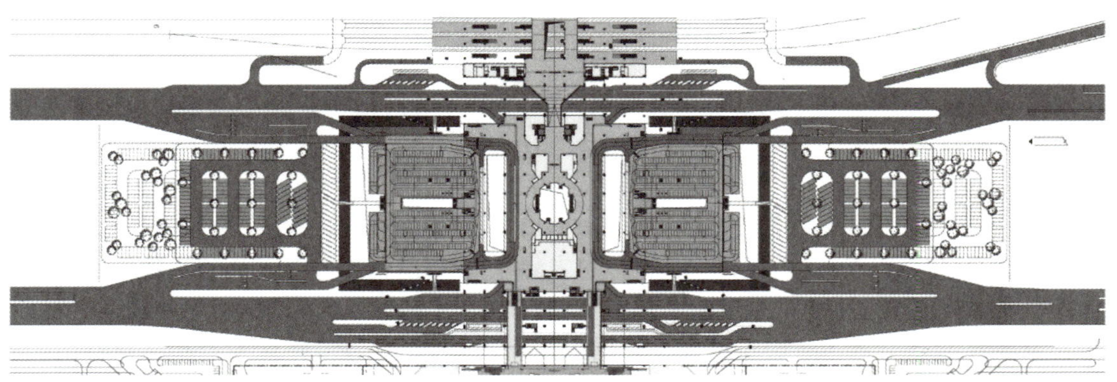

图 2.21　虹桥枢纽东交通中心立体车库平面示意

图 2.22　东京上野站

(5)结合周边建筑布局。结合周边建筑布局是将车站停车场社会化，与周边的商业金融等综合开发地块的停车场联合设置，并通过地下通道与车站换乘大厅相联系，其优点是既可以减少车站区域的交通压力，又能达到集约用地的目的，同时通过停车功能使车站与城市活动更加紧密地联系在一起，有利于发挥高速铁路车站对周围地区发展的带动作用，但换乘距离过长有可能过长会造成停车场与站房的分离，无法实现便捷换乘。因此，在设计中应根据实际建设中不同建设条件需要慎重决定是否选用该布局模式。

2.1.5　车站建筑与城市文脉

高速铁路车站区域的规划布局与城市发展紧密相关，并始终受到城市空间结构和建筑文脉的影响，在历史文化的传承中发展且延续城市生命的进程。因此，车站规划需要客观反映城市建设时代风貌，与城市建筑文化相融、与空间环境相协调。

1. 继承传统

历史上的每一座铁路车站，都为城市和地区发展作出过重要的贡献，并作为体现区域城市的形态载体，反映时代风貌的标志性建筑，城市重要“门户”的精神和形象代言。那些被保留至今的车站建筑几乎都被列入铁路和城市的“历史文化遗产”。

青岛站始建于光绪二十六年(1900 年)，1901 年建成使用。当年的站房建筑由德国建筑师设计，呈德国文艺复兴时期建筑风格，其坡顶红瓦、钟塔高耸的组合建筑形态早已深入人心，并与城市环境浑然一体，历经一个多世纪来的风雨变迁，依然作为青岛城市的独特地标。2006 年青岛站改扩建，尽端式站房整体呈 U 形布局，规模扩展至 5.5 万 m^2，6 台 10 线，于 2008 年完工投入营运。新建车站在保留既有站房的基础上扩建，并维系了车站建筑风貌，与主城区的空间形态、尺度的良好关系，如图 2.23 所示。

图 2.23 青岛站鸟瞰

荷兰阿姆斯特丹的泽伊达斯(Zuidas)金融区城市设计(图 2.24)，是以阿姆斯特丹南站(Amsterdam Zuid station)为核心的城市更新项目，南站北侧区域是传统的荷兰街道城市肌理，由人行活动为主街道分割或或大或小的街区，南侧是新开发的住区肌理。泽伊达斯(Zuidas)金融区项目城市设计，通过将车站线路置于地下，利用站场上盖进行立体化的开发，缝合两侧城市，中心区由高密度的大厦构成相对狭窄的街道，在空间意向上与原有城市结构寻求一致，并保持相互间协调的城市空间肌理，如图 2.25 所示。

2. 延续文脉

在大多数的大城市中，早期铁路和车站都修建于城市化发展阶段初期，通常位于当时老城市中心的边沿，而在长期的发展中，又演变为当代城市发展的中心。历史阶段不同，致使车站所形成的建筑风格、规模和尺度都有所不同，而且由于不可预测的事件发生以及城市进程的变迁，都必然对之后在原址上建造高速铁路车站，寻求与城市环境、空间形态的和谐产生很大的影响。一些历史的车站无法避免被拆除的宿命，却也未必一定需要复原重建才是唯一的城市文脉传承途径，因为历史一直都是在因地制宜、因时制宜的发展中地被不断延续。

图 2.24 泽伊达斯城市设计总平面示意

图 2.25 泽伊达斯城市设计核心区剖透视

鹿特丹的内城在“二战”时期几乎被彻底摧毁，这座城市并没有在空间形态上选择复原重建，而是积极并严格地依照现代主义设计原则开发，成为全新的城市中心，空间和效率激活了城市的发展，也成就了荷兰贸易的舒适感。在破坏性火灾中幸存的内城建筑大多被拆除，以尽量为新的城市建设创造出“一张白纸”。相比其他荷兰城市的内城，鹿特丹新市中心为交通提供了更多的空间，城区内有很多二十世纪五六十年代遗留的现代主义大楼，而在鹿特丹中央站(图 2.26)周围矗立着二十世纪八九十年代的办公楼以及巨大的批发大楼，面对宽敞的马路和广场。在这里小尺度难觅踪迹，大尺度和广泛的空间成为是城市独特的、积极的特质，并在客站周围的城市空间延续，传统的城市结构几乎没有任何显现，新建的鹿特丹中央站南侧主入口采用大尺度的悬挑空间形态，以适应周边大尺度的新城市空间结构，与周边城市建筑共同开创了车站地区城市空间发展的新的历程。

图 2.26　鹿特丹中央站

2.2　车站规划的主要原则

2.2.1　基于铁路需求的规划原则

1. 客运需求与营运模式

随着铁路网的快速建设和高速发展，铁路枢纽引入城市的铁路线路数量增加，以大城市为依托的铁路枢纽应不断完善，才能满足更大客流乘降及中转的出行需求。面对铁路枢纽规划提出了新要求，应根据枢纽总图配置新的高速铁路车站或扩大既有客站规模改造升级，并配套与之相关的交通设施。此外铁路客流的增长，客运分布的改变，对以高速铁路车站为核心的综合交通枢纽规划也提出了新的要求，应增强车站的服务能力，并在区位上适应客流分布变化。

客运专线(高速铁路)、城际铁路的建设和高密度、公交化的铁路运营发展趋势必然对客站规划提出新的要求，高速铁路车站规划设计应更加注重考虑方便到达、方便换乘、方便购票、快速通过、快速上车等因素。近些年来，铁路为适应社会经济发展和人们出行需求的变化，正在不断调整、完善，区域经济联系的梯度变化和交通需求的层次性也决定了铁路网的构成及运营组织必须与之相适应。规划中的我国铁路线路网包含了全国性客运专线铁路网(含高速铁路、客运快速通道等)、全国性的普速铁路网和区域性城际轨道交通(或城际铁路)网；而铁路运营网络从客运的角度也可分为全国性高速客车运营网、区域性城际客车运营网、普速客车运营网等。因此，铁路技术进步、运营模式的改变对高速铁路车站规划都提出了新的要求，规划需要适应多模式、多层次的网络布局和运营模式。

2. 铁路枢纽总图

铁路枢纽总图布置是对铁路枢纽内各主要车站的分布和相互位置，枢纽内主要设备的配置进行规划。其一般依据引入线路的方向、数量和技术特征，客货运量的流向、大小和性质，既有铁路设施的情况，结合城市地形地貌条件及城市规划来确定。枢纽总图布置要方便枢纽内旅客乘降、中转和货物到发、中转，结合目前我国大城市市区“退二进三”(第二产业从市区搬迁到郊区产业园、市区主要发展第三产业)的规划原则，铁路枢纽总图布置理念也随之转变，总图布置以“客进货出”为导向，客站尽可能进入城区内部，方便旅客乘降，货运站迁出城区与城市产业园区及物流园区规划相结合，减少货物运输对城市的影响。另一方面，高速铁路车站规划模式也会对枢纽总图布置提出要求，如多车站模式也有利于分散单个车站的客流量，控制规模，更有利于实现流线清晰、短捷，换乘方便、快捷，分散城市交通压力。但多车站模式会增加枢纽的复杂程度，因此，要求枢纽总图合理布置，提高铁路运输效能。

2.2.2 协同城市空间发展的原则

1. 助力区域经济发展

伴随着我国经济的快速发展和城市化水平的提高，在环渤海京津冀地区、长江三角洲地区、粤港澳大湾区等经济发达地区将形成经济联系紧密、一体化趋势特征明显、由若干个不同规模的城市(镇)共同构成的都市带。日本等发达国家的经验表明，高速铁路对控制都市带内各城市的旅程时间，促进都市带的形成和发展具有重要的推动作用。在三个地区将致力于构建区域内“1～2 h 交通圈”，因此，都市带内城际铁路的途外附属时间宜控制在 1 h 内，尽量不超过 1.5 h。

佛山西站选址于广东省佛山市南海区狮山镇罗村，作为广州铁路客运枢纽的主站之一。随着贵广、南广铁路引入广州枢纽，逐步形成以广州站、广州东站、广州南站、佛山西站为主的“四主两辅”的客运格局。依据规划，整个佛山西站和周边地区将要打造成国内外交流的新平台，成为佛山甚至是广东对外交流的重要门户和窗口。佛山西站开通运营，更加强化城市西向的发展辐射作用，有助于佛山以高端产业融入“一带一路”，改善区域综合开发品质，佛山也进一步成为连接粤桂黔高铁经济带和粤港澳大湾区的枢纽城市。佛山西站区位示意如图 2.27 所示。

另一个方面佛山西站也将成为广佛都市圈乃至粤港澳大湾区的重要门户枢纽，对区域发展具有战略性意义。佛山西站作为区域的门户将强化区域联动和对接，推进广佛超级城市协调融合发展。广佛两地将依托区域性交通廊道建设，塑造广佛超级城市中心区与外围地区的主要辐射轴带，增强区域中心与重要发展节点的空间联系，实现广佛超级城市全面对接和深度融合。

2. 优化城市空间格局

高速铁路车站周边，尤其是临近车站的核心地区，虽然是城市繁华的商业区，但相比那些远离车站的其他中心区商业服务环境，较为低端而紊乱。除了一些经济发达城市的新建车站之外，大多车站与周边城市区域的关系并不乐观。在城市总体规划的意义上，铁路客站

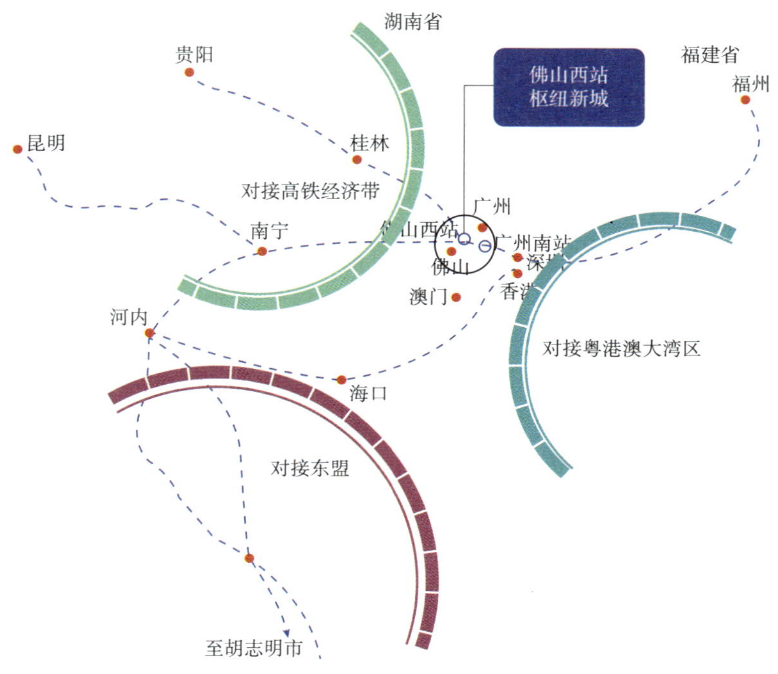

图 2.27 佛山西站区位示意

又是城市发展制衡点。早期接入城市边缘的铁路线和车站，通常是单面邻接城市中心，随着时代的发展、城市规模扩张，铁路转变为穿越城市的线性空间形态，明显地割裂了城市并影响其的整体发展。

高速铁路车站建设以全新的立体化方式连接城市空间，改变了早期平面化布局的城市形态，并且不再以单纯的交通枢纽节点形式呈现，转而以综合完善的城市服务功能作为重要的目标，与周边城市空间密切互动，融为一体，在带动周边城市地区的复兴与城市功能优化方面发挥积极作用。同时，高速铁路车站地区与邻接城市其他副中心区域的均衡发展产生相互影响，综合车站区域整体规划定位、产业结构和业态分布、空间环境景观、社区服务以及就业岗位等优势条件，形成相互间的有机分配与结合，互补、互利，平衡发展，促进并优化城市空间结构和资源分配。

3. 提高综合交通效率

城市轨道交通以其大运量、快速、准时、环保等优势正在逐步成为我国各大城市主要的公共交通载具，同时也将成为这些城市中大型和特大型高速铁路车站旅客集散的重要交通方式。

随着城市轨道交通的发展、市内交通方式的不断完善以及市内交通效率的大幅提升，也将带来车站区域换乘量的增加。铁路客站不仅包括车站外部交通的旅客换乘和城市内部交通转运，还包括市内各种交通方式之间的换乘。对区位条件较好、离市中心较近、市内交通接驳体系较为完善的高速铁路车站，市内交通的换乘量往往较大，因此，车站与市内公共交通换乘也应该给予充分的重视，做到客流的配合准确、流线的衔接顺畅。对于不同类型的高速铁路车站，还应采用规划手段引导和控制市内交通换乘占客站总换乘量的比例。

一些特大城市将高速铁路车站引入航空港，协同轨道交通、长途客运和地区公交线协同联运，提高综合交通效率。

2.3 车站规划的设计策略

2.3.1 城市功能引导

高速铁路车站区域功能定位关系到区城交通和城市空间的未来发展，不同类型的功能定位对站区路网的布局影响很大。以车站为核心的综合交通枢纽建设具有主导本区域城市发展方向的意义，通过交通功能带动城市商业商贸活动，提升城市经济发展水平。车站区域功能定位结合城市发展可以表现出多种形式：结合客流交通换乘打造立体化集散中心（广场）、结合科教高新产业植入打造现代创意园区、结合旅游产业打造城市旅游集散中心、结合现贸易资源打造现代化商贸中心。随着时间的推移，高速铁路车站区域建设逐渐完善，所承担的功能也会随之变化，铁路客流的增加，逐渐促进区域转型为经济中心，使得土地利用率得以提高，站区功能进一步完善，将可能成为新的城市中心或副中心，与老城区形成相互竞争的关系。

1. 综合交通导向

以交通功能为主导，带动区域综合经济发展。依据一体化的综合交通枢纽功能定位，构建城区的空间衔接为主要目的的车站区域规划，尤其注重周边交通规划，城市路网布局较紧凑，充分发挥城市触媒作用，向外辐射，拓展空间，形成规整而引导明晰的区域路网形态。

综合交通枢纽集散区域通常具有高速铁路车站核心功能的共性特征。车站的巨大客流成为城市交通转换的一个重要节点，必须提供多种交通方式且对等运量的交通工具，方便旅客选择使用，并采取合理的交通组织和布局形式，方可化解大规模铁路客流的集散问题，保证车站正常营运和城市日常生活。同时，还应提供满足旅客在交通行为过程中发生的所有配套服务和安全保障等需求，如问询、餐饮、酒店、零售等业态服务，以及医疗、卫生和安全设施。

上海虹桥特大型综合交通枢纽体现了所在城市的国际化水平，集合高速铁路、航空为核心主导的地区发展模式，合理的客运交通布局、快进快出的客流交通组织以及一体化紧密的多交通方式联运，成为占地 26 km^2 的综合产业区域。根据上海建设国际化大都市以及服务长三角的需求，上海虹桥综合交通枢纽区域充分发挥地理位置优势，创建连接上海与长三角的桥梁、服务长三角产业重构的平台，成为我国客运综合交通枢纽城市设计的典范。上海虹桥枢纽规划总平面示意如图 2.28 所示。

2. 经济开发导向

以形成现代化高速铁路车站为核心的新型城区为目标，实现城市中心功能的转移，同时建设区域经济节点城市战略性枢纽为主要发展导向。结合商业经济开发为导向的高铁枢纽城市区域，大多遵循城市的产业结构和城市规模：特大型城市具有发达的产业结构，以商务商贸为中心作为其主要功能；中型城市的小商品经济发达，可形成城市特色明显的商业购物街区，打造城市具有特色的商业门户；以旅游产业为主的城市，高速铁路车站区域商业业态

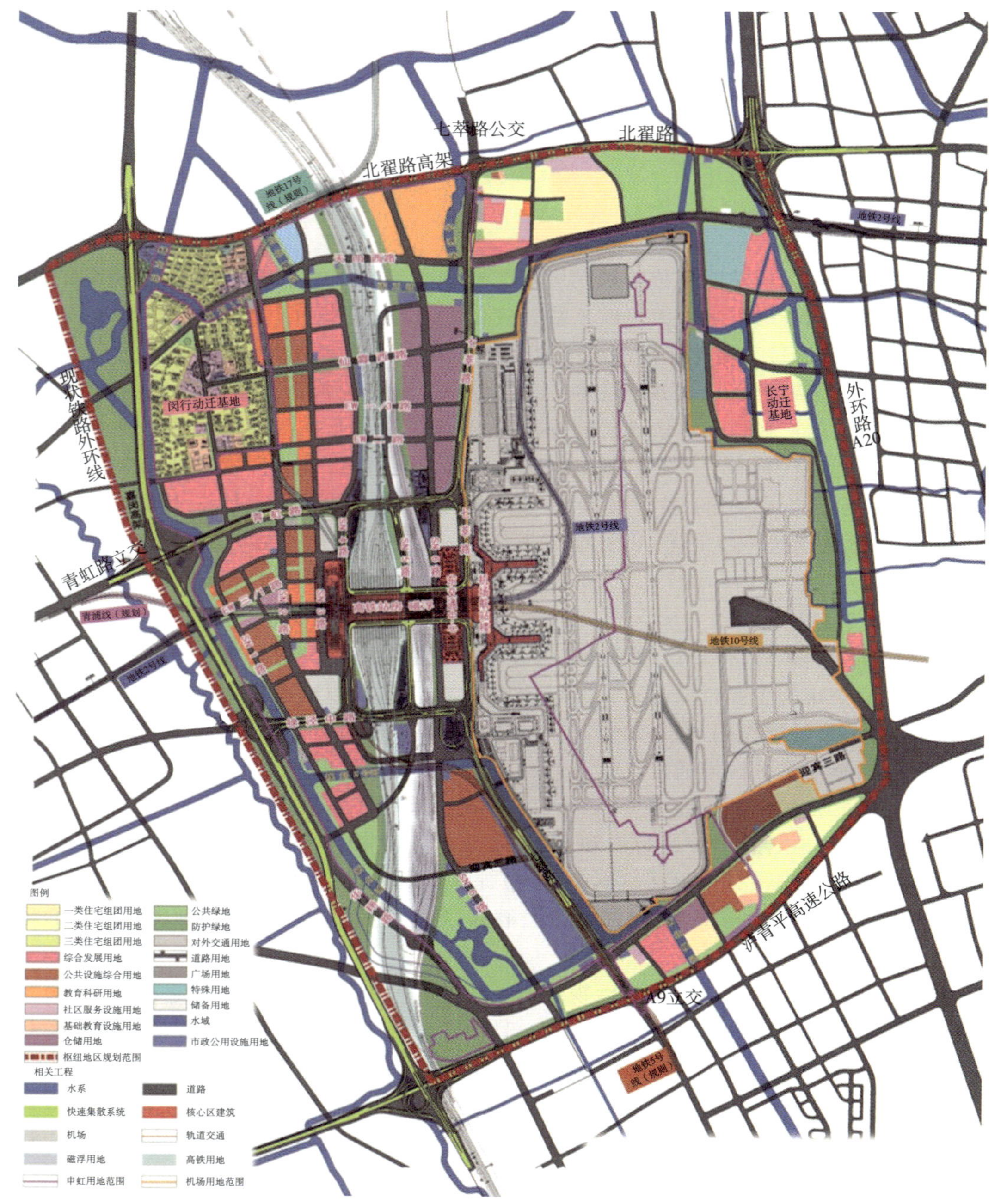

图 2.28　上海虹桥枢纽规划总平面示意

结构一般以旅游经济为主。

以商务商贸开发为主要结构的综合交通枢纽区域开发，由商务商贸形式展开新区建设是大型城市打造商业 CBD 的主要开发方式，通过高层楼宇式办公吸引企业总部的入驻，提升站区的服务品质。

以商品购物街区为主要结构的高速铁路车站区域商业开发，可由打造商品购物街区的开发模式展开，成为提升城市经济实力的主要方式之一，尤其以小商品经济发展起来的中小型城市可采用。车站区域业态可选择以零售商业、旅馆等服务型业态布局设置，同时预留土地，适应并满足远期客流增长、消费特点和形式转变的空间形态发展趋势。

3. 生态景观导向

以生态环境景观引导为开发策略的综合交通枢纽规划，是以注重地域自身条件、自然资源、生态环境景观保护为主要手段，加强基础设施环境建设，并以优美的高速铁路车站区域环境吸引投资和人才，提升区域城市的活力。以生态景观引导的开发策略较适合生态旅游型城市，与城市的形象、发展定位以及车站选址有很大的关系。而对于中心城市则更可以结合城市大型公共设施建设，引导开发，综合行政办公、会展、金融服务、文化娱乐等扩大化公共服务设施的影响作为新的城市经济增长点，带动土地高效有序的开发。

充分利用生态环境资源，综合城市基础设施建设，提升综合交通枢纽及整个新城区域的生态环境品质，也将成为未来铁路与城市协同发展的新方向。

2.3.2 区域交通规划

综合交通枢纽的集疏散能力往往与交通接驳工具的特点和集疏散通道的道路系统疏解能力密切相关，与周围的开发强度也有关。综合交通枢纽的区域交通规划往往是城市交通系统的“瓶颈”，也是高速铁路车站和外部客流联系的“咽喉”。

1. 枢纽区域车流交通组织

综合交通枢纽规划范围内的交通流由过境交通、枢纽集散交通以及枢纽内部交通构成，针对不同的交通流采用不同的交通组织策略，其交通疏解组织功能的重要性通常远大于其他不同区域的城市设计。依据高铁枢纽的区域条件与功能定位，预测未来该地区将产生大量的过境交通、集散交通以及内部交通，妥善处理这三种交通的关系是枢纽地区构建和谐交通系统的关键。

1)分流过境交通

在枢纽区构建和谐的交通系统必须妥善处理过境交通问题。随着高速铁路车站、城市轨道交通的建设成型，枢纽地区的交通优势将更加明显。发达的对外交通系统也为地区的发展带来了空间机遇，同时大量过境交通也为地区交通带来压力。构建过境交通通道，一般可以采用环路的组织模式，分流过境交通。

综合交通枢纽在城市中的区位不同，交通流线特征也存在差异，过境交通问题的严重程度不同，相应的组织策略也有所差别。

当枢纽位于城市中心区域时，承担了重要的城市交通职能，其周边交通流密度大、与城市各组团联系紧密、支路网也较为密集。此时，枢纽集散交通和城市中心区自身的高密度土地开发所产生的向心交通相互影响，城市道路交通也往往需要穿越枢纽区域，车站交通和过境交通相互叠加，交通压力较大。这种情况需要在中心区外围构建快速路系统，分流穿过中心区的过境交通，进出车站交通则可通过区域主干道与快速路连接，并利用周边支路网密集的特点，缓解干路单独承担客流集散带来的交通压力。

当枢纽远离城市中心区域时，由于周围干路网和快速路网尚不发达，客流集散压力较小，过境交通相对较少。因此，枢纽规划应服务于城市发展定位，起到带动区域有序开发的作用，交通组织重点在于构建城市快速路网系统，使高速铁路车站和城市中心形成快捷连接。分离过境交通组织的重点在于合理规划城市交通网络组织的交通转换节点，尽量减少过境交通对枢纽地区的干扰。

2)快速集散交通

大型城市综合交通枢纽区域往往集空铁联运、长途客运、旅游集散、城市轨道交通、公交以及多种城市交通设施协同建设，并吸引各类商务、商贸、酒店以及城市多种服务设施和大型公共设施的参与，在区域范围内会产生大量客流和物流集散交通。

枢纽区域规划设计根据城市路网载运能力、不同性质、不同层次、不同方式的多重交通需求，充分发挥轨道交通和公共交通组合的优势，降低地面其他社会车辆交通的干扰，结合城市慢行系统组织合理统筹规划设计，利用现代智能化信息系统控制，空间立体化分流组织等高效集散交通措施，保障区域交通的良性秩序。

3)优化内部交通

枢纽规划范围内高强度的土地开发与多功能土地使用，也将产生大量的内部交通。构建高密度的支路系统，承接内部交通，既能提高地区发展活力，又可以降低内部交通对集散交通及过境交通的干扰。

枢纽内部交通流的组织需要协调各种交通方式的关系，在空间上尽量分离各种换乘设施，厘清交通方式进出各自换乘设施的流线，构建交通流和交通功能区树形模式，避免交通流线的相互冲突。同时也需要注意通过合理的功能布局以及管理调度，避免车辆空驶绕行，做到合理高效。通过设置社会车上下客泊位，引导出租车停驶并重视交通标志线和导向信息设计，在满足内部交通流畅的同时，适当规划冗余，为未来区域可持续发展预留条件。

2. 枢纽区域客流交通组织

枢纽交通流线组织规划设计应体现对换乘人流的“疏导”分离枢纽内部及周边各种交通方式的流线，建立通畅、安全的步行换乘系统。

1)以车站内部、内外和换乘设施之间的人行交通系统为重点，进行流线组织设计。进站人流和出站人流分离，大人流带与大车流带分离。充分重视各种交通工具的运输特性，交通设计应扬长避短，交通流之间应尽量避免交叉干扰。站前广场应首先满足人流的疏解为前提进行设计，并结合土地利用和综合交通系统的整合，在满足客流便捷交通的前提下，提供丰富的公共活动空间。

2)车站尽量多设置出入口，且与建筑、道路系统进行整体设计。靠近车站主出入口的空间应优先考虑设置大容量公共交通设施，以利于城市轨道交通客流快速疏解。各交通方式之间的换乘流线组织，可采用立体化步行系统衔接，缩短换乘距离、高效利用土地，并通过协调管理，重视完善的人性化信息发布和信息诱导系统，提高各功能空间的识别度和有序性。

2.3.3 区域城市设计意象及基本模式

1. 设计意象构成

1)城市精神的象征

(1)建筑空间的意象

意大利建筑学家阿尔多·罗西认为，一个城市的建筑可以分为“母体”与“标志”两大类，前者指占城市建筑80%的各类普通建筑群体，后者指占城市建筑总数20%的地标性建筑。在空间形态上，城市建筑的整体风貌意象是由二者共同构成的。

所谓“意象”是针对设计创造以及呈现的形式为受众可感知建筑空间的精神意味，“组意成象”是城市设计的基本方法。尽管在高速铁路车站设计中，现代新技术运用是非常突出的因素，但建筑形式与周边人文环境的融合对整个城市文脉的延续仍具有非常重要的意义。新建高速铁路综合交通枢纽的城市设计，需要关注区域中车站建筑意象与周边环境的关联性，整体空间意象的呈现也将基于地区历史、文化发展的渊源以及当代文明的延续，生成具有时代风尚并与地域环境相适应的空间构成关系；而对那些在城市中心区既有车站的改扩建，如果车站建筑形式与周边城市环境差异过大，则会形成突兀感，难以产生区域文化的归属感与认同感。因此，无论在改建项目中既有车站本体保留或保护性利用并扩建，新旧建筑结合的空间、体量、尺度、装饰性元素应用以及建筑形式呈现，都应当遵循与周边建筑、空间环境相适应的设计方法，保持并展现区域城市的整体风貌。

(2)城市肌理的延续

由街道、建筑物组成的地段和公共绿地等组成规则或不规则的几何形态，不同密度、不同形式以及不同材料的建筑形成的质地所产生的城市空间感官表征称为城市肌理，通常以平面图底关系图形表达。城市的肌理反映了商业区、居住区等区域的纹理、密度和质地，一个区域的肌理是历史形成的，所产生的物质、经济以及文化价值会随着时间和空间的逐渐演变、积淀成为城市生活的传统。城市塑造来自生活在城市中人们的集体记忆，这种记忆是由人们对城市中的空间和实体的记忆组成的，这种记忆反过来又影响对未来城市形象的塑造，即按照人的心智意象进行转化，又遵循和接受物质条件的限制。

尽管当代新兴城市发展正在逐步改变小尺度、高密度的传统空间格局，但高速铁路车站建筑以其庞大的空间体量，会对既有城市的肌理产生一定影响，尤其是一些建址在老城区的车站。因此，在枢纽区域城市设计中，需要进行相关城市肌理的针对性研究，结合城市道路网格、建筑尺度和密度控制，通过单元式组合、院落式空间、地下车站或车站上盖开发等方式消解、弱化或隐匿车站空间的庞大体量，从而防止车站在空间形态上对城市造成不良影响。

(3)城市发展的影响

高速铁路对城市或地区发展的影响，在近年来表现突出。受益于在铁路交通运输网络中的空间位置，城市的活力被进一步激发，兴建高速铁路车站将更有利于执行规划发展计划并助推城市经济。虽然许多城市在高速铁路开通之前就已形成了发展计划，但因为高昂的建设成本，管理机制方面的差异，以及主导建设动力的缺失而难以推进。而高速铁路车站建设作为区域城市建设的诱发性燃点，正在成为城市发展的重要契机。

在综合交通枢纽结合城市发展战略，站城同步建设意义上的城市设计需要关注以下几个方面：

发展位置上保持一致——枢纽在与原有城市中心区的距离选择要适当，避免站址距离过远对城区商业活动无法产生足够的吸引力；通过便捷交通有效保障的客流和其他资源的快速交换，增加高铁枢纽区域的吸引力与容纳力，并遵循发展指向明确城市规划，以利于城市基础设施升级和综合功能逐步拓展。

产业结构调整上一致——知识溢出和创意阶层正日益成为高速铁路车站建设推动城市经济提供多元化服务的力量。因此，区域城市设计的理念及其构建的区域城市空间新格局也在城市经济建设战略发展中指导性意义也变得越来越重要。

以高速铁路为代表的长距离、多节点快速地面交通的出现和发展，相对城市之间往来距离，在时间上大大缩短，人们互动交流更加频繁，影响了产业集聚、结构调整并加速扩散，同时进一步丰富了高速铁路影响区域发展的视野，增进了高铁经济和效应的拓展，这对以高速铁路为核心的综合交通枢纽区域发展的政策和策略制定更具有指导意义。依据知识溢出对区域发展产生重大作用原理，以知识溢出的距离约束和地理邻近性为理论和实践基础，扩展至对区域空间结构的研究，并展开区域城市设计，其目的是保持且促进城市产业结构的调整与发展。

2）地域风貌的反映

（1）因地制宜的自然环境

由于城市形成过程中的历史原因，以及不同的气候、地理、水文条件，某些城市边缘的高速铁路车站选址在较靠近河流、湖泊、丘陵山体等特殊的自然环境中，这就要求枢纽区域建筑空间形态保持地域性特色，积极利用环境优势，因势利导地进行公共空间的规划，形成因地制宜、适应当地气候条件、顺应地理环境、高效利用自然资源、融入周边的自然风貌的区域城市设计意象。

（2）可持续发展的生态环境

在我国城市化进程加剧的历史时期，综合环境治理、生态城市建设成为必然的社会发展趋势，高速铁路车站的兴建不可避免地会对城市产生影响，特别是在城市中心区的既有车站扩能改造，更需要谨慎地展开微更新城市改造手段，不可一蹴而就，需保持城市建设的可持续发展。高速铁路车站区域城市设计方法以生态环境建设理念为指导，采用车站引入地下来降低噪声，减少污染排放；结合自然环境植入、协同城市绿色景观空间营造等多种设计策略，保障高速铁路车站区域可持续发展的生态环境。

2. 空间模式结构

1）圈层式（面结构）

高速铁路车站区域城市设计不同于其他区域的城市设计，其主要区别在于将车站作为区域规划最重要的交通节点，并作为城市设计的核心部分展开。在城市其他功能区域的城市设计中，很少以一个大型公共建筑为核心，通过系统的综合交通组织全面影响周边城市用地规划和产业功能布局，产生明显的圈层发展空间关系。因此，可以说“圈层发展”关系是高铁站区城市设计的空间特色之一。圈层结构决定了站区城市设计要以高速铁路车站为中心展开，从空间整体性、城市交通、用地性质、空间形态、景观结构等各个层次反映高速铁路车站的核心地位和显著特征。圈层式结构如图 2.29 所示。

2）轴线式（线结构）

高速铁路车站区域的铁路线性延伸与车站贯通铁路两侧城市的连线交合，形成近似十字交叉的城市轴线：一条沿铁路线自然形成连续的线性空间，另一条垂直铁路形成以高速铁路车站为标志性节点的城市景观轴线，贯穿整个区域，串联起铁路两侧的城市建设发展。轴线式结构如图 2.30 所示。

图 2.29　圈层式结构

图 2.30　轴线式结构

以垂直铁路的城市中轴线展开的城市设计是高速铁路车站区域最常见的空间规划模式，它能够将城市中不同的功能节点以线性展开的方式联结为整体，同时能产生视觉空间连续的特征，形成明晰的城市公共空间结构。根据轴线的不同形态、不同切入点及对不同轴线案例的分析，通常城市轴线是以车站为核心节点，以接近垂直于铁路线的角度向外延展，紧密连接铁路线两侧的城市建设和发展。轴线类型可分为实体轴线（建筑轴线）、虚体轴线（景观轴线）、中心道路轴线、放射轴线和隐含轴线（功能轴线）。

3)集成式(点结构)

以车站为核心的大型综合交通枢纽城市设计,往往通过城市交通系统、公共空间系统、生态环境系统等与周边区域城市功能相连接。高速铁路车站作为地标性交通建筑和区域城市活力中心,具有高度综合的空间结构形式和城市公共场所的意义。

在土地资源紧缺、高密度发展的中心城市的高速铁路车站区域,充分利用铁路站场周边的土地,综合城市多元化功能的一体化建设形成集成式开发设计模式,能够达到高度集约化土地利用的目的。铁路站场上盖开发或将站场引入地下的方式,可以提高沿线土地利用,解决铁路对城市空间割裂等问题,使车站空间全面融入城市环境。日本20世纪90年代以来"站城一体"开发模式是"集成式"空间结构的代表,如新宿站、大阪站(图2.31、图2.32)等,重庆沙坪坝站(图2.33)、香港西九龙站(图2.34)以及正在建设中的深圳西丽综合枢纽都是这种设计模式的典型代表,此模式主要应用于城市中心区、土地高度紧张的站区开发。

图2.31 大阪站鸟瞰

集成式开发模式下的高速铁路车站建筑与城市融为一体,消隐在城市生活环境之中,车站功能与其他交通功能、城市商业功能相辅相成、无缝衔接。

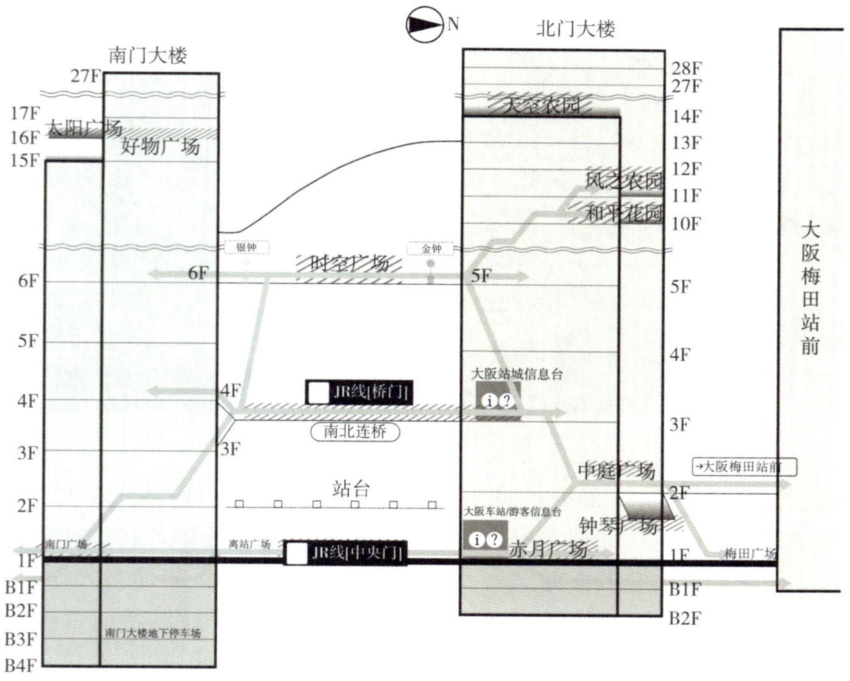

图2.32 大阪站剖面

图 2.33　沙坪坝枢纽

图 2.34　香港西九龙枢纽

2.3.4　区域城市设计导则

1. 基本概念及作用

1）概念

城市设计的另一项标志性成果是城市设计导则。

“设计导则”一词由英文 Design Guideline 和 Design Guidcance 而来，也可被翻译为“设计指南”或“指导纲要”。城市设计导则在 20 世纪 90 年代初开始引入我国部分城市，作为应用于城市规划和建设管理的辅助手段，在长期的建设实践中逐渐被认可，作为实施城市设计的有效方法得以发展和推广。导则的含义即为“引导、指导”“规范、准则”，对城市建设的土地开发控制与管理、发展导向及实施应用均具有重要的作用和学科意义。

极其复杂的交通可能会对城市区域空间环境结构造成多重不利影响。高速铁路车站区域城市设计导则编制的重点就是以构建有序的交通系统为契机，通过制定有效的区域空间发展策略和相应的建设原则，控制不良影响，化解矛盾焦点，激发城市活力，保障城市土地的良性开发和生活环境的可持续发展。

2）作用

城市设计近年来在我国高速铁路车站区域城市建设的实践中进步显著，设计水平日益提升，但相关设计导则尚未完全转化为铁路与城市管理管理部门后续可执的行操作依据、设计准则。虽然目前我国各地区城市设计导则和相关文件在城市建设管理的法律性文件范畴中并无相应的法律地位和明确的法定效应，但越来越多的城市设计实践表明，设计导则作为地方政府管理工作准则、专业技术推荐性意见和建议，已日益成为城市建设不可或缺的控制性文件依据和前期建设策略制定的重要内容，并在城市建设的诸多方面显现出鲜明的特征。

系统性：导则的内容不再停留于建筑与环境的形体空间，而更加强调区域空间结构的完整性和系统性，涉及城市建设的各个方面，逐步形成比较系统的研究领域。

引领性：城市设计导则以解决实际问题为导向制定实施策略，针对比较明确的范围和对象进行设计，设计目标更加求真务实，成果表达更加简明实用，城市设计更具有可读性，对城市空间的发展发挥着引领作用。

开放性：城市设计导则更加适应规划动态管理的特征，根据时代的演变和建设阶段的控制需求，作用于不断调整、修正、充实、完善的开放性设计过程。

指导性：随着城市设计导则的作用被充分认识，政府与公众对城市未来的期待也进一步增强，城市整体环境的控制要求被逐步纳入相应的城市控制性规划或技术管理规定，法定化的相关规划及规定有效地指导了城市建设。

2. 表达方式和主要类型

1）表达方式

高速铁路车站区域城市设计导则主要研究综合交通枢纽范围内的整体空间环境和功能分布架构，具有落地性、原则性的特点，区别于前期城市规划的宏观性和政策性导向，采用比较抽象、概念的数据模型和平面分区、分块的表达方式对车站地区建设发展的控制。尽管枢纽区域城市设计导则并不能决定城市空间和建筑的最终表达形式，但其创建了区域建筑、空间形态与环境景观的联系方式、文化品质和发展意象的具体控制性设计框架，包括建筑形态布局、交通系统组织以及城市环境品质的相互关系。同时，结合对区域土地开发功能的定性和量化分析，通过三维空间效果以及说明性文件和图表，形成设施建设的技术性控制设计条款，是对控制性详规的精细化修正和执行，为后续各部分建筑、道路交通、地下空间、环境景观等方案设计、建设实施提供指导性依据、要点和方向。

2）主要类型

由于各城市间的差异和城市各区域功能定位的差异，设计导则的分类也不尽相同。按导则内容表达性质一般可分为控制性导则和实施性导则。前者主要针对区域城市明确的上位规划（控规、详规）条例的深化和细节的补充；后者更趋于对实施建造的直接指导。按城市发展性质，也可分为定向性导则和开放性导则。虽然在导则的分类方法上有所区别，但共性之处也十分明显，均以遵循上位规划为基本原则，关注重点空间位置与整体形态关联，提出多方位、多步骤、多样化控制建设和发展的方法，起到承前启后的作用，并在设计文件的基础上，以文字条款配以简明图式表达。

定向性导则：又称“规定性导则”，其针对的是高速铁路枢纽范围内涉及国家、铁路或地区政策及法规问题，如自然资源保护、铁路安全、文化遗产，乃至对土地开发规模的上下限，既定的产业结构、建筑方案、城市交通体系、街区出入口规定等上位规划、道路交通控制的刚性条件服从，由此导出较为明确的主要框架体系和基本空间关系、场景和组织逻辑条款。定向性导则还包括关于在区域内的重要文化风貌保护的政策制定和限量开发，明确保护范围，限制周边建筑高度，甚至需要制定范围内更新改造的空间尺度、材质、色彩的定向控制导则，甚至在一些特殊区域对定向性导则的执行，施行鼓励性优惠或补偿政策。

开放性导则：更趋于主观的设计构想并同时具有较好的可实施性，在定性和定量的分析基础上以图示、图标的方式表达。高速铁路枢纽区域设计导则的开放性是基于跨学科研究的分析和探索，形成实施可行性的一种发展策略。保持一定的开放度，随着过程的变化、不断的实践完善，新的条件产生而形成相应的变换弹性。城市设计导则并不是规范，而是期望创建可预见的、有依据的、适应不同学科协同的指导性意见。在枢纽区域的核心范围、项目设计范围以及扩大影响区范围的不同层面展开多系统综合研究，通过对主要建筑形态分布、街区密度控制、慢行空间系统、以及导向标识、街廊设施、环境氛围等公共空间进行三维可视化和量化设计，形成具体的城市设计方案和开放性设计导则。

3. 编制内容及方法

1)主要内容

城市设计导则的编制一般分为总则、整体控制和片区控制三项内容。高速铁路车站区域城市设计导则的整体控制多以定性为主，确定设计原则、控制性要素和基本编制内容。包括用地功能、交通组织、空间景观、建筑群体形态以及开放空间、公共环境等；片区控制是在整体控制的指导下，以定性结合定量的方式具体细化控制要素，明确区分重点与一般控制的引导建设要求，落实于各个片区，包括各重点片区空间的具体控制性要求和引导性要求。由于城市各区域的功能定位和定性并不相同，自然条件也各有差异，城市设计方案及其导则的制定往往会根据区域发展特征形成不同的空间形态关注重点和各具特色的主导功能控制、引导策略，如城市的历史风貌保护区、滨水景观区、高新产业区、交通枢纽区等。显然，城市设计方法和导则编制重心会因城而异、因区而异。

2)编制方法

依据以高速铁路车站建设为核心发展的区域城市结构特定条件，参照我国各中心城市重要区域的城市设计及导则编写方法与实践经验，以可实施性操作、管理为主要目的，包含城市设计项目的建设背景、设计目标、导则条款、条款解释四个方面内容组成。

(1)建设背景

重点介绍枢纽项建设的目概况、车站选址、范围、规模等建设依据和执行原则，以及所处城市区域的规划发展定位、区位辐射影响、土地规划定性、分级交通规划、空间环境结构、自然人文资源及现状情况等建设要求和基础资料；明确导则编制对后续区域城市建设发展的指导意义、作用及适用范围；说明城市设计阶段与相应上位城市规划的关系，补充或并置于纳入规划的规定要求及条件；分项展开，并系统描述枢纽区域城市设计导则编制的主要内容和相互间的关联性。

(2)设计目标

城市设计目标是导则编制的核心内容，是对城市建设期望达到的理性状态的阐述，包括总体目标及总目标下含的各级子目标。总体目标需要在城市区域范围的宏观层面清晰地表达城市设计的理念和目的，并不细化到建筑、景观的每个具体部分，而是通过对设计要素的控制，间接表达建筑形态、交通组织与自然或人工环境等关系构成的区域整体发展框架以及城市功能空间分布构想、可行性分析，以城市设计总则条款的形式进行阐述，有利于后续操作实施。各级子目标是在总体目标框架下对子项设计手段和方法的进一步展开描述，形成系统的关联性目标。根据枢纽项目建设的重要性、特殊性以及区域城市发展的针对性条件，通常包含普遍意义城市设计情况下的建筑设计、交通系统、公共空间、地下空间、景观设计、照明设计、街道设计导则等内容。而其中枢纽核心区的高速铁路车站建筑设计导则、交通疏解设计导则和密切关联的公共空间(含地下空间)设计导则、标识设计导则为最核心的内容。分项系统设计导则根据不同的强、弱执行控制，有时也可以被称为“系统设计指引”或“控制指引”，且通常采用简洁、符合法制规范的语言进行描述并附简要示意图说明。

(3)主要条款

导则条款的编制往往是针对特定条件下的城市设计要素采集与控制。主要源于城市整体环境、分区功能和空间形态三个方面，并拓展为自然、人文、历史、公共建筑、空间、交通、景观等内容，甚至细化至街道、广场、绿化、设施、照明、城市家具等次级，并对相关要素的尺度、肌理、色彩、形式予以设计方向上的指引和控制。

建筑设计导则——基于枢纽区域城市设计方案，根据建设时序，重点控制以高速铁路车站为核心的周边主要公共建筑的空间形态和环境影响关系、业态分布和区域整体风貌。尤其是对与车站同步建设、一体化实施的和临近的重要公共建筑设计，制定合理的建筑规模、高度、体量、尺度、材质、主导色彩，以及对与环境协调的天际线形态等较为具体控制条例，提供有效的设计方法和建议，以指导后续实施建设。建筑设计导则并不应严苛地限制建筑形态设计创作，更侧重表达对枢纽区域建筑群体组合与既有城市环境的协调性原则，以及相互关系的指导性要求和控制性原则，并通过设计示意图、正负面作用评价予以论证和说明。

交通系统设计导则——在高速铁路车站区域城市设计研究中，交通显然是区域发展的特征性和先导性要素，预测由高铁车站带来的客流因素影响并构建可持续发展的城市道路交通系统，将为该区域未来发展打下良好的基础。区域的城市交通组织设计导则，包含了动态交通和静态交通设施两个方面，并分别需要从机动车行和非机动车行（人行）交通组织，车站和周边地块开发交通需求等多个视角分析，建立有序、高效的交通系统设计策略和原则。

其中，枢纽核心区的动态交通涵盖衔接进出车站的专用道路、桥梁和匝道，通过对机动车流量预测和专业设计计算，明确机动车道路与城市主要干道的连接路径和路幅；拟定城市轨道交通线位走向，对接铁路客流及城市客流的交通组织方式，并以功能、等级、安全等原则优化、调整区域上位交通规划。静态交通涉及枢纽区域范围内的各类公交、长短途站点基本定位以及机动车和非机动车停车设施的场地分布及属性，合理控制用地规模及可达性条件。

人行系统属于交通范畴，也同时与枢纽区域的公共空间活动交织、衔接紧密相关，因此有时也被纳入公共空间设计导则分项编制。从广泛的人行活动需求出发，结合进出高速铁路车站的竖向高程及合理的步行交通条件，制定安全舒适、尺度适宜的连续性分层步行空间环境设计原则并由此延伸，展开连接车站外围区域慢行网络系统和主要街道的街廊设施、开放空间、绿化环境等设计准则。

公共空间设计导则——公共空间几乎是现代城市设计最为关注的环境要素，可以由构建筑物、绿植栽种围合构成，小至街角广场，大到滨水景观，以开放、共享为特征的环境，为城市生活提供了丰富多彩的活动场所。在高速铁路车站区域城市设计中，核心公共空间形式主要表现为满足客流集散需求的共享空间，如站前广场或地下衔接轨道交通的半开放空间，以交通换乘、疏解、缓释、可识别功能为主导，兼顾城市多元业态服务，公共空间的整体性、开放性、连续性、引导性以及城市环境的协调、无障碍服务设计等是重点指引性设计导则编写内容。同时从区域更大范围的整体公共空间形态设计层面，还将根据区域的城市功能分布、历史人文、自然生态等特定的区域环境条件，制定公共空间（包括地下空间）系统整体关系的条例，营建各空间的场所意义，分别明确空间的序列、作用、规模、视觉开放度以及必要的设计细则，作为城市建设实施的指引性设计依据。

引导标识设计导则——由于高速铁路车站区域的公共空间关系复杂，各种换乘路径错综，空间方位辨识和清晰的交通方向引导往往是该地区城市设计中的重要环节。引导标识设计导则可分为导向性空间设计和静态指路标识设计。导向性空间设计具有可辨识性空间设计引导，多适用于范围较广的室外环境，通过具有强烈指向特征的空间设计手段暗示方向，如连续的线性空间、光线、色彩、肌理、矮墙、种植，以及指路小品、雕塑、喷泉等有明确指向的景观性标识装置；静态指路标识设计文字（图案）提示标识引导，具有更确的功能性指向，适用于空间复杂的小范围室内或半室外空间环境，以适应人体感官的专业视觉设计主导，控制标识分布的密度、安装高度、角度以及字体、图标、色彩的视觉辨识度等。

景观设计导则——以服务旅客出行体验展开，集展示城市地理环境、地域风貌、人文精神经济水平为一体进行设计控制，并往往以具有特色的区域自然生态环境以及人工景观设计愿景为主要编制依据，如山河湖泊、草原森林等自然景色，以及包括城市轴线、历史街区、建筑风貌等重要景观规划和保护性设计控制。结合高速铁路枢纽区域人群活动特征，还可以进一步拓展为由道路断面、铺设、街廊、绿化等组成的街道景观；由亲水平台、公共台阶、坡地植被等构成的滨水景观、开放视廊、季相植物配置、铺装材料、色彩等景观设计控制，以及由建筑照明、环保节能等构成的更为丰富的指引性设计导则内容。

以上是高速铁路车站区域城市设计导则涉及的主要内容，更为具体的导则编制，应契合特定区域的建设目标，根据各城市或地区建设管理的实际需求和发展重心、指导性要求进一步展开。

(4)条款解释

城市设计是一项复杂的工作，为避免对设计误读或理解上的困难，应对条款指涉的部分内容予以更加明确的解释说明，以清晰、简明、规范的语言表述，引导建设实施的方向。

高速铁路车站区域城市设计导则编写目前并无定式，抑或也不应被统一的格式所局限，但编制过程通常会以区域交通系统控制为核心内容，结合具体城市设计方案，编制涵盖区域土地使用、交通组织引导、公共空间形态塑造及脉络、城市文化继承与延续、自然环境保护等主要方面的分项导则，并在每个分项中展开更为具体的导则内容，辅以设计要素分析、规模和尺度技术数据分析、建造材料和色彩控制以及示意整体及局部空间构成的方案效果。导则编制的关键在于发现、表达特定区域的城市设计重点要素和明确价值观，并关注其长远的社会发展影响，从而使编制的控制性条例系统而赋予层次，具有针对性且可操作实施。

3 高速铁路车站功能与流线组织

高速铁路车站建筑的核心内容主要包括公共区域的客运功能分布系统和旅客流线组织系统。现代意义上的高速铁路车站，功能上越来越综合，涵盖的服务范围也更加广泛。尤其是中心城市特大型车站的综合交通功能，较早期单一乘降功能的铁路车站更加复杂，涉及更多与城市密切衔接的各类交通承运系统（如轨道交通、城市公交等），以及穿插其中的各类配套客运服务和城市公共服务功能（如商业、酒店、办公和其他公共基础设施）等；并从形态上摆脱了车场、站房、广场的序列空间形式，而整合为三位一体的综合空间格局。

围绕车站交通核心功能，结合多样化旅客服务，在复杂环境中，以满足旅客的各种交通需求为首要原则，保障铁路客运整体交通系统的良性营运，合理组织高效、便捷的进出站流线、集散换乘流线，已成为高速铁路车站环境中最基本的空间构成条件。

本章节内容以面向未来的高速铁路车站综合交通系统发展为主线，针对复杂的客运功能布局和流线组织，从车站本体的旅客交通行为分析，扩展至更大范围的客流集散交通组织研究，详细阐释高速铁路车站各系统的功能构成、各要素间的相互作用影响、功能与流线组织设计方法以及实践应用的基本模式，为后续对车站空间形态和环境的关联性设计方法分析、论述形成技术依据和铺垫。

3.1 车站规模及影响因素

高速铁路车站的设计首要依据是合理确定的车站规模。高速铁路车站的规模主要体现在铁路站场和车站站房两方面，通过拟定站台、正线和到发线的数量以控制铁路站场形式和规模；拟定占地范围、建筑面积、综合运量规模（铁路运输和城市衔接客运能力）等量化指标，形成站房基本设计条件。

车站规模主要指高速铁路车站的站房建筑规模。车站规模的确定需要综合考虑所在城市的等级，城市人口、经济的发展程度，城市交通条件等，据此作出近远期的客运规模预测，根据体现客运规模的相关量化指标确定车站规模。

3.1.1 客运量及其影响因素

1. 车站客运量

高速铁路车站客运量即旅客到发量，是指一定时间内车站运送旅客的总量，是城市对外客运需求量的反映。旅客发送量受城市经济发展水平、居民消费水平、城市人口数量、城市化程度、出行经济及时间成本、运输服务水平等方面的影响。

2. 影响因素

1)城市发达水平

根据旅客出行的特征分析,旅客发送量主要由消费性出行需求和生产性出行需求构成,受居民的消费水平以及城市的地理位置和经济发展水平影响。一般来说,位于省会、经济发达以及旅游城市的车站,旅客发送量相对会高于一般城市。

2)城市人口

城市人口数量基数越大,旅客出行数量也随之偏大,旅客发送量与城市人口成正比关系。受经济环境及公共交通发达程度的影响,城镇居民的出行数量要大于农村居民,在人口基数稳定的情况下,城市化程度越高旅客出行数量也越高。部分高速铁路车站规模与城市的关系见表3.1。

表3.1　部分高速铁路车站与城市关系

站　　名	站场规模	车站建筑面积/万 m^2	2020年常住城市人口/万人	2020年城市GDP/亿元	城市面积/km^2
上海虹桥站	16台30线	44	2 487	38 700	6 340
北京南站	13台24线	32	2 189	36 102	16 410
郑州东站	16台32线	41.2	1 260	12 003	7 567
南京南站	15台28线	73	931	14 817	6 587
合肥南站	12台26线	49	936	10 045	11 445
天津西站	13台26线	18	1 386	14 083	11 966
杭州东站	15台30线	34	1 193	16 106	16 850
徐州东站	13台28线	4.5	908	7 319	11 258
黄山北站	12台17线	4	133	850	9 807
常州北站	2台6线	3.96	527	7 805	4 385
昆山南站	4台12线	3.67	209	4 276	931
宜 春 站	4台10线	1	500	2 789	18 680

3)旅客出行量

从旅客出行体验层面分析,出行越便捷、出行时间越短,旅客出行的积极性会越高,相应的旅客出行量会增加;另外高品质的客运服务质量,也能起到吸引旅客出行的作用,提高旅客的出行量。

3.1.2　聚集人数及影响因素

1. 车站聚集人数

车站聚集人数是一定时间内在车站候车区内出现的旅客人数,是车站规模的直接决定因素,车站聚集人数又与旅客候车时间、行车编组方案等因素有关。旅客流量一定的条件下,车站旅客候车时间越短,车站的通过性越强,车站的聚集人数越少。车站以外的因素,如城市交通的便捷度、旅客出行特征等都是影响旅客候车时间的因素,此外科学的行车编组方案也能够有效缩短旅客候车时间,减少车站聚集人数。

2. 影响因素

1)城市交通便捷度

城市交通便捷度包括城市公共交通的时间可靠性、换乘的效率和便捷性。城市公共交通通常由公交、出租车、社会车、轨道交通等构成。除城市轨道交通以外的其他交通方式通常会受到气候原因或城市道路交通拥堵等不确定因素影响,造成旅客出行时间保障度较低。这些旅客往往需要预留较多的出行换乘时间,以增加提前到站的概率,候车时间相对增长。由于城市轨道交通准时、快速、安全等特点,以及与车站的高效换乘,大大提高了旅客出行效率,乘坐城市轨道交通工具出行的旅客可以缩短提前到站的时间,相应减少候车时间,进而减少车站聚集人数。

2)旅客出行特征

旅客出行特征对候车时间的影响体现在:旅客的职业、出行目的、出行经验和出行习惯等方面。一般来说行政、技术人员等以公务出差为目的的出行比较注重效率和舒适度,不会提前较长的时间到达车站,候车时间较短。其他以旅游等为出行目的的旅客群体,一般会预留较多的候车时间,出行经验会直接影响旅客的换乘准备时间。比如差旅较为频繁的旅客,对换乘线路及时间通常比较熟悉,基本不会为换乘准备太多时间,从而直接会使候车时间减少,反之则造成候车时间增加。此外车站安检、检票效率的高低也会对候车时间产生直接的影响。

3)行车编组

行车编组指列车行车方案及列车编组。旅客列车的行车方案是在确定客流计划的基础上,来确定列车的运行时段、运行区域、列车开行对数及列车种类。行车方案以尽可能减少旅客出行时间及换乘次数为原则,将铁路运输能力和设备利用效率发挥至最大。列车编组指的是列车所有车辆的前后编排顺序及其辆数、总重、换长。目前我国高速铁路列车采用“小编组、高速度、高密度”的行车编组原则,通过减小列车编组数,提高列车的开行密度,减少旅客平均候车时间。最大化地缩短旅客出行时间,提高旅客出行效率。

3.1.3 车站规模的确定

1. 铁路客运基本规模

目前国内车站建筑规模的确定主要参考预测客运量的两个指标:最高聚集人数和高峰小时旅客发送量。

1)最高聚集人数

最高聚集人数是指铁路车站全年上车旅客最多的月份中,一昼夜在候车室内瞬时(8~10 min)出现的最大候车(含送客)人数的平均值。最高聚集人数反映的是车站内候车旅客的客运量指标,强调的是等候性,因此以等候为主的传统普速铁路车站多以此为基础参数乘以站房面积指标得出车站的面积规模,并且主要是针对基本客运交通需求而设定的指标。车站规模与最高聚集人数的对应关系见表 3.2。

表 3.2 最高聚集人数与车站规模

项目	特大型	大型	中型	小型
最高聚集人数 H/人	$H \geqslant 10\ 000$	$3\ 000 \leqslant H < 10\ 000$	$600 < H < 3\ 000$	$H \leqslant 600$
面积指标/(m^2/人)	8～15	8～15	5～8	5～8
站房规模/万 m^2	$S \geqslant 8$	$2.4 \leqslant S < 8$	$0.3 < S < 2.4$	$S < 0.3$

注:面积指标是通过对已建成车站的数据统计分析得出人均面积指标,具有一定的局限性,表中的数据是针对以往的普速铁路车站的统计结果,面积指标普遍较小。

2)高峰小时旅客发送量

高峰小时旅客发送量是指在节假日或工作日高峰时段车站出现的最大小时客流量,反映的是车站旅客的通过性。因此以通过性为主的高速铁路车站和城际铁路车站多以此为基础参数乘以站房面积指标得出车站的面积规模。车站规模与高峰小时旅客发送量的对应关系见表 3.3。

表 3.3 高峰小时旅客发送量与车站规模

项目	特大型	大型	中型	小型
高峰小时发送量 PH/人	$PH \geqslant 10\ 000$	$5\ 000 \leqslant PH < 10\ 000$	$1\ 000 \leqslant PH < 5\ 000$	$PH < 1\ 000$
面积指标/(m^2/人)	8～15	8～15	5～8	5～8
站房规模/万 m^2	$S \geqslant 8$	$4 \leqslant S < 8$	$0.5 < S < 4$	$S < 0.5$

注:资料来自《铁路旅客车站建筑设计规范(2011 年版)》(GB 50226—2007)。

2. 城市综合交通配套

长期以来,我国铁路客站的站房建筑规模通常根据以上两项指标确定,而因当代高速铁路车站建设营运的实际状态变化以及城市建设的不断发展,以上确定车站规模的分析指标已经难以满足我国许多中心城市建设对高速铁路车站规模增长的需求。一方面是由于现代高速铁路车站整体功能增强和公共开放度提高,吸纳了更多城市业态的介入,使车站服务范围相应扩大;另一方面,城市轨道交通等多种交通方式与铁路交通无缝对接,其配套设施和集散空间正在全面纳入车站规模,形成一体化建设的趋势。

城市对综合交通的多元化需求以及对未来车站作为重要公共场所的空间需求,将成为车站规模确定的重要影响因素。因此,未来高速铁路车站规模的确定,需要在符合基本客运量预测的基础上,结合所在城市的经济水平和交通建设发展需求,进行深入分析、合理预测而综合确定。

3.2 车站站型分类及选择

高速铁路车站的基本类型即通常所说的站型。不同的站型是根据车站与铁路线路的相对位置关系划分的,大致有四种基本类型的高速铁路车站:线侧式、线上式、线下式、线端式,具体考虑车站与周边地形的不同高差关系,可进一步衍生出更复杂的其他形式。

3.2.1 站型的影响因素

1. 站场形式

线侧式站型一般适用于路基站场；线正下式站型一般适用于桥式站场；线正上式（高架式）站型一般适用于站场规模较大的情况，可以有效简化进站流线；当站场不设基本站台时，站房一般采用单层候车形式。当车站选址城市中心区域时，为减少铁路对城市的影响，可以采用将铁路站场置于地下，形成地下站。为节约城市土地，当不同站场竖向叠合时，可以形成夹心式候车的复合式站型，如北京丰台站（图 3.1）；结合高架站场，为区别不同方向站场的候车或客流组织需要，可以形成线下和线上相结合的复合式站型，如雄安站（图 3.2）。

图 3.1 北京丰台站剖面图

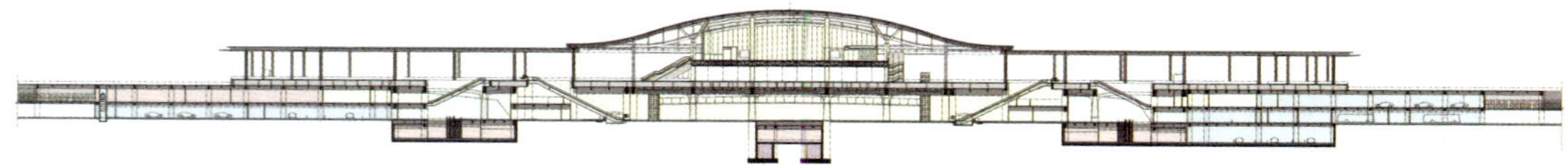

图 3.2 雄安站剖面图

2. 竖向高差

城市规划的站前广场与站台面往往存在高差，对站型选择影响较大，特别是线侧式站房。一般来说，线侧平式站房，适用于广场面与站台面标高基本相同；线侧上式站房，适用于广场面高于站台面约 7.5 m 及以上，并应满足铁路机车运行限界对跨线设施底面的净空要求；线侧下式站房，适用于广场面低于站台面 6.5～8.0 m 的情况，并应合理处理跨线地道与站房首层的高差衔接问题。在场地高差更为复杂的情况下，则需要结合实际情况进行综合比选。除此之外，站房形式还会受其他城市规划条件和特殊地形条件的制约。

3.2.2 站型分类

1. 线侧式站型

线侧式站型是我国早期最为常见的铁路车站建筑形式，是指站房主体位于线路侧面的车站，与铁路线平行设置，旅客需要通过地道或者天桥进出站。而线侧式车站又根据站房、站前广场与线路的标高关系，分为线侧平式、线侧下式与线侧上式三种类型。

1）线侧平式

当站前广场与线路的标高基本相同时，最常采用的是线侧平式站房。线侧平式站房通常为“上进下出”客流模式：进站的旅客通过广场直接进入站房，随后根据不同的目的站台分流，进入基本站台的旅客可以在地面检票出站房直接到达，而其他站台的旅客则从站房进入地下一层通道或向上到二层的天桥通道，跨线行至相应位置再通过楼扶梯到达目的站台。出站的旅客也有两种不同的流线，在基本站台到达的旅客，直接从站台进至出站厅；而到达中间站台的旅客则向下进入地下一层出站通道，再通过楼扶梯上达出站大厅验票离站，如图3.3所示。

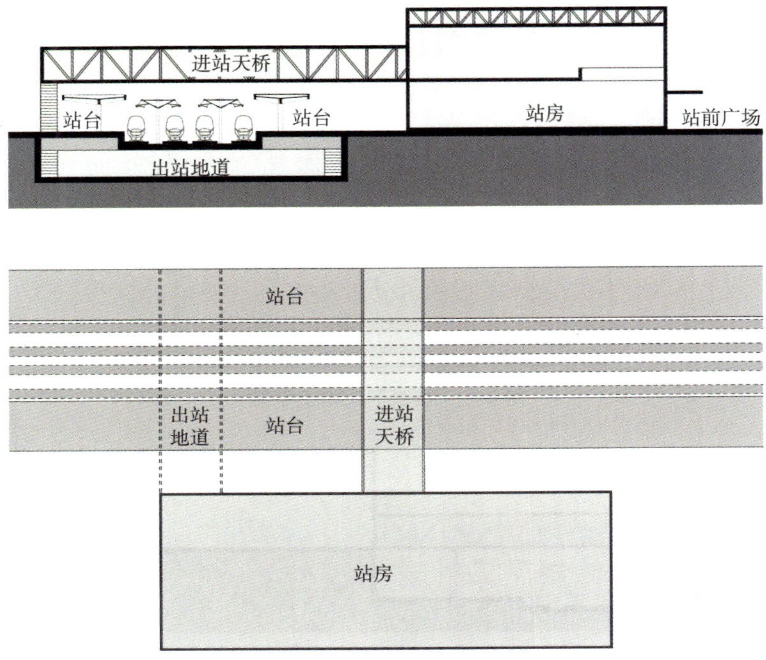

图3.3 线侧平式站型示意

2）线侧下式

铁路在穿越城市时，为了保证运行安全，线路通常会高于城市地面，由于城市既有规划高程等因素的限制，站前广场的标高往往低于铁路线路的站台面标高，因而形成了线侧下式站型布局。当线路标高高出站前广场6.5～8 m时，可采用线侧下式站房，而为了保证此类站房的通风和采光，往往需要将站房和站场拉开一定距离。线侧下式站房通常采用“下进下出”的客流模式：进站的旅客通过广场直接进入站房，检票后进入地道，通过楼扶梯上到站台。出站的旅客流线相反，先从站台下到地道，再进入出站厅验票离站。另外，根据不同的站房规模，有进站地道与出站地道分行或混行的不同组织方式，如图3.4所示。

3）线侧上式

当线路的标高显著低于站前广场的标高时，则经常采用线侧上式站房。线侧上式站房通常为“上进上出”客流模式：进站的旅客通过广场直接进入站房，再进入铁路上方的跨线天桥，通过楼扶梯到达站台。出站的旅客流线相反，先从站台通过楼扶梯上达天桥，再进入出站大厅验票离站。同样，根据不同的站房规模，进站与出站的天桥有分行或混行的不同组织方式，如图3.5所示。

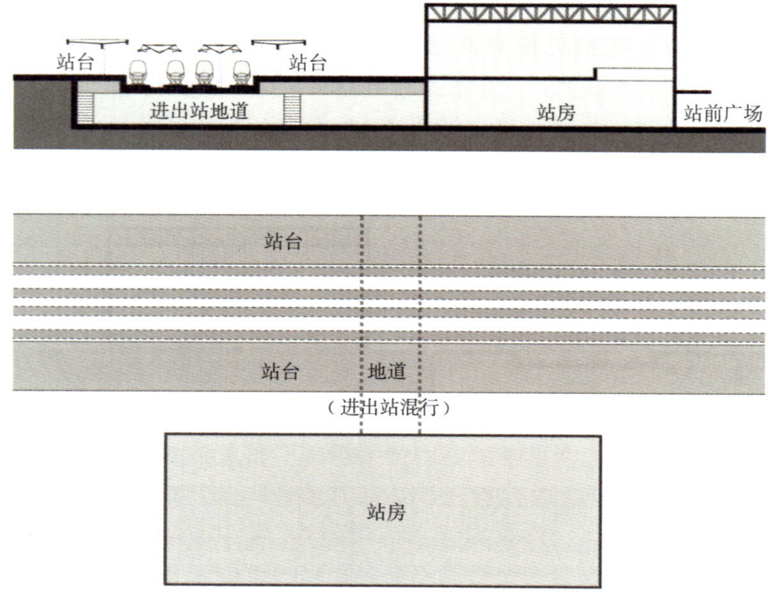

图 3.4 线侧下式站型示意

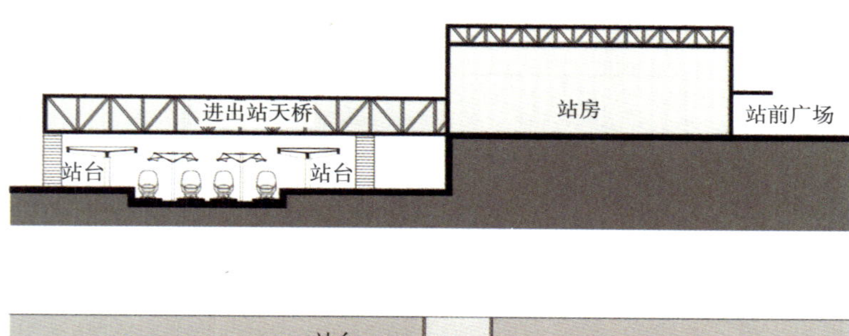

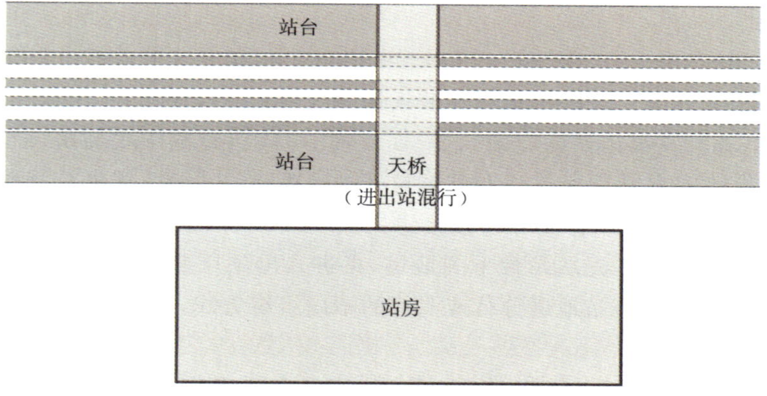

图 3.5 线侧上式站型示意

2. 线上式站型

线上式高架车站是指站房位于线路上方的车站(图 3.6)，站房往往以高架的形式出现，这种车站形式可以看作是线侧上式站房向站场上方的延伸扩展，与线侧上式车站的最重要区别就是旅客候车空间在站台上方，检票口可以直接向下通往相应站台。事实上，线上式高架车站几乎从不单独出现，而是与线侧上式车站结合，形成高速铁路车站中最复杂、规模最为巨大的一类车站。在这类站房中，常采用“上进下出”客流模式，进站旅客先进入侧式站房，随后通过楼扶梯到达位于上层的高架候车厅，或在站台层直接检票进入基本站台。出站旅客则首先通过楼扶梯到达地下通道，再从地下层到达出站大厅，或直接从基本站台平出站。

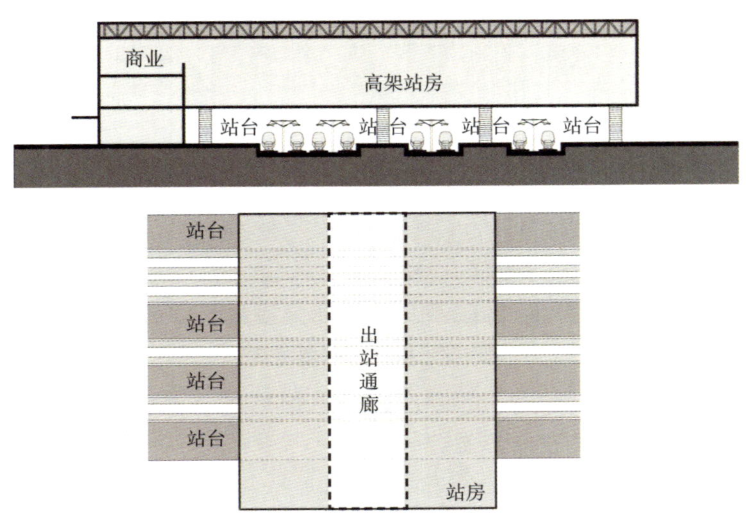

图 3.6 线上式站型示意

地下车站通常也属于线上式站型，不同的是将整体站房或铁路车场置于地下，并形成旅客交通组织呈上进上出的流线关系。这类站型投资高、技术难度大。在我国，目前中、小型站有沙坪坝站、兰州中川机场站，大型车站有深圳福田站、天津滨海站（于家堡站）、西九龙站采用了地下式站房，这类车站通常需要有像深圳、天津滨海新区、香港等高度发达的城市经济和高度流动的城市人口或稀缺的土地面积等特殊条件作为支撑。“隐形”的地下站型有利于城市土地开发利用，有利于改善地面以上的城市交通、空间环境，并削弱了车站和铁路线对城市的影响，也带来了一系列技术上的挑战。

3. 线下式站型

线下式车站是指站房主体位于线路下方的车站（图 3.7），高速铁路线路经常以高架的形式出现，当铁路桥梁底部到站前广场的高度大于 10 m 时，桥梁下的空间足够容纳站房的高度，便可应用这种车站形式。一般来说，线下式车站的候车室在一层，站台层在二层。旅客流线基本为“下进下出”模式，候车空间平面布局模式与线上式类似。但旅客进站前厅往往位于站房两端（平行于线路），出站通廊一般位于站房两侧（垂直于线路），如珠海站。线下式站型也通常较少独立成型，而多与线侧式站型结合。

4. 复合式站型

我国高速铁路车站建设技术不断提高，车站建筑与铁路站场的结合更加灵活，交通流线组织也更为便捷。以上的几种站房形式通过不同的组合、变换，复合形成更多种不同的车站形式。目前特大型、大型高速铁路车站通常采用复合式站房的形式，如线下式与线侧式站型复合的佛山西站，线上式与线下式站型复合的具有“C”字形或者“回”字形剖面特征的雄安

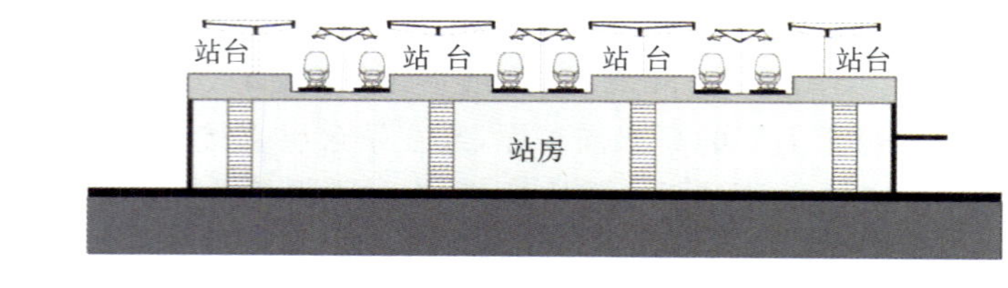

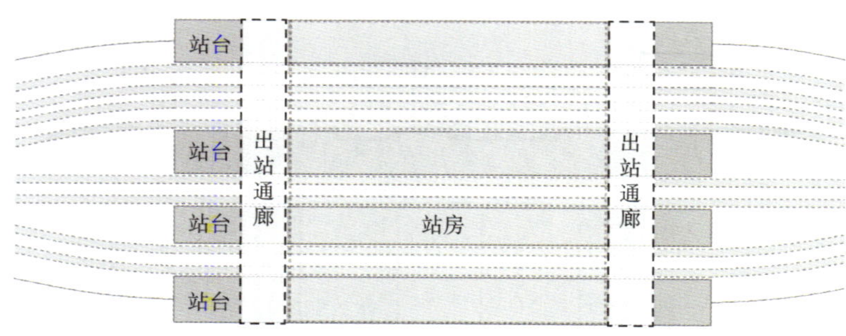

图 3.7 线下式站型示意

站。站型复合的车站结构，虽然空间组织比较复杂，但形成了更加高效的车站功能组织、提供了快捷的交通流线与丰富的空间形态。

5. 线端式站型

线端式车站是车站位于线路终端的一种特殊形式(图 3.8)，由于大多数车站都不是铁路线的尽头，而位于铁路线尽头的车站也往往会将轨道延伸至段内车场，这种车站形式在国内比较少见，多见于欧洲和美国。我国青岛站和北京北站是典型的线端式车站。顾名思义，线端式车站只有一侧是铁路，铁路线在站内截止，而站房则设置在铁路线的尽头或一侧，进出站客流组织相对简单，可不设跨线设施，采用混行模式。线端式车站可以减少铁路对城市产生的割裂影响，但从站内调度的角度来说，线端式车站的缺点也很明显，由于站内的线路均为尽端式，列车的换挂、换向等操作都相对不便。

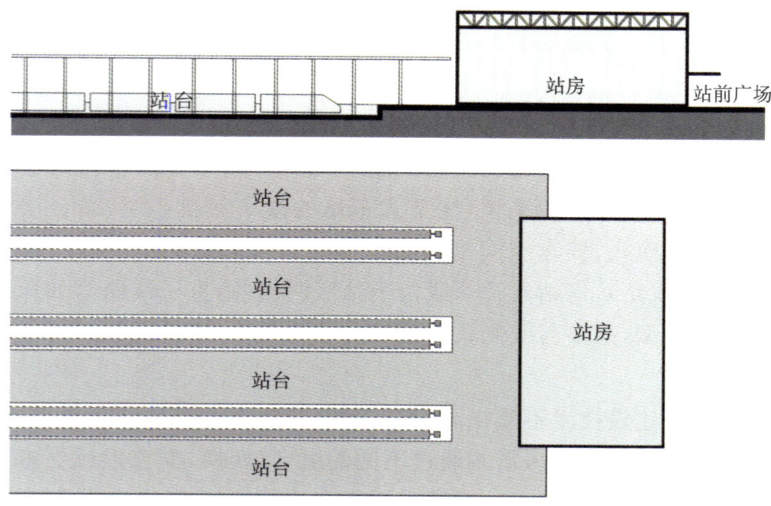

图 3.8 线端式站型示意

3.2.3　站型选择

高速铁路车站的站型选择关系到使用功能和与市政交通协同组织的合理性，是以高速铁路车站为核心的综合交通枢纽规划中最重要的环节。高速铁路车站的站型一方面要考虑满足铁路客运空间的技术要求，另一方面又要与城市规划、地理条件相对接，才能达成整体最优的枢纽空间环境效果。

1. 大型车站

大型高速铁路车站外部条件复杂，站型设计应根据实际情况灵活适应外部条件。在大型车站中站场的铁路股道、站台数量都比较多，为满足快捷的进出站交通功能，依据进出站分流的原则，一般多采取"上进下出"的模式。设置线上高架候车厅、线下出站通道方便连接各个站台，并与城市广场或综合交通换乘中心连通。选择城市公共交通工具进出站的旅客可步行通过换乘中心进站；选择出租车和社会车辆的旅客可抵达高架落客平台进站，至高架候车厅候车，直接通过对应各个站台的检票通道进入站台上车，减少了旅客从候车到进站的走行距离及时间。部分大型车站为方便城市轨道交通等其他来自地下空间的旅客进站，也可在地下设置快速进站空间。

2. 中、小型车站

中、小型车站的进出站客流交通组织相对简单，在实际设计中通常将根据铁路站场与城市地面的地形、高差关系，多采用线侧下式、线侧平式、线侧上式站房。尽量将站房进站厅与广场标高基本持平，或通过简单便捷的竖向设计与城市道路交通标高衔接。

1)线侧平式站房

车站首层地面标高与站台面基本持平，城市规划高程与站台面设计高程相差在 3 m 以内，小幅竖向高差可通过广场设计解决。线侧平式站房又分为有基本站台和无基本站台两种形式。

(1)有基本站台。标准的车场形式为 2 台 4 线，站房靠近基本站台，规模大一些的站房可采用天桥进站、地道出站的进出站模式，站房设置两层，一、二层均可候车。规模小一些的站房采用地道进出站或天桥进出站的模式，采用天桥或地道视站房所在区域的场地规划等条件确定。基本站台的客流可以采用平进、平出的模式。

(2)无基本站台。标准的车场形式为 2 台 6 线，靠近站房侧为线路，采用地道进出站的客运模式。站房一般为单层建筑。进出站验票分别集中设置，而不针对每个站台设置。

2)线侧上式站

车站首层地面标高高于站台面 5～8 m，采用天桥进站、天桥出站的形式。这类站型多为利用天然的地形高差而产生，如东京上野站公园口即为这类站型，国内较为罕见。

3)线侧下式站房

车站首层地面标高低于站台面 6.5～8 m，多采用的形式为地道进出站。对于规模较大的站房，在地面层多设架空层作为开发和设备用房，架空层以上设双层候车厅，一层为基本站台候车厅，二层为跨线候车厅，进出站采用地道出站、天桥进站的"上进下出"模式。对于规模较小的站房，采用地道进出站，站房为一层。

对于线侧下式站房还有一种独特的站房形式：桥式站房，即线下候车站型。当铁路以桥梁形式穿越城市，站台标高与广场标高差大于 14 m 时，除站场侧面设置站房外，在轨道下层也可设置站房，布置候车厅。

高速铁路车站站型选择始终受周边地形条件的影响,并在很大程度上影响客流交通组织方式及走行距离。因此,需要以车站整体功能、地理条件为依据,在竖向高程衔接关系上进行统筹考虑。中、小型车站在城市高程与站台面高差 3~5 m 的情况下,需要权衡区域规划、车场布局和投资情况后综合考虑采用何种站型。当铁路线路高程与城市规划高程相差过大时,大型车站一般需要协同地方建设调整区域高程并结合车站交通组织、立体化广场设计等技术措施保证与站房的通畅衔接,通常采用复合式站型,形成有效的进出站集散交通组织方式。因此,站型选择是规划设计之初需尽早确定的重点研究内容。

3.3 车站功能与布局

3.3.1 总体功能构成及布局

1. 车站总体功能构成

高速铁路车站的总体功能系统一般由站前广场、站房、站场客运设施三个要素组成,如图 3.9 所示。其总体布局主要是研究车站三大组成要素的规模和彼此间的空间关系。

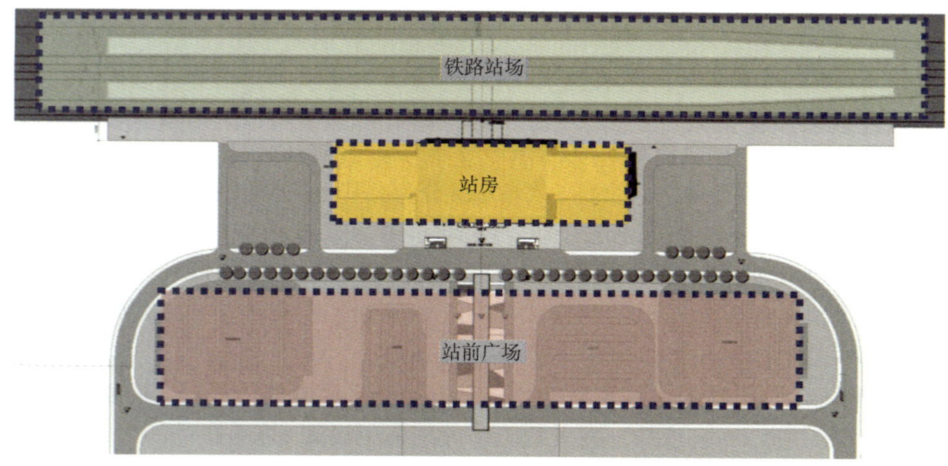

图 3.9 高速铁路车站基本功能构成

1)站前广场

车站广场一般由社会车及出租车场、公交车场及换乘站点、配套商业及服务设施、绿化与景观用地四部分组成。站前广场是连接车站站房和城市空间的节点,是铁路与城市公共交通系统换乘的主要场所。它不仅是人流、车流等交通功能的集散场所,而且同时兼具景观、环境、城市活动及综合开发等重要作用。

2)站房

站房由公共候车区、设备区、办公区等几部分组成,主要包括进(出)站集散厅、候车区(室)、售票用房、旅客服务设施、客运管理用房、设备用房等。站房是旅客进出站的功能核心,也是车站建筑的主体形象。

3)站场设施

站场客运设施包括站台、站台雨棚、天桥、地道等。站台和站台雨棚构成服务旅客上下车的主要站场设施,跨线设施作为旅客通道将站台和站房联系在一起。

广场、站房、站场三部分互相关联、互相影响,现代高速铁路车站设计从空间形态、使用功能上,已不再像以往那样可以截然分区,而趋于互相叠合甚至融合,成为满足旅客高效乘降和换乘的车站交通综合体。

2. 车站总体布局概述

总体布局是高速铁路车站总平面设计的开端,也是高速铁路车站工程建设的起点。在车站总平面中需要研究车站各组成要素之间的相互关系、车站与城市的关系,提出相应的设计策略;需要在注重旅客体验、公交优先、绿色出行的原则下,处理好高速铁路车站与城市道路的衔接以及与城市各种交通工具之间的换乘,做到各种交通方式衔接顺畅、流线便捷,换乘节点布置合理,最大化缩短旅客换乘时间,提高出行效率。在集约用地、功能多元、弹性发展的原则下,协同车站、站场和广场建筑景观,统筹考虑地下空间开发,综合利用。

与早期铁路车站站前广场、站房、站场的三段式平面布局相比,现代高速铁路车站各个要素之间的界限并没有那么清晰,空间相互交融,呈现出空间立体化、功能复合化的特征。近年来随着站城融合理念的提出,使站房、站场与城市得以深度协同设计,衍生出高速铁路车站新的总图布置形式。例如为化解站房的巨大体量带来的流线冗长问题,提高城市土地综合利用效率,采用将铁路站场拉开或者竖向叠合的策略,从而发展出与城市交通新的衔接方式,形成新的车站总体布局形式。以往车站的腰部进站或者端部进站带来的"C"字形高架匝道连接站房与城市的形式(图 3.10),随着铁路站场的拉开使得"Y"字形高架匝道的产生成为可能(图 3.11),相比"C"字形匝道,"Y"字形匝道能够充分利用站场拉开后轨道间的土地,而将轨道两侧与城市衔接紧密的土地退让给城市,提高土地的利用率。铁路站场的拉开也为站房局部分离的布局方式提供条件,产生更多让城市渗透的界面。而站场的竖向叠合则为站房与城市交通带来更多的耦合机会,例如为减小铁路线路对城市的消极影响,在位于城市中心区的高速铁路车站采取地下站场,从而产生"隐形"车站。

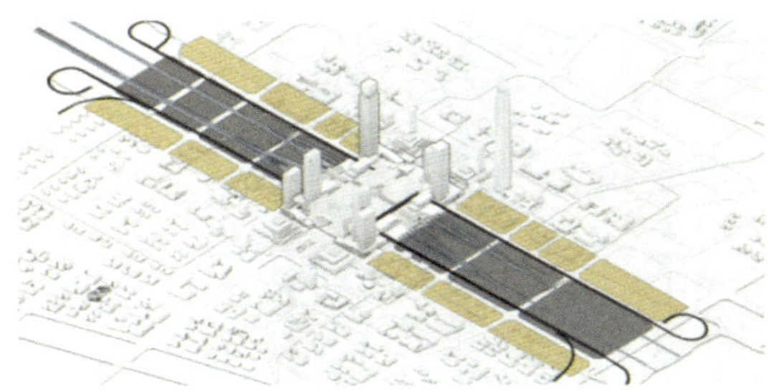

图 3.10 杭州西站"C"字形匝道方案示意

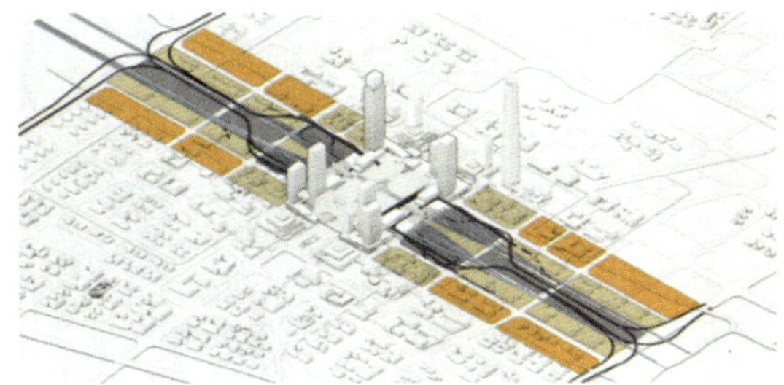

图 3.11 杭州西站"Y"字形匝道方案示意

3. 车站功能布局内涵

1)通过系统组织协同城市交通

与慢速和低效的传统铁路客运相比,高速铁路客运具有方便、迅速、舒适、安全、正点、大运能的优势。高速铁路车站总体布局的基本问题是如何将上述高速铁路客运交通的优势扩大到吸引城市客流,提供安全、高效、舒适的整体客运交通服务,在协调城市环境和各项功能，促进城市发展的同时，实现客运网络节点交通和城市公共交通系统组织的平衡。因此，高速铁路车站总体布局的基本原则是实现快速集散、便捷换乘以及与车站周边、城市交通、环境的协调发展。

2）通过发展预测协同城市功能

车站总体功能布局与城市未来发展紧密关联，并在城市整体功能的系统规划指导下进行，提供有力的交通支撑，并协调城市各项功能分布，助力城市发展。通过城市发展规划，从近期、远期预测建设的条件和拓展规模，预留土地、分期建设，逐步从铁路配套功能转化为车站与城市协同发展、共享互利的综合功能，实现客运网络节点交通运输价值和城市多元功能价值的平衡，参与车站周边区域城市功能的一体化规划建设，而与城市整体发展同步成长。

3）通过城市图底研究空间融合

通常在较为工整的场地条件下，高速铁路车站按经验的设计方法，是以站场中心里程为设计基准，对称展开车站空间布局，接入城市交通设施，以合理的建筑体量介入并适应区域城市空间环境。这种稳定的设计方法的确非常适用于多数标准化车站建设，尤其在我国高速铁路车站大规模快速建设发展的背景下，符合高速铁路出行常态化的基本需求。而面对复杂的地形、特殊的铁路线位、高等级的城市、重要的枢纽以及特殊性质地区（如旅游景区、文化胜地等），直接采用标准化功能性交通组织设计或许会导致场地效率不良，特殊性及综合性交通服务需求因受制而关系僵硬。运用城市空间的图底关系分析手段，克服不利的地形条件，采取协同城市肌理的非对称的建筑空间布局，形成新的不对称平衡，同样也能获得相应的效果。如杭黄铁路的千岛湖站，站房场地位于一座三面环水的半岛之上，只有一面可与城市交通衔接，同时高架站场的中心里程偏于站房一侧。统筹考虑场地交通组织与城市交通的衔接，采取了机动车在站房侧面落客进站，面对水系的站房正立面营造人行景观入口广场的空间布置策略，创造了场地交通契合周边环境的非对称空间格局，如图 3.12 所示。

图 3.12　千岛湖站总体布局

3.3.2 站前广场

站前广场作为城市和车站的衔接空间，是车站旅客人流、车流的集散场地，同时也兼有景观、环境、综合开发等多种功能，是汇聚城市活动、疏解车站客流的重要公共场所，具有铁路交通和城市功能的双重性质。

1. 功能构成及双向作用

1）基本功能

大多中、小型高速铁路车站站前广场一般由站房平台（多用于高差较大的地形）、车站集散专用场地、长途客运或旅游集散等配套设施场地、绿化景观用地、适量商业等服务设施综合构成，如图 3.13 所示。站房平台是站房建筑外部向城市方向延伸一定宽度的平台，起到连接站房与车站广场的作用，常出现于铁路线位较高的场地，作用于旅客通过地面广场进入车站的高程转换。车站集散专用场地由旅客集散换乘城市公交的人行活动地带、车行道、公共交通站点、出租车蓄车及上下客场地、社会车停车场共同组成。公交站点的规模主要根据公交线路的设置情况，常以起点站、终点站的形式设于广场靠近车站出站口的一侧。绿化与景观通常结合商业、问询、卫生等配套服务设施与站房建筑共同构成高速铁路车站的城市空间形态。长途客运或旅游集散场地一般根据城市需求设置，通常以大型车辆交通方式与公交车站结合或分设。

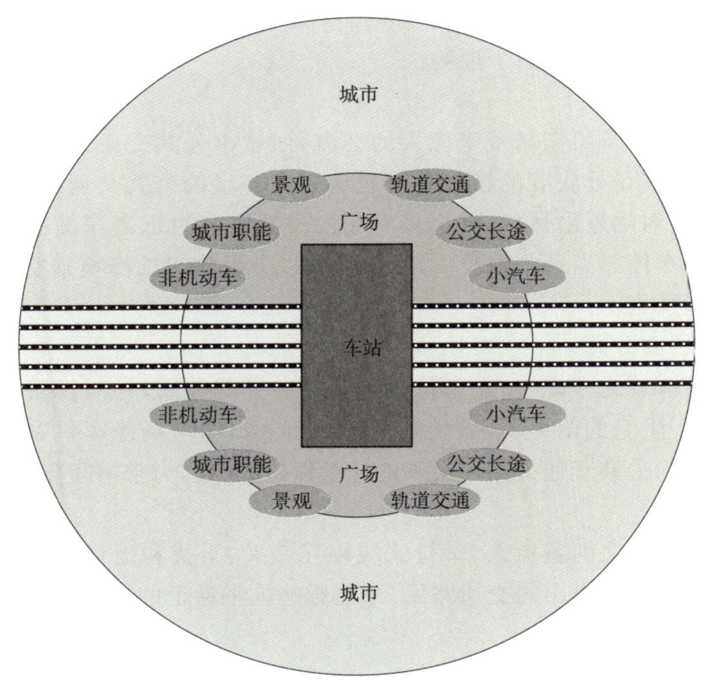

图 3.13 站前广场功能构成示意

2）交通功能

随着社会发展，高速铁路车站站前广场虽然在空间形态上有所拓展，但其核心功能仍为交通集散，其设计重点是与城市轨道交通、公共机动车交通、社会车辆、出租车等多种交通方式的换乘衔接。相对于城市中其他开放性公共广场而言，站前广场的特征更多的是行使铁路客流、物流集散职能，连接车站外围城市交通，承担配套客运服务功能，是一个城市中人流、车流、物流和信息流的“交互平台”。随着高速铁路客运量不断增大，如何在短时间内将聚集的大量人流合理分流，处理好与城市交通的换乘衔接，完成旅客进出站的安全流转，创造高效便捷的运输环境，成为站前广场交通功能组织面临的主要问题。

3）城市功能

站前广场作为重要的城市公共空间，往往与车站建筑共同承担展示城市形象、反映城市风貌的社会功能，同时也兼具作为城市层级的避难场所，发挥防灾赈灾功能。在城市公共空间秩序日益受到关注的当代社会，站前广场作为城市门户空间形态的重要组成部分，在引导城市空间序列展开、完善城市公共空间体现、烘托高速铁路车站建筑形象、塑造人们对车站的“集体记忆”等方面具有重要的作用。另一方面，随着高速铁路车站与城市空间的融合发展，车站广场作为城市的开放空间，是人际活动与自然环境、时事信息、物质资源交流的场所，站前广场将作为城市活力的催化剂，向承载城市社会功能的方向转变，赋予更多城市生活的日常性。

2. 站前广场的布置原则

交通功能主导的站前广场，一般以人车分行的原则分为步行区和车行区。站前广场综合功能布局的基本要求是：要满足铁路客流集散功能，提高换乘效率，对人流、车流进行优化组织；要布局紧凑合理并留有发展余地；要注重空间环境和地域特色；要因地制宜，灵活布置等。车站广场功能布局应遵循以下原则。

1）公交优先

大容量高速铁路列车给车站带来庞大的客流，而城市公共交通是衔接铁路旅客集散的主要交通工具，因此广场处旅客的换乘载具也应以大容量的公共交通疏解为主。城市轨道交通、公交站点应相对临近出站口，社会停车场的设置宜相对远离车站进出口的位置，以确保公交优先。出租车停靠点可临靠公交站点设置，以方便旅客选择换乘交通方式，有利于城市内部可能的交通换乘。

2）人车分流、行驻分离

站前广场设计应首先考虑将人、车行驶的路径和空间分离，并与排队等候区域分离，在满足客流不交叉、不阻塞的前提下，尽量缩短车站出入口与广场停车位置之间的旅客行程。步行系统应保证不同公共交通方式间换乘的连续性、便捷性，力求缩短旅客的走行距离。

3）流线互不交叉

不同类型交通方式之间避免人、车行流线相互交叉、干扰和迂回，做到流线简捷、通顺。在广场周边商业附属设施进出的交通路线，不能影响换乘通道的通畅。

4）应对旅客“季节性出行”

由于我国铁路运输的特殊性，节假日出行会造成高速铁路车站旅客流量呈现很大的季节性不均衡，车站必须充分考虑并探索在不同时间段内广场空间的最大利用效率。对于一些城市客流不均衡情况，站前广场应考虑满足季节性或节假日高峰客流的使用需求，在春节、黄金周等客流高峰时期，车站聚散人流大，候车室容量不足，这时广场可设置临时候车设施，把广场空间作为临时的候车区域。

3. 站前广场的布局模式

高速铁路车站站前广场的功能布局模式跟车站的规模、类型和性质有紧密联系。随着车站广场空间功能的拓展和优化，其主要表现为下面两种模式。

1)平面布局

我国传统的铁路客站站前广场均采用平面布局模式，经济、便利、实用并沿用至今。这种类型的站前广场，是大多数中、小型平原城市车站选用的主流模式，主要功能是组织客流交通集散，力求将各类衔接高速铁路的城市公共交通设施，依据“公交优先”的原则有序分布，起到良好的分流作用。站房中轴区域是开放的人行空间，与平行站房前的通道结合形成“T”字形公共步行区域，方便车站客流分散抵达两侧分置的城市各类衔接交通场地，并有机结合绿化环境景观，提高广场空间品质，是常用站前广场布置方式，如图 3.14 所示。

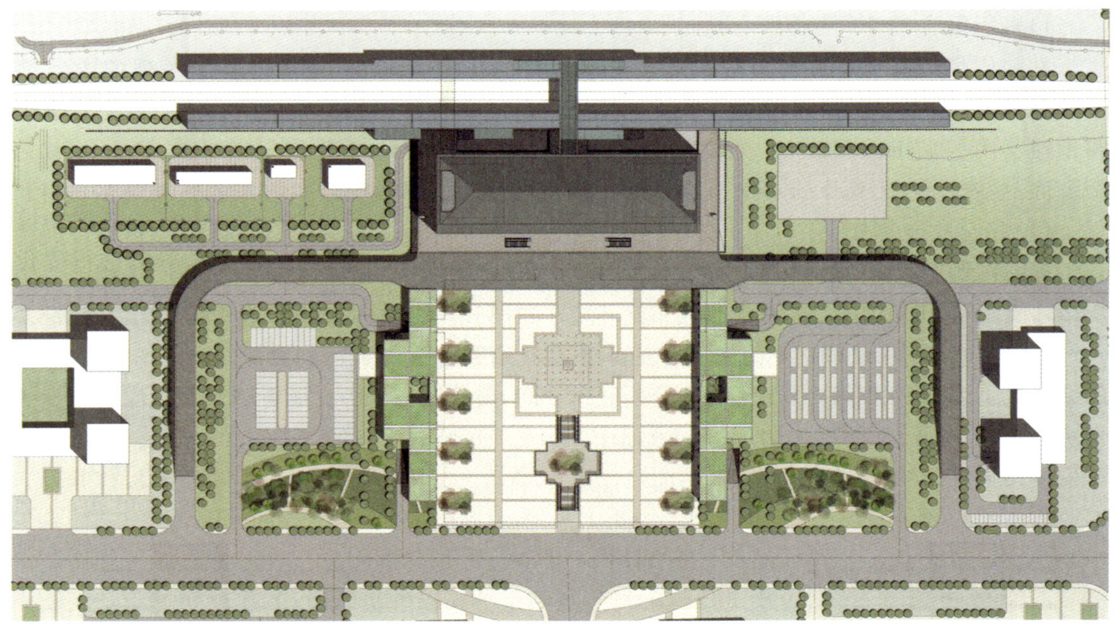

图 3.14　典型“T”字形广场平面布局示意

2)集中式立体布局

站前广场立体布局模式适合地形条件复杂的城市高速铁路车站，设置不同标高的道路及公交场地以对接复杂的车站场地地形和城市空间活动。

集中式立体布局模式更适应于特大型或大型城市的高速铁路车站。因为站前广场的平面布局模式已经难以解决更为庞大的铁路客运交通集散问题，即便是拓展了广场的规模，加强了通过性客流组织设计，也依然无法适应大型城市车站庞大客流量的交通集散需求。因此，站前广场设计模式也随之改变，必须由平面开始向立体化空间发展。通过利用地下、地面、地上多空间层面分离进出站的人流、车流，并将站前广场、站房、站场进行统一规划设计，利用车站地下空间设置城市轨道交通站点，并分层设置公交站点、出租车场、停车场以及高架车道分别对接进出站车流，互不交叉，立体化、多方位满足高速铁路车站旅客的集散和换乘需求，如图 3.15 所示。

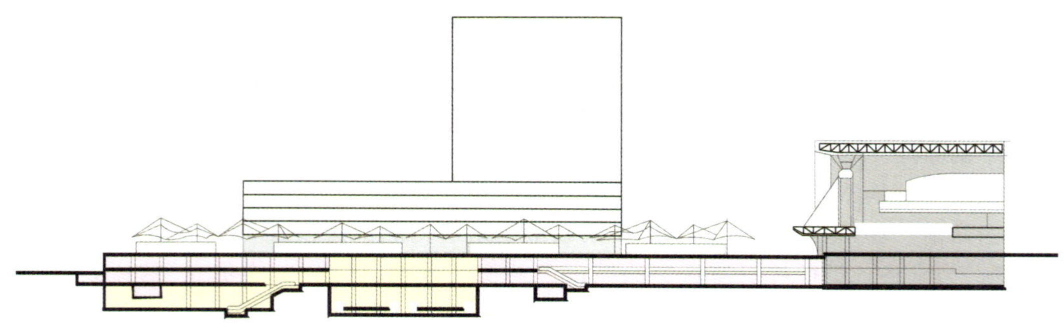

图 3.15 重庆西站站前广场竖向立体布局示意

4. 站前广场的发展趋势

1)多元复合的空间场所

站前广场承担铁路旅客集散和转换交通工具的重要功能,也是城市空间序列的中大型公共空间节点,引导车站区域城市景观轴线展开及城市交通网络构成,同时产生激发高速铁路枢纽活力的城市触媒效应。高速铁路车站站前广场作为城市活力空间场所,具有以下几个方面的特征:多元复合的功能集聚、城市各类交通换乘一体化整合、多维步行系统的构建。

(1)复合功能集聚

站前广场周边的商业休闲、居住餐饮、金融办公等多种城市功能和业态与站场广场相互渗透实现均衡发展,将城市的日常状态融入车站环境,同时利用车站的人流聚集优势给城市空间带来人气。以交通优势带动周边不同产业的发展,丰富车站周边的城市生活,发挥站前广场高效、便捷的综合交通集散作用,营造多元业态复合的城市空间,激发城市活力。如合肥西站以综合开发的形式将酒店、办公、商业等城市功能融入站前广场,实现车站与城市的无缝衔接,塑造新的城市客厅形象,如图 3.16 所示;杭州西站的站前综合开发,营造"云门"的复合空间构想,如图 3.17 所示。

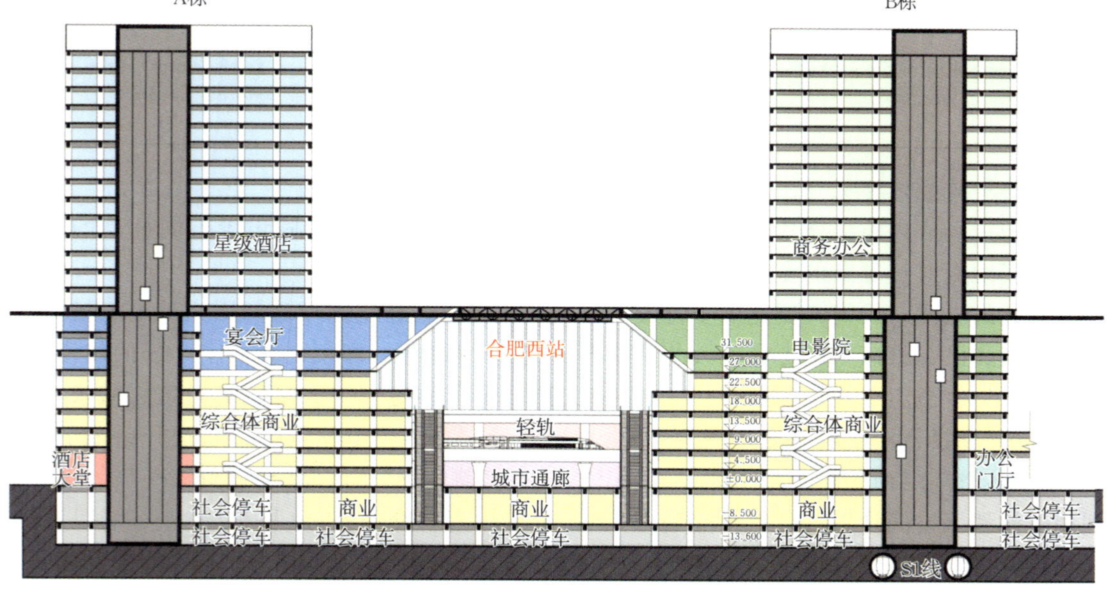

图 3.16 合肥西站前广场综合开发功能竖向分布

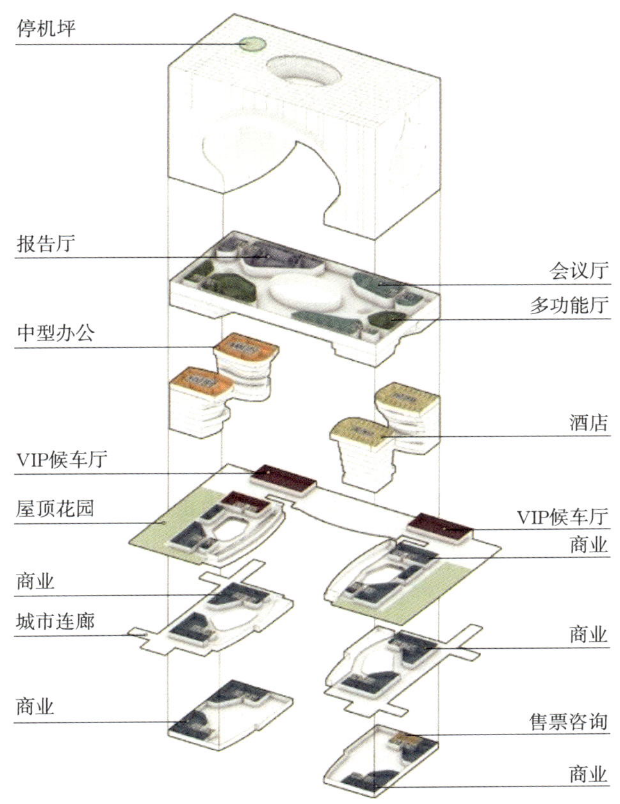

图 3.17 杭州西站"云门"功能图解

(2)城市交通换乘一体化整合

早期铁路客站地区以车站建筑为设计主体,以城市公共交通衔接为配套工程的三、从分离的建设方式,难以适应高速铁路车站与城市协同发展的需求。进一步整合城市交通资源,将车站建筑、站前广场、接驳交通设施,通过功能复合、空间集约的手段,纳入一体化规划建设范畴,塑造整体高品质的城市空间环境。利用下沉广场、地下空间开发、空中交通连接等方式,将城市交通分布于不同的空间层面对接车站集散功能空间并有序疏导,实现车站、广场与周边环境的互联互通,带动高速铁路枢纽区域发展。

(3)多维步行系统的构建

以公共交通引导城市发展的理念已成为未来城市空间建构的显著趋势。鼓励以公共交通为主导的城市出行实际上是选择低碳城市生活的方式,更为具体的手段是在步行范围内构建合理、舒适、便捷的慢行交通系统衔接网络化分布的城市公共交通站点,以减缓城市道路交通压力。高速铁路车站在未来需要充分对接城市公共慢行系统,并根据车站集散交通特点,以多维空间形态连接区域城市系统。

2)场所性综合交通换乘中心

综合交通换乘中心是近年来我国高速铁路车站发展过程中的新概念:将城市轨道交通及各类城市公共交通汇集于一体,实现旅客在高速铁路与城市交通之间的高效换乘,某种意义上也是站前广场的立体化升级形态。区别于传统站前广场服务于车站的概念,综合交通换乘中心考虑了高速铁路枢纽周边区域在发展成型后，双向服务于车站和城市综合功能的更大作用。综合交通换乘中心高度聚集、整合、优化城市空间资源，将城市公共空间及城市多元功能纳入高速铁路枢纽之中，使车站集散交通高效运转，并同时为区域城市的交通可达性服务，成为与城市周边业态环境相互依存、共生发展而具有城市生活场所意义的核心公共空间。

城市轨道交通引入高速铁路枢纽，形成立体化换乘交通组织系统，站前广场的地面交通功能很大程度上被弱化，空间得到释放并参与城市公共空间建设，对城市业态、景观、生态环境塑造起到协调、过渡和完善作用，成为车站连接周边环境的公共空间"纽带"。综合交通换乘中心可同时容纳多种城市功能，通过一体化城市设计打造站前广场宜人的空间环境，创造丰富的场所记忆，使城市空间更加统一。

当前，我国大型高速铁路车站站前广场尺度巨大而低效的问题依然普遍存在，将站前广场在满足其交通性质的前提下顺应城市发展变迁，在时代、地域审美中融入现代化元素及多样化城市功能，依托交通枢纽发展建设成为极具吸引力的综合性城市场所空间已成为必然趋势。

3.3.3 站房建筑

车站站房空间的功能主要由旅客交通、配套服务和辅助管理功能构成，如图 3.18 所示。交通功能空间是车站的核心，包括进站空间、出站空间、换乘空间等；配套旅客服务功能包括候车、售票、问询以及面向旅客的商业服务空间等，两者关系紧密、相互交织，形成车站的主要功能空间。辅助功能空间主要有维系车站正常运行的设施、设备空间及管理、办公空间等。由此共同组成有机联系的高速铁路车站站房整体。

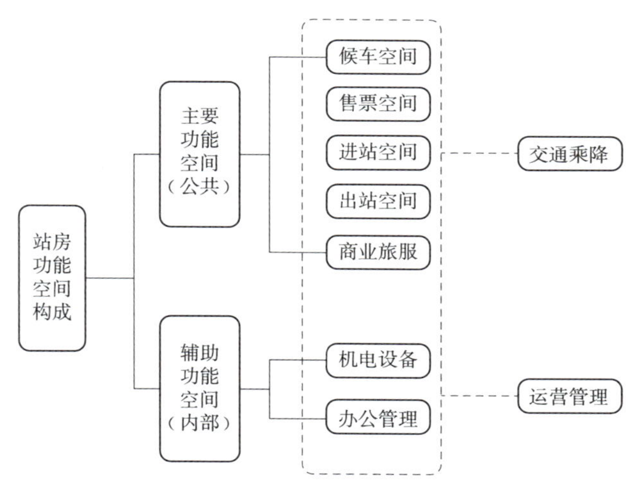

图 3.18 站房功能空间构成

1. 站房功能空间构成

1)主要功能空间

高速铁路车站的主要功能需要满足全方位的旅客出行服务。车站的旅客交通和配套公共服务是车站主要功能空间，其中进、出站交通空间是相互分离的，而公共服务空间则分别渗透于进出站空间之中。

(1)进站空间

进站空间是分配进站客流的交通功能空间,同时也是连接城市和车站的过渡空间,是兼具安检、问讯、票务、候乘、商业服务等部分城市功能的旅客集散空间。随着车站的进一步开放以及同城市连接的更加紧密,特大型、大型车站进站空间中渗入了更多的城市功能,与城市轨道交通等换乘功能空间的联系更加的紧密,呈现出更多的城市属性。中、小型高速铁路车站通常只有一个旅客主要入口,其进站空间与候车空间没有严格空间界限,位于候车空间的前端。特大型、大型车站普遍采用多方向、多入口的进站形式,以方便从城市不同方向到达的人流以最简捷的路线进站,同时也有效分解了客流进站相对集中的问题,方便了旅客的使用。其进站空间根据进站方式的不同或分布于候车厅两端(端部进站),或分布于候车厅的两侧(腰部进站),或综合形成四周进站。近年来,扩大的端部进站空间结合城市功能通常呈现更加开放的空间形式,开敞的环境、通透的视觉、清晰的导向,具有强烈的空间识别性,引导旅客进入车站候车区域,也被赋予更多的城市综合换乘中心功能,被形象地称为“城市客厅”,如图 3.19 所示。

图 3.19 高速铁路车站进站空间

(2)出站空间

出站空间是到达旅客集散、换乘其他交通工具的车站空间,包括出站厅、出站通廊及换乘厅,是车站内部人流最集中、方向最复杂的空间,如图 3.20 所示。出站空间与进站空间流线应分开设置,特大型、大型高速铁路车站的出站空间通常位于铁路线路下方,出站厅由通过性和导向性较强的出站通廊连接,引导到站旅客至换乘厅疏解出站。同时,有些车站还配设有问询、卫生、补票、换乘等功能服务。

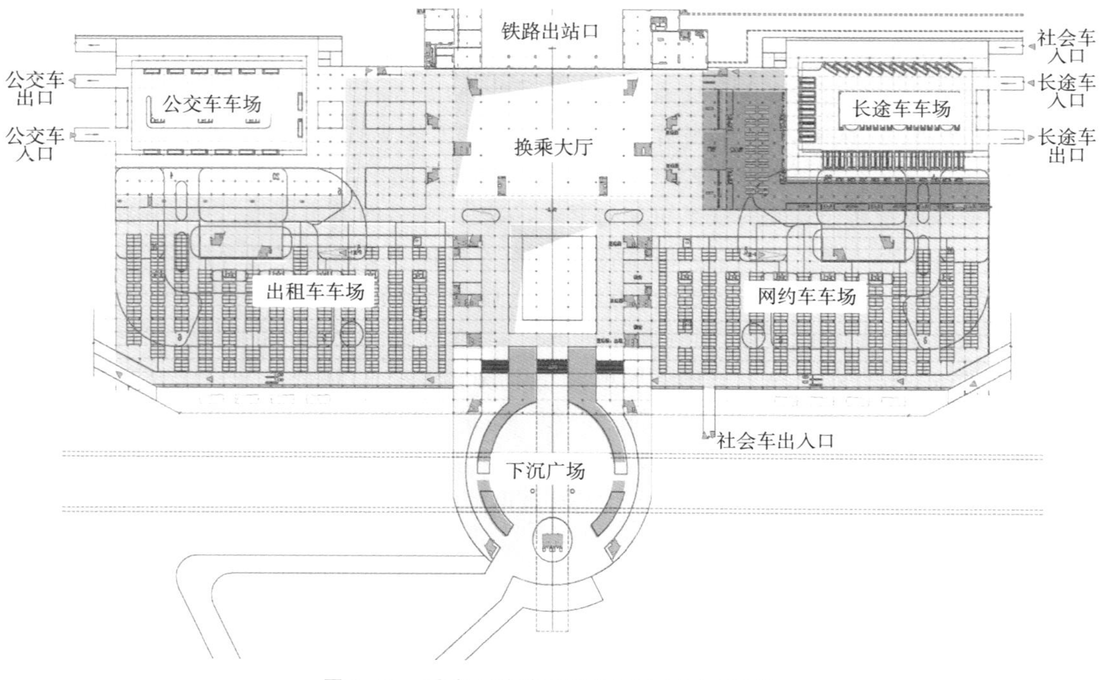

图 3.20 重庆西站地下出站层广场平面布局

(3)站内公共空间

站内公共空间主要包括候车空间、问询与售票空间、公共卫生间、独立商务候车室、配套旅客服务、竖向公共交通设施等。

①候车空间

候车空间是高速铁路车站中面积比最大的空间,构成车站的主体。目前高速铁路车站的候车空间一般不再采用实体分隔墙的方式,站内候车厅布局由不同方向独立候车厅的设置模式逐步向集中候车厅或综合候车厅转变,候车空间由分散向集中综合转变,可以有效提高候车空间的使用效率,简化旅客进站流程共享服务设施。这样形成的车站内部空间开敞、明亮,对普通候车区、无障碍候车区、商务候车区以及商业服务区等功能空间采用玻璃隔断、绿化、座椅、服务台等通透界面进行区域划分,使得各部分区域都在一个整体空间之下,划分使用功能非常灵活,并能充分适应未来客流性质发生变化后的使用调整,如图 3.21 所示。另一方面,实体分隔墙的取消使得候车空间由小空间变为大空间,也为候车空间的消防疏散提出了新的课题。

②问询售票空间

问询售票空间在传统铁路客站中是仅次于候车厅的公共使用空间。传统大型车站售票厅通常设置在进站口和出站口之间,常常造成购票人流与进站、出站人流的冲突和无序。随着互联网售票和电子客票的普及,传统的集中式售票厅呈现分散和弱化的趋势,人工售票窗口的比重也逐渐下降。集中式售票大厅已经不再是高速铁路车站的必须空间,取而代之的是分散的开放式旅客服务中心和散布在进站空间中的电子客票服务终端。如长沙西站,售票厅分布在出站层和高架候车层,其中在出站层城市通廊两端的换乘厅左右两侧分别设置

图 3.21 某高速铁路车站多样化候车空间方案设计

人工售票厅和自动售取票厅，在高架候车层售票厅结合左右两侧连接落客平台的进站广厅对角布置人工售票服务窗口和自动售取票机。

③公共卫生间

公共卫生间是关系到整个高速铁路车站候乘服务品质的重要空间，近年来随着高速铁路车站整体建设水平的提高，车站公共卫生间的空间环境品质越来越受到关注，其设计标准也在逐步提高，从厕位数量配比、占用情况信息显示、通风采暖条件，到服务有障人士和妇孺的第三卫生间，都有不同程度的提升。一些大型车站的公共卫生间设计，开始体现出与候车大厅主空间文化艺术表达主题相一致的装饰装修风格，如图 3.22 所示。

④独立商务候车室

商务出行客流一直以来都在高速铁路旅客中占有较大的比重，为满足商务人士需求而设置的独立商务候车空间也是使高速铁路车站服务品质比肩机场服务的重要环节。相比于公共候车大厅，独立商务候车室具有更高的环境标准，往往配置有独立的进站流线、卫生设施以及商业服务，空间环境更加舒适、安静。同时，也可提高车站的营运收益。

图 3.22 某高速铁路车站卫生间设计方案

⑤配套旅客服务

配套商业、餐饮等旅服空间是车站功能布局复合化与城市化的必要组成部分。商业等旅服空间的设置使高速铁路车站成为体现现代社会生活的一个城市节点，给使用者提供全方位、区域化、经济性服务，如图 3.23 所示。高速铁路车站的商业等旅服空间与进站、出站、候车等空间相互渗透，相互依存，灵活划分使用。新近设计建设的一些高速铁路车站站内环境，通常与零售商业、金融服务、餐饮娱乐等具有城市属性的功能空间整合而成为复合多元的旅客公共活动场所。

图 3.23 重庆西站站内商业设施

⑥竖向公共交通设施

现代高速铁路车站站房更多地以立体化大空间布局方式呈现，开放的多层空间结合导向明确的竖向交通设施，如电梯、楼扶梯等，不仅能提高交通效率，而且使得公共空间环境的丰富性、服务设施的共享性以及旅客的选择性大大增强，同时也方便有障人士灵活使用。

2）辅助功能空间

辅助功能空间系指与旅客乘坐交通工具没有必然关联的功能空间，包括设备用房、办公管理用房及安全疏散设施等，分设在相对次要的位置。

（1）机电设备用房

机电设备用房主要包括暖通、电气、给排水等设备专业用房，应集中设置并尽量靠近负荷中心。机电设备用房需要考虑相互之间的关联以及与站场、接入管线方向的关系，其布局通常在三维空间层面统筹考虑，注意平面上的相互临近以及竖向上的对位关系，通过管线综合设计保证用房的净空高度以满足使用需求。如车站的变电所应尽可能与信息信号用房拉开距离，以尽可能减少电磁干扰；空调机房的设置不能出现在电气及信息信号用房的上方，以避免空调排水对电气房间的影响，同时要临近站房公共空间，便于空调风管接入，减少空调风管对公共空间内环境的影响。

（2）办公管理用房

办公管理用房包括机电设备控制、消防控制、营运管理、安全监控、客运服务人员间休等用房，通常设置于设备用房的上层或方便连接旅客公共活动区的位置。考虑客运服务和管理人员在站内长时间作业，可通过庭院设置等措施来满足其通风采光需求。

2. 交通功能空间及设施分布

1）平面分布原则

高速铁路车站的空间分布组织相比早期铁路客站呈现了更加简明的导向性和快捷的流通性，以适应高速列车短暂的到发停留时间，依据进、出站分离原则，其交通功能最基本、也是最重要的进出站乘降客流组织，分为基本进站流程：进站厅（安检）⟶候车厅（候乘）⟶检票区⟶站台⟶上车；基本出站流程：下车⟶站台⟶出站通廊⟶出站厅（验票）。使进站厅、候车厅、出站通道、出站厅等主要公共空间在各层平面上形成连续的空间序列，形成“快进快出”的旅客交通空间功能和流线组织。其中站内铁路交通换乘则尽量在进入站台的检票区和验票出站厅之间完成，并设置相应验票设施，以避免旅客出站后再进站的流线周折。

进站厅也称进站广厅，主要功能是分流引导旅客进入车站后能方便找到搭乘列车车次对应的检票口。早期铁路客站因候车空间被划分成多个区域，所以会在进站口广厅设置列车发送动态信息屏，结合静态标识指示不同候车区的方位，为旅客提供分流、车次信息服务。现代信息技术和建筑空间技术进步，简化了高速铁路车站旅客进站流程和候车空间环境，以更加简单的集中候车大厅、更加醒目的站台编号提示引导，但进站大厅仍然被保留下来，用于满足不断增长的客流量并增设行李安检功能。

售票厅是近年来改变最大的车站功能空间。移动信息和互联网技术发展完全改变了车站票务营业系统，客票预售和取票功能途径的多样化，使售票厅空间逐渐在车站功能空间系统中消失，取而代之的是在大量旅客集中的区域，设置更加体恤和多元的问询、接待等旅客特殊需求服务功能。

服务旅客到达、离站的功能空间由出站通廊和出站厅组成，其作用是连接站台和出站口，以最简捷的空间方式保障到站的瞬间客流安全、快速、通畅地在站内疏散，并清晰引导客流通往接驳车站的轨道交通、公交、出租车等城市交通设施。

高速铁路车站的零售商业、卫生和休憩等配套服务设施，尽量围绕进出站空间分布，但不干扰进出站台客流的主要交通路径。尤其不可在大量客流疏散的出站通道内布设，而可在旅客过出站闸机后进入开放的城市通廊和扩大的公共空间内布设，如图 3.24 所示。

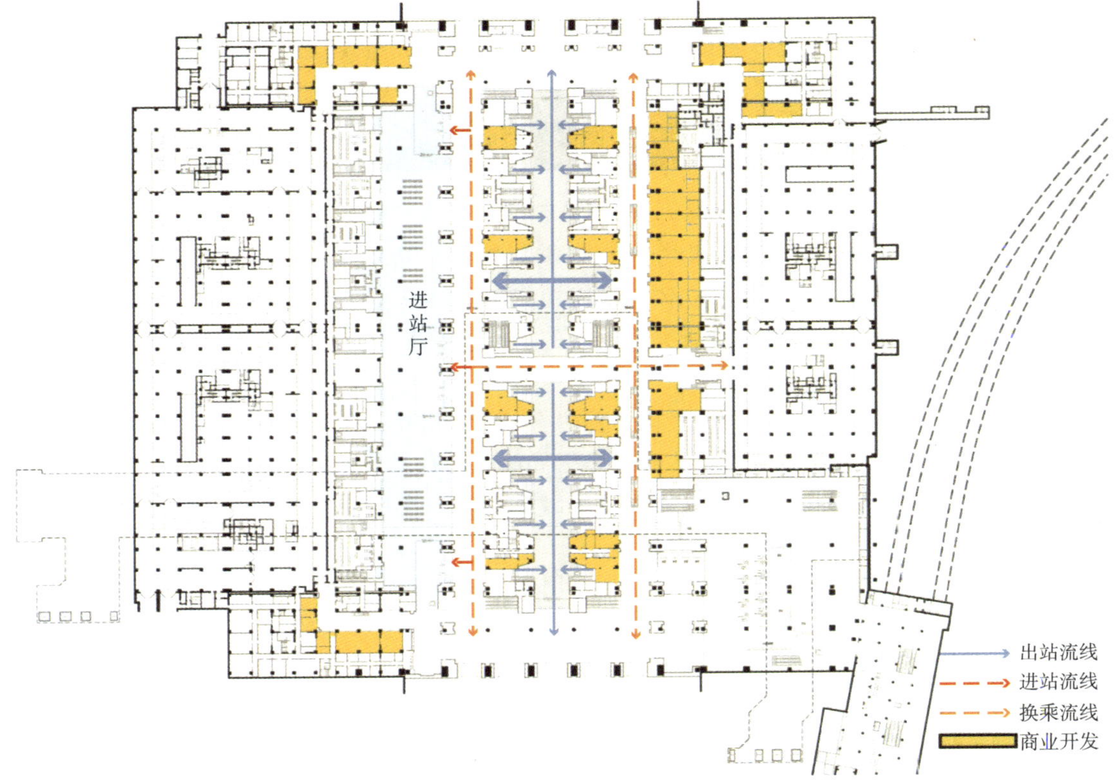

图 3.24　车站配套服务设施避开交通路径布设

2)竖向叠合组织原则

(1)车站空间分层

目前以大空间公共活动整合功能的方式成为高速铁路车站建筑形态的主流模式。集复合功能于一体的大空间,适合大流量旅客集散所需的公共环境和出行体验,可方便、灵活地分隔,也可分层整合用于附属服务的小空间组合。

高速铁路车站竖向空间分层以站场铁路轨顶标高为基准定位,一般分为三层:站台层、线下出站层、线上候车层。现行高速铁路车站由于客流聚集量大,通常采用大跨度、高空间以形成良好的室内空气流动,提升车站环境的舒适度。因此也往往从空间合理利用出发,增设候车厅夹层和出站厅夹层,多用于设置商业设施,与城市空间功能结合,方便并扩大旅客服务范围,如图 3.25 所示。

图 3.25　高速铁路车站竖向分层布置

北京丰台站双层站场的出现,将导致现行高速铁路车站三层空间的功能组织方式随之出现变化,但紧密围绕站场分布的立体化交通功能空间组织设计方式不会改变,而是会依据双层站场的竖向空间特点,进一步研究产生新的功能组织形式。

(2)竖向交通分布

高速铁路车站公共交通空间的竖向分层并不多,但相互关系依据进出站分离的客流交通原则变得较为复杂。车站最主要的功能是引导旅客通往站台乘车或引导下车的旅客通往出站口,站台空间既是进站客流的目的地又是出站客流疏散的起始点。所以,车站公共空间的竖向交通分为进站和出站两个方面。

进站空间的竖向交通分设于主要进站厅,用于接纳城市公交抵达车站的旅客,并分流上行或下行进入候车区域。独立单元检票是线上或线下候车厅常见的功能空间,分布于对应站台的上方或下方。多采用通透的玻璃分隔连接候车厅内对应各站台的检票闸机,并在站台上设电梯、楼扶梯,兼顾无障碍旅客服务的竖向交通设施通往站台。候车厅内另设多组楼扶梯、电梯方便有需要的候车旅客通往商业夹层,如图 3.26 所示。

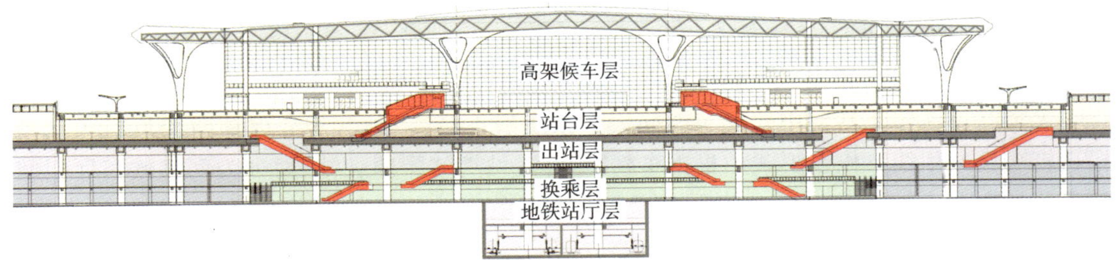

图 3.26 高速铁路车站竖向联系交通设施分布示意

出站空间同样分为上行出站和下行出站两种形式的竖向连接站台。空间视站型条件基本在站台上设两组楼扶梯和单组无障碍电梯通往出站通廊或分组出站厅，对于高差较大的站场等特殊站型或连接分层城市接驳公交车场的出站体系，可增设分层竖向交通空间节点，并尽可能相互联系、共享。如果考虑站内换乘客流，多采取合理的管理方式，通过分时段逆向流线组织满足换乘功能，而尽量不再增设或少增设竖向交通设施衔接，如兰州西站换乘流线，如图 3.27 所示。

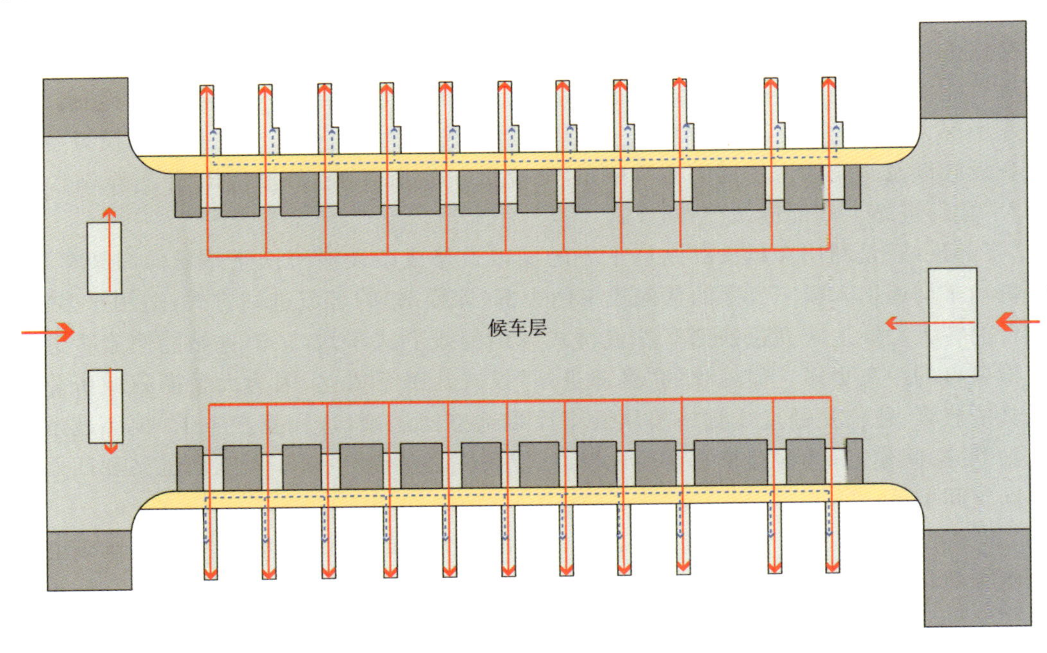

图 3.27 兰州西站站内换乘图解

3)安全疏散原则

高速铁路车站的安全消防疏散，在多数情况下需满足民用建筑消防设计规范，在规定的疏散距离范围内，均布竖向应急疏散设施，并尽可能采用自然通风、排烟的消防措施。但在一些特大型和大型高速铁路车站设计中，往往存在大空间面积超标，因站场规模大而导致相应的疏散距离过长，防火分区无法满足规范的基本要求等情况，需要进行空间性能化消防评估。根据不同的条件，在安全许可范围内采用消防喷淋加密、消防炮、机械排烟等措施扩大防火分区，或借用临时安全区等方法，结合竖向疏散点布置。

3. 进站、候车空间模式

大型高速铁路车站集中式候车空间大多采用线上高架形式，部分因铁路线位引入车场标高较高而选用线下候车形式。根据车站“端部进站”和“腰部进站”而分为两种候车厅空间构成的基本方式。

1)“端部进站”空间模式

“端部进站”是利用线侧站房衔接城市轨道交通人行进站的必然方式，也可通过在侧站房外设高架桥引入机动车道的进站方式。“端部进站”一般适用于路基站场、站台数较少(大约5～10个站台适合走行的距离)的大型车站。

“工”字形平面构型是“端部进站”最常见的候车厅空间模式，如图3.28所示。线上候车厅基本呈矩形空间，与线侧站房连接，侧站房中部设进站广厅，两侧布置小型基本站台候车室、售票厅、连接城市轨道交通等的公交转换厅等公共空间，以及车站管理和设备用房。因此，兼顾城市用地条件和客流走行距离，侧站房进深大约在40～60 m，而面宽一般都会超过候车厅宽度，达到120 m以上，与候车厅连接一体，形成“工”字形构型。候车厅一般在空间上正交铁路站场，中心轴与站台中心或车站中心里程重合(少数根据站位及城市轴线情况错位布置)，能使两组进站楼扶梯位置均布于站台，以利旅客在站台进入车厢的走行距离均衡。候车厅中部为旅客候车区，采用大跨空间形式，经济跨度为64～72 m，主跨两侧设置各类旅客服务设施以及对应站台的两侧检票单元，出检票口通过(半)室外楼扶梯，下行至站台。

2)“腰部进站＋端部进站”空间模式

“腰部进站”是利用穿越铁路站场下方的城市道路或架设横跨铁路站场的高架车道，将城市机动车交通引入候车大厅的两侧或单侧中部(即腰部)的客流进站方式，适用于多站场、多站台的特大型线上式高速铁路车站或桥式结构的线下式车站，腰部进站能使旅客进站后抵达检票口的距离更短。但纯粹的“腰部进站”模式几乎不成立，因为大量搭载城市公共交通工具的旅客，往往是通过线侧站房从候车厅端部空间进站，这样就产生了“腰部进站＋端部进站”的空间模式，并根据车站客运规模、站位条件，分别产生候车厅三面进站和四面进站的不同空间关系。

“T”形平面构型适用于多站场、多站台规模的特大型或大型高速铁路车站，候车空间通过两侧腰部和单端方向三面进站。其候车空间及主要交通功能区、旅客服务区的分布形式与“工”字形平面构型基本相近，主要区别是采用在腰部设置高架车道和落客平台的进站方式，使得候车厅两侧进入站台的楼扶梯和检票口由(半)室外空间转变为候车厅联系站台的室内单元，并增设腰部进站厅，扩大了候车空间的宽度。如2017年底建成的重庆西站就是典型的“T”形平面构型，如图3.29所示。重庆西站是由三个路基站场、15个站台、31股线组成的特大型车站，站场纵深近300 m，故引入双侧腰部高架车道进站；受地形条件影响，其主站房单向面对城区，背向邻接山体，形成高架候车厅的一端连接面向城区的侧站房的单端进站方式；又因单侧站房需容纳地面进站广厅、售票厅及配套设备、管理等综合车站用房，使面宽增大超过候车空间的总宽度而形成“T”形空间组合形态。

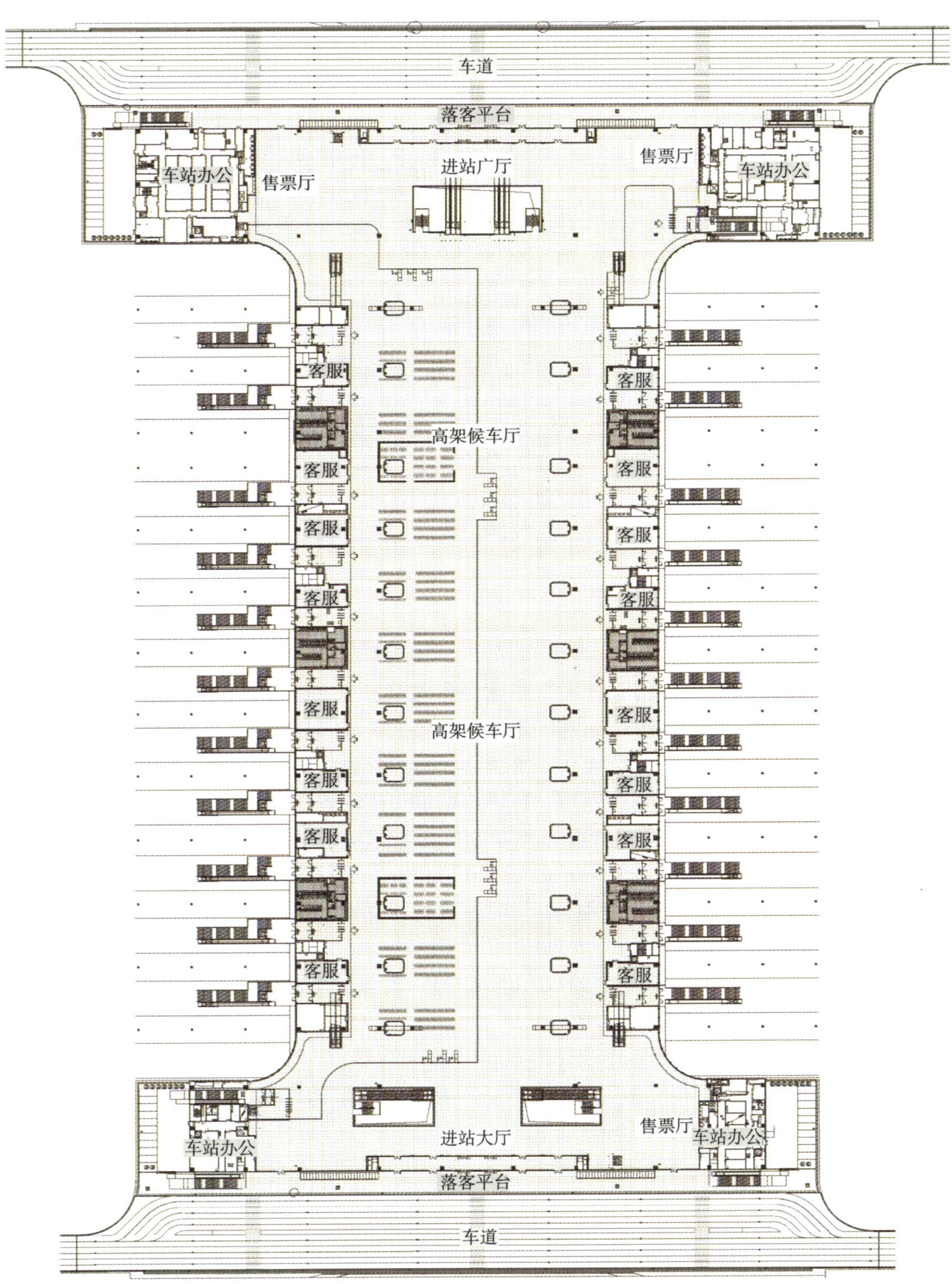

图 3.28 “工”字形平面构型

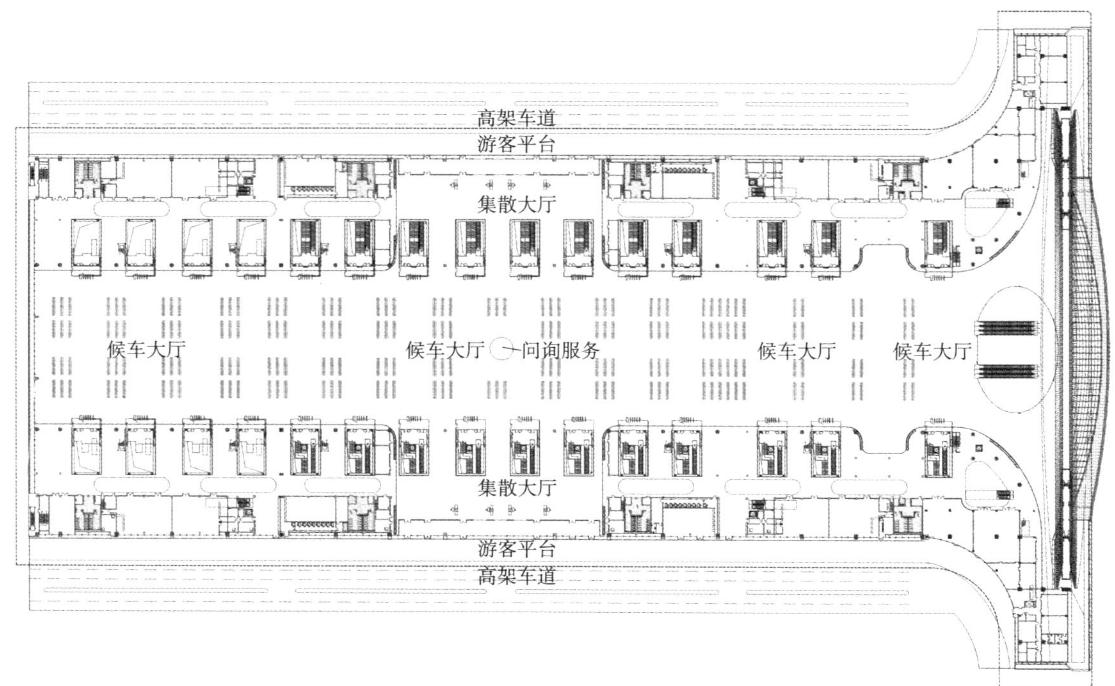

图 3.29 “T”形平面构型

“I”形平面构型同样是适用于特大型或大型车站的空间模式，双侧腰部加两端侧站房的四面进站模式。两端均设有侧站房供步行抵达客流进站，且配套设备、管理等用房可以分置于两个侧站房，因此侧站房面宽可基本与候车空间总宽度保持一致而形成“I”形空间形态，如南京南站、上海虹桥站等是线上“I”形候车空间模式的案例。

“十”字形平面构型是近年来出现的候车空间新模式，是在“I”形平面，四面进站空间模式的基础上，依据旅客站内活动需求的性能分析而产生。典型的案例是正在建设中的重庆东站(图 3.30)，延伸轴向端部进站空间，竖向连接城市综合交通中心，形成扩大的站前立体化活动区营造车站与城市共享的公共场所；扩大腰部进站厅连接高架车道和落客平台，增设商业服务设施，提供更加开放、宽敞的旅客进站安检、商业活动行为区域，并为车站发展预留具有弹性、灵活应变能力的公共空间。

综上所述，这些基本空间组合是我国目前新建高速铁路车站模式的主流模式而并不是全部构建方式，尤其是针对一些扩能改造车站以及特殊地形条件的车站，往往可采取更多的空间组合模式，形成更加丰富的站型变化以适应不同的约束条件和需求。如福州南站的双侧式站型与高架线下式站型的平面组合(图 3.31)；北京丰台站的通过式普速站场与尽端式高架高速站场的立体叠合等特殊站型条件，都将对高速铁路车站空间的交通功能分布和建筑形态关系产生直接影响，并生成新的车站空间形式。

随着经济社会的发展、人民生活水平的提高、社会活动节奏的加快，旅客的时间价值观念将进一步增强，出行需求、方式和出行习惯也在逐渐发生变化。这些都将极大地促进铁路站房功能布局模式的发展与变化。

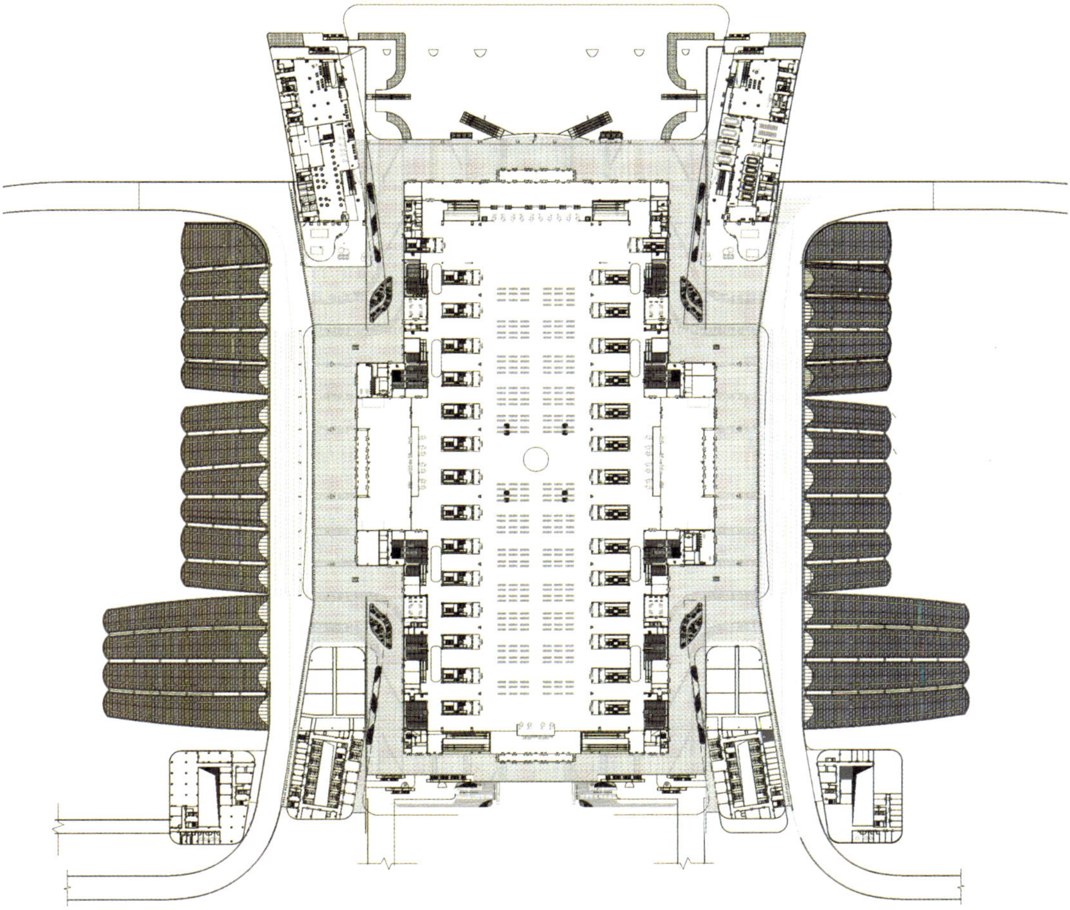

图 3.30 “十”字形平面构型

图 3.31 福州南侧式与线下组合站型

4. 出站、疏散空间模式

高速铁路车站出站模式的形成与车站站型、城市配套疏散条件相关，通过站台竖向交通设施下行或上行连接出站通道、出站厅或分组出站厅出站。

1)“出站通道＋出站厅”模式

这类模式通常适用于路基站场，如图 3.32 所示。出站旅客由站台两组出站楼扶梯相向下行通往站场下方的集中出站通廊，分行穿越站台通往单向或双向连接城市公交换乘区域的出站厅，是比较简明的出站模式，并且可以通过出站通廊组织站内换乘交通流线。但双向出站厅的信息提示也往往会造成旅客选择的不适，并容易在出站后发现方向错误而难以原路反向纠错通行。因此，通常需要设置另一组城市公共通廊连接铁路两侧城市的通行。

2)“分组出站厅＋城市公共通廊”模式

这类出站模式主要适用于特大型车站的桥式站场，典型的案例是北京南站、上海虹桥站等，如图 3.33 所示。站台两组出站竖向交通设施布置在进站楼扶梯外侧，以拉开出站空间距离，在线下出站区域中部形成公共城市通廊，旅客通过站台楼扶梯下行至分组独立的出站厅验票出站，直接进入城市公共通廊，并可方便抵达四个方向衔接的换乘交通站点设施，且方便纠错。站内换乘流线可以结合进站方向的站台楼扶梯，逆向控制与候车厅直接联系。这也是目前最为合理地衔接城市公共交通和综合服务设施的出站模式。

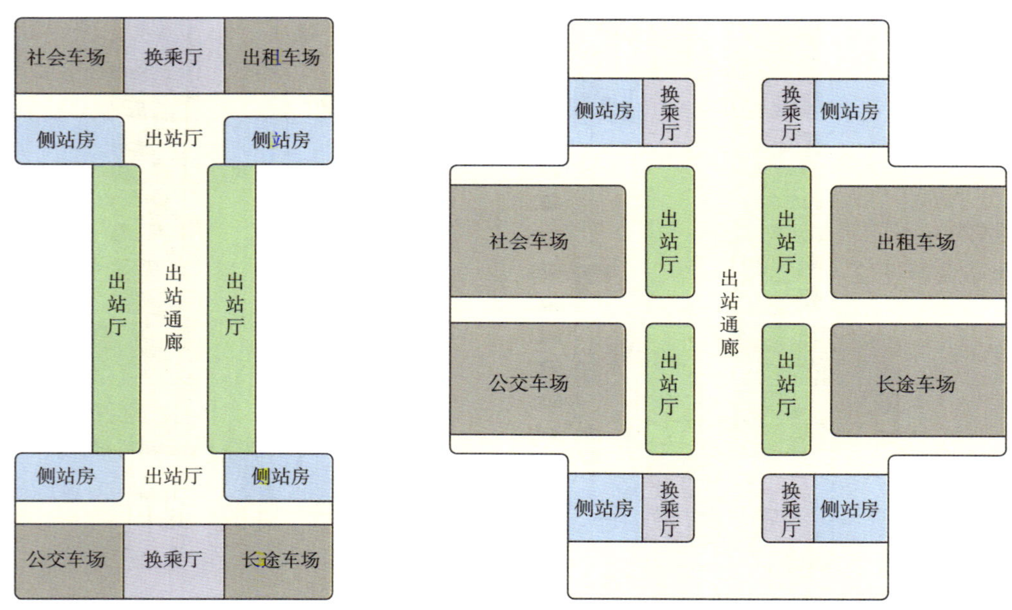

图 3.32 “出站通道＋出站厅”疏散模式示意　　图 3.33 “分组出站厅＋城市通廊”疏散模式示意

同样，以上出站模式并不是所有高速铁路车站非此即彼的唯一选择，许多场地条件特殊或高程特殊的地形条件都会影响出站空间的组织方式而产生新型的、合理的、因地制宜的出站方式。

3.3.4 铁路站场

高速铁路车站的铁路站场包含列车到发线、咽喉区、供旅客乘降的站台、雨棚及其跨线设施(如天桥、地道等)，主要功能是列车停靠和驶离时满足旅客乘降或者换乘，是高速铁路车站设计区别于其他类公共建筑的主要特征性功能空间，站场布置形式与高速铁路车站的建筑空间形式密切关联。

1. 站场功能构成

1)线路

高速铁路车站站场铁路线根据客运作业需求，由咽喉区、正线、列车到发线、机车走行线和机待线以及客车停留线等组成，如图 3.34 所示。

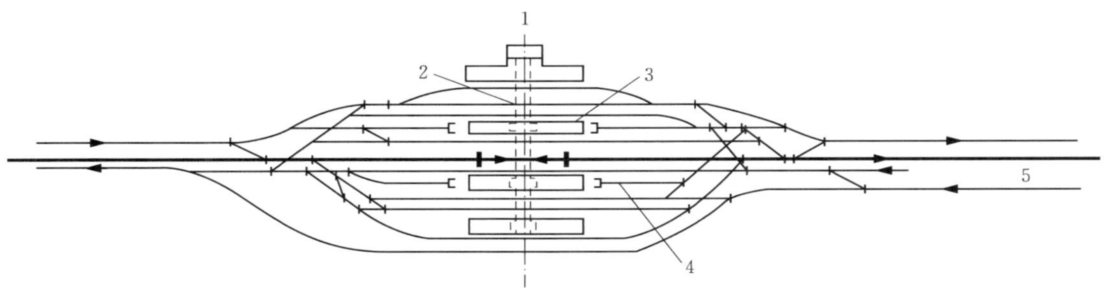

图 3.34 铁路站场功能构成示意

1—站房;2—天桥;3—站台;4—待机线;5—正线

(1)咽喉区是铁路站场的专用术语,列车通过咽喉进站内股道,本质上就是一系列道岔的集合,连通正线和到发线,为列车提供多种进入车站的通道。通过式站场设有两组咽喉区。

(2)正线是铁路轨道连接区间并且贯穿或伸入车站的线路,一般而言正线多为通过式直股(线),不能停靠站台。为保障列车通过车站在铁路正线不停靠行驶,线间不可设高架站房和站台雨棚立柱。

(3)到发线又称到开线,是指高速铁路车站专门办理列车到达与出发作业的路线,到发线间拉开一定的列车保护距离(约在 1 m 左右)可设高架站房和站台雨棚立柱。

其他相关机车折返、维修、检测等作用的铁路线不在本书内展开阐述。

2)站台

站台是作用于旅客乘降列车的基础设施,分为基本站台和中间站台两种。

(1)基本站台是指靠近线侧站房或广场一侧的不经过跨线设施即可直接进出的单侧衔接列车到发的站台。基本站台邻接站房,站房内通常配置平层的基本站台候车室。为了保障站台的畅通无碍,方便旅客行走,基本站台的地道或天桥出入口通常结合站房或者站房平台设置。

(2)中间站台是指通过跨线设施与站房或广场相联系的岛式站台。站台上设置的天桥或地道等的进出站设施构筑物,其边缘至站台边的距离一般不小于 3 m。

高速铁路车站采用高站台形式。站台高于轨顶标高 1.25 m,与列车车厢地面持平,方便旅客在同标高乘降列车,高站台下方至轨面标高间的空间常用于列车上下水及其他机电电缆管线设施分布,如图 3.35 所示。由于高速列车接发频率高,按我国现行管理模式,不开放站台供旅客候车使用,以避免影响行车安全以及不同车次的旅客在站台滞留,部分车站站台提供少量休息座椅。特大型、大型高速铁路车站的站台宽度通常为 11～12 m,中、小型高速铁路车站站场宽度通常为 8～10 m,并在距列车停靠侧设置 1 m 宽红色防滑石材地面、100 mm 宽白色警示线和 600 mm 宽盲道砖。

站台长度是按最大列车编组长度加前后安全冗余长度确定的。由于客运专线车场只考虑动车组运行,站台长度计算按动车组 16 辆编组计,每辆车按长度 26 m,列车总长 420 m 考虑。故站台长度考虑动车组前后各加 15 m 的停车余量,确定旅车站台长度为 450 m。为缩减旅客在站台的走行距离,通常各站台分别设置两组进站楼扶梯和两组出站楼扶梯、一组直梯保障无障碍服务要求。

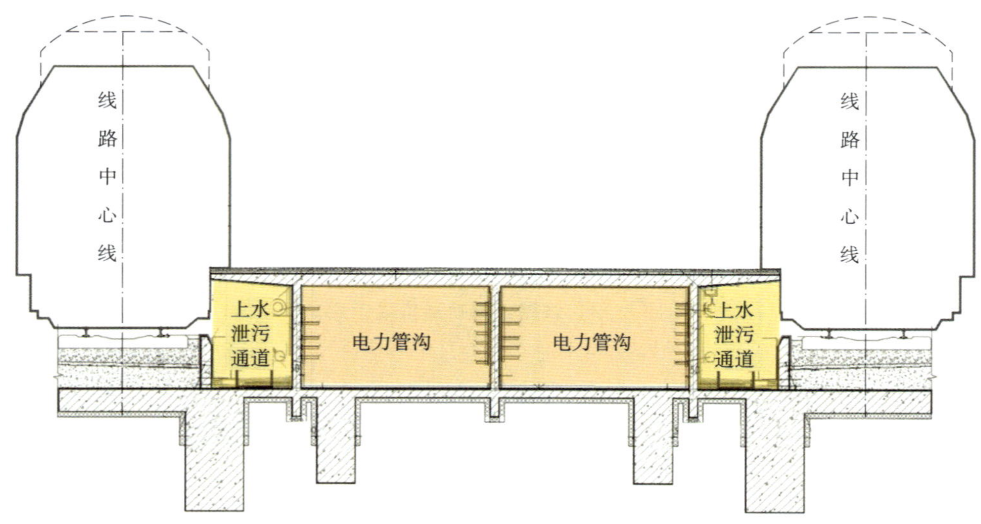

图 3.35 站台功能构成示意

3)跨线设施

中、小型高速铁路车站大多采用线侧式站房形式,其站场的跨线设施包括地道和天桥,是构成进、出站场空间的重要交通路径设施。根据设计规范,旅客地道和天桥的宽度通常不小于8 m,最小净高不宜低于3 m,除楼扶梯外应考虑设置无障碍电梯。特大型、大型高速铁路车站由于通常采用线上或者线下候车的形式,其跨线设施通常由站房的候车空间和出站通廊兼顾。

4)雨棚

(1)结构形式

目前我国中、小型高速铁路车站客流量较小,基本采用站台设独立柱或双柱钢筋混凝土结构雨棚形式;特大型、大型高速铁路车站通常采用无站台柱钢结构或钢筋混凝土结构雨棚。

①有站台柱雨棚

有站台柱雨棚结构跨度通常为9~12 m,雨棚的形式结合通信、电力的桥架和雨棚排水设施统筹考虑,明装管线设施需满足安装工艺要求和视觉感受,暗置设施应满足检修和方便维护需求。

②无站台柱雨棚

无站台柱雨棚相比有站台柱雨棚具有跨度大、空间高、充分释放站台面空间的优点,通常结合站房建筑、高架桥梁一体化建造。线间结构设计经济跨度在20 m左右。

目前我国最大跨度的无站台柱雨棚是武汉站,最大跨度达116 m,高度为50 m。不同于其他线上候车的特大型高速铁路车站,武汉站采用线上分离的两组跨线候车空间,与车站入口广厅围合成中部开放的铁路站场,中部高耸的雨棚结构成为武汉站整体建筑形态的聚焦点,如图3.36所示。

(2)限界安全

保障行驶安全要求各部分结构和站台吊顶构件与轨行区的安全保护间距必须严格遵守铁路建筑限界的规定;轨行区上方、特别在正线上方应尽可能减少装饰性构件覆盖,以避免列车带来的负压对整体结构和构件的不良影响;铁路正线两侧不得立柱,到发线之间的雨棚

图 3.36 武汉站室内场景

柱，其柱边最突出部分距股道中心的间距宜为 2.3 m，困难条件下不应小于 2.15 m。雨棚悬挂物下缘至站台面的净高不小于 4 m；无站台柱雨棚内的接触网悬挂系统应考虑轻巧美观的形式，尽可能利用雨棚柱或高架候厅结构梁、柱等构件兼顾悬挂接触网，避免独立设置影响安全和整体空间效果。

2. 站场发展趋势

1)向“通过式”转变

当代高速铁路车站由“等候式”向“通过式”逐步转型，结合目前国情条件，“等候式”与“通过式”两者并存的状态将持续很长一个时期，高速铁路车站最主要的空间还是候车大厅和综合换乘大厅，站台功能主要是为旅客上下车服务。但随着等候要求的减弱，站台最终会成为车站提供旅客乘降列车功能服务的主要空间场所。传统站台的宽度主要考虑疏散的需要，一般根据车站规模来确定。现行高速铁路车站站台宽度一般为：岛式站台宽度不低于 12 m，侧式站台宽度不小于 8 m。在未来的“通过式”车站中，站台空间将不仅为旅客乘降提供服务，还承担主要的候车、换乘、商业服务等功能。站台宽度设计应充分考虑未来功能的转变，适当预留发展余地，为旅客流量的增加提供弹性空间，并且兼顾可能增加的各种设施，如自动扶梯、电梯、小型商业信息设施等，并结合站台屏蔽门设置以提高旅客站台活动的安全性。

另外，在平面多组站场并列布置时，适当拉开站场间距或将有利于线下空间的通风、采光(如雄安站、杭州西站)；也可能将城市轨道交通站点引入其中，创造中部进站的条件，并结合站场间夹心地土地开发利用形成新的车站空间布局模型。

2)向立体化站场发展

目前大型高速铁路车站通常采用高架站场的形式，以减小线路对两侧城市的割裂感，并能充分利用桥下空间设置公交及社会车场，节约城市用地，便捷旅客换乘，如雄安站、杭州西站等。为满足土地开发和空间利用的可持续发展，相继出现了地下站场和双层站场等新形式，如德国的柏林中央火车站，我国的北京丰台站、深圳福田站等，这种立体化的站场大大节约了用地，促进了车站功能与城市环境的整体融合。

3)站房站场一体化发展

前期建设的高速铁路车站的站台雨棚与站房空间结构关系相对独立，雨棚结构形式分为单柱式、双柱式和跨线式，主体结构材料多为钢筋混凝土，雨棚柱立于站台之上，结构形式简单，跨度较小。当代高速铁路车站已趋向“站棚合一”，“无站台柱雨棚”成为我国大、中型车站站台雨棚的主要空间形式。这种新型站台雨棚将柱子设置在线路中间，采用大跨结构将各站台雨棚连为整体，覆盖整个车场，具有更好的防飘雨、飘雪功能，站台空间也更加开放、连贯。

采用“站棚合一”“无站台柱雨棚”的一体化技术建造方式，体现了以人为本的车站设计理念。整体站场空间最大限度地为旅客乘降交通活动提供高质量服务，带来宽敞、通透的视觉感受，也有利于旅客的心理识别与接受，解决了风雨对旅客、机车和站台的侵扰问题，同时为未来高速铁路车站将站台转变为候车空间创造了有利的条件。连贯、开敞、大气的无柱雨棚空间，将为首次到达的旅客呈现车站和城市的第一印象，也为即将离开的旅客保存车站和城市的感性记忆，如图 3.37 所示。

图 3.37 雄安站“站棚合一”场景

3.4 车站交通流线组织

高速铁路车站的本质是一个功能复杂的交通综合体，集合了车站内外人流、车流及物流交通组织。处理好车站内部交通流线与车站区域城市各类交通设施间的相互衔接，实现合理、高效的交通运行目的，是高速铁路车站设计的关键。

3.4.1 流线构成及主要特征

1. 流线组织与空间关系

高速铁路车站的交通流线组织与其功能空间布局和组合有着非常密切的关联。在车站建筑与枢纽区域城市设计中，交通流线是将各个功能区域和功能空间串联组织起来的路径要素。如果将各功能空间比作是音符，那么流线组织系统则是将各个音符连接形成乐章的主旋律。因此交通流线组织的本质就是根据各种流线的性质和特征，连接各个功能空间进行统一的规划和设计。

车站的空间设计不但要求功能分布合理，而且还要求不同功能组织具有秩序性和可识别性。旅客交通流线的组织就是结合功能空间序列和结构进行布局规划，分析各个组成功能空间的使用特征和旅客行为需求，保证所形成的流线组织系统满足车站快捷交通功能的主旨需求。一个良好的空间流线组织能让旅客凭直觉发现并找到自己前往的路径和方向，提高交通顺畅度。根据各功能空间的性质和作用，分析旅客交通流线组织的便利性特征，将车站空间作为一系列动态功能的有序列连接而展开规划设计，能为旅客获得更好的出行体验和记忆。

2. 流线组织构成及特征

1)分类及构成

高速铁路车站涉及社会面广、服务对象众多，其旅客流线构成覆盖了车站本体并辐射至由铁路、城市轨道交通、道路、桥梁、车辆和步行街区等组成的枢纽区域范围。

因此，高速铁路车站与相邻区域整体交通流线系统组织根据不同的性质分类也比较复杂，按交通方式可分为：旅客步行流线、车行流线和其他流线（包括消防流线、行包流线等）；按流线方向可分为：进站流线和出站流线；按功能可分为：旅客交通流线和商业服务流线；按车站区域构成关系可以分为：站外系统流线以及站内系统流线等。

以上诸多的分类方式说明，高速铁路车站的综合交通流线组织不仅仅是服务旅客进出车站的重要路径构成，而更多的因素是需要整合与之相关的城市交通问题，满足区域整体交通在多方面的平衡，建立合理的、可持续发展的交通秩序。

2)基本特征

高速铁路车站交通流线组织需要兼顾区域地形、主导客流方向、城市空间环境以及车站本体的旅客行为变化的综合需求，是高速铁路车站外部空间组织的基础依据。基本特征主要表现为以下几点。

(1)车行流线应优先选用单循环机动车进出站流线系统，依据客流量设置进站车道边，分流城市过境车辆，合理配置高效率的车站物流、生产、生活专用道路等动态交通系统以及停车场地等静态交通设施。

(2)人行流线。无关车站区域内车流系统的复杂程度，而相关其高效便捷的客流连接方式。高速铁路车站交通的最终形式必定是为人行交通的舒适度服务，因此高速铁路车站交通流线设计的核心必然是以人行活动为主。人行流线又包含了刚性需求的旅客交通流线和非刚性需求的商业服务流线，呈现为以交通为主、商业服务为辅的互动流线形式。

(3)进站流线。各种分散的人流、车流从城市的不同方向抵达，依次进入站房，流速相对缓慢，流量比较均匀，持续时间长。

(4)出站流线。列车到达后会瞬时汇集大量人流，时间集中、人流密度大，需要在短时间内快速疏散。

(5)换乘流线。包含站内铁路换乘和站外城市公交换乘，其共同特征表现为换乘路径导向清晰，与进出站客流减少干扰，避免迂回、绕行。

车站的流线设计因具有多种可能性而变得较为复杂，合理、便捷的流线组织需要在分析了解不同流线性质的基础上，将不同区域的不同性质的客流交通区分对待，尽量做到相互依存又互不干扰，既方便快捷又可适应交通缓冲和弹性应变的空间需求。另外，降低对城市环境干扰的隐形车流系统组织，结合丰富、清晰、简洁而展开的人行交通系统，将成为高速铁路枢纽综合、高效交通流线组织设计的发展趋势。

3. 流线组织原则及方法

总体上，高速铁路车站的交通流线组织必须遵照互不交叉、便捷合理、明确清晰的基本原则，将不同区域的人流、车流、物流以及驻车场地等按照不同的方向、方式加以分类、组织和引导，形成高效、有序的流动路径。车站交通流线组织的基本原则可以概括为:公共交通优先、导向清晰、到发分离、集散有序、便捷换乘、立体通行，并以不同的组织方法进行设计。

1)分层平面流线组织

虽然高速铁路车站的规模和站型各不相同，但旅客刚性使用的交通流线组织设计原理和方法基本相近，并可以通过分区(站内和站外)、分层(出站层、站台层和候车层)展开各系统的独立设计，并在重要公共区设置竖向交通予以分层空间上的联系。依据旅客进出车站的明确目标设计主要交通路径时，可以在平面上从区域或各标高层的起始点至终点以连接直线的方法，确定最快捷的线性交通路径(通行净宽度一般大于 6 m)，并以简单的各层路径距离叠加与所需时间的测算，分析或调整旅客交通路径设置的合理性。

候车层进站流线组织，需要确定本层的进站客流方向和旅客集聚的起点，以及将各进入站台的检票口作为终点进行最简捷的客流集散路径分配，通常以分支状或网格状设置，并可根据客流量形成主次通行流线(图 3.38～图 3.40，候车厅平面流线图:线上候车厅、线下候车厅、线侧候车厅)。又如出站层流线组织，以出站通道或出站厅为旅客集散起点，以城市各类衔接交通站点设为终点进行客流路径组织分析，形成城市交通厅引导或通廊引导的旅客集散换乘流线体系;出站层还需要考虑高速铁路车站与城市轨道交通的快捷对接流线组织，以方便城际出行客流快速进站和离站交通组织(图 3.41)。真正影响站外旅客交通流线组织的复杂因素，是连接城市多种交通方式的场地分布关系，需要综合区域车流交通组织，进行同步分析、研究，才能制定高效、合理的人行交通流线组织策略。

2)车站内、外流线衔接组织

随着铁路客运量和城市交通流量的迅速上升，我国高速铁路车站的旅客交通流线从前期低效的平面化组织方式，迅速转变为立体化融入城市的空间结构组织方式。站内进出交通流线分层、分离设置，且有多向进口和出口，避免了出站和进站流线的干扰，站外与城市功能复合、空间叠加相适应，围绕着城市换乘交通节点功能，形成立体而紧凑的空间交通流线组织。

高速铁路车站的旅客交通路径系统结构，表现为客流集散通行、分流、转换和过渡等不同交通行为需求的组合。在车站内、外空间和不同功能的衔接部，往往是进出站旅客流线的交汇点，也是衔接区域系统流线组织中的重要节点。如进、出站厅等，扩大此类节点形成进站

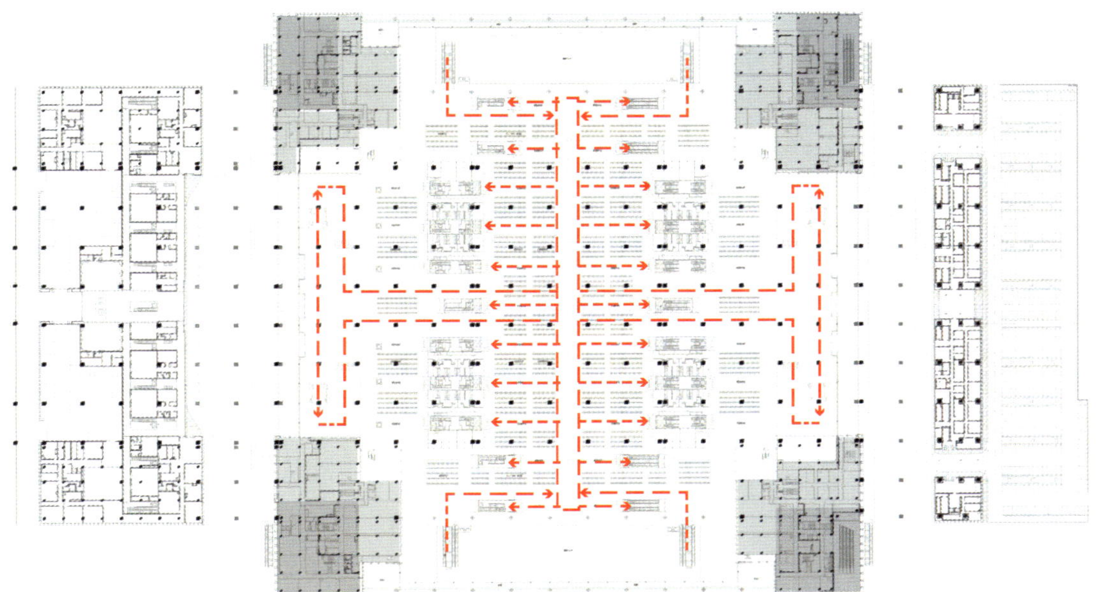

图 3.38　线上候车厅进站流线

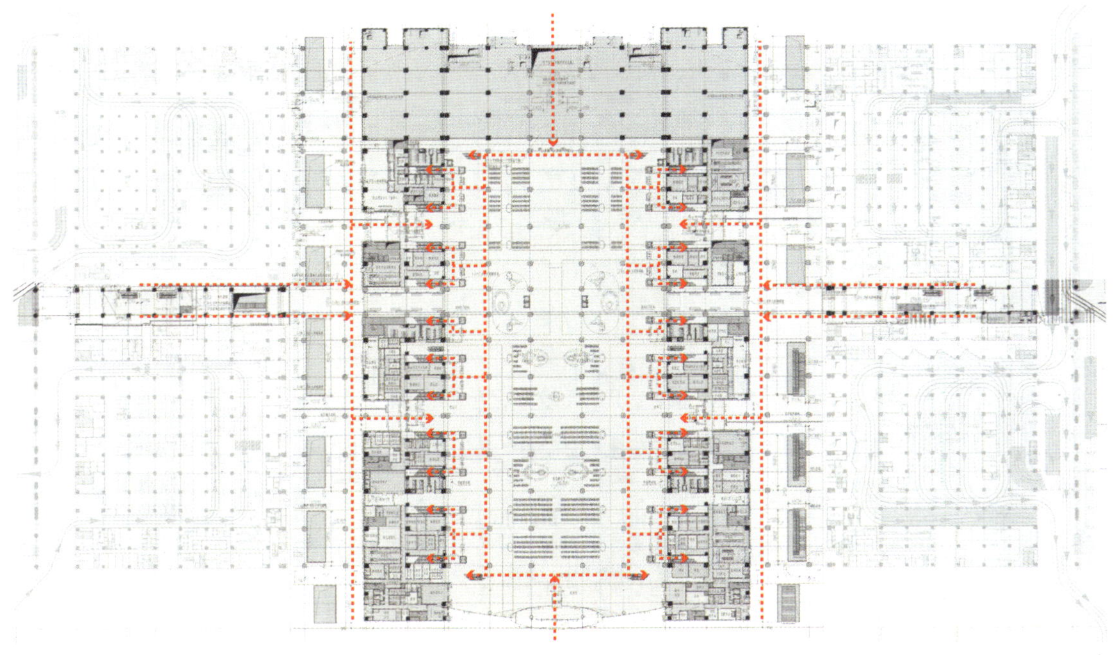

图 3.39　线下候车厅进站流线

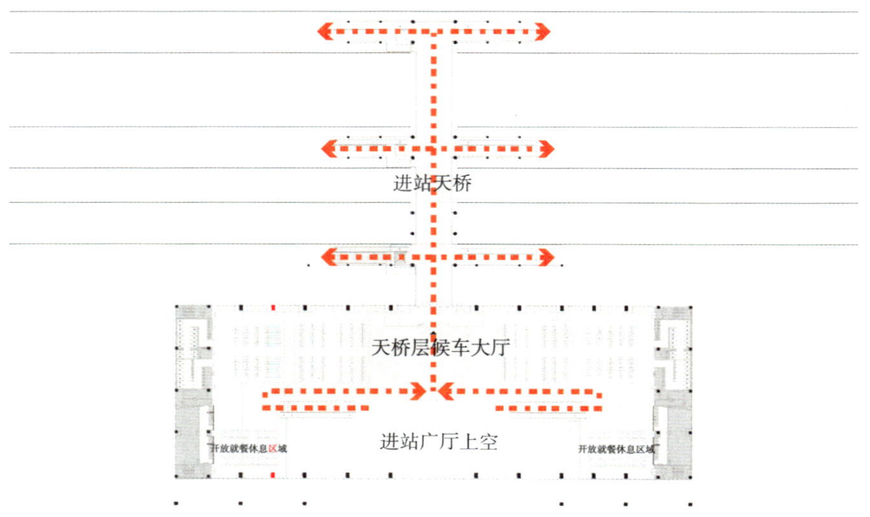

图 3.40　线侧候车厅进站流线

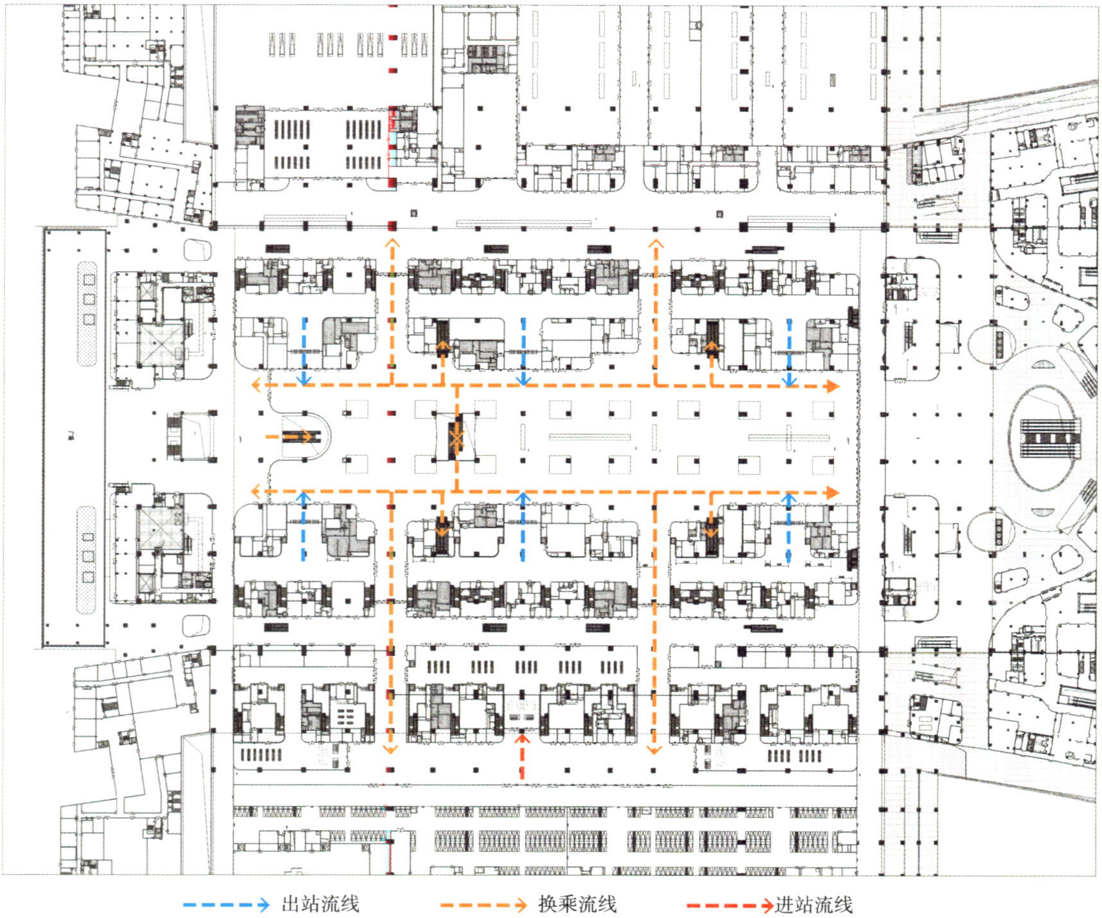

出站流线　换乘流线　进站流线

图 3.41　出站层流线组织

广厅、出站集散厅等方法，产生持续性客流作用下的交通缓冲空间，以利于缓解客流在空间功能变化情况下积聚造成的交通拥堵现象，并可采用竖向贯通的公共空间连接，立体化分流组织，发挥高效的集散交通功能作用，尤其适用于选择城市公交换乘出行的人群，兼容抵达或离开的进出站混行客流集聚的空间节点。

3)交通流线与商业服务流线互动组织

现代高速铁路车站的旅客流线已经不可能是单一功能的通过式服务路径，必然是结合多元的综合服务功能协调组织，形成以交通流线为主、以商业服务流线为辅的互动组织系统设计。

(1)分离不同性质的流线

有意识地分离旅客交通流线和商业服务流线，并以主次关系相互有机衔接，形成显性的、不受干扰的交通路径系统和隐形的、渗透的旅客商业、休憩活动流线系统。如采用分层设计方法，在旅客候车区分布简明的交通流线通达各检票口；将通行路径围合的区域设为旅客候乘休息区；将候车区上方夹层空间或检票口背侧，设为旅客商业活动区，形成相对独立的商业服务流线。两组不同性质的流线系统相互开放，和谐共享，如图 3.42 所示。

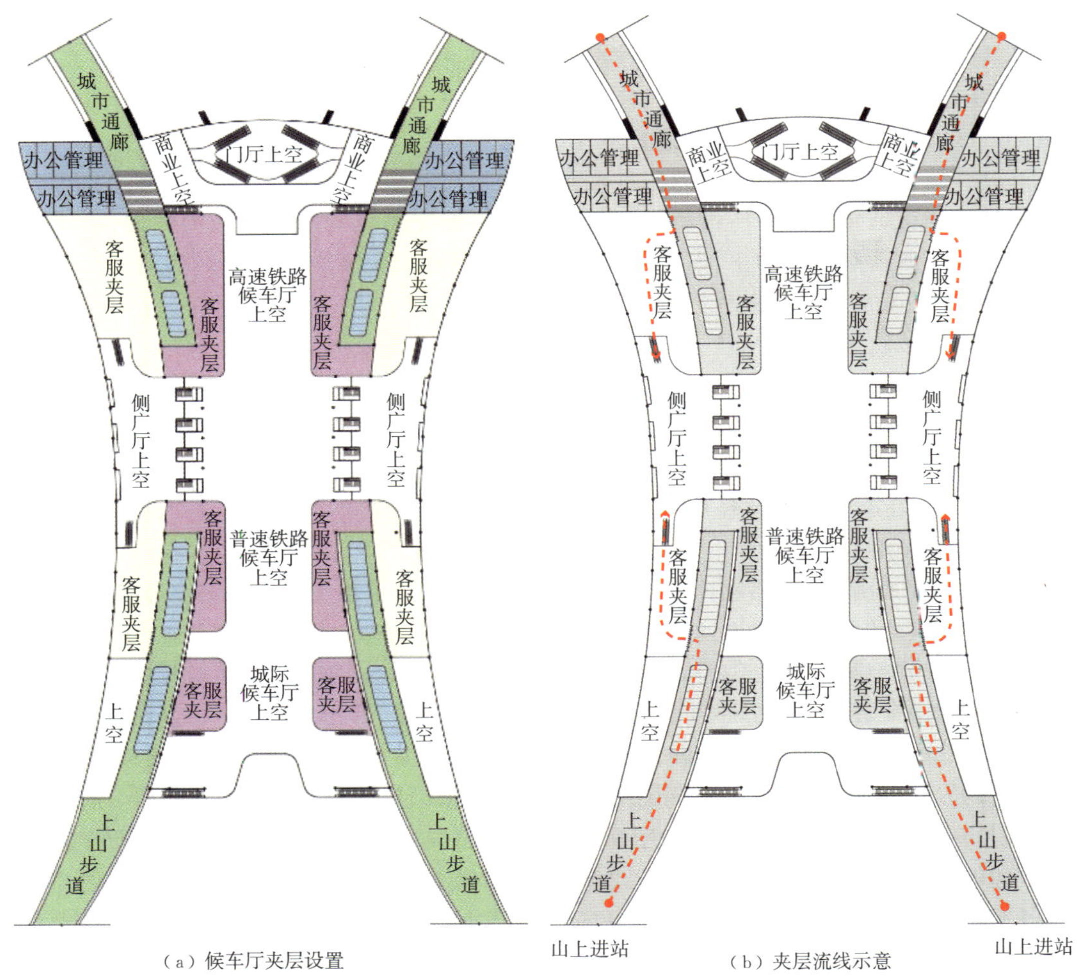

(a) 候车厅夹层设置　　(b) 夹层流线示意

图 3.42　候车厅夹层设置商业服务功能

(2)提高目的地交通导向性

车站客流组织的导向性从人的空间行为与环境之间的关系出发,强调人对环境的认知与识别。在室内光环境、装修材料、色彩设计上尽量凸显醒目的交通流线方向引导性,增强空间视觉辨识度和连续性,注意重要空间在竖向和水平方向可视、可达,提示旅客在复杂空间中明确自己的方位并清楚目的地去向。

(3)静态标识系统引导

由于高速铁路车站规模大、功能复杂、人流量大、空间尺度大,旅客在车站内难免出现方位感不明确的现象,配合车站整体交通空间环境,在主导交通流线上方设置连续的静态导向标识,提供旅客活动需求指示和引导。

3.4.2　区域交通流线组织

1. 交通组织构成及作用

高速铁路枢纽区域交通组织由进出站的机动车流线(出租车、社会车、公交、长途巴士等)组织、换乘流线组织、慢行交通组织综合构成。

从交通方式来看,高速铁路客运枢纽主要的换乘交通方式包括:高速铁路、长途客运、轨道交通、快速公交、常规公交、出租车、社会车、旅游巴士、步行和自行车等。同时往往还兼顾一定的地区交通功能而布设长、短途公路客运站。

高速铁路车站衔接城市交通的各种换乘方式除在其功能本身上显示出各自的不同,在总体城市接驳交通量分配中所占的比例也显示出不同交通工具的载运能力和定位:即以大运量的公共交通换乘方式为主,以私人交通为辅;以市内近距离交通为主,中长途交通为辅。

2. 公共交通系统流线组织

1)合理连接轨道交通

城市轨道交通引入高速铁路枢纽的站位布置方法,重点是需要将轨道交通的站厅层与高速铁路车站的进出站层尽量在同一标高层内,以平进平出的衔接方式实现高效的客流对接路径,避免由再次上下翻行带来的不便。并且可同样采用公共换乘广厅的空间形式,适当延长对接距离,在客流交通路径周边适当增加商业服务,既可缓解换乘对冲客流,又可以满足旅客的不同需求。

城市轨道交通引入为疏解高速铁路车站大运量客流起到了积极的衔接作用,近年来越来越多的大型高速铁路枢纽区域拥有两条以上的轨道交通线站点与之对接,轨道交通线之间通常以“T”形或“十”字形换乘站型接入高速铁路车站,形成高效换乘对接流线。需要引起重视的是垂直站场的轨道交通车站站位布置,往往产生的误区是将两条线呈“T”形换乘结构车站以嵌入高速铁路车站的方式布置(图 3.43),片面倾向于最大程度与铁路车站出站流线系统对接,实现“零换乘”,而忽略了两方面不利因素:其一是过短距离衔接容易导致因客流缓冲空间的缺失而引起局部拥堵;其二是轨道交通站点出入口集中设于高速铁路车站下方,忽略了轨道交通服务城市客流进入车站周边的区域的可达性,或将导致不以出行为目的的城市客流必须在高速铁路车站范围内出入轨道交通车站,而与高速铁路进出客流引起逆向对冲。因此,“T”形轨道交通换乘站应当以离心方式布置(图 3.44),充分考虑轨道交通与铁路和城市的双向作用,在站位布置和流线组织上,尽量采用一端靠近高速铁路车站,而另一端延伸向外围区域城市,均衡考虑客流需求,并在站内和站外客流集中换乘区域，通过设置开放空间场所，以形成更佳的客流交通集散方式。

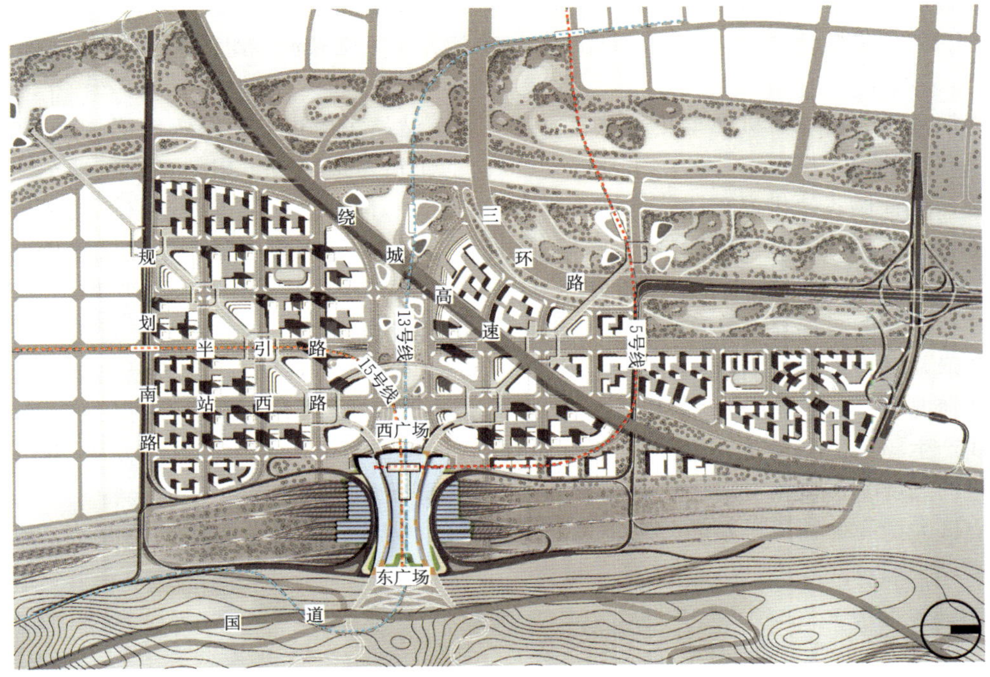

图 3.43 轨道交通站嵌入高速铁路车站内部

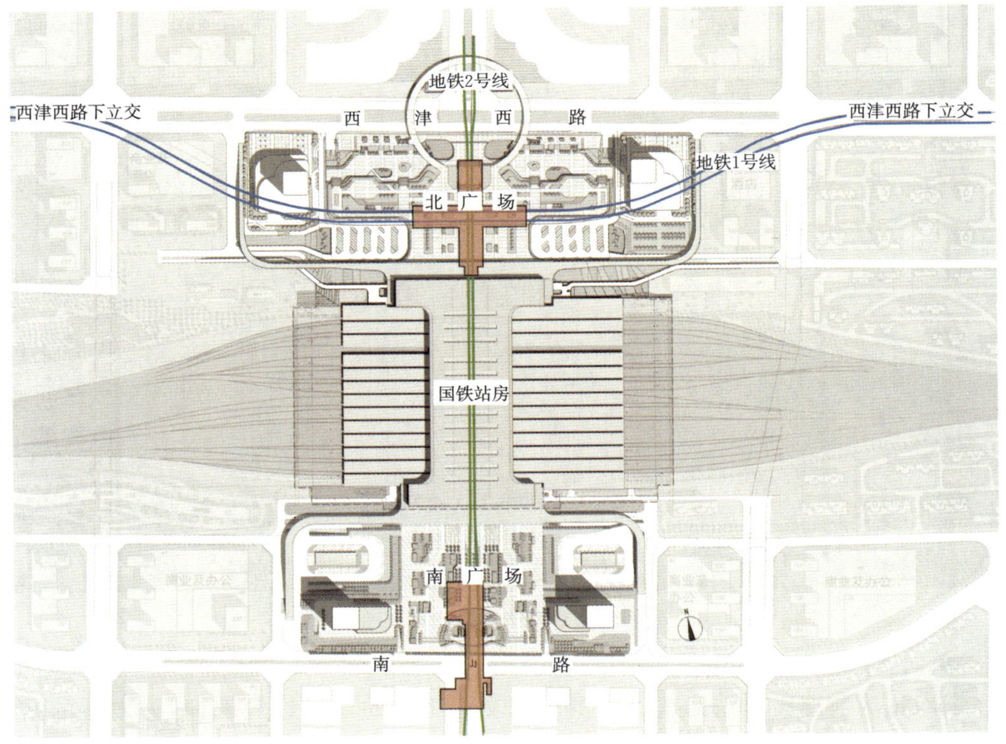

图 3.44 轨道交通站脱离高速铁路车站布置

2)机动车流线组织方式

通过高架桥引入进出城市机动车交通流线连接高速铁路车站,是常见的车流交通组织形式,主要有“集散环”“单向往返”和机动车库等接驳车辆交通流线组织形式。

(1)集散环

集散环是各种地面机动车交通方式通过环绕车站站房周边的道路组织形式,形成车辆交通单向行驶的大型高架环形流线,由不同方向的匝道连接城市汇集的各类机动车交通抵达车站。这种模式的代表案例就是北京南站(图 3.45),优点是环形流线适宜不同方向的来往车辆,自由选择度高,在用地紧张、广场无法提供足够回旋空间的车站站位保持机动车流线通畅起到了很大的作用。同时,集散环道还能非常便捷地连接站房两侧的广场,使车辆不受铁路线的影响直接穿越站房。但缺点也比较明显,比如进站停靠车辆的车道边和落客平台呈环形,车辆行驶视线有一定的遮挡,且长度不足、有效停靠车流较少,容易出现车辆排队停靠的情况;环形车流交通也较为复杂,多方向车流交通聚集,车流上下、进出、变道等状况使流线产生频繁的相互交叉,在车站客流高峰期,不可避免地形成环形流线拥堵,并影响车站周边的过境城市道路交通。实践经验表明,车站集散环车流交通并不适合特大型以及城市中心区大型高速铁路车站的机动车进站交通组织体系,同时对单向往返的进站车流系统可否增设小型站前环道,也提供了需谨慎设计的依据。

图 3.45 北京南站集散环式交通组织

(2)单向往返

北京南站等前期高速铁路车站外围车流交通组织的建设经验教训,为之后的站前车流交通组织提供了有益的依据,也生成了进站车流交通系统分组单向各自往返的形式。

高速铁路枢纽进出机动车交通流组织充分利用高速铁路枢纽周边高密度的路网系统，采取“尽端式”的高架道路结构，实现不同方向上进出交通各自往返的交通流线，同时也可以将不同交通方式按照不同方向进行区分，例如东向承担长途车流，西向承担公交车。这种单向往返的进站车流组织适用于在站房端部和腰部停靠进站高架车道系统，尤其采用腰部高架车流组织形式，可获得较长的车道边和落客平台，方便更多车辆同时停靠，在一些超大客流量的车站，可以在落客平台前方扩充车道停靠，扩大车道而减小外侧的站台雨棚面积，并不影响城市土地利用(图3.46)。近年来的大型高速铁路车站建设大多采用了这一进站车流组织方式，大大减弱了机动车进站停靠产生的交通压力。大量实践显示，特大型高速铁路枢纽采用城市大范围的各自单向往返交通流线组织形式明显优于较小作用范围的集散环交通形式。

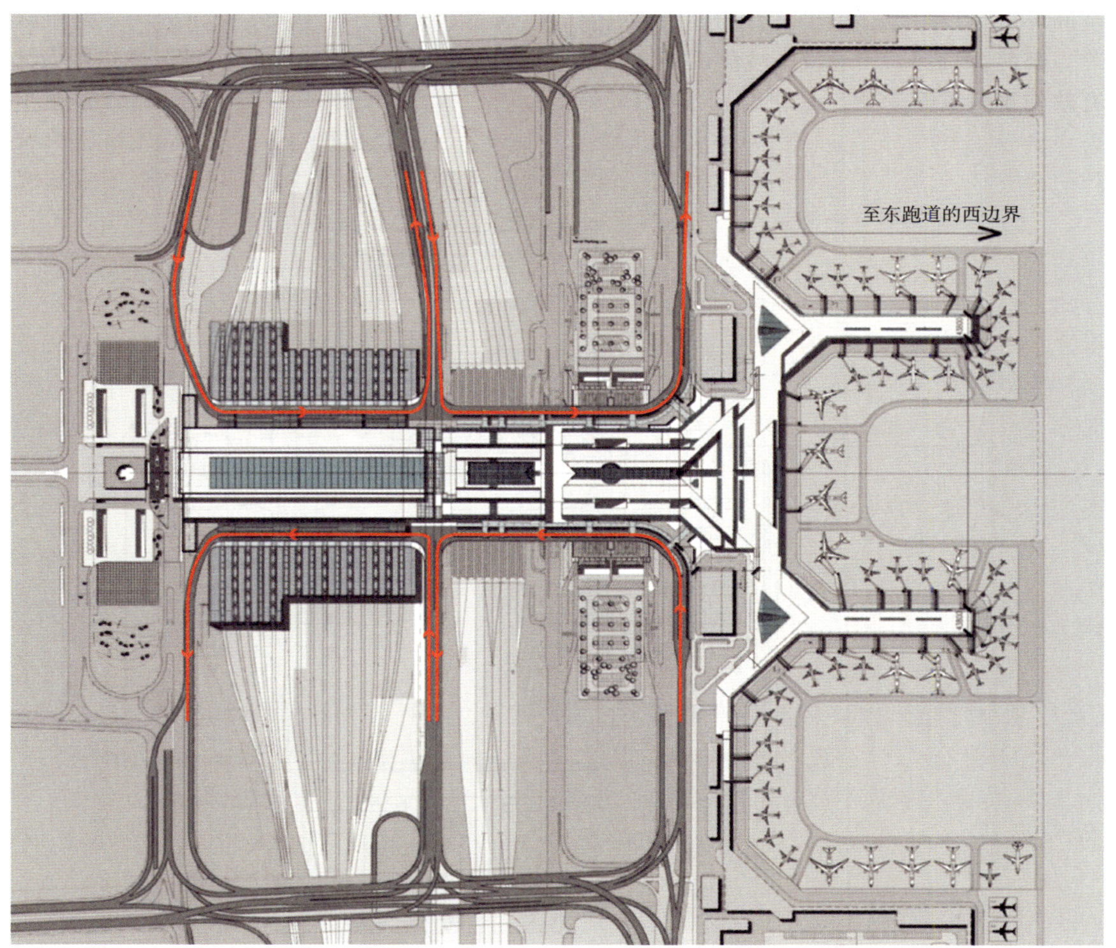

图3.46 虹桥枢纽单向往返式交通组织

(3)机动车库衔接

高架道路引入机动车交通流线的进站方式已经成为我国中心城市大型高速铁路车站衔接城市道路交通的主流模式。但从长远发展来看，未来城市以轨道交通为主导的多种新型交通方式的日益成熟，可能会大量替代机动车交通。如日本和欧洲的多数高速铁路车站很少能见到通过大量高架机动车道路衔接城市的交通方式，而越来越多的客流通过不同的公共交通方式进出车站，或以小型机动车辆进入公共地下车库，转为步行客流连接车站模式。尽管这种车库加步行的客流组织方式并未成为主流，也几乎没有在我国新建大型车站中应用，但仍然可以在一些实际案例中发现其优点，如上海站站前广场改造工程。上海站曾经是我国第一个采用线上候车流线模式的车站，但因建造初期并未实现高架机动车道衔接高架候车厅而遭到业内质疑，之后的站前交通状况也一直在不同程度上影响区域城市的交通环境。直到 2010 年完成了最后一次站前广场改造，修建了一万多平方米的地下车库，将衔接车站的出租车、社会车车流全部引入地下，旅客通过地下空间上至广场地面进站，形成有序的车库加步行的进出站交通流线，使站前机动车交通流线组织系统大为改观，并在城市整体空间环境建设中也获得了良好的效果，如图 3.47 所示。

因此，因地制宜、适应环境的设计方法抑或是形成高速铁路车站衔接交通流线组织行之有效的重要策略途径。

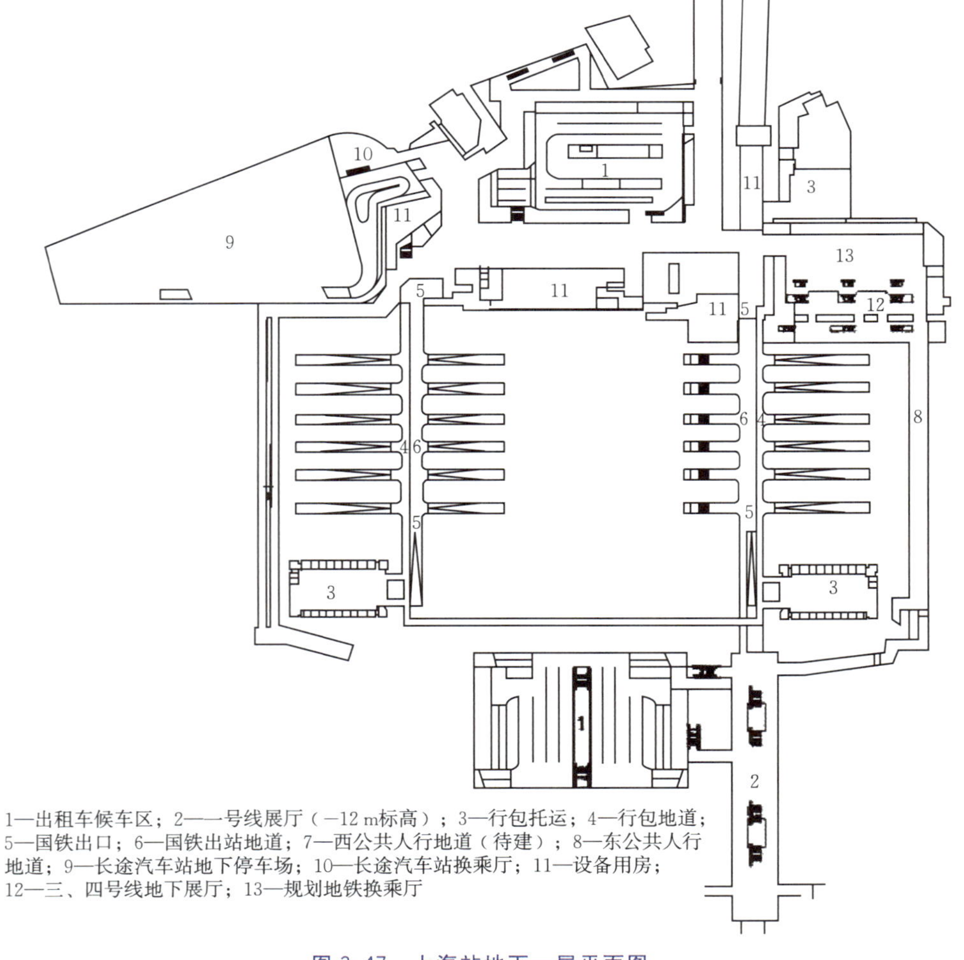

图 3.47　上海站地下一层平面图

3）城市公交及出租车流线

（1）公交车场

公交车场是各类公共交通中比较稳定和成熟的类型，也是传统铁路客站的主要接驳交通工具，至今依然适用于高速铁路车站，其灵活性和短距离点到点的交通服务甚至优于轨道交通，一般衔接高速铁路车站的城市公交车站为多条线路的首末站，有专用场地和专用车道进出停靠，但不设维修区和蓄车场，与出租车、社会车辆分区布置避免混行干扰。公交车因体量较大，车辆转弯半径也大，因此专用车场尽量布置在地面或桥式站场轨行区下方的大跨空间中，且流线组织不宜让车辆180°转向，保证安全、方便出入通行；多数衔接高速铁路车站的公交车车场因场地紧凑、方便管理而采用原点上下客接驳，也有部分采用上下客分离的接驳点设置形式，对应高速铁路车站进出站空间位置，以提供更好的换乘服务。

（2）出租车场

出租车接驳高速铁路车站，就旅客而言是更具有针对性的路线定制方式，灵活方便，但能耗高，对城市道路交通有一定压力。出租车衔接大型高速铁路车站通常以高架落客平台车道边停靠送客的方式进站，以及专用出租车驻车场接客离站，两者间可以设专用车道连接，但多数情况下为避免高架车道驶离流线复杂而通过城市地面道路在更远距离回转进入出租车蓄车场。而衔接大量中、小型高速铁路车站则基本在专用出租车场内分离的上下客区域，完成接送旅客任务。

出租车场的布置方式应根据分摊接驳的客运规模、场地条件统筹考虑，主要解决：出租车场接驳高速铁路车站合理布置的方位，进出车场对区域道路交通的影响及分离出入口设置条件，车场内蓄车流线组织方式及旅客等候、上车方式等问题。新建中、小型车站的出租车场相对规模较小，通常结合站前广场置于地面或地下车库临近车站出口侧，并应采取道路单向行驶规则，避免车辆左转受道路信号灯控制的不利因素。

特大型或大型高速铁路枢纽的出租车场地及车流组织复杂且更具变化，枢纽区域的整体道路交通流量及分行车流组织需依据交通专业预测分析、评估、规划设计而确定。枢纽区域出租车场在多数情况下分置两个，分别对应铁路线两侧城市方向，或临近两端车站出入口、或设于候车厅双边腰部的轨行区下方，并多为地下、地面、地上的立体分层式出租车场，因层高较低，通常也可结合社会车停车场统一分区设置，并以方便出租车场接驳为优先布置条件。出租车场内的蓄车车流组织基本分为串联式和并联式两种：串联式为单线性组织，车辆依次排队等候至上客区，排队车辆较多时，可通过车道多次折返（如“S”形或“W”形）的形式等候接客，流线组织方式简单、灵活，但仅适合客流规模较小的高速铁路车站；并联式是多车道排队等候的形式，用地比较节约，免去了车辆来回掉头行驶的周折，接客效率也相应提高，但需要配合管理，控制平行车道排队和先后用车接客的秩序。这也是目前大型交通枢纽出租车蓄车接驳的常用流线组织模式。

3. 公交换乘流线及区域慢行交通

高速铁路枢纽区域步行系统主要有：衔接城市各类交通设施及其相互间换乘的人行交通组织；车站延伸衔接周边区域商业、商务、绿地等公共设施的开放式景观慢行流线组织。

1）公共交通换乘流线

普速铁路时期，铁路客站与城市公交站、长途车站、停车场等换乘交通对接各自为政，独立设置，相互衔接关系基本依赖开放的站前广场作为客流交换场地，也很少考虑相互间的特殊路径设计以及系统环境。高速铁路车站与城市各类接驳交通设施间的有序换乘系统，正日益受到业内和社会广泛的关注，一体化协同规划设计成为高速铁路车站服务范围扩大并转型为综合交通枢纽的必备条件和重要途径。

中、小型高速铁路车站相对客流量较小，也几乎很少有城市轨道交通，对接城市接驳交通方式较少，因此换乘流线组织比较简单，基本可沿用站前广场转换客流模式。可增设风雨廊道，形成"管道式"流线组织方式，连接车站出入口和城市公交设施、出租车场；也可根据站型、地形条件和城市经济发展水平，结合站前广场设置地下车库，分层组织换乘流线。

大型高速铁路车站的城市衔接交通方式多，客流量大，且车站区域城市业态繁华，公共区域客流混行方向不一，城市交通换乘流线相比站内流线组织更为复杂。目前，有序解决复杂的高速铁路枢纽与城市公交换乘流线问题，根据客流换乘具有明确的目标特征，形成了几种主要的流线组织方式：集中式换乘、线性换乘和网络式换乘。

2)区域慢行交通

(1)站外立体化步行流线延伸

高速铁路车站在有序引导站外客流集散，高效组织换乘流线的同时，通过衔接车站的城市慢行系统分散和吸纳客流向车站外围城市渗透，既是有效疏解客流的方式，又是将高速铁路带来的客流转化为城市商业消费人群的手段。高速铁路车站连接站外城市立体化步行系统能有效缓解城市通过性车流与进出站车流的冲突与干扰，也可为周边旅客的可达性提供更多途径，并同时适应枢纽区域多元人行需求。车站与城市步行系统的立体接口包括与城市高架步行天桥接口、建筑连廊接口、与城市地下步行系统接口等，而且站前广场、屋顶花园等也成为城市多维步行系统的有机组成部分。站外立体化步行流线延伸连接周边丰富的城市生活和空间环境，使高速铁路车站融入区域城市，协同共生。

(2)多种慢行交通工具组合

低碳出行是我国未来城市交通建设发展的主导方向，是鼓励以公共公交出行为主导，而降低社会车辆尾气排放环保出行的有效方式。实现低碳出行的基本方法是通过城市慢行交通组织，就近方便连接公共交通站点，并结合城市公共空间环境形成慢行景观流线，丰富出行体验、提高出行品质。

城市慢行交通系统包括人行和非机动车行交通组织。在步行交通可达范围内有效结合自行车、社会共享单车的慢行交通，可以在高速铁路枢纽区域内相应减缓地面道路交通压力，并使整体空间环境质量得到提升。

4 高速铁路车站空间形态与环境

国内外传统铁路车站因其庞大的空间体量和客流量，大多以城市重要“门户”的形象呈现，成为富有特色的标志性建筑。在社会经济高度发展的当代，城市建设日趋繁华，许多发达国家的高速铁路成为人们常态化出行的方式，车站建筑形态的塑造不再以象征性为最重要的设计指向，而转向关注以车站地区城市发展为目标的一体化空间形态与环境的综合表现。事实上，我国高速铁路车站的快速建设也催生了越来越多的设计者反思和创新，早期仅注重车站形态特征的设计方法开始逐步转变。许多中心城市特大型车站的综合设施、公共环境、城市风貌、地域文化乃至细部构造等方面具有显著特征，城市要素之间联系紧密，相互依托，并对高速铁路车站的空间形态产生重要的影响。

本章基于客运功能与流线的组织分析，从专业设计的视角，依据高速铁路车站的空间环境内涵和技术设计方法，结合建筑、空间、环境、科技、人文等多方面因素，解读高速铁路车站的空间生成逻辑，分析在城市等多因子影响下，车站的空间、形态复合化和城市空间一体化的发展趋势。

4.1 空间与环境的内外影响机制

4.1.1 外部空间影响因素

1. 站场与交通设施

高速铁路车站的交通属性是区别于其他公共建筑的最显著特质，其交通设施主要由铁路站场和城市交通接驳设施组成。由于站场规划一般早于站房建设，因此，站场的规模、线路走向以及标高等均对车站的形态具有决定性影响。如柏林中央车站的站场由两个相互垂直的铁路线分别在地下和离地 15 m 高度形成立体站场。设计上为了显现铁路线与城市的空间特质，分别通过站台钢结构雨棚和两栋跨越站场的建筑凸显了两个铁路站场不同的走向，并由此创造出与众不同的车站空间形式，如图 4.1 所示。

图 4.1 柏林中央站鸟瞰

另一方面，站场与站房的相对位置关系也会对车站空间形态产生直接的影响，多数条件下通常车站会以对称的形式呈现，但当遇到站场偏于站房一侧或者骑跨式站场（不同站场以交叉的形式呈现）的情况，站房采用非对称的空间形态或许能更好地吻合场地的地貌特征。如位于南北走向的通苏嘉铁路站场与东西走向的沪苏湖铁路站场十字交叉处的苏州南站，采用契合铁路站场布局的站房形态，从而找到了更好的适合场地和城市的空间解决策略，如图 4.2、图 4.3 所示。

图 4.2 苏州南站总平面布置图

图 4.3 苏州南站鸟瞰图

此外，铁路站场的标高对站房形式的影响非常大。雄安站基于高架站场的条件选择了线下候车的模式，因此站台上方的雨棚就成为车站形式主要的构成要素，如图 4.4 所示。而天津于家堡站由于是地下站场，其站房形式仅由露出地面的候车大厅采光屋面构成，设计采用了钢拱壳形式，在没有地面交通干扰和附属设施影响的环境中，四周绿地环抱，具有极强的地标形象，如图 4.5 所示。

图 4.4 雄安站鸟瞰效果图

图 4.5 于家堡站鸟瞰图

市政交通设施对车站的空间形态也具有重要的影响，比如城市道路以及轨道交通在场地不同方向、不同标高的接入，都会直接影响其空间环境的构成；是否有高架落客平台、落客平台的方向和位置都会对车站的布局和形式产生影响。通常的做法一种是隐匿这些交通设施，一种是显现交通设施。前者如杭州东站（图 4.6），就是通过将站房屋顶覆盖至落客平台上空，从而将其纳入建筑内部，消隐了交通设施对车站建筑形态的影响；而后者如深圳北站（图 4.7），在主站房造型上开孔让城市轻轨穿越其中并设置轨道交通站点方便旅客换乘，从而呈现了速度与浪漫相结合的新型高速铁路车站形式。

2. 城市公共场所

高速铁路车站以其特有的巨构空间形式介入城市环境，必然会对城市产生很大影响，形成或对立、或协同的关系。在与场地及周边城市空间的互动过程中，无论是显性的还是隐匿的诸多环境要素，都将与高速铁路车站空间形态的发生有着千丝万缕的关系，并对其建筑形式的生成产生重要作用，成为基于城市公共场所逻辑的高速铁路车站外部空间形态创作契机。

图 4.6 杭州东站

图 4.7 深圳北站

与坐落于城市远郊或风景区的车站环境不同，许多大型高速铁路车站以其偌大的体量植入环境条件受限的中心城区场地之中，更多的是改变了场地的城市空间属性。通过场地整合城市空间，使车站空间形态适应所处的环境是较车站建筑本体更为重要的议题。基于城市公共场所逻辑的车站空间形态组织，趋向于发展为紧密关联城市肌理、融合城市景观环境的整体空间协同城市设计。

1)应对城市道路网格

城市交通系统组织的便捷性、合理性由等级分层的路网规划决定，高速铁路车站及场地的介入，往往会对城市道路交通网络产生较大的影响，相互间难免会存在各种矛盾。因此，对接上位规划、同步进行车站区域城市设计和道路交通系统组织设计，成为车站建筑形态与城市空间协同、交通网络互联、功能环境整合等密切关联问题的首要工作，并可以在一些成功案例中发现车站建筑形态与城市路网、空间环境协同共生的和谐关系。

乌鲁木齐站由于铁路线路与城市道路几乎成 45°角接入，导致站房与城市道路系统(网格轴线)也呈现 45°交接的几何关系，如图 4.8 所示。车站设计采用圆弧形侧站房形态转换空间视觉关系，在红线范围内削弱了车站建筑与城市道路轴线之间的矛盾冲突。类似的北京南站采用椭圆的形态化解站房与城市路网之间的矛盾(图 4.9)，协调城市景观。

图 4.8 乌鲁木齐站与城市道路关系

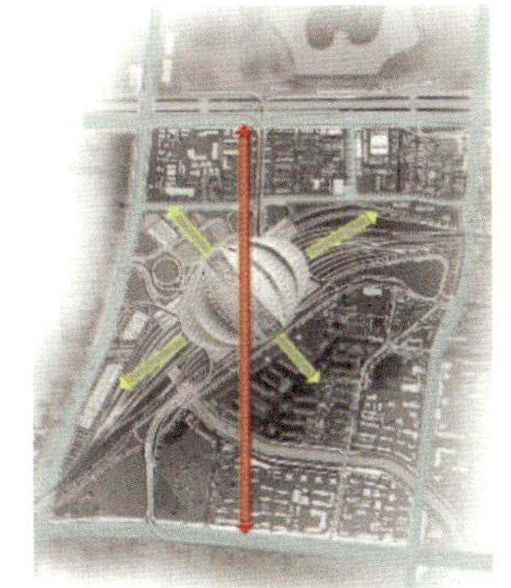

图 4.9 北京南站与城市道路关系

2)消解空间体量

因客流规模而产生的车站大空间形态是功能所致的必然结果，嵌入在周边中、小体量的民用建筑环境中，会对区域人居环境产生紧张和压迫感，以及由强、弱体量反差形成的弱和谐性。针对这一问题，可运用视错觉设计方法或单元式结构组合的空间形式，消解庞大的车站空间体量，改变人们对车站庞大体量的视觉感知而获得和谐的空间环境尺度。

苏州站地处苏州城市中心，是在原有站址上的改扩建项目。设计结合苏州传统城市建筑元素，大空间屋盖采用菱形单元结构，以化解巨大车站体量给周边小尺度城市肌理和空间环境带来的不适，使大型屋面造型转换为一组小屋顶的聚落，单元式结构体块清晰，尺度怡人，巧妙地回应苏州城市建筑特色，并与城市空间肌理相契合，如图 4.10 所示。

图 4.10　苏州站鸟瞰图

3）融入城市环境

交通设施融入城市环境，是高速铁路车站外部空间形态发展的新趋势。形态上，铁路交通与城市业态紧密缠绕；空间上，城中有站，站中见城，这种站城交织的关系，摒弃注重造型表达的设计手法，而以丰富的业态、功能、环境充分混合的空间分配方式替代大小、强弱的体量对比，将设计焦点落在城市场所的客流行为活动上，而不再简单突显车站建筑设计的宏大。

位于伦敦市南部泰晤士河北岸的坎农街站，是一座始建于 1866 年的尽端式车站，车站由覆盖站台的钢结构拱顶（图 4.11）和沿街的一座维多利亚风格的多层建筑构成（其内包含部分车站的功能和一座酒店，图 4.12），百余年发展经历了数次改建，坎农街站的两部分分别于 2007 年和 2010 年建成。一部分保留了原有车站沿街两侧的拱券结构和临泰晤士河的两座塔楼，并在车场上方加建两层办公空间和屋顶花园（图 4.13、图 4.14），另一部分被改建为由两个中庭空间分隔的八层办公楼，并于底层保留铁路车站的客运功能，地铁等城市公共交通集中整合于地下层（图 4.15、图 4.16）。改建完成的坎农街站保留了跨越泰晤士河的铁路桥梁，而其他部分则完全以新的办公建筑的形象融入周边的街区，在观念上转变了传统铁路车站宏大的叙事性设计方法，将庞大的交通建筑化整为零融入城市业态环境。

图 4.11　坎农街站钢结构拱顶

图 4.12　坎农街站沿街立面

图 4.13 改造后坎农街站沿泰晤士河侧鸟瞰

图 4.14 改造后坎农街站沿泰晤士河侧剖面

图 4.15 改造后沿街侧坎农街站

图 4.16 改造后坎农街站沿街侧剖面

3. 自然环境作用

地域气候、山川、河流、植被等构成自然环境的因素，都将对车站的空间形态产生不同程度的影响。高速铁路车站的空间形态需要适应所处地域的地理和气候特征，应利用先进的结构、设备、材料和工艺，结合不同地区的特殊气候条件，因地制宜地创造理想的人工建筑环境。大自然造化了地域风土也孕育了一方文化传统和习俗，高速铁路车站“入乡”需“随俗”，其空间形态的表现将反映出对当地气候特征的适应性，有针对性地协调由自然环境带来的问题，既有助于塑造不同地域的站房建筑空间形态，也有助于运用生态、节能的建筑形式与地域自然特征相和谐。如适应北方寒冷气候的密实与厚重，适应南方炎热气候的通透与灵动。

高速铁路车站所处场地环境的地形、地貌、绿化植被等也对其形态有一定的影响。平坦开阔的场地环境对车站空间布局设计的制约相对较小，虽然复杂的场地条件产生的影响较大，但有助于特征性车站空间形态的形成。背山、临水、起伏、平缓的地形条件是建筑根植于场地的自然属性，也是建筑与环境对话的基础语境。高速铁路车站由于体量庞大，往往需要与更大范围的自然地貌环境保持某种相应的关系，同时环境要素的介入也为高速铁路车站的空间形态创造提供了素材。

杭黄高铁上的桐庐站(图 4.17)，以柔顺层叠的弧线形态应对周边重叠秀丽的自然山川，配合以水景绿化为主的站前广场，呈现出一幅充满和谐、灵动的江南山水画卷。与之类似的还有同条线路上的建德站，它们共同诠释了车站建筑与环境共生的自然场所逻辑，并从车站外部形态设计的一个侧面，展现了车站与自然环境对话的丰富语义和语境。

图 4.17　杭黄高速铁路桐庐站

4. 地域文化环境

文化环境总是需要通过一定的载体来显现的，包括有形的、物质的和无形的、非物质的。高速铁路车站的空间形态可基于有形的或物质的载体作为媒介，以体现一个地域的文化特征；同样，地域的文化环境也会影响其空间形态的生成。换言之，具有地域环境风貌、人文特色的文化底蕴也为车站建筑空间形式的创造提供了丰富的设计源泉。

在城市环境中，高速发展的中国城乡建设既带来了世人瞩目的巨大成就，但也造成了不少难以挽回的问题：缺乏本土的地域文化特色或“千城一面”，已经成为当代中国城市多元化发展过程中有目共睹的建设瓶颈。高速铁路车站与城市社会环境紧密关联，是象征城市精神的“门户”，是城市交通功能、公共环境、文化传承的重要组成部分。城市的文脉是城市产生、演化、嬗变的时空背景下的城市文化积淀，并烙印在建筑中、物质实体中和社会生活环境中，如同血液般同样流淌在高速铁路车站的空间形态之中，息息相关。深入挖掘并发现具有地域性文化意义和价值的社会精神、物质现象，运用形态造型设计方法和技术，精准体现城市或地区的特色，同时整合交通建筑的本体需求来展开空间形态创新，从而成为具有独创性的城市文化地标，这是当前高速铁路车站的形态创作中必须着重关注的设计要素。

云南是孔雀的故乡，优雅美丽的孔雀舞赋予了昆明独特的文化形式，昆明南站(图 4.18)则以“雀舞春城、美丽绽放”为主题，创造出别具一格的高速铁路车站建筑形象。车站建筑立面由七束扇形盛开的孔雀羽毛构成，宛如美妙的云南之舞；建筑中部的入口空间覆以颇具西南地方木构特色的雨棚，恢宏的尺度与景致宜人的细节对比，起翘的屋檐如同振翅欲飞的孔雀之首，演绎出雀舞春城的生动画面。

郑州南站是通过明喻的象征来进行形式创作的案例之一。郑州南站(图 4.19)地处郑州空港城开发区，著名的历史文物“莲鹤方壶”就在该区域出土。车站以此为设计“找形”的依据，尝试采用反弧形屋顶和竖向曲线的形态构成，象征地表达出“龙跃中原、鹤舞九州”的寓意，强化了空铁联运和中原的地域特性。

图 4.18 昆明南站

图 4.19 郑州南站

4.1.2 内部空间影响因素

1. 边界条件影响

功能始终是伴随形式产生的必要条件，“形式追随功能”“形式唤起功能”“形式产生功能”等看似矛盾的表述，本质上都显现了功能和形式的重要关系。这些立足于设计创作的功能之上或艺术审美取向，都是从不同的角度在功能和形式之间尝试获取一个创作平衡点，而非一种终极答案。从高速铁路车站的功能和形式关系来看，经济条件、技术工艺等各种因素的变化促使高速铁路车站所承载的功能内涵达到前所未见的复杂程度，功能以及流线组织发生了重大变化。然而，功能要求的提高对空间形态的要求绝非导向极端的功能主义。因此，高速铁路车站形态创作的历程，亦是一个功能和形式的交织融合过程，一种抽象与表意系统逻辑的关联整合。

随着铁路运输方式的进一步发展，车站功能与交通的概念和内涵发生了重大转变：多样化候车、多方式进站、多维度交通以及智能化运维等，对既有车站的形式带来巨大的挑战。相比以往大型车站，当前建成车站与城市交通衔接的界面增多，站房的各个边界均可接纳车流和人流，使其周边成为可穿行的开放或半开放的公共空间。这些边界空间本身同样会有遮风避雨的要求，也使车站建筑往往处于类似灰空间状态的模糊边界形式，拓展了车站的界面，形成了更多的形式变化依据，带来不同的效果呈现。

高速铁路车站与城市的关系因其区位、职能、理念和发展程度的不同，也呈现出多样性与复杂性并存的趋势。高速铁路车站出现一种集约化的空间形态：集合外部交通要素，将站房、广场、站场整合在一起，将城市轨道交通等公共交通统筹在一个全新复合体内；集合候车旅客公共空间，采用通用型大空间形式，根据旅客出行需求的多样性和差异化服务的发展趋势，在不同的空间维度上形成相互开放、渗透的各类空间。

2. 材料结构影响

建筑的空间形态是一个集合的概念，不仅是指其空间轮廓、形状、尺度、色彩、方位、视觉惯性等一系列视觉基本要素，还包括许多相关要素。其中，结构的形式与创造十分重要，是完成空间形态建造的逻辑内核，对于高速铁路车站这种拥有大空间大跨度的大型公共建筑而言，其结构体系需要满足室内空间形态的要求，反之室内空间形态也应该顺应或表现结构体系的特征，两者之间应该表现出明确的逻辑关系，大跨度的屋面结构系统在内部空间视觉效果中会产生重要作用。任何结构形式都和它所运用的材料具有密不可分的联系，结构形式可以被看作是某种材料特定的组织方式，新材料的应用是新结构形式产生的基础，正如现代建筑的产生得益于钢筋混凝土和玻璃材料的广泛应用。

在传统意义上，建筑设计在结构方面的考虑相对比较被动，建筑形式往往依赖于结构技术，通过严密的计算、验证和评估以形成合理的结构形式，并满足结构设计的法规和要求。随着当代建筑设计视角和观念的转变，计算机技术的发展，建筑的结构可以被精确模拟、分析和优化。基于结构材料逻辑的建筑造型方法，使建筑师能够借助计算机的结构模型，对建筑的材料特性、几何特性和建造逻辑进行分析、控制和优化，将被动的“形式—结构—材料”的设计逻辑转换为主动的“材料—结构—形式”的生成逻辑，整合建筑空间的表现力和结构体系的合理性，在设计的初始阶段就主动地考虑结构的形式，更加合理地创造建筑的空间和形态，并提高工程的可建造程度。

3. 公共文化审美

多元化是时代的特征，单一标准的审美观显然不能适应时代美学理念。对于高速铁路车站设计与创作，更多公共文化审美价值取向的共存将极大拓展设计的思考维度，但落实到运用审美要素的时候，如何获得有效的审美要素，如何在中国不同的城市地域文化与地理气候特征中汲取具有文化意义的审美要素；如何将审美要素有机地与建筑空间进行融合，这对开展具有创新性的设计创作来说是一个非常重要的问题。正如著名建筑师格罗皮乌斯所言，建筑是结构、秩序、表现的结合。建筑性、空间性、表现性是对结构、功能和谐解决的逻辑结果，文化审美的表现性是融入建筑整体的表现逻辑之中的，将文化审美转化成有效建筑创作逻辑的整合统一体，才是协调空间形态与公共文化审美的创意之道，而非平庸的、低级的，毫无新意可言的符号堆砌、片段拼贴与拙劣模仿。

建筑是时代文明进步的载体，高速铁路车站的空间形态要适应大众文化审美的时代演变，反映时代的特征。往日被作为时尚"潮流"所推崇的建筑形式，或许在当代的重新审视下，可能就失去了旧日的风采，今天创作的建筑与以前的建筑也会有很大的差别，对于建筑的"美与丑、优与劣"的认知，是会随着时代的发展、科学进步而产生变化的，其潜在的原因正是人们建筑审美观念随时代的变革。21 世纪，随着信息技术的发展，全球化进程加快，人们的审美观呈现出更加多元化、开放的趋势。伴随而来的是建筑风格的多元化，涵盖科技、绿色生态、非线性、仿生学等不同的美学观念和文化形式。传承并不是简单地继承，而是在历史发展的轨迹中，客观审视、去粗取精、去伪存真、借鉴古今、融合中西，建立并创造赋予时代意义、公共文化审美的高速铁路车站新形式。

4. 时代技术呈现

社会生产力发展和科学技术的进步，正在逐步转变人们的世界观，也为高速铁路车站建筑空间形态提供了更多可能。车站自身特殊性和在城市公共建筑中的重要性，使其自然成为展现时代新技术的窗口，无论是外部形态或内部空间的塑造，都会通过车站建造所采用的新构型、新材料、新技术、新设备、新工艺等时代产物，反映时代精神形象、体现发展中的铁路文化，表达先进的科技观念。

随着轻型大跨度钢结构技术的日趋成熟，对于拥有大空间大跨度需求的高速铁路车站空间形态设计来说，形成了强有力的技术支撑，提供由技术逻辑引发的新创作灵感。昔日敦实厚重的传统高速铁路车站形象正在被轻盈、细腻、通透的崭新高速铁路车站颠覆（图 4.20），无站台柱雨棚（图 4.21）、桥建合一等技术的应用则一改大众对传统站台空间的认知。

图 4.20　清河站候车厅

图 4.21　清河站站台雨棚

4.2　外部空间形态生成

4.2.1　车站建筑形态的发展演变

1. 经典形式的出现

中、小型高速铁路车站的经典形式通常由"站前广场、站房、站台"三部分组成。早期铁路客站因客运量不大，并没有候车室，仅以站台空间满足列车上下客需要为主，站台在当时被称为"月台"，其主要功能和形式基本是围绕"月台"的木结构，展开形成长条状的屋盖形式。19 世纪中期，随着铁路客运量的增长，旅客候车逐渐成为车站的主要功能，候车厅或"月台大厅"成为铁路车站的主要空间；同时，城市交通量的激增，因客流在站前的集散需要，也逐渐形成了站前广场。最终"站前广场、站房、站台"三位一体的经典形式得以建立。然而，受古典主义建筑风格的制约，当时的建筑外立面与内部的铸铁结构形式较为分裂，多采用维多利亚式的古典形制，外观高大宏伟以彰显车站的城市门户形象，并被保留下来沿用至今。

2. 功能形式的整合

20 世纪初，现代主义建筑思潮普及，新材料、新技术和新观念的演变致使车站形式发生了很大的变化。基于从功能出发的车站建筑设计方法，逐渐摆脱了古典主义的建筑形式，产生了一大批功能流线设计合理、造型简洁明快的新形式。在总体布局上依然沿用"站前广场、站房、站场"三位一体的序列空间格局，但站房功能已经开始从专用的候车室向多功能候车大厅演化，站房结构普遍受当时的新技术影响，多采用大跨度钢筋混凝土或新型钢结构形式。总体而言，现代主义建筑风格影响下的高速铁路车站摒弃了原来古典建筑过多的装饰，以体现车站的功能和表现结构的宏伟为建筑形式的创作原则，功能与形式被高度整合。

3. 三位一体的消解

高速铁路的出现以及现代建筑技术的进步与发展，使得高速铁路列车到发频率及准点率普遍提高，旅客候车时间大大减少，早期车站空间辨识度较弱的分散式候车室组合空间形式开始逐渐萎缩，取而代之的是一个高效、集中候车的多功能大厅，旅客所需的大部分服务都在这个大空间内获得共享，使用便捷，快进快出，导向更加明确。此外，城市的不断生长，原来处于城市外围的高速铁路车站地区逐渐成为城市中心区，车站与城市的关系日益紧密。在有些高度发达的城市中心区，站台被引入地下，独立的站房也被其他城市建筑所覆盖，站前广场也转变为城市公共性综合场所，被立体化空间取代甚至消失。同时，站场与站房的相对独立的空间关系也在受到新观念的冲击，如武汉站的大空间造型是围绕站台空间展开，中部开放的站场空间成为城市的新景观，传统的车站进出功能演变为高速铁路车场和技术展示的城市舞台；北京丰台站的双层车场创造了候车空间与空中列车穿行交融的丰富视觉景观。诸多车站内外环境与技术方式的改变，使原来经典的"站前广场、站房、站台"三位一体的车站空间格局被解构，车站建筑的形式也随之发生了相应的改变，城市的门户形象表征也逐步由关注站房外部形态传达转向了公共空间及其场所意义的综合表现。

4.2.2 车站建筑形态的人文意义

高速铁路车站建筑作为一种文化的载体，其外部形态直接影响到它的艺术表现力。高速铁路车站的外部形态是使用功能和场所文化特征的集合。高速铁路车站形态的文化性主要体现在以下几个层面，见表 4.1。

1. 历史文脉传承

1)对传统建筑形式的借鉴

我国的传统建筑是在特有的自然条件和民族文化影响下，经历时间，不断探索、发现、发展出的建筑形式，自身就是传统文化的表征。高速铁路车站创作中，将传统建筑的设计原则和基本理论的精华部分加以发展，把传统建筑形象中最有特色的部分提取出来，经过抽象、重构、融合，作为母体运用到新的设计中去。

表 4.1 不同文化意象类型车站实例

类 型	站 名	手 法	效 果
传统建筑形式借鉴	厦门北站	闽南建筑屋顶形象重构	
	西安北站	唐风建筑轮廓提取	
	呼和浩特东站	蒙古包形式演绎	
	太原南站	斗拱元素演绎	
文化符号重构	遵 义 站	砖拱券元素重构	
	郑州东站	“鼎”符号重构	
	武 昌 站	编钟符号重构	
色彩肌理提取	拉 萨 站	藏式宫殿符号色彩重构	
	苏 州 站	苏式建筑符号色彩重构	

高速铁路车站建筑作品往往通过细部来充实建筑形象，以不同地域文化理念精心设计的车站，更能够自然而然地孕育出各地区独具特色的建筑文化。比如，从立面细部元素入手，对车站建筑的整体艺术形象创造，细部元素可以表达地域历史传统中某些回忆、片段，表达地域的精神特征，运用具有美感的现代建筑语言形象地将其展现，在体现形式内在功能和结构逻辑的同时，生成新的地域元素，使车站建筑的文化艺术形态更具魅力。

2)文化符号重构

高速铁路车站的形态创作可以选择极具代表性的历史建筑、古城墙、著名桥梁、出土文化器物等地域文化代表，从中汲取精髓，提取出符号化的元素，通过建筑设计手法演绎、物化，并可采用现代科技和艺术手段，将最富有城市特质的属性显著地体现在高速铁路车站的造型之中，并以此为城市或本地区的荣耀，展现出城市的尊严和地域文化的自信。

在我国高速铁路车站建设中，站房造型多姿多彩，有些是由上古历史文物的形态演变而来，有的具有某种地方特色器具的神韵，还有一些取型于典型民俗文化符号、图腾或生命万物的自然姿态等等，以此来表达独特的文化寓意。

3)色彩肌理提取

城市的色彩和肌理是历史长期浸润和积淀形成的，与城市的产生和发展相依相存，休戚相关。城市中的建筑、土地、植被等公共要素所呈现出的主体色调构成人们对一个城市的色彩认知。例如，北京的青砖、灰瓦、绿树构成了城市色彩的基调，透出古都浑厚、朴实、宁静的文化底蕴，也衬托出紫禁城金碧辉煌的首都气质；青岛老城的红瓦、尖塔、碧海、蓝天，也充分显示出这座美丽滨海城市的风采。城市的道路、水系和邻里、街坊内的建筑共同构成了城市的肌理，这也是建筑与城市空间文化特色的重要体现。高速铁路车站作为城市中大体量公共建筑，对城市的色彩和肌理都会产生较大的影响，在其形态创作中，可以从其自身的功能、布局出发，结合城市特质的色彩和肌理，延续城市文脉，构筑出合乎城市环境的高速铁路车站。

2. 时代精神象征

建筑是一种文化形态，作为人类文明体系的组成部分而存在，与社会经济、科学技术、思想观念密切相关。中国的高速铁路车站已经成为一个时代的写照，其建筑的形式必然反映了时代的气息。车站时代精神的彰显区别于与城市文脉的协调、融合，难以通过建筑符号或者历史原型的继承来达成，而往往需要将内在的城市文化精神，运用更为抽象的方式予以意象的表达。

1)城市精神的缩影

杭州作为一个古老的城市，正面临着城市的战略转型。形象地说，如果杭州原来是处于“西湖时代”，那么现在就是向着更大范围、更高目标的“钱江时代”发展。从这个时代背景出发，杭州东站以一种未来主义建筑的姿态，引领东站地区的发展。杭州东站的建筑形式采用浑然一体的造型，通过和屋顶高度一体化的倾斜的柱子，塑造出一个极富动感的形态。没有任何的符号，没有任何的装饰，简洁明快的流线形造型充分体现了杭州“精致大气”的城市精神，如同雄壮的钱塘大潮，体现了杭州争做一流国际化大都市的雄心，如图4.22所示。

2)城市形象的塑造

深圳是一个从海边小渔村发展起来的年轻的超级城市,“海浪”是其滨海城市文脉的重要元素,作为我国改革开放的先锋、时代的弄潮儿,激流勇进的“海浪”又是深圳城市气质象征和文化精神的写照。横贯于宽阔的站场之上的深圳北站(图 4.23),以大尺度的曲线特征,如同航行于城市“浪潮”中的巨轮,并与其周边未来的现代化城市群空间形态相协调,体现出现代化的大都市风貌。同时,深圳北站的站房屋顶下部结合轨道交通设施的穿越,构成连绵起伏的空间体量,既彰显了交通建筑的特性,又与波动的“海浪”寓意关联,恰当地表达出深圳时尚、潮流、创意、活力的年轻城市形象。

图 4.22 杭州东站

图 4.23 深圳北站

3. 地区风貌展现

高速铁路车站建筑占地面积大,体量往往也明显高大,在这种条件下,车站建筑空间介入自然环境,以期获取协调与平衡,对其外部空间形态的塑造无疑是挑战。高速铁路车站的形态创作可以充分利用环境特点与优势,通过对周边山川、水系、林木等自然因素深入分析研究,使之成为大地景观的一部分,从而获得鲜明的地域风貌特性,见表 4.2。

表 4.2 不同类型地域风貌展现车站实例

类　　型	站　　名	手　　法	呈现效果
反应地形特征	京张高铁太子城站	站房形态结合场地地形高差	
摹写自然景物	兰州西站	摹写自然山体形象	
	长沙南站	摹写自然水体形象	

续上表

类　型	站　名	手　法	呈现效果
摹写生物形态	武汉站	抽象表达展翅飞翔的黄鹤，寓意千年鹤归	
	青岛北站	摹写海鸥展翅形象	

1)对自然形态的模拟

自然界中各种自然形态的生成，都是由自然演化的内部法则和光、风、水等外部因素共同作用的产物。在微观尺度下，自然界中的自然形态呈现出惊人的几何形态特征，如冬天的雪花就是典型的六边形结构。在中观尺度下的有机生物又体现出自然形态的另一面，有机生长的形式有着巨大的丰富性与无穷的多样性。自然界中的有机生物多种多样，包括植物、动物和其他生命形式，这些有机物之间尽管差别很大，但各种生命形式之间却又具有很多相似之处，享有许多普遍规律。以模拟自然形态的高速铁路车站设计创作，吸收了动植物的生长肌理和表征，以及自然生态的规律，并结合建筑的自身特点而构筑出适应环境的有机空间形态。

2)对自然景物的摹写

对自然景物的摹写是指将自然的景物形象进行抽象提炼，再以建筑整体或构件模拟隐喻这些自然特征，以达到在高速铁路车站的人工环境中片段地再现自然景观的目的。保持建筑在形态上与自然的相似性，合理的联想、借鉴自然景物形态的结构关系、环境肌理变化都将有助于形成建筑的秩序，构成建筑的自然情趣，从而使他们更好地融入大地、融入自然。

4.2.3　外部空间形态设计方法

1. 形式与功能结合

理论上，从高速铁路车站的空间和功能出发，建筑形式呈现为对其功能呼应的简约纯净的几何形体，体现出数学和几何规律的理性美。由于在大空间建筑中，纯净的几何形体往往比充满了装饰色彩的建筑形体更能给人以视觉上的震撼，更能打动人心。形体越是纯粹，空间越是纯净，建筑就越容易被认为是接近理性的原点。对纯净几何形体的追求体现了人们对理性的崇尚。因此，在这种观念的影响下，通过对高速铁路车站建筑空间功能的合理组织，确定比例、尺度，以简约的设计手法，由形态直接反应功能的需求，创造出一类具有特殊表现力的高速铁路车站形象。

上海虹桥站作为亚洲最大的交通枢纽，集高速铁路车站、机场航站楼、磁悬浮与公共交通中心于一体，对各类交通设施与功能空间进行统一规划与设计，形成完整的大型交通枢纽综合体。虹桥站及其他交通设施并非独立存在，而是高度融合、相互依托、综合一体，高速铁路车站只是这个大型枢纽综合体中的一部分。在枢纽的整体造型设计上，虹桥站遵循“功能性即是标志性”的理念，并没有采用张扬的建筑形态，而是通过两个简洁而富有雕塑感的几何体块穿插契合形成建筑的整体空间关系，立面处理则用富有速度感的分段横向线条，营造出内敛而不失品质的国际风范，简洁大气的交通建筑形式直接表达相应的功能关系，与上海国际化都市的气质和特征一脉相承，如图4.24所示。

图4.24　虹桥枢纽鸟瞰图

2. 造型语言逻辑

交通建筑设计在旅客感受空间的文化意义上可类比文学审美，其空间环境设计拥有本体的特殊语言让受用者感知，并在不同的语境和语义下表现出与其他类型建筑空间全然不同的气质。

1)强化特征性

当人们漫步于建筑空间时，由于视觉的局限，通常不能马上把握总体，相反，进入视野的总是局部的空间场景片段，此时细部设计便承担着“管中窥豹”的作用，或述说或暗示，透过细部让人们更好地去体验、感受建筑空间整体所传达的设计意图。由于高速铁路车站往往是城市中大体量的公共交通建筑，拥有广泛的受众而显得尤为如此。因此，在其细部设计中，尤其是一些重要旅客活动部位，需要注重突显细部构件的技术设计，结合功能、构件、材料、色彩等进行重点刻画，也可能通过抽象的符号、流畅的线形、清晰的体块等设计方法，表达概念性的或叙事性的建筑空间特征，予以联想、纪念或传递与城市、铁路相关的历史事件和文化意境。突出重点细部空间或场景的象征性表达，在车站建筑整体形态设计中往往能起到画龙点睛的作用，并为人留下深刻记忆。

2)内涵关联性

建筑形态细部设计反映建筑整体与局部之间的本质关系，细部的比例和构图、材质和机理、色彩和风格，都需要服从于建筑空间造型的总体原则和整体语境。或者说细部设计需要成为整体建筑形态的有机组成部分，而不宜孤立地表现局部，如拼贴般独立存在。建筑的细部是构成整个建筑系统中的一个环节，需要整合为完整系统共同表达设计的构思意图。对于高速铁路车站，由一系列相互关联的细部共同构成了一个以旅客进出站流线为主导的序列空间。从进入车站到候车到站台，再从站台到出站通廊到出站厅，散布于这一系列“线性”空间之中的细部元素，无论处于外部造型还是内部环境，都可能通过相同或相近、并列或递进的关系，不强调夸张的形式而隐约呈现其内涵，传达和暗示主旨的设计概念导向或连续的空间记忆。在相关主要细部元素共同作用下，构成的关联性整体空间设计体现高速铁路车站的形态表征和文化含义。

3)呈现综合性

高速铁路车站的建筑语义就是由其细部语汇通过一定的组织逻辑和相协调的表现方式综合传达特殊的车站文化意境。往往在大型高速铁路车站的形态空间塑造中，以“点、线、面、体”逐层展开的设计逻辑应用于建筑细部表达，形成不相对立而相呼应的协调关系。借助建筑细部材料、色彩、肌理、结构等语汇，通过对构件的点缀、对要素的关联、对符号的重现，综合构成和谐的布局、有序的空间、明快的形态来传递特定的趣味、意境和愿望等。这种由旅客自身感官对建筑语汇构成的细部或整体做出的有意识的反应，即成为建筑所传达的语义和语境。

3. 材料色彩运用

建筑及其空间的产生离不开对具体物质材料的依赖，各种空间形态及其氛围的塑造也需要通过材料介质来传达，不同的材料都有自己独特的个性和不同的情感传达，在材料的组合和相互作用下，空间也将呈现出独特性。清晰地了解材料的色彩、肌理等性能，合理选材，在合适的场景中发挥材料自身的特性，是完善空间及其细部设计的一个重要手段。

任何材料都具有双面性，如混凝土材料坚固、质朴且耐久，但色泽比较暗淡，表面容易积灰；金属材料平滑、光洁但容易反光，可能干扰视觉，应用于室内环境时，也可能因对声音反射引起的混响时间控制不利而产生听觉的困扰；木材具有较好的质地，感受温馨，但不利防火且容易表面受损。因此，高速铁路车站对材料的选用，很大程度上受制于其特定的功能、环境、经济性以及旅客生理和心理的感受等多方面条件的影响，并且注重对材料表面的工艺处理，以减免不利的环境影响。

车站在整体环境中，色彩是最容易创造气氛和传达情感的要素，在建筑立面和内部空间中，色彩应当服务形态的构成关系，能加强建筑的形态，与之融为一体，为创造统一而完善的造型效果服务。色彩实验表明，人在正常状态下观察物体时，首先引起视觉反应的是色彩，在形式构图中，色彩与其造型要素相比具有独特的作用和效果。利用色彩特有的机能和错觉，可以改善建筑环境中的不利条件，但也可能相反，形成视觉导向的障碍。因此，在高速铁路车站建筑形态塑造过程中，色彩以服务交通功能的导向关系为基础；参与建构稳定的形态秩序而生成丰富的空间色彩变化，与环境相融，创造统一而具有高度可识别的空间引导性。既要充分利用，又需谨慎使用材料的色彩与肌理的表现性能，理解不同色彩所传达的情感语义，才能创造出生动而有序的、具有交通建筑形态特色的空间环境艺术效果。

4.2.4 空间形态再发展

1. 注重功能效益的性能优化

虽然高速铁路车站具有承载城市文化属性的功能与作用，但其核心仍是以实现城市交通功能为主要目的的公共建筑类型，注重交通的效率及其衍生出的社会和经济效益是作为交通建筑的基本特征。

所谓的“性能”原指事物的行为或表现。从系统的观点来看，“性能”是系统功能的一种量度，它不仅具有功能的属性，而且还具有效率、程度与优劣的含义，因此在不同语境中有时也称为“效能”或者是“绩效”。高速铁路车站的性能优化设计是借鉴工业产品设计的性能逻辑并将其贯穿至建筑设计的全过程，使之成为建筑形态与空间生成的内在法则，突破从既有模式出发生成车站形式的设计方法，依据车站在环境、功能与技术等方面所表现出来的“性能”，而非纯粹的视觉文化意象表达去创造出车站的空间与形态，进而从厚重的文化载体中释放，转向基于“性能”视角的创作方式和路径，创造出新型的空间形态和不同的文化意象。

纵观高速铁路车站的发展历程，从最初的“月台”式到“广场、站房、站台”的经典三段式，从“线上候车”“高架进站”到“通用型大空间”模式。可以看出高速铁路车站的形式总是源于对某种特定功能或者性能的诉求，经过一定时间的沉淀而形成一种对应的稳定模式。从事物发展的客观规律出发，新时代高速铁路车站空间形态创作需按照“新需求、新性能、新形式”的路径，才能突破既有模式的局限，创造出新的建筑空间形式。

新近设计并在建设中的长沙西站充分应用基于性能优化的设计方法，对建筑造型的创新做了有益尝试。根据对不同空间性能的分析来确定空间的大小和高度从而充分利用空间的能效：旅客人数众多且短时间驻留，候车空间高度和面积相应放大；四边是不同方向的进站厅，主要使用功能是服务流动的旅客集散和检票进站，适当配套商业与餐饮服务；而四角相对客流较小，适应分置特殊旅客候车专用服务空间，并且这些空间的长宽、高低需求和作用均不相同。基于空间使用的性能，车站设计将集中式大空间，根据不同使用对象的差异以及配套功能分布的特点，进行性能化分离、解构、重组空间环境，结合进站安检流程、大客流候乘需求、小众的特殊旅客服务分别测算、量化分析，确定了一种进深大、面宽小的进站厅空间以及高低错落、有序分布的候车空间模型。生成了高速铁路车站“十”字形候乘空间形态的新构型，如图 4.25 所示。

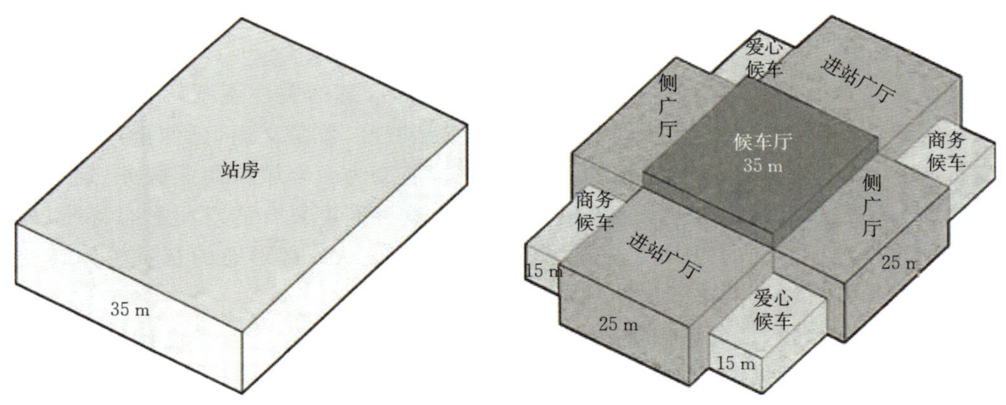

图 4.25　长沙西站空间形态生成图解

2. 关联城市动态的互动设计

城市始终处于一种动态的发展状态，高速铁路车站作为城市对外联系的重要节点之一，对城市的发展具有重要的带动影响，而城市环境的完善对车站也具有反哺作用。正是由于两者之间的各种互动和促进关系，构成了车站及其空间形态成型的基础。高速铁路车站与城市的动态互动不仅体现在与城市空间、城市环境的关联，还需适应城市未来的发展与生长。

近年来随着对车站与城市空间、城市环境的互动融合关注度的提高，高速铁路车站的城市形象出现了较大的转变。一方面，过往以独立站房支撑起“城市门户”形象的现象在特大型、大型高速铁路车站中已经逐步开始转型，出现了以建筑群体构筑起区域的形象表征，车站逐渐融合于周边的城市建筑环境之中。如杭州西站通过城市的“云门”以及周边的城市林立的高层建筑，建立起杭州西部未来高科技的城市形象(图 4.26)；深圳西丽综合交通枢纽、重庆东站、白云站等都以各异的丰富形态与城市融合，成为其中的代表(图 4.27～图 4.29)。

图 4.26 杭州西站集群化建筑形象

图 4.27 深圳西丽枢纽整体城市形象

图 4.28 重庆东站综合交通枢纽

图 4.29 白云站

这些新型高速铁路车站建设，呈现出由过往对外部形态的关注逐渐转变为对开放性城市公共空间整体环境的关注。由于高速铁路车站立足城市，着眼交通，延伸至商业服务的理念转变，以往与城市接壤的相对独立的广场空间逐步演变为融合城市商业服务、景观环境以及汇集城市与车站人流的综合性开放公共空间场所，这种高度复合的空间形态特质，成为新型高速铁路车站地标意义的辨识性表征，城市门户形象也从外部形态的视觉感知转变为对综合功能构成的场所性公共空间体验的关注。

关注城市动态生长，适应城市未来发展也是高速铁路车站空间形态设计的一个重要切入点。典型的如德国的斯图加特中央车站，该车站是德国西南部巴登·符腾堡州首府斯图加特市的一座尽端式车站。斯图加特是地处四面环山的盆地中的一座传统的工业城市，汽车及其配套工业发达，在二十世纪三四十年代是经济发展的顶峰时期。曾经有德国硅谷之称，许多国际高技术公司巨头都曾把其公司的总部或者重要的实验室建于斯图加特地区。随着后工业时代的到来，世界经济转型，由于城市资源的限制，斯图加特的竞争力减退，地位逐渐落后于慕尼黑、柏林、汉堡等地。

图 4.30 斯图加特站现状鸟瞰

始建于 1864 年的斯图加特车站，经过百余年的发展，拥有 16 个站台，日客运量约 24 万人次，是德国的一级枢纽站。车站和铁路线路及其连接的巨大的露天物流调度中心几乎占据了斯图加特底部地区三分之一的面积，这种作为早期工业化城市标志的铁路设施严重阻碍城市的发展，如图 4.30 所示。基于在斯图加特和乌尔姆之间建造新线路的计划，在历史的基础上提出了更加宏大的改造策略：规划方案把整座车站移至地下，把尽端式站场改为贯穿式，空出地面的土地供城市发展。新建站场位于地下，有 8 个站台垂直于原有的尽端式站场，保留原有站房作为新地下站的主入口，地面为公共绿地连接周边城市公园(图 4.31)，拆除原有地面站台及线路。这一计划将为斯图加特市中心带来一百多公顷新的绿地以及居住和商业用地面积(图 4.32)。而且作为"斯图加特 21"工程的一部分，新的斯图加特中央车站处于西起巴黎东至布达佩斯这一条欧洲高速铁路干线的中心位置，对于推动城市的复兴，完成斯图加特成为"欧洲新中心"的愿景具有重要的意义。

图 4.31 斯图加特站改造后鸟瞰效果

图 4.32 斯图加特站上盖开发模型

3. 体现绿色低碳的生态设计

在全球气候变暖、人类生存和发展面临极大威胁的背景下，低碳经济被人们所重视。随着全球经济不断发展，人口持续增长，环境问题越来越多。以追求绿色低碳为目标的生态建筑设计，成为建筑发展的一种趋势。具备生态概念的高速铁路车站设计，不仅在空间形态方面体现其形式的美学意义，更重要的是结合当地地域气候条件统筹考虑其各季节主导风向、光照条件、空气的干湿度等自然环境对建筑造成的影响，对其造型进行综合设计。在车站建筑造型、空间和功能等方面满足人类使用的同时，以不损坏当地基本生态环境为基本前提，追求能源的循环利用、废弃物的零排放、发展和利用新型能源和适宜性节能技术设备，达到建筑与自然相融合、节能减排、可持续发展以及人与自然生态和谐相处的目的，通过对高速铁路车站布局的气候适应性调整以及绿色生态技术的应用创作出新的站房形象。

某高速铁路车站的方案设计，从城市生态以及绿色低碳的理念出发逐步勾勒出车站的整体空间形象。考虑到城市全年以东南风和东北风为主导风向，为了在最大程度上减小夏季太阳辐射的同时保证冬季太阳辐射量。在设计中采用自然通风和蓄热体结合的策略，以期最大程度提高空间的舒适性。在车站顶部引入热力学通风采光设计，利用天窗形成烟囱效应，调节建筑微气候，充分提升候车的环境体验，在加强自然采光与通风的同时结合室内的绿化及中庭空间创造出舒适的室内生态环境(图 4.33)。另外车站整体以"城市公园"为概念，将车站与城市统筹一体化开发，通过与建筑融为一体的绿廊，结合丰富的庭院、屋顶花园，打造步行洄游动线，塑造生态宜人的城市立体公园，从城市中的公园到公园中的城市，实现城市、车站、公园三者的无缝衔接，创造城市共享的公共生态绿化空间(图 4.34)。

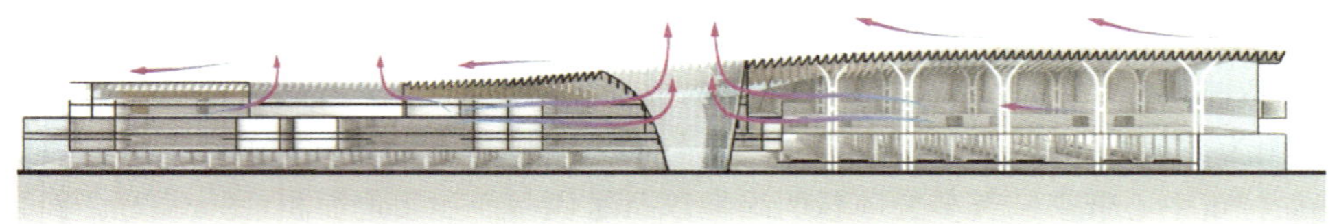

图 4.33 车站自然通风分析

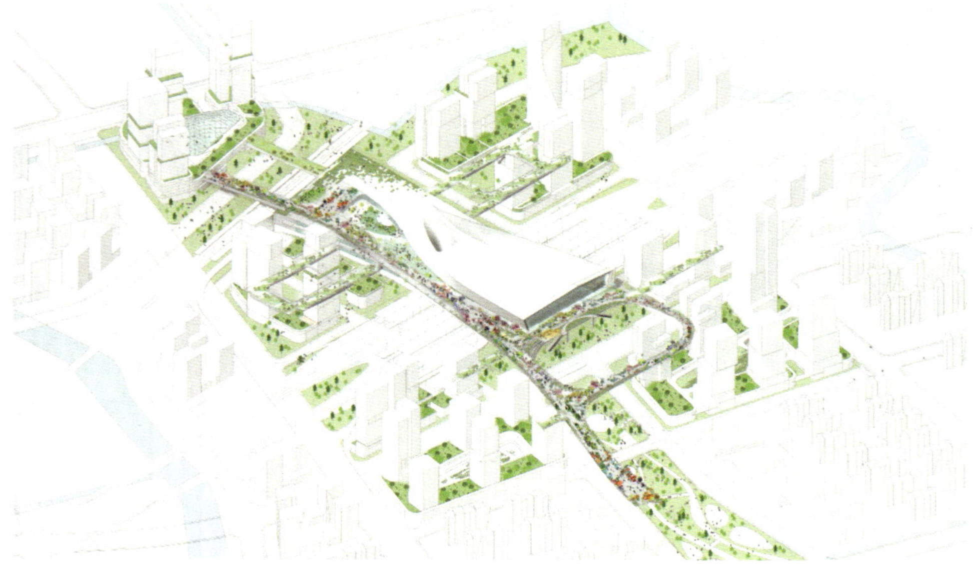

图 4.34 枢纽开放绿地系统图解

4.3 内部空间环境营造

4.3.1 畅通交通环境

1. 交通空间引导

随着高速铁路车站日趋综合化和立体化的发展以及与城市关联方式的多维多向化，其服务范围日益扩大，空间环境构成也日益复杂，并由往日单一的封闭模式趋向于网络化开放式格局。置身其中的旅客难以了解整体性的空间分布，容易造成在空间中“迷失”的现象，进而影响车站的交通效率和旅客出行体验。因此引导性设计成为高速铁路车站交通空间组织与导向的重要环节，以凯文·林奇在《城市意象》中提出的通过“节点、标志、区域、道路和边界”构建城市整体认知的方式为基础，结合人通过空间视觉感知建立起认知的环境行为心理学方法，可以通过以下几个策略来提升高速铁路车站交通空间设计的导向性。首先通过强调交通空间的连续性，明晰车站内刚性交通路径与非刚性交通路径的组织结构；其次注重空间整体氛围营造，强调局部差异性、特征化设计原则，构建清晰的路径空间系统，帮助旅客认知局部与整体的相对空间方位关系。

1)主次空间引导

内部交通空间是构成高速铁路车站空间的结构骨架,通过线性、网络或者放射性交通结构搭建起车站的整体空间体系,明晰其内交通路径与非交通路径的组织结构就是要在对应的空间结构体系内通过运用基本的空间处理手法,如高低、明暗、开放或封闭等,以及通过层级分明的空间节点设置,明晰交通空间与非交通空间的主次关系,保证主要交通空间的空间连续性。

北京丰台站地下出站层空间(图 4.35)由三条平行的城市通廊及其相互间的联系通道和两个位于尽端的出站厅共同构成网状地下交通空间,空间体系较为复杂。设计采用加宽中央出站通廊的空间尺度,作为出站人流和两端出站厅的联系空间,与左右两侧城市服务通廊明确主次;非交通功能的商业空间仅面向左右两侧的城市通廊开放,使其兼顾分流交通路径的职能;通过商业界面的连续性与非连续性分布,区分左右两侧城市通廊的功能;增加两端出站厅空间高度和开敞度,增强其节点性空间属性,最终形成了层次分明的地下出站交通空间系统。

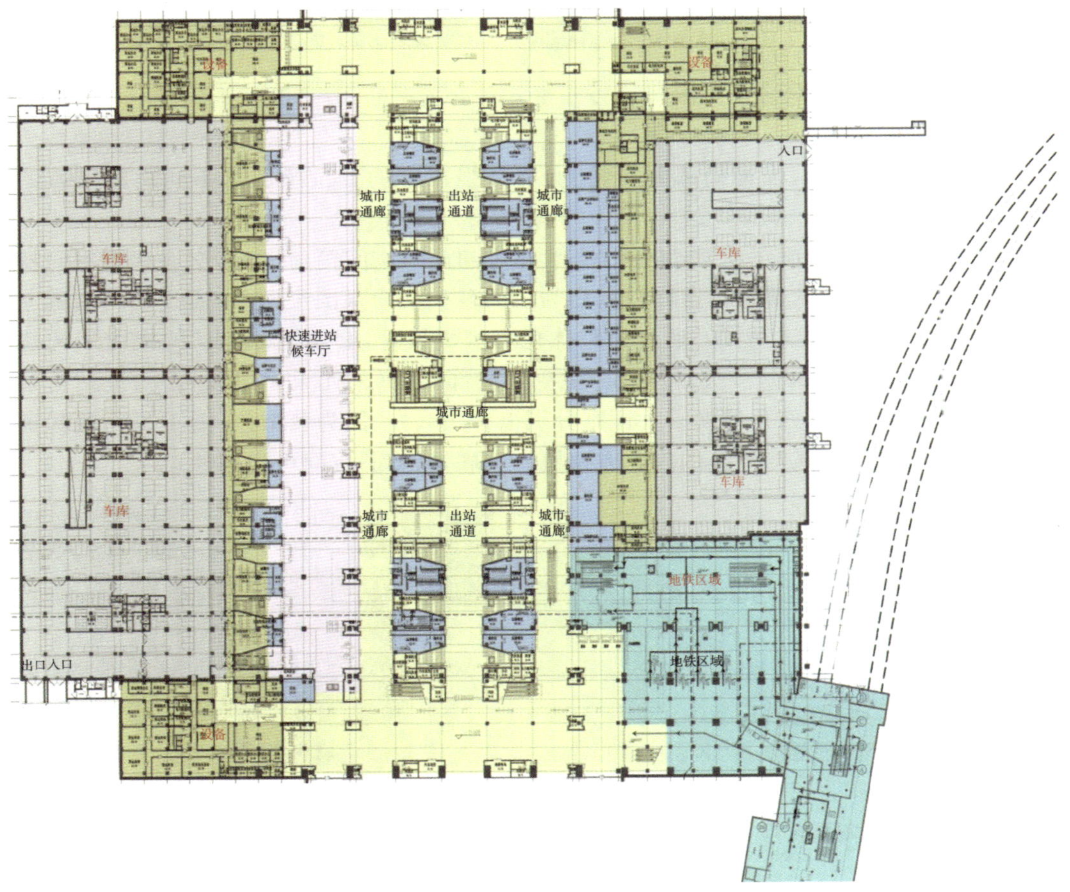

图 4.35 丰台站地下出站层空间布局

2)光线引导

光环境是高速铁路车站空间设计引导的主要方法,通过加强自然光源或人工照明在重要导向节点中的布设,利用人的生理视觉特征,通过光源的强弱反差,引导旅客行进的方向。

雄安站的线下候车空间整体环境较暗，通过强调竖向进入站台的交通井光亮作用，提高检票口的空间辨识度，并可利用智能设备控制正在施行检票进站单元的不同光色，提高将要进入站台旅客的关注度(图 4.36)。雄安站将两组站场拉开，设置了带状采光空间将自然光引入站内，强化了“光谷”节点的明亮环境与周围较暗的公共区环境的采光区别(图 4.37)，为候车旅客营造舒适的氛围和清晰的空间导向，并可感知身处车站空间的方位。

图 4.36　雄安站光井效果

图 4.37　雄安站光谷效果

3)色彩引导

注重空间整体氛围，强调局部差异特色，可加强旅客的方位感和对不同功能区域的辨识性。

郑州南站的内部空间环境营造，在保证大型枢纽建筑空间简洁、突出交通建筑空间特征的原则下，奠定了车站内部整体空间以灰白为主的现代简约氛围主调，并通过强调局部空间的差异性来增加空间的识别性。通过对整体色彩规划设计，套用“五色土”的概念来构建空间色彩识别体系(图 4.38)，中央候车大厅主空间局部构件(采光天窗遮阳构件、进站检票单元等)以黄色为装饰色，四角的换乘大厅则分别以青、赤、白、黑为装饰色(图 4.39)，既保证了整体空间氛围的统一，又与传统的五色方位概念关联，增加了空间可识别性。

色彩应用

梳理功能分区及空间类型，在灰白基底上，利用点缀色彩强化空间记忆点，增加辨识度，明确乘车流线，以提升旅客体验，传递文化底蕴

一级空间（黄色系）

候车空间、出站通廊

#c89b40 昏黄　#e9bb1d 石黄　#d9b611 秋香　#6e511e 褐色

#eacd76 金色　#896c39 秋色　#a78e44 乌金　#75664d 黎色

根据空间层级需求选取中国古代饱和度较低的黄色系

二级空间（青、赤、白、黑）

换乘空间、售票取票空间、站台空间

#e0eee8 鸭卵青　#ca6924 琥珀　#fffbf0 牙白　#80808[illegible] 灰色

#bbcdc5 蟹壳青　#9b4400 棕红　#f2ecde 缟色　#a29b7[illegible] 苍青

#424c50 鸦青色　#955539 赭色　#eedeb0 牙色　#5d51[illegible] 黛色

根据空间层级需求选取中国古代饱和度较低的相应色系

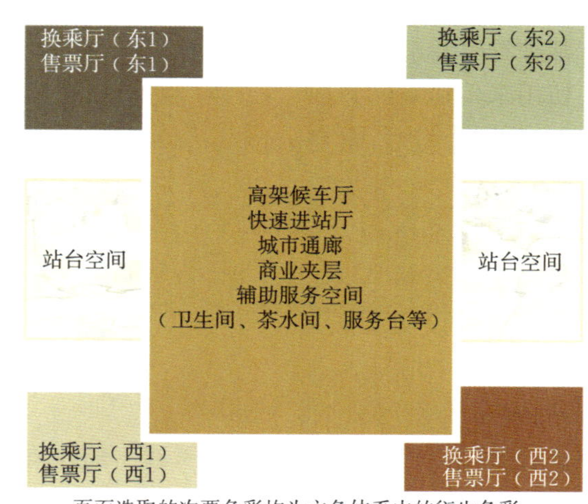

页面选取的次要色彩均为主色体系内的衍生色彩。

图 4.38　郑州南站色彩体系图解

图 4.39　郑州南站换乘厅色彩效果

2. 静态导向标识

1)概念和作用

环境心理学家罗美迪·帕西尼(Romedi Passini)于 1984 年提出,导识系统设计包括了建筑空间语法、逻辑空间规划、视觉传达标识和音响型的传达系统、地图系统,也包括给特殊需要的人群的导识传达系统。现代导向标识系统的设计从此时开始,包括了两大方面:和建筑文脉密切相关的导向标识空间规划设计,和视觉系统密切相关的导向信息设计。导向标识空间规划密切影响着空间导向功能,旅客很多时候甚至没有察觉空间规划设计对于其自身在车站中流动行进的潜在影响,其重要性不亚于直接给予其帮助的标识信息系统。

高速铁路车站静态标识(图 4.40)导向系统是对建筑空间功能的一种直观诠释,是旅客实现“进站—候车—检票—乘车—下车—出站”这一系统行为的有力保证。广义上,只要具有某种符号特征,并直接或间接地影响人们对环境的感知,就可以称为标识,标识系统则是一切用来传达空间的视觉符号和表现形式。

“静态标识”是区别于车站滚动显示客运信息“动态屏幕”的静态寻路指示标识系统。对于车站的标识系统而言,可以理解为在特定环境中提供必要的信息,引导旅客进出站乘车及使用各类服务设施的各类标识、标志的总称。包括车站内部、出入口及周边、引导旅客进出站、接站、乘车及使用公共设施的带有颜色、亮度、字体、图形和符号标志的总称,是一种服务于大众的符号文化。

图 4.40　某高速铁路车站挂式和立式静态标识

标识并不能修正功能设计的某些缺陷,但可以弥补客运组织功能上的些许不足,而承担优化和完善对旅客行为路径方向的指引作用。静态标识导向设计的重要目的是引导方向指示的功能,导向清晰的标识系统设计可以使旅客感知在空间中的方位,快速识别行进的目标和方向,消除心理上的陌生感和焦虑感,缩短寻路时间并提高交通效率。

2)设计要素及方法

静态标识系统的方向指示功能是通过一系列导向形态要素组合完成,包含文字、图形符号、颜色等,并且在此基础上结合比例尺度、材料运用、照明等元素统一构成。在实践中对其加以分析、解构、重组,从而形成平衡、和谐的整体视觉形态构件,并可成为标准化的静态标识系统。静态导向标识构件可结合利用艺术形态要素,将信息正确地传达给受众,以减少重复、错误的逗留时间,提高车站旅客集散、指导旅客行为活动的效率。同时在以人为本,符合导向标识系统化、标准化、国际化的前提下,融入城市特色文化,使高速铁路车站静态导向标识系统设计的功能性、艺术性和城市个性相糅合,为旅客提供更清晰、愉悦、便捷的方位引导性服务。

(1)标识构件材料和色彩

在静态导向标识系统的设计过程中,材料的选用被视为一个关键的程序。要根据空间环境的结构设计进行选择,充分考虑材料的安全性、功能性、艺术性以及可操作性,同时要兼顾材料的抗腐蚀性以及褪色、变色等方面的物理性能,如钢化玻璃、不锈钢、镀锌钢板、木料和多种复合型材料在车站建设中被广泛使用。合理的材料运用不仅对导视系统起到良好的辅助作用,甚至还可突显车站所在城市的精神个性和时尚、文化风貌。

静态导向标识的色彩,由标识色、客服综合显示颜色、商业店招色、广告色等色系组成。我国目前高速铁路车站中的标识色彩主要有三种:与旅客进站流线相关的标识为蓝色底色,图标符号和文字为白色;与旅客出站流线相关的标识为绿色底色,图标符号和文字为白色;与服务旅客相关的标识为灰色底色,图标符号和文字为白色。相关静态导向标识的色彩识别设计正在进行深入的研究和实践,以期使未来车站能为旅客在方位和方向引导上提供更优质的客运服务,并建立更加完善的设计标准。高速铁路车站静态标识常用色彩体系见表 4.3。

(2)标识信息设定

静态导向标识系统设计的目的在于让受众更准确、有效地接收导向标识信息,其识别性和认知度直接关系到整个系统引导功能的发挥。导向标识设计应尽可能简单清晰,文字以选择无衬线字体效果最佳,图形符号设计要符合大众审美的认知度(图 4.41),色彩中的前景色和背景色要形成强烈的明度反差、对比,使导向标识系统在任何地理环境、气候条件下都能正常实现导向功能。

在复杂的空间环境中,标识系统的信息分布应有主次之分,充分引导旅客熟悉所处空间的构成关系、分清空间信息的主次。标识中的信息按层次和序列进行规划设计,可以有效帮助旅客在空间移动中更好的形成对空间方位的认知。按照导向信息的重要程度对信息进行主次分层,通过对信息元素序列设计重组,将空间环境中的信息类别进行分级处理,让原本复杂空间的多类信息形成明晰的秩序,有利于旅客合理安排个人移动路线和高效的行为活动。对于区分不同空间的信息主次而言,通常在需要导向信息的场所选择最醒目的方位来安置标识构件;对于同一空间的信息主次的辨别,一般在导向标识构件中,根据信息所占据的面积大小和图形文字的大小来确定,如图 4.42 所示。

表 4.3 静态标识常用色彩体系

序号	色彩名称	标准色	标准色值	应用说明	标识实例
1	蓝色		C:100 M:70 Y:0 K:30	用于表示进站流线上车站功能区域所在位置的名称标识，如进站口、自动售票、检票口及进站流线导向标识等	进站口 Entrance
2	绿色		C:100 M:20 Y:60 K:20	用于表示出站流线上车站功能区域所在位置的名称标识，如出站口、补票处及市政通廊内引导标识等	出站口 Exit
3	灰色		C:10 M:0 Y:0 K:80	用于表示服务标志、导向标志和复合式标志的底色	旅客止步 No Thoroughfare
4	红色		C:0 M:100 Y:100 K:0	站名标识及禁止类标识的标准色彩	抚顺北站
5	橙色		C:0 M:48 Y:90 K:0	车厢位置地标(大编组正向)	2车
6	蓝色		C:92 M:75 Y:0 K:0	车厢位置地标(短编组正向)	2车
7	绿色		C:76 M:0 Y:100 K:0	车厢位置地标(大编组反向)	2车
8	紫色		C:52 M:93 Y:45 K:0	车厢位置地标(短编组反向)	2车
9	橙色		C:5 M:64 Y:100 K:0	特殊图标颜色色值	出租车 Taxi
10	蓝色		C:63 M:5 Y:20 K:0		停车场 Parking
11	红色		C:0 M:98 Y:95 K:0		地铁 Subway
12	绿色		C:64 M:0 Y:100 K:0		长途汽车站 Long distance Bus Station
13	紫色		C:50 M:92 Y:42 K:1		公交车站 Bus Station

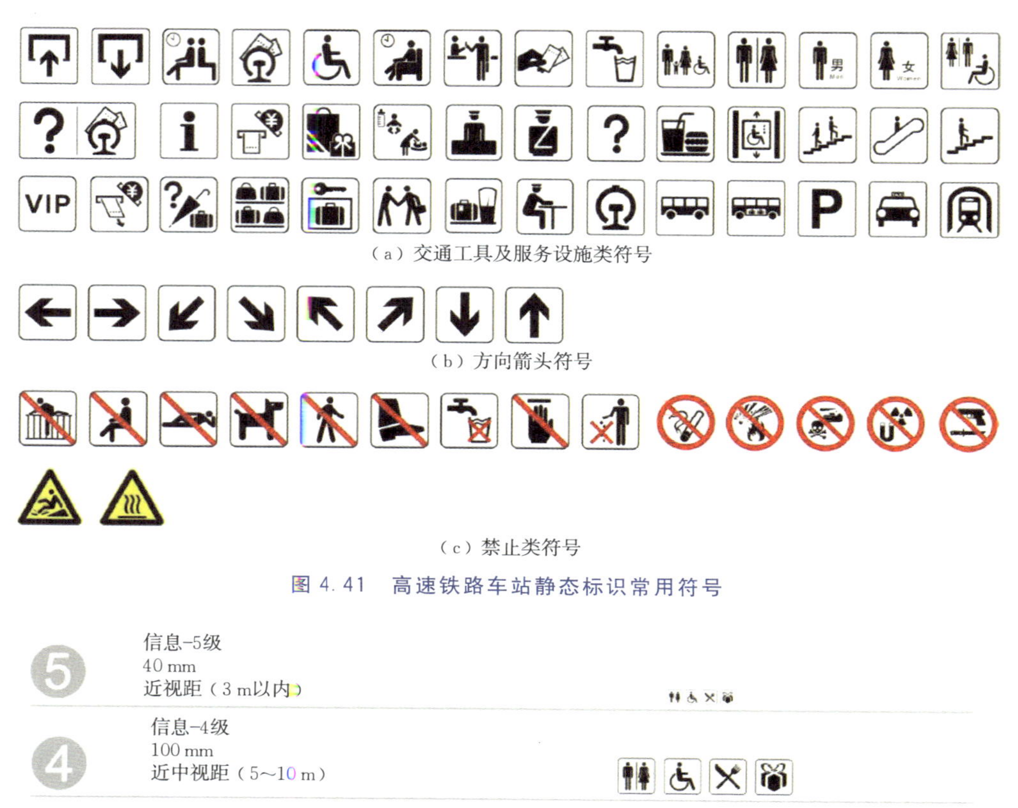

（a）交通工具及服务设施类符号

（b）方向箭头符号

（c）禁止类符号

图 4.41 高速铁路车站静态标识常用符号

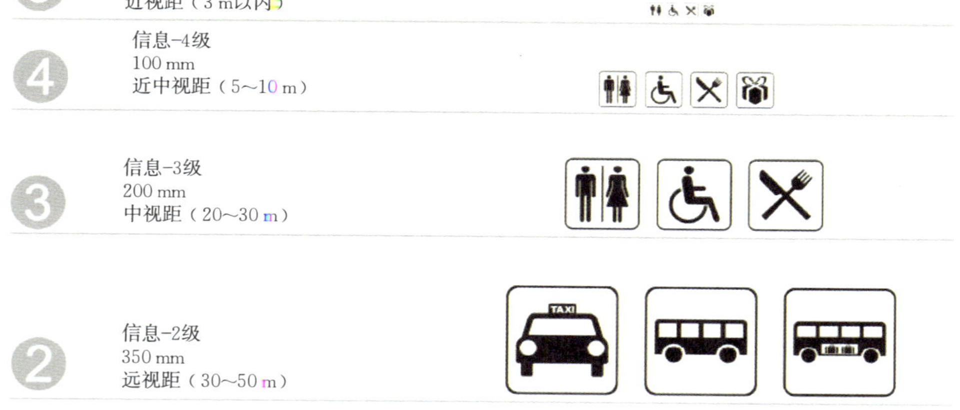

图 4.42 根据视距的远近和标识所在环境的空间尺度比例确定标识信息的尺度

国际化促进了各国之间的文化交流日趋频繁，静态导向标识系统作为高速铁路车站和城市文化最直观的视觉载体，不仅要满足本国旅客对导向信息的需求，还要为国际人士服务，这就要求在标识设计过程中要综合考虑图形符号的规范化，文字上注重中英文甚至多种语言的合体等多方面的因素。

由于车站受众人群的年龄、体能、受教育程度等因素的不同，旅客对于所处空间环境的理解、标识信息的接收会存在一定的差别，这些差异性也要求静态导向标识系统的设计需要充分考虑不同群体的辨识能力，且更具有针对性。随着社会对老龄化人群、残障人群的逐步关注，对于老年人而言，他们对空间环境的理解往往建立在平时的生活经验上，在熟悉的环境中，他们会根据以往的活动经历来辨别空间信息；而在陌生的环境中，一般的导向标识信息都无法被他接收，他们获取信息的途径一般都是口头问路。对于残障人群而言，导向标识系统除了以视觉为主的导向标识外，还需要包含以触觉、听觉为主的导向设施。目前，公共环境中的导向标识系统还未能彻底满足不同人群的需求，所以人性化设计和无障碍设计更应该在导向标识系统设计中有所体现，让老年人群、有障人群更多、更方便地掌握、理解并参与到交通出行活动中来。

(3)标识布局规划

高速铁路车站是客流往来密集的城市交通节点场所，静态导向标识的设置不可随意而为，不宜过多也不能过少，而应恰到好处。设置偏少则不能完整明确地体现系统，给旅客行动造成困扰；设置偏多，不仅会造成无谓的重复、冗余，而且会影响车站交通空间的通畅度以及运营成本在财力与物力上的消耗和浪费。准确的静态导向标识设置，应在旅客从出发点到目的地的这一行为过程中提供相关的场所信息，使之能顺利、便捷地实现出行目的，在车站的各个功能空间中感知清晰，不迷失方向，如图 4.43 所示。

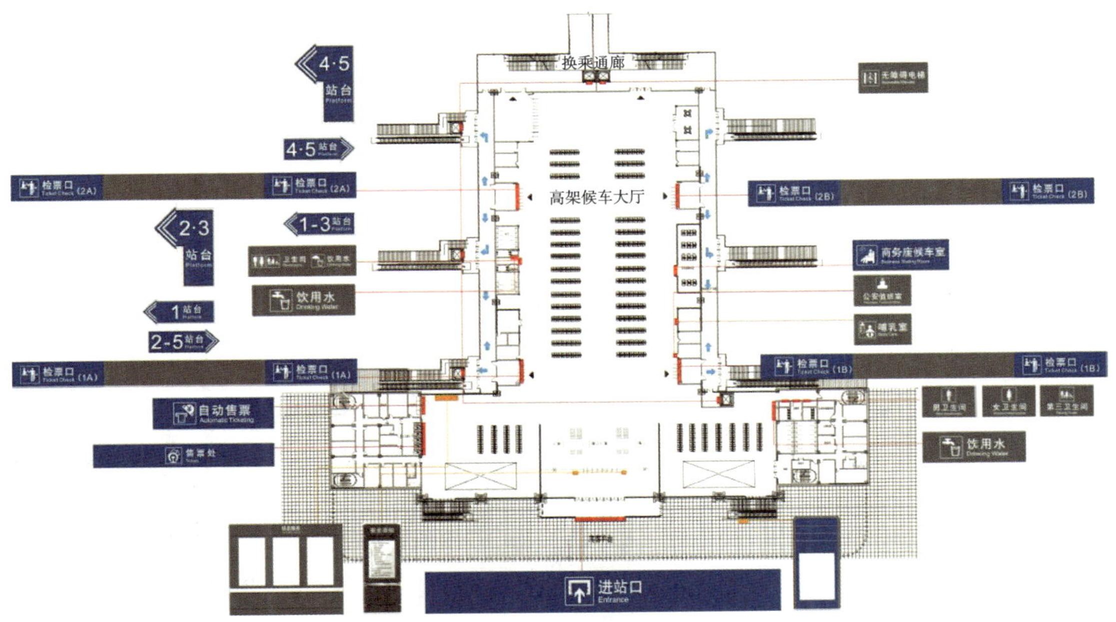

图 4.43　某高速铁路车站候车厅静态标识布局图

建立完善的静态导向标识系统是高速铁路车站交通引导功能设计的基本任务，标识系统布局设置需要根据车站区域的整体导向和具体功能分布进行综合分析梳理，包括对站外停车场、车站出入口、问询售票区、候车厅、各类内部通道、安全通道、站台以及公共服务设施等区域和方位导向进行统筹规划设计。精确计算并控制从车站停车场到进站广厅等不同起始点到目标点的区域范围，或不同功能区交通衔接范围内所需要设置导向标识的间距和数量。合理的导向标识设置能避免旅客因“寻路”而造成人群滞留、拥堵，在很大程度上能促进高速铁路车站整体的运营效率。

3. 站内智能导航

基于5G网络人工智能的发展与普及，借助智能代步车、移动终端等技术手段，站内的自动驾驶、智能导航将成为现实，可为残障人士及出行经验较少或者携带行李过多的旅客提供更加人性化的服务。例如通过部署5G室内数字化网络，为智能代步车提供室内定位导航、远程控制等服务。旅客只要通过App下发乘车需求，代步车会自动识别用户位置，并及时来到用户身边。通过AI语音识别，旅客可以与代步车沟通目的地和路径要求等信息。旅客上车后，可以通过互动屏幕获得车站内的更多资讯(出行时刻表/目的地介绍/商铺优惠等)。到达目的地后，智能代步车可以自动返航充电。同时5G网络也可以实现控制室与代步车、代步车与代步车之间的通信，在紧急状态下，借助5G高带宽、低延时的特性可以实现代步车的远程驾驶和车辆的迅速制动，最大程度地保障旅客安全。

4.3.2 倡导生态环境

21世纪，随着自然环境和人工环境的融合，倡导生态城市发展成为时代发展的主题，高速铁路车站的人文环境营造不仅要考虑人与人之间，还包括人与自然之间的和谐、共处的关系，尊重自然、尊重环境，以生态观和可持续的发展为建设目标，使“自然建造”在车站环境建设中得以真正实现。

当高速铁路车站以大空间为主导的建筑形态特征嵌入城市环境时，其较为封闭的室内公共空间和管理模式很容易导致人们过度依赖高科技人工环境，从而降低了人与自然环境的联系而产生“孤岛”现象。大型交通建筑室内空间室外化环境营造设计策略正逐渐被广泛接受，目的是将室内公共空间环境与自然环境以更加紧密的方式联系在一起。新加坡樟宜机场的大空间候机环境延续了新加坡花园城市的概念，将机场打造成为城市中的生态园，成为一个拥有繁华市场和生态花园的有机结合的绿色空间场所。樟宜机场候机楼(图4.44)创造了世界上最高的室内瀑布和广阔的室内森林，树梢步道、餐厅、零售和各种聚会场所开放给旅客和公众，集交通功能、自然生态与商业市场的公共出行、互动体验于一体，戏剧性地打造了一个令人振奋和充满活力的城市公共交通中心，吸引着旅客和城市人群，彰显了新加坡“花园之城”的美誉。

图4.44 樟宜机场“森林谷”

车站空间生态自然环境的渗透性与合理性体现在对阳光、植物、空气、风向、水体以及地形等自然因素的重视和利用，人与自然相协调的公共环境营造成果将呈现自然、生态的魅力。转变过往的室内空间设计仅重视硬质环境而忽视对自然环境的利用，使两者相互结合、和谐共生。

1. 室内自然光环境

自然光对建筑室内空间的情感和主题表达具有重要的作用。通过应用不同的自然采光方式，可以在室内形成不同的光影效果，丰富建筑的结构层次，凸显建筑的空间艺术美感。由于高速铁路车站往往体量相对较大，室内的自然采光主要通过不同形式的屋顶采光来实现。有带状分布式采光、侧高窗采光、双层屋面构造采光、集中式光谷采光、利用结构形式的屋面采光、利用光导管技术采光等，不同的采光方式对应塑造不同的空间效果。

1)带状天窗及高侧窗采光

带状分布式采光天窗的深度和宽度比值较高，可以有效遮挡部分太阳直射光，使室内光线均匀柔和，具有较好的舒适性，同时可以在室内形成较强的空间韵律感，大多高速铁路车站采用屋顶带状分布式采光，如图 4.45 所示。侧高窗采光可以改变太阳光入射角度而减少直射光给室内造成的不利影响，同时有利于屋面防水；也有车站屋顶通过前后高低的错动，形成多组侧高窗（图 4.46），既有效地避免了直射阳光，也营造出浪漫的室内氛围，并且也塑造具有特色的建筑形态。

图 4.45　带状天窗

图 4.46　高侧天窗

2)双层屋面采光

双层屋面采光是通过调整室内吊顶的孔隙率和屋顶天窗之间的相对关系来实现的一种自然采光方式，它能够有效避免阳光直射，而且容易形成独特的室内光环境。北京 T3 航站楼（图 4.47）和深圳宝安机场航站楼（图 4.48）均是双层屋面采光的方式。

图 4.47　北京 T3 航站楼双层屋面采光

图 4.48　深圳宝安机场航站楼双层屋面采光

3)集中式光谷采光

集中式光谷采光是通过车站竖向上的贯通设计将自然光引至站台或者地下空间的采光方式,是强化空间导向性、塑造室内特色空间的有效方式。当光谷位于站场中部时是利用铁路站场之间的缝隙,将自然光引入站台甚至下部的出站大厅或城市通廊,既解决采光问题,也为站房下部的空间营造提供了良好的契机,杭州西站(图 4.49)以及雄安站(图 4.50)就进行了这方面有益的探索。当光谷位于站场两侧时结合贯通地下的中庭空间,将光线引入地下既可以形成特色的互动空间,又改善了地下空间的采光环境,如广州白云站(图 4.51)。

图 4.49　杭州西站光谷

图 4.50　雄安站光谷

图 4.51　白云站光谷

4)单元屋面整体采光

利用结构形式的屋面式采光是将结构与采光功能相结合形成多意化的建筑构件,或者充分利用结构特征形成整体屋面采光的形式。前者如台湾的彰化站,将结构柱子以三棱锥的形式与采光窗融合呈现(图 4.52),既是结构构件又有采光作用,后者如天津滨海站(于家堡站)以及英国的伯明翰新街站,如图 4.53、图 4.54 所示。

5)光导设施采光

台湾桃园机场航站楼扩建工程更是创造性地通过光导管将自然光引入室内,矩阵排列的点光源根据航站楼的功能与空间分布,形成高低起伏的空间效果,创造性地呈现出光与建筑之间相互辉映的艺术形式,如图 4.55 所示。

图 4.52 彰化站采光柱

图 4.53 滨海站采光顶

图 4.54 伯明翰新街站采光顶

图 4.55 桃园机场室内光导管采光效果图

2. 室内自然风环境

室内的自然通风既是绿色车站技术的一种措施,也是改善车站内部环境品质的一种方式。与复杂、耗能的空调技术相比,自然通风是能够适应气候的一项廉价而成熟的技术措施。通常认为自然通风有三大主要作用:提供新鲜空气、生理降温(舒适自然通风)、释放建筑结构中蓄存的热量。

1)热压通风

利用建筑中的竖向中庭空间形成顶部排放热空气,由温度形成的压力差,促使室内空间不断吸入新鲜的自然空气形成环流,有效地改善了建筑内部的热工环境。

英国伯明翰新街站竞赛方案就采用了双层表皮的设计方法,通过建筑外部的双层表皮形成空腔，利用压力差上部排风、下部吸风，依然产生局部的空间流动，将自然风引入室内，达到利用自然通风改善室内环境的作用，如图 4.56 所示。高速铁路车站由于高度受限，虽然热压通风有时较难实现，但也可以尝试利用类似的双层通风表皮的原理，达成自然通风的效果。

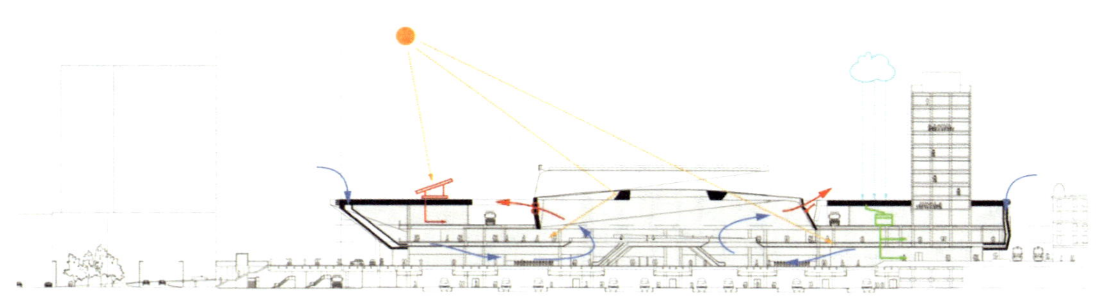

图 4.56 伯明翰新街站竞赛方案自然通风图解

2）风压通风

风压通风就是利用建筑的迎风面和背风面之间的压力差实现空气的流通。铁路站房的进深较大，仅采用外立面进行自然通风，效果并不明显，因此在屋顶中部设置侧高窗可以减小前后窗的距离以达到通风效果。合肥西站就尝试通过波浪状屋顶前后高低的错动，形成屋顶多组侧高窗来进行自然通风，并借此创新了建筑的形式。

风压通风受场地条件限制较多，其中风向的多变会对通风效果产生很大影响，仅有两个方向的侧高窗有时很难达到一年四季都能够自然通风。长沙西站进一步采用四个方向的侧高窗，通过智能开闭控制，以保证自然通风的时效性，如图 4.57 所示。为了达成四向侧高窗的目的，车站的候车大厅屋顶形成中部高、四周低的布局方式，既利用高差形成多个方向的侧高窗，同时高低错落的屋顶也如同一朵盛开的杜鹃花，巧妙地通过风压通风的建筑形式寓意了长沙的地域文化特征。

3. 营造内庭院环境

我国南方地区夏季闷热多雨，因此民居多采用庭院或天井的形式，利用院落或天井的拔风作用改善空气微循环，起到去热降温、去湿的作用，并为雨天的户外活动提供场所。高速铁路车站可以借用这种方式，通过营造室内庭院空间，改善室内微气候环境，营造室内场所感。

杭州西站的竞标方案曾在铁路站房的庭院设计方面做了大胆的尝试。将候车功能和进站功能完全分离，并在两者间插入了两条纵向的“绿庭”，将站房分割为三个部分（图 4.58），从而减小了建筑的深度，有利于自然通风的产生；同时，两个绿色庭院极大地改善了空间的视觉品质，为旅客营造了一个“绿色温馨”的候车环境。

图 4.57 长沙西站自然通风图解

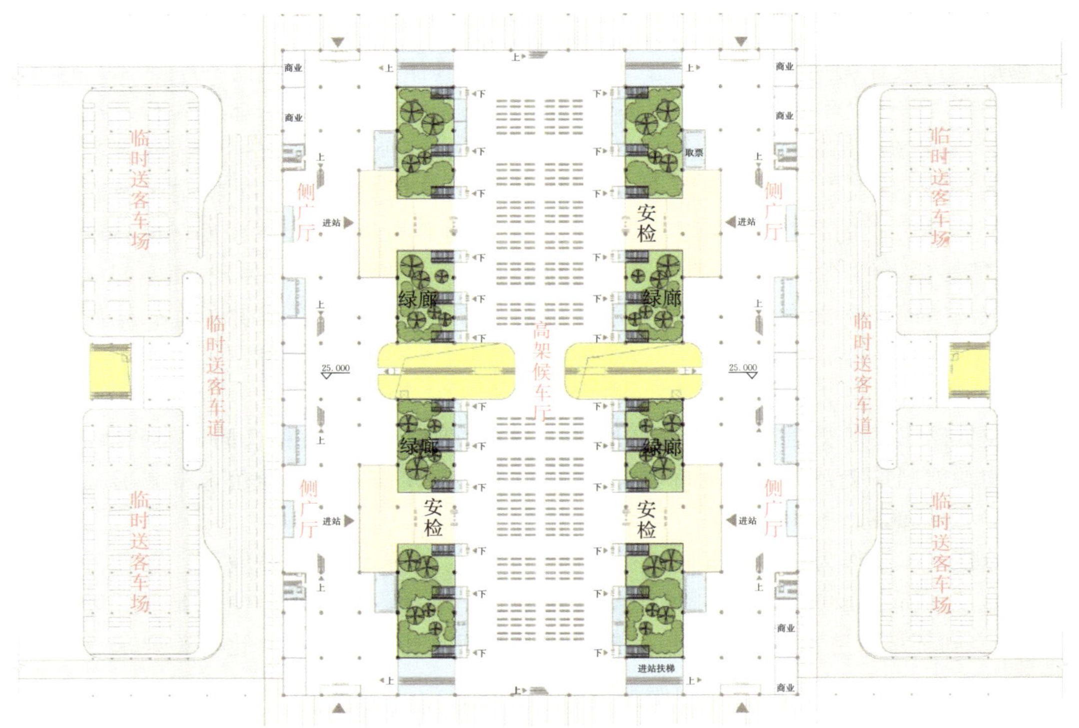

图 4.58 杭州西站竞标方案候车层平面布局

内庭院落的设计方法也常用于中、小型车站的侧式站房候车厅，尤其在江南地区或具有适宜气候条件的地区应用，不仅能起到良好的自然通风、采光等季节性节能作用，而且能够营造室内多样化候车环境，丰富车站候乘空间体验，如图 4.59 所示。

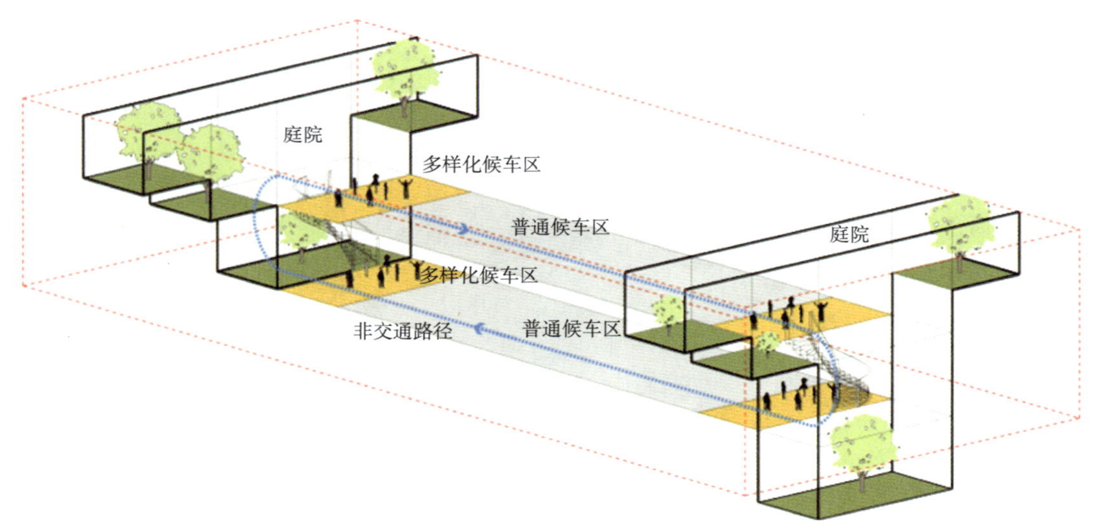

图 4.59 中、小型车站内部庭院空间应用图解

4.3.3 营建文化环境

1. 新交通场所空间营造

场所是由具体物质的本质、形态、质感及颜色的具体的物所组成的一个整体。这些物的总和决定了一种“环境的特性”，亦即场所的本质。一般而言，场所都会具有一种特性或“气氛”。因此场所是定性的、“整体的”现象。换言之，场所即是具有一定特性或者气氛的物理空间环境，是人们生活发生的空间，其意义在于场所能够体现某个特定区域的环境特征和人们生活方式的存在状况，因此它不仅仅是三维的物理空间，并且具有更高精神层面的价值，能够让人们产生情感上的归属。场所性是空间文化性的一种体现，而空间的概念仅仅是构成场所的三向度物理元素，场所一定具有空间的属性而空间或许并不具备场所的意义。

1)空间归属

高速铁路车站的交通场所性就是让存在于其中的旅客产生一种认同感与归属感，把车站的空间功能同审美及更深层的精神需求结合在一起，使空间环境给旅客带来形式美感以外的更多心理和观念上的共鸣。

高速铁路车站作为广大旅客交通往来的城市公共空间，其公共环境设计无疑需要尊重旅客交通活动所需，在基础物质层面上满足旅客对于车站内各项功能使用要求及舒适体验的同时，空间环境营造也需要最大程度地满足旅客视觉感官的公共文化审美要求。车站的交通属性决定了其空间环境营造为旅客行为方式服务，交通行为是本，体现最基本的铁路客运功能；车站的社会属性则涵盖了其从属于城市生活的更多含义，使车站不仅可以成为容纳广大旅客交通集散行为的机器，其环境创造的意义也并不只在于有形的宽敞空间，而是以地域风情、历史文脉相关联的精神生活舞台。具有人文精神风貌的车站主题环境呈现，将生动地体现社会民风、文化素养和时代风尚，只有在孕育生长的文化土壤中营造，高速铁路车站的空间环境才能独特而生生不息，成为可持续发展的城市公共文化场所。

空间是场所存在的基础，车站的场所特征虽然不仅是各构成空间要素的总和，但仍依赖于其比例、尺度、整体与局部等形式美的表达。在运用形式美法则均衡、稳定、节奏、韵律等处理空间要素的同时更要关注这些要素组合在一起产生的精神意义。高速铁路车站的高大空间尺度及其先天的铁路文化标签，是其区别于其他城市建筑空间的独有特征。近年来在一些高速铁路设计实践中就充分发挥高速铁路车站的这两个特征，将高速列车、新的结构技术通过艺术风尚呈现，融合于同一空间场景中，为旅客带来独特的空间场所记忆，如图 4.60 所示。

2)经济适用

空间的在地性意义是注重地区自然和文化环境的体现，同时需要服从合理的经济基础，这表明了场所性空间营造的另一层含义是必须遵循社会发展的经济规律。任何技术应用、艺术创造活动都将接受投入与产出的性价比检验，高速铁路车站的场所环境中公共文化艺术的渗透并不等同于博物馆展示的艺术珍品，也并不必须以高昂的经济代价换取，而可以通过更平易近人的方法呈现。

在国内外许多历史车站中可以发现公共文化艺术的踪迹：北京站的穹顶彩绘、葡萄牙古老车站中的青瓷壁画，以及我国早期铁路客站留存的经典马赛克壁画，如图 4.61～图 4.63 所示。这些在当时的经济与技术条件下的产物存留至今，其真正的价值是由时间创造的，并成为旅客和游人的永久记忆。而那些更为完整，具有时代技术与文化特征相结合的空间场景，烙印着城市生活建构的形态雏形，也并不是财富的堆砌，即便是红瓦灰墙、断壁残垣，其公共场所的作用依然清晰可辨，适当的保护、改造即可重生。

图 4.60 独具铁路特色的车站交通场所（杭州西站）

图 4.61 北京站穹顶画

图 4.62 葡萄牙圣本托火车站壁画

图 4.63 成都火车站壁画

场所营造的目的是创造具有出行生活气息，可以让旅客片刻驻留、方便交流、休憩、观赏的环境氛围，可利用地域传统的建筑材料、民间工艺材料等，运用墙地顶面或相互组合构成空间关系，也可以将具有文化含义的艺术设计结合车站空间、构件等元素，渗透、嵌入其中。适度的、经济的文化艺术与技术结合，传承并创新，共同创造多义的、可被感知的、具有生命力的或可被留存的空间环境，由时间的孕育产生更大的社会价值。

2. 新人文旅行环境

高速铁路时代，旅行成为人们社会活动的常态，出行者也早已摆脱了时间和距离方面的物理困扰，转而关注那些由旅行行为衍生的相关舒适、安全、文化、艺术等生理和心理感受。

新的社会需求增长，铁路客运产业也将产生连锁变化。由信息科技带来的便利会涉及车站的售票、行程信息咨询等功能空间和导向的变革，铁路速度的提升也改变了旅客对固有计划的依赖，原本进站、等候、检票上车的固定流程，也因需求的变化而相应改变。车站的单一交通行为正在向多可能、多目标、多变化、重体验的复合化行为功能转变。

如果旅行的主目标是目的地，而旅客进入车站的那一刻，便成为旅行活动的起点，那么实际上旅客已经完成了主目标下的第一个次目标。新时代的高速铁路车站设计，除了需要满足旅客基本乘降需求的空间外，也要注重那些可能实现旅客小目标而创造出的、让旅客作为旅行起点的有趣空间。譬如一个在旅客等候上车的间歇时间内，与同事、朋友舒适地餐饮、愉快地阅读的空间，或在一个令人欣喜的环境中驻足观赏、照相留念的空间等，来丰富旅客的出行体验。

1)用户体验

(1)以人为本

以人为本是人文思想的核心，也是落实到物质形态的基本前提。在倡导“人文精神”的新时代，高速铁路车站设计应充分注意使用者的特性和需求，使得各类旅客在满足空间物理功能的同时，空间环境形式要更加符合使用者的心理、生理及所在地区的文化特征。人总是通过视觉、听觉、嗅觉、触觉等感官来感受周围环境状况，在与良好、舒适的公共环境的互动中，能予以旅客温馨的感受和安全的保障，并获得更佳的出行体验。营造不同性质、不同功能、各具特色的空间，以适应不同年龄、不同阶层、不同职业的旅客多样化需求。

(2)品质精细

所有公共环境营造都是以尊崇人们对于生活、工作、生产、学习、交往、消闲、娱乐等多种行为方式的要求为根本目标，高速铁路车站室内公共空间环境设计同样以服务旅客交通出行为宗旨。交通属性决定了其在旅客公共活动系统中的核心功能。高速铁路出行的旅客受众面广、流动性大，车站往往具有旅客集中、滞留和频繁活动的特征，室内设计必须围绕旅客出行所需的特点布置相适应的服务功能，方便旅客使用；材料选择要安全、坚固、耐用，色调明快、柔和，色系协调，空间开敞，环境舒适，并且指示清晰、导向明确。在地面、墙面、吊顶乃至休息座椅、扶手栏杆等构件的细节上精心设计，以满足基本交通功能为前提，追随更加卓越的使用性能。

(3)性能优化

满足功能并优化性能的设计方法是近年来工业产品设计领域的新趋势，源于对产品使用状态进行评估，是一项设计优化过程中不断循环往复的精细化工作，通过对局部材料或构件采用某种更优的执行方式而获得整体系统性能的改变和提升。将这种方法应用于高速铁路车站的室内环境设计之中，从旅客出行感官体验的角度，优化仅以功能合理为目标的传统设计方式，再度提升车站环境品质。

2)技艺交融

高速铁路车站的室内空间构成方式必然是现代技术体现。现代主义建筑的空间设计具有注重功能、强调严谨的结构技术逻辑的普遍特点，往往反映以标准、工业化技术体系和使用功能至上的空间形式追求，“形式追随功能”即是对空间最本质的表现。然而，这种极其理性的设计思维，在大量同类型建筑并在同一阶段的建造中，又表现出高度的空间环境趋同性，过度强调理性的、客观机械美学而丧失了自由的、人性的、大众的美学意义。因此，当代高速铁路车站更加注重技术与艺术的结合关系，通过对车站所在区域自然、历史、民俗等地域风貌的研究，挖掘文化内涵，塑造与之相辅相成的空间环境，以展现丰满的人文主义精神。

技术与艺术相结合的车站空间环境营造并不是简单刻意的拼凑或叠加，而是将艺术形式融入空间建构技术和工艺之中，浑然一体；并还应当遵循经济性原则，摒弃以高昂的经济代价植入奢侈的艺术品，根据经济可行的条件、技术准则和艺术创作规律，充分认识分析把握车站空间环境设计的要求，恰当地糅合技术建造逻辑达到最为合理的艺术设计形式，展现怡人的空间环境效果。

3. 城市生活共享社区

从我国铁路车站 100 多年的发展史来看，在相当长一段时间内，其设计模式及美学表达是相对停滞的。近年来，随着改革开放带来经济技术的迅猛发展，高速铁路车站建设进入了新的阶段。当今高速铁路车站建设与整体城市发展密切关联，已成为城市交通发展的核心内容，引起城市空间品质的变化，带动着城市经济的快速发展，并且以高速铁路车站的大型空间场所、广泛受众人群为媒介，创建多重意义的文化展示窗口，诠释时代风尚、地域精神和文化内涵。

站城之间融合关系取决于双向的互动与交流的开放度，并成为一种放大的铁路社区关系，类似于生物群落的生态形式，在相互联系、相互依赖于社区的基础上成长。高速铁路车站的公共性必然会对地区环境产生巨大的影响，只有和谐生存才能平衡发展，兼容共生。城市化进程加快，封闭式高速铁路车站发展只能产生城市的“孤岛”效应，尽管这只是整个铁路综合交通枢纽中车站建筑的一个空间界面问题，但也正是因为这种空间具有的特征和张力，所导致的站城关系极具影响力。可达性并不仅仅针对铁路客运，而是区域城市的交通行为关系，高效率也不仅仅反映交通功能带来的利益，长远上是根植于社区群体生活之上的城市利益和国家利益。

在空间意义上，理想的界面是城市人群与铁路客运人群最频繁互动的区域场所，多元的业态分布、良好的公共环境，使人们各自行动自如而方向感明确，既可获取广泛的实时信息，又便于交流和相互监督照应，交通、文化、商业、教育、休憩等各类活动都可在此互动互惠、共享互利，既是交通枢纽更是丰富城市生活的社交枢纽。

车站设计需要与时俱进，需要适应新的社会结构，适应新的旅行行为方式带来的改变。短短十年，高速铁路建设快速发展，推动我国城市化进程进入了新的时期，逾千座高速铁路车站的建成使铁路客运服务水平得以空前提升。在时间和速度的驱使下，中国的社会政治、文化、经济以及城市生活、工作方式也发生了巨变。随着铁路客运量持续增大，高端商务及旅游客流的增长，客流的社会层次提高和对出行品质的追求，呈现出多样性需求特征，表现为城市对高速铁路车站丰富功能以及独特的文化性寓予以高度期望。传统意义的交通出行正在演变为文化、信息、休闲的多元旅行，也将再一次让高速铁路车站设计面临新的挑战。从城市或地区的文化背景中寻找高速铁路车站的设计创新点，营造富有人文特色的空间特质，构筑大众喜闻乐见的场景，立足于铁路交通的客流行为，体恤旅客活动的多样化需求，融合中华历史文化元素，展现时代特征，终将是新旅行意义下创造高速铁路车站新空间、新环境的基本命题。

4.4 空间环境细部表达

4.4.1 细部构成及表现

1. 细部设计成就车站品质

细部设计存在于高速铁路车站空间环境的方方面面。细部是形态空间整体的局部，并与车站建筑创作概念息息相关。细部作为车站建筑的单元构件或局部的空间和界面，对完善功能和烘托环境氛围起到重要作用，并可能直接地体现车站空间环境的文化意象。

在整体车站建筑空间中，包含了结构性细部和装饰性细部两大系统，前者与功能、结构、构造相关，如门、窗、楼梯、梁柱、楼地面、设备末端等；后者与装饰、美化相关，包括线脚、图饰、纹样等。细部依附于车站建筑整体，也具有一定的独立意义，并更具有近距离的尺度感和材料肌理的触觉。细部设计是对空间层次的补足，表达空间环境的文化意象，并体现当代高速铁路车站建设的技术工艺和品质。

2. 构成内容及表现形式

1)结构构件

结构细部设计主要是指结构构件及其连接处的形式与结合关系。良好的结构细部设计，不仅能表现出对整体结构语言的技术呼应和逻辑关联，还能展示结构自身特有的表现力。在较多车站设计中，更关心大尺度的空间结构形态关系，而将细部表达让位给标准化产品以及背离结构逻辑的装饰、装修设计，难以表达结构形式从整体到细节的协调性和完整性。一些中心城市车站则兼顾了结构构件的细节处理，既反映整体的结构受力逻辑，又表现了细节的设计感，以现代技术制造的精准工艺与完美和流畅的美学追求相结合，作出了对整体结构和构件细节处理地回应，如图 4.64、图 4.65 所示。

图 4.64 北京南站 A 型塔架柱脚处理

图 4.65 上海南站雨棚细部

2)材料表现

著名建筑师 R. Moneo 曾说过:“作为直接左右微观建筑效果的自身变量,材料会给予建筑以永恒的生命”。材料具备视觉和触觉特征,不同的材料以及不同的材料建构技术,可以产生完全不同的空间形态效果,可以说材料表现是艺术与技术的结合。

表现当代高速铁路车站空间形态效果的材料,一般需从下述几个方面予以研究:从宏观空间的整体关系上研究材料对结构体系和功能组织产生的影响,以及建筑空间的整体表现力、形式感、尺度感、节奏感和视觉中心等美学逻辑;从微观的人体工学而言,研究室内外材料的质感、色彩、肌理和生理尺度,以及对人近距离感受更为细腻的触觉、视觉、知觉的影响;此外在现代材料制造技术高速发展和建筑施工工艺大幅提高的背景下,研究材料自身属性和组织构造方式,通过材料本身的表达或不同的复合方式形成完全不同的视觉效果,将透明、半透明、光滑、哑光、粗糙等质感以及不同的色彩作出深层次的组合表现,为空间形态的创新提供更为广阔的素材。

以表现透明性的材料为例,除了玻璃,还有聚碳酸酯板、ETFE 膜等复合型材料,这些材料本身可以经过各种高技术加工形成新颖的色彩、纹理、反射,不同的透明度以及光电自动变色等视觉变化,通过点式、框格等支撑构造形成的组合视觉效果,也可以为整体空间形态带来富有创新的变化。例如:武汉站的穹顶和侧翼通过半透明的聚碳酸酯板与穿孔金属管吊顶的组合,形成丰富的纹理韵律,既抽象体现了鹤羽效果,又实现对阳光的过滤,如图 4.66 所示;深圳站则是用起伏的金属平行线条,与不同区域的透明和漫射型 Low-E 玻璃(低辐射镀膜玻璃)结合,形成整体动感和轻灵的效果,强有力地表达出其“海浪”和“飞翔”的造型隐喻,如图 4.67 所示。

图 4.66 武汉站半透明穹顶

图 4.67 深圳北站

3)功能构件

建筑的功能构件是指那些在空间的使用功能上有重要意义的部分,例如:进站前厅是室外空间的相互渗透,玻璃幕墙既是外围护结构又是采光通风构件,内庭使车站内部空间与自然环境更加接近,楼梯则是空间竖向连接的建筑构件等,还有排水管、通风百叶、遮阳板等构件设施,都将逐渐发展为与结构构件设计相类似的方式,产生不同程度的美学意义。尤其是高速铁路车站机电系统末端的细部处理,包括空调、电力、照明、给排水以及动静态标志等,都将通过对其结合装饰、装修甚至有序的裸露进行细部设计而成为公共空间审美的组成部分。

例如:空调设备系统的进、排风口如设置在建筑立面上需考虑风口形式与建筑外立面风格的协调一致,保持与立面材料相协调而不显生硬或过于突兀。并可结合文化符号、图腾进行表面装饰，在满足功能的同时产生生动的文化含义(图 4.68)，从而使设备系统末端与建筑风格和文化意象达成高度的统一。

又如：一些车站的空间照明设计，满足照度标准并与整体建筑风格协调，或将较大体量的灯具与建筑、结构的构造相结合，见光不见灯，避免灯光直射对旅客视觉产生眩光影响，从而形成漫射光源，使环境光更加柔和，营造具有节奏和韵律的空间环境氛围。

太原南站的候车厅空间照明，根据独特的结构单元体造型，将照明灯具设置藏匿于由钢结构天窗构件和条板吊顶结合的隐蔽部位，使灯光与结构、吊顶完美融合为一体，既满足大空间照明的均匀度和照度要求，又表现了钢结构单元体的造型魅力和空间环境艺术效果，如图 4.69 所示。

图 4.68　兰州西站空调风口

图 4.69　太原南站室内空间

4)装饰构件

建筑材料的颜色、质感的表现也是建筑细部重要的影响因素。掌握材料的物理、化学性能并加以运用，使不同的材料赋予建筑不同的表面观感，并表现出各不相同的细部感觉。丰富的建筑材料选用，为车站空间环境提供了多种可能性，随着新技术、新材料、新工艺的应用，材料不仅能够满足结构和构造的要求，还具有强烈的表现力。表现方式涉及两方面内容，其一是表现材料自身的特性，其二是材料转折、交接和过渡的处理。

材料应用于建筑结构、构件，或源于纯粹功能的要求，或基于建造工艺的需要。经过长时间的实践，这些构件的作用日益完善和稳定，并演化成为建筑空间装饰性的要素。无疑，高速铁路车站的公共空间拥有功能实用性和文化艺术性的双重属性，旅客对其建筑装饰的评价也将从功能与精神两方面去衡量，这是装饰性细部文化艺术展现在不影响功能前提下存在的依据。功能性细部和装饰性细部并不是相互绝对孤立静止的，它们可以相互依存、融合、转化。随着社会文化观念的转变、建造技术的进步，原本仅具有结构或构造功能的建筑构件，同时也在逐渐演绎为文化装饰的符号而进一步丰富了建筑空间表达的语义。

例如：拉萨站进站广厅立柱柱头(图 4.70)，保持原本梁架结构的构成关系，根据车站建筑延续地域风貌的设计创作意象，重构传统文化而形成新的空间秩序。不是将传统建筑的元素简单重叠或堆砌，而是追求新与旧的并存、时代科技与历史文脉精神相关联，对中国传统建筑构件斗拱的应用，通过解构与重构的细节设计表达方式体，呈现传统与现代的文脉内涵。

图 4.70　拉萨站室内细部

4.4.2　细部设计表达方法

我国当代高速铁路车站建设不断进取，在完善空间结构、保障安全营运的基础上，进一步扩大内涵，强化其空间环境塑造，使之具有城市文化意味的公共艺术属性，通过空间的细部刻画，体现客运环境品质。

1. 多元化寓意

1）历史与传承

车站细部设计是整体的组成部分，其设计表达的内涵应结合并延续车站形态的主体寓意，具有弘扬优秀文化传统、延续历史文脉，在传承中创新的多重含义。

2）铁路与城市

注重地域文化与铁路文化的融合，在展示新时代城市精神风貌的同时体现铁路文化的特征。新的哈尔滨站是用现代的技术和材料对原中东铁路哈尔滨站的重现——重塑昔日哈尔滨站“新艺术运动”风格的建筑外形，延续原建筑优美柔软的曲线构图，以新材料和新工艺重新刻画门窗、墙墩、屋檐女儿墙等细部，传承哈尔滨站带给城市流畅、跳跃、旋转宛如乐章的印记，如图 4.71 所示。

3）艺术与技术

通过现代的技术手段呈现公共艺术文化形式。重庆西站通过开放式铝板幕墙、阳光板以及双层节能玻璃等材料和技术手段刻画出圆润而挺拔的曲面细部，创造出充满未来感的“重庆之眼”的艺术形象，如图 4.72 所示。

图 4.71 哈尔滨站细部

图 4.72 重庆西站“重庆之眼”细部

2. 公众化审美

高速铁路车站空间环境的细部表达是空间与形体、整体与局部的关系衔接的纽带。建筑空间各部分元素和构件的节点细部通过相互协调，构成重点与从属的主次关系。车站空间的各部分细部装饰往往体现出整体的层次感和主从关系，运用统一与变化，对比与微差，节奏与韵律，均衡与稳定等设计手法，表达应简洁明快、突出主题，满足人们对当代文化的大众审美需求。

3. 关联性呈现

1）与建筑主题立意相关联

车站环境中的节点细部不是孤立的，不同部位的细部设计要从属车站建筑主题立意，并需要保持相互关系的呼应。昆明南站的细部设计延续了站房的主题概念：外墙表皮采用云南特有的银饰纹样组成羽毛的肌理，形成独特的浮雕感外墙表皮，结合景观照明设计使站房整体的“孔雀”造型更加生动形象，如图 4.73 所示。

2）与结构、构件相关联

以建筑结构和构件为对象进行一体化设计，将艺术与文化内涵融入建构技术之中，避免突兀、生硬的细部装饰拼贴，形成自然和谐的车站空间整体。

3）与材料肌理色彩相关联

巧妙地运用建筑材料的色彩和肌理，有机整合空间细部关系，运用统一、协调的环境色

图 4.73　昆明南站立面细部

系、材质变化，表达车站环境中丰富的人文意象。

4)与技术设备末端相关联

结合站房传达的文化艺术主题，通过细部设计弱化机电等设备末端的不利尺度和形式对整体空间环境的影响，包括对车站商业广告装置的细节设计，加强与车站整体空间文化主题表达的关联性，为旅客营造舒适的车站环境体验。

4. 地域性相宜

1)遵循经济规律

车站环境细部的文化艺术性表达，须适合所在地区的经济条件和建设规模，摒弃烦琐和过度的装饰，符合建筑结构、构件的建造规律。

2)因地制宜

以保证安全和耐久性为前提，选用车站装饰、装修材料，因地制宜，适应车站所处的自然环境；色彩运用应符合交通建筑特征，适应旅客的行为和心理需求。

交通建筑始终伴随其使用功能而成型，铁路客运的旅客活动行为规律以及运输管理方式决定了我国高速铁路车站的基本形式。车站设计在长期的实践过程中积累经验，建立了相应的营运机制和站房建筑空间模式。在普速铁路转型高速铁路时期，先期开通的扬州站、南京站、上海南站等，成功从早期车站模式中蜕变，成为新型高速铁路车站雏形。之后的高速铁路车站建设，在交通组织、空间环境等各方面都发生了显而易见的转变。这个演变过程也见证了当时中国社会经济的发展、科技的进步和文化的昌盛。

5 高速铁路车站结构技术与选型

建筑设计与结构设计是建筑工程中两个不可分割的重要环节，相互影响、相互作用并相互成就。结构于建筑的意义是使空间依据一定的受力逻辑形成合理的支撑体系。在大量高速铁路车站工程的建设实践中，结构设计研究始终为提升铁路交通效率和新的空间形式构型提供有力的技术支持。我国在大跨度空间结构技术、降低车致振影响、桥建合一、结构寿命安全健康监测，以及传统结构的创新工艺应用等一系列与高速铁路车站特质紧密相关的重大课题上，进行了广泛而深入的研究、试验和实践，攻克了多项技术难关，收获了许多令人欣喜的成果。

本章从交通建筑的特征性切入，论述高速铁路车站的主要结构技术特点和基本设计方法，重点介绍我国高速铁路车站建筑结构的新技术研发、应用和创新成果。通过总结结构选型、结构风险控制、新技术研发、传统技术升级以及各设计阶段技术分析与控制的原则和要点，展开学科互动研究，并展现结构成就建筑之美的技术途径。

5.1 结构与建筑形态

5.1.1 车站建筑结构设计原理

理性的建筑创作表现为一个由概念转换为形式的过程，进一步又可分为概念构思过程和形式深化过程。作为设计意向的抽象概念与作为形成结果的具体形式之间有着不同层级的结构逻辑对应关系，并构成了由概念到具体形式的总体架构。

1. 结构设计概述

建筑结构在学科上是指用各种材料（砖、石、钢筋混凝土、钢材及木材等）建造的建筑受力骨架体系，由若干个基本构件按照一定的组成规则、通过正确的连接方式所组成的系统承受并传递各种作用的空间受力体系。它的合理性决定了建筑的安全性能、耐久程度，同时又影响其使用功能。结构设计的基本原理是利用力学、材料学等基本知识，通过严密的理论分析、计算，形成保证使用安全可靠的设计方法。

结构体系是建筑内部力流方向与传递的计算方案和形态图形，它作为结构的受力机制，代表着形态设计所要遵守的一般性规则。有些时候，结构体系还有超越个别结构形态之上的性质，它们可以不受制于材料及其性能的现状结构知识，也不受制于设定的局部条件，不受时间及空间的约束，而保持其受力逻辑的有效性。

高速铁路车站的结构技术同样建立在此基础之上，并针对交通建筑的使用功能、空间特征而展开专业设计。高速铁路车站结构体系的选型和计算设计不仅关系到客站的安全性，还关系到客站的经济性。在保证安全的前提下，尽可能追求经济合理的结构体系。

随着建筑结构设计技术的不断进步以及建筑综合性、复杂性的提升，近年来建筑结构概念设计被广泛应用于前期方案和初步设计之中，也成为高速铁路车站建筑结构行之有效的设计方法。建筑结构概念设计与精确规范的理论设计不同，它是一种带有经验总结性、非规范性的设计。概念设计不需要通过计算机或其他计算工具来进行严密精确的数据运算，而是以结构体系中的整体或个体之间的力学联系、结构的破坏机理以及工程经验等为依据的一种概念性的设计思想和设计原则，它主要是对建筑结构进行总体规划布置和宏观调控。

1)等强度与耗能原则

为了增强结构的抗震性，在整体结构中加强较为薄弱的环节，使结构成为一个良好的耗能系统。

2)强柱弱梁原则

考虑结构的破坏机制，使结构在强震下塑性铰首先发生在梁上，避免柱子被先破坏，增强结构的稳定性。

3)结构延性原则

“延性系数”是用于表示结构延性的重要指标，是结构的极限与屈从变化之比，比值越大，结构的延性越出色，各部件的延性越好，结构整体的延性也会越好。

结构概念设计的重要性就是构造出整体的建筑空间，并在概念模型中处理好各结构和构件的关系，并可能弥补一些无法实现的结构计算理论上的缺陷；结构概念设计也是设计思想的体现，有意识地运用总体概念指导结构设计，能有效构思、分析并选出较好的结构方案。综合运用掌握的结构概念，深刻了解各类结构的性能，设法找寻并选择造价最低、效果最好的建筑结构设计方案，正是建筑结构概念设计的核心所在。

2. 结构体系构成

高速铁路车站结构可以分为基础部分、主体结构部分和屋盖结构部分。地下部分主要是指地基和基础，根据不同的地质条件，可以选择相应的地基处理方法和基础形式，大型车站通常会结合城市地下空间、轨道交通车站等一体化建造。根据近年来高速铁路车站的大规模建设经验，站房主体结构需要满足旅客候乘方便、灵活的大空间需求，采用的结构体系主要有(预应力)钢筋混凝土框架结构体系、钢框架体系和钢混组合框架体系等。屋盖结构则以大跨度空间屋盖为主，大型站较多采用钢桁架、拱、网架、穹顶等结构形式。

我国大跨度空间结构的迅速发展为高速铁路车站的屋盖设计提供了更大的选择空间，一批造型优美、富于文化内涵，充分体现建筑功能与流线，内容与形式完美结合的高速铁路车站逐渐由蓝图付诸实施，早期的有：北京南站、武汉站、广州南站、上海虹桥站、成都东站、西安北站、兰州西站等；近期的有重庆西站、雄安站、清河站、北京朝阳站等。这些铁路客站的站房和雨棚屋盖体系大都采用了大跨度钢结构，多数站房主跨跨度为 64 m 或 72 m，武汉站单拱跨度达到了 116 m，可见大跨度结构在高速铁路车站设计和建设中得到了广泛的应用。

“桥建合一”是高速铁路车站建筑中的一种特殊结构形式，在一些特大型、大型站房设计中被采用。其作用是将铁路桥梁承轨层融入车站房屋结构之中进行一体化设计建造，由大尺度框架结构体系直接承受列车动荷载，替代铁路桥梁结构作用。这类站房自下而上的建筑功能，通常主要由地下层(接驳城市地铁)、地面层(出站厅、停车场、设备机房等)、承轨层(列车运营)、高架候车层与高架车道及落客平台、局部商业夹层、大跨屋面等组成，如图 5.1

所示。在结构设计中必须兼顾考虑动、静荷载的关系以及列车行驶引起的振动给建筑带来的影响，既要遵循建筑结构规范又要满足铁路桥梁规范的要求，在结构设计技术上颇为复杂，有诸多值得重点关注与分析处理的问题。

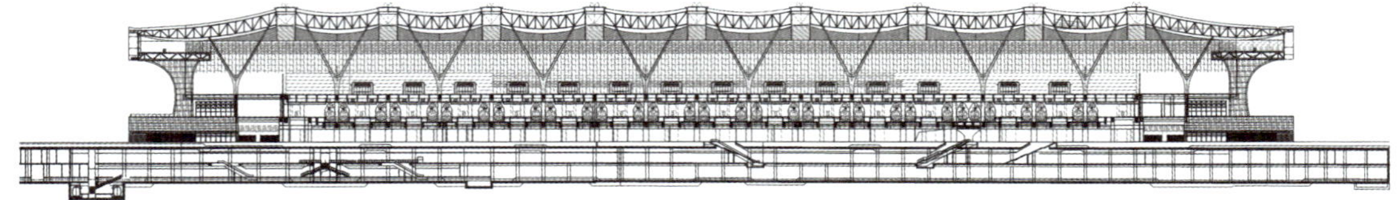

图 5.1 郑州南站“桥建合一”结构体系剖面

3. 结构的类型学意义

类型学在当代建筑学中是十分活跃的中心词汇之一，在当代西方思想中占有相当重要的位置，建筑上的类型学理论首先不在于具体的建筑设计操作，而是一种认识和思考的方式。将一个连续的、统一的系统做分类处理的方法用于建筑，因而产生了建筑类型学。从概念转换成形式的建筑创作过程中，如何确定形式的起点，实现从无形到有形的转换是关键的一步，它代表着建筑形态合理存在的最基本依据，也是落实结构建构方法所需要解决的首要问题。建筑类型学的相关理论研究正是侧重这一方面，能够把结构体系作为建筑形态创作的形式起点进行理论上的澄清。

类型学可以被简单定义为按照相同的形态架构对具有特性化的一组对象所进行描述的理论。在 19 世纪初，法国建筑师迪朗(J. N. L. Durand)从经济适用的角度出发，发展出一套视为建筑产品的类型系统，他将历史上建筑的基本结构部件和几何组合排列在一起，归纳成建筑形式的元素，建立了方案类型的图示体系，说明了建筑类型组合的原理，其中各种类型系统都以简化的结构系统来形成。与迪朗(J. N. L. Durand)同时期的建筑理论家德·昆西(Quatremere de Quincy)进一步深化了建筑类型学，通过区分类型与模型阐释了类型的概念，将类型视作为建筑形式的法则和构成原理，进一步发展应用到设计过程的形式变化上。20 世纪 60 年代意大利艺术史学家阿尔根(G. C. Argan)发掘并进一步拓展了德·昆西的类型学理论，阿尔根认为：“在比较、编排个别不同建筑形式，并进一步决定类型的过程中，个别建筑的构成特色荡然无存，留下的是一系列建筑共同拥有的组成元素，没有其他的东西。因此，类型可以用一个图形来表达，而这个图形是经过简化的过程得到的，它所代表的是一个整体，包括一个共同的基本形式以及衍生出来的各种变化。如果形式是这种简化过程的产物，那么这个基本形式就不能算是一个纯粹的机构骨架，只是一个内在的形式结构，或者是一个基本的原则，它本身潜藏这无限的形式变化，甚至对于类型本身依然可以作进一步的结构修正。”根据这一观点，系统、简要的类型正处于抽象的概念与具体的形式之间，实际上就是建筑形式所依托的形态架构，而类型图则可以用于车站设计的进一步发展与形式定位。此外，阿尔根提出把建筑类型进行等级化处理，他曾将一栋建筑分为三个类型等级：整栋建筑的轮廓与结构、建筑结构的主要材料、装潢材料，并认为这种等级的层次还可以增加，扩展到街道和城市空间系统以及建筑的局部，这让类型学方法在建筑设计的整个形式操作阶段都能发挥作用。在类型学方法的实际操作中，类型转变为具体形式的过程分为两个阶段。第一个阶段是类型发展阶段，经由简化过程说得来的类型图必须经过各种不同的方式来处理；处理后得到的是现有类型的新形态，在这个过程中会发生变形，其中包括旋转、移位、层次上的差异、形态互换等；当类型产生了种种变化后，类型图式也发生了组织结构上的改变，现存的类型就完全转换成新的类型。第二个阶段为形式定位阶段，经过处理的类型图，包括所有的类型等级，全部归属于设计者选定的建筑系统。于是，建筑空间组合形式上的处理，便拥有了属于自身的形式。

在基于结构因素的建筑形态创作中，对类型的特征描述与建筑形态的架构体系特征是相吻合的。结构体系是通过众多个别结构总结出来的一系列规则，体现出建筑内部受力平衡关系的基本几何图形，这种图形可以作为类型图式成为进一步形式操作的起点，因此结构体系可以被纳入类型学方法中，作为建筑创作的形态类型。另外，典型的结构体系还具有进一步变形的能力，可以发展出丰富多样的新形态类型，为具体建筑中的形式操作提供多样化的可能性。

5.1.2 车站形态结构设计逻辑

高速铁路车站基于受力结构逻辑的建筑形态创作中，结构作用机制代表着结构因素的介入方式，是开展进一步建筑空间形态设计操作的先决条件，并全方位影响建筑创作的过程，体现于结构技术应用、机电专业合作、建筑设计整合的所有层面。高速铁路车站建筑空间形态的生成受诸多因素的影响，把握建筑空间形态生成的整体逻辑架构，确定结构因素在其中的地位以及与其他制约因素之间的关系，在此基础上进行的结构作用机制研究才能更加符合高速铁路车站建筑的系统化要求。

1. 车站结构形态生成

结构主义理论认为：事物是各相关要素按照一定的相互关系形成的一个结构化体系，在这个体系中构成形态的要素本身不具有独立的意义，而意义只在结构关系中显现，关系重于结构内的独立成分，并且结构体系具有层级，上级结构是由下级结构的组织关系构成的。按照结构主义的观点，在建筑形态的结构化体系中，结构是形式的内含、是形式背后的支持；形式是结构的外显、是结构化的具体表现。

大量民用建筑主要为人服务，结构承载力主要以结构自重以及服务于人行活动相关的设备、家具等荷载为依据。传统的铁路车站站房建筑基本修建于铁路线侧或线端，与铁路站场分离，而仅仅通过天桥或地道等跨线设施连接站场，所以其作为民用建筑的一种类型，除了使用功能上的差异，结构受力状态与选型方式大致趋同。随着建造技术的提升，如今的高速铁路车站特别是大型车站，为进一步方便旅客集散，多采用铁路线上或线下设站的站房空间形式建造，铁路站场成为站房结构的组成部分与其紧密相连而合为一体。因此，高速铁路车站的空间结构形式需要满足民用建筑设计规范，更需要服务铁路车场，为旅客和列车同时提供结构体系的安全保障。高速铁路车站成为旅客与铁路机车共同的庇护空间，车站建筑结构也不局限于一般民用建筑范畴，更扩大为一个行人、机动车、铁路交通穿行其中的公共交通场所。如深圳北站的城市轻轨线位在空中穿越了站房建筑（图5.2），这一现象表明了现代交通建筑的概念正在逐步扩大，逾越了建筑仅仅为人使用的传统概念，而趋于更加开放、综合，并正在成长为城市基础设施的组成部分和公共交通设施的容器。

高速铁路车站的主要结构形态控制分为站房结构形态控制和站场站台及雨棚结构的尺度控制两大部分，也是构成车站建筑空间最为关键的结构技术设计内容。因此，通过对高速

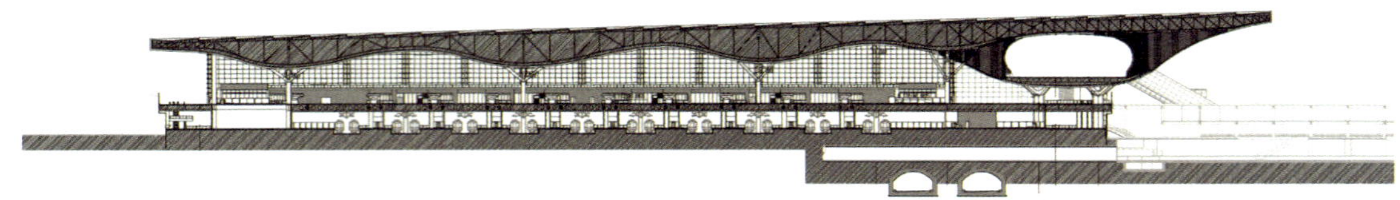

图 5.2 深圳北站剖面

铁路车站中旅客和列车活动行为的研究，确定不同功能空间的基本需求和组合方法，并借此生成车站建筑形态的结构关系。

2. 大跨度空间基本尺度

根据我国现行客运管理体系，大型车站最重要也是规模最大的空间是候车厅，从功能出发的高速铁路车站空间设计，显然是车站结构首要考虑的问题，无论是线下站房还是线上站房，空间规模、柱距及选型都会依据站场铁路运行的空间尺度需求形成适合的结构柱跨和结构分析，产生相应规模的车站空间。

1)跨轨结构尺度

多股道站场的线路及站台尺度是结构设计的先决条件，其中列车的断面限界尺寸是最基本的结构避让单元；列车安全运行的限界最大水平宽度为 3.9～4.0 m，线路间设柱基本间隙为 1.5～1.6 m，据此推演，两座中间站台(11～12 m 宽)中线夹两条到发线的宽度应为 20～21.5 m，构成了车站站房跨越铁路站场的基本结构跨度(如果有正线通过的 2 台夹 4 线则可在到发线与正线之间设柱，正线间一般不设柱)。21.5 m 跨距也可以基本满足预应力钢筋混凝土结构和钢结构的选型条件。早期跨轨结构柱设于站台中线位置，我国首次在北京南站尝试在线间立柱获得成功，实现在站台面无大截面结构柱的目标，使得站台旅客通行更加顺畅，实现了我国高速铁路车站“无站台柱雨棚”结构技术的创举，如图 5.3 所示。

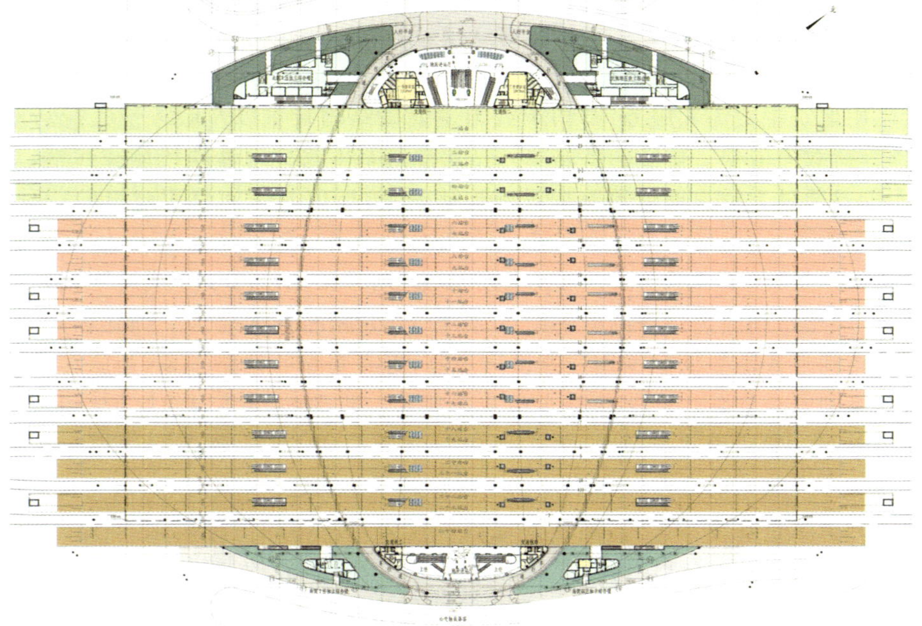

图 5.3 北京南站站台层平面

2)顺轨结构尺度

顺轨方向的最大结构跨距主要受制于穿越站场下方的城市轨道交通区间隧道或车站结构宽度以及线下出站结合城市通廊的空间尺度。由于一些新建高速铁路车站区域的城市轨道交通通常会在线路规划完成后滞后建造，因此，高速铁路车站在建设中必须做好地铁土建接口预留而不影响建设进度。根据轨道交通标准地下车站结构宽度或区间隧道盾构推进的基本宽度预留要求，顺轨方向需要预留地铁结构的站房柱跨为 24～30 m，同样可以满足预应力钢筋混凝土的最大跨度结构条件。顺轨方向展开的连续跨跨度并没有特别严格的制约因素，通常会在 18～24 m，一方面是基于经济性考虑，另一方面也要考虑多组进出站台的楼扶梯和无障碍电梯布置。

3)站台层结构高度

应满足列车在竖向空间的限界规定，轨面至接触网高度 7～8 m，轨面低于站台面约 1.25 m，候车厅楼地面结构高度约 1.5～2 m，除去楼板下方设备管线和检修马道，目前大型高速铁路车站的站台层层高一般在 10 m 以内，站台净空高度应在 6.5 m 以上，如图 5.4 所示。

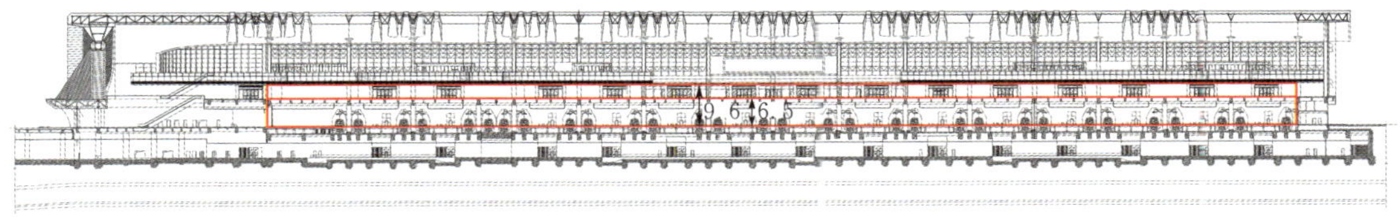

图 5.4 站台层结构高度示意(单位:m)

4)出站层结构高度

大多车站的出站层设在站场轨道站台层下方，形成“上进下出”的典型车站集散模式。前期高速铁路车站的高架站场通常采用铁路桥梁形式布置，柱距大，但桥墩柱截面尺寸也相应较大，墩柱截面尺寸一般在 3 m 以上，甚至 5～6 m，如武汉站等，往往形成较为笨重的空间形式，线下空间感受比较压抑。当代高速铁路车站将铁路桥梁结合站房结构一体化建造，采用钢筋混凝土框架结构整体受力取代桥式结构的线性受力方式，形成“桥建合一”的新型结构形式，使得线下空间结构构件截面大大缩小，柱截面在 1.8～2.4 m，最大柱跨距依然能够达到 24～30 m，大大改善了线下空间的开放度，甚至使一些线下候车厅也具有良好的候车空间环境，如雄安站等。由于线下整体结构的梁高较大，再加上机电设备管线敷设和检修的需要，通常线下出站空间按 5.5～6 m 净空高度计算，出站层层高大约 9～10 m(图 5.5)；而

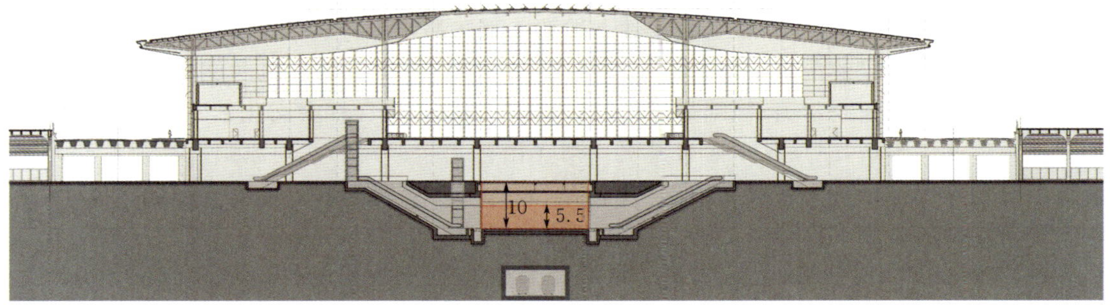

图 5.5 出站层高度示意(单位:m)

作为线下候车空间，净空高度会保持在 8 m 以上（图 5.6），这个高度又刚好可以分为两层，分别提供候车空间的配套设施和商业空间的分布。

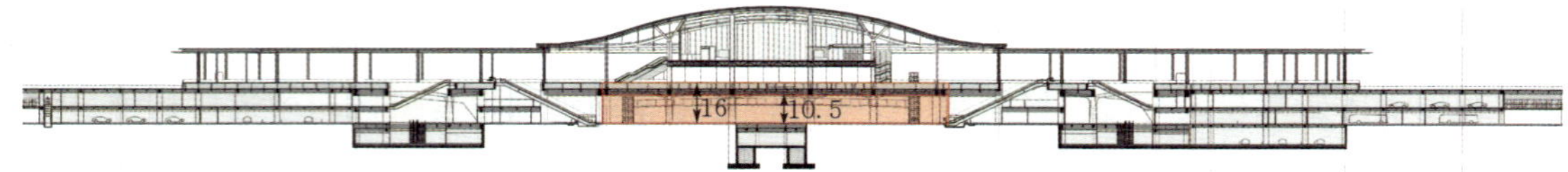

图 5.6 线下候车空间高度示意（单位：m）

5）线上候车层结构高度

线上候车空间也称为高架候车室，是人们常见的高速铁路车站主要的城市形象。结构技术的进步使现代化候车空间生成庞大的建筑体量。平面结构柱位依据下方站场布置，跨轨方向基本为 21.5 m，顺轨方向最大中跨为 64～72 m。空间高度的上限以防火规范为主要控制依据，需要满足多层民用建筑（不超过 24 m）的高度界定。交通行为方便，功能分布灵活，室内环境舒适，采光、通风条件良好是大跨度空间的主要空间特征。候车空间的高度不仅需要满足超大客运量的空间舒适度要求，同时还兼具高速铁路车站主站房造型的城市形态功能，并融入自然环境关系的需求。

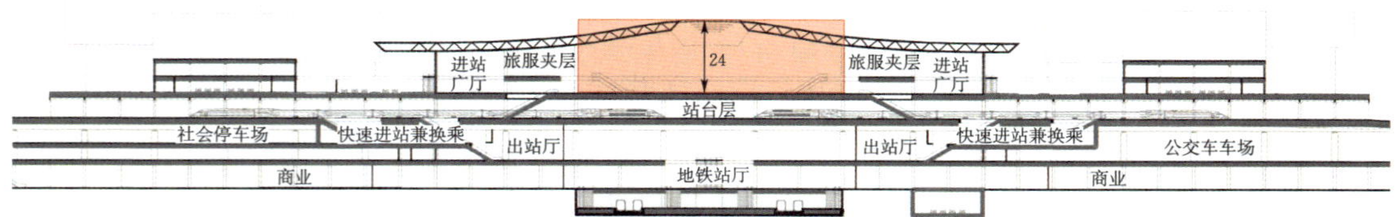

图 5.7 线上候车空间尺度示意（单位：m）

以上是我国大型高速铁路车站大空间结构形成的基本尺度依据，通常情况下车站建筑的整体结构由此确定。

3. 车站建筑形态与结构的关系

古罗马时期维特鲁威提出的建筑三要素："实用、坚固、美观"，以及我国 20 世纪 50 年代提出的基本建设方针："适用，在可能条件下注意美观"，都是对建筑基本要素的表述，沿用至今仍不失为建筑生成的最重要原则。"实用"或"适用"是结构服从建筑功能的原则，"坚固"是结构必须遵循的原则，"美观"则是时代公众审美的原则，包含社会文化艺术发展的精神价值取向。广义的理解，三项基本要素是对一切实用艺术品评判的共同原则。高速铁路车站建筑与结构高度契合的关系成为建筑空间形态表达不可或缺的两个方面。一般意义上，结构是建筑形成的必备支撑体系，是建筑物构成的首要条件，结构系统本身的受力逻辑是独立存在的，在结构应用的层面上以技术手段满足建筑基本使用功能仅仅是结构设计的普遍意义。

1)结构辅助建筑语义的表达

高速铁路车站建筑的总体形态由建筑物的结构骨架产生而并非由视觉审美因素决定。在这种关系中，对建筑形态的处理很少从视觉角度出发，而只是对结构作一些可视化调整，通过适度的修饰来体现建筑形式，而所产生的建筑形式背后是由建筑语义所呈现的文化含义。如将结构立柱加粗或用石材包裹，以表达建筑形态的稳重；将梁身彩纹描绘或雕花浮刻，以体现建筑之精美，其目的都是围绕由建筑设计导向精神意义而辅助成形。在结构构件的装饰上表现如此，更多的是在建筑整体形态上的反映。目前我国大多省会城市的高速铁路车站在设计之初，往往会在满足交通功能的前提下，结合本地区的城市风貌特色、自然地域环境以及历史文化传承进行建筑创作，赋予鲜明的地标特征，展现当代高速铁路车站的人文主义精神表征。

如大连北站的造型是象征城市文化精神的高速铁路车站代表作品，车站建筑形态以"海上漂浮的巨石"寓意北方城市的滨海文化和刚劲性格，诗意、浪漫且刚柔并济，如图 5.8 所示；长沙南站设计造型体现湖南"山水洲城"的地域特色，融入了潇湘文化，将山峦的起伏曲线提炼为站房造型，将水的波浪提炼为站台雨棚的形式，形成了"三湘四水"曲线，如图 5.9 所示。

图 5.8　大连北站

图 5.9　长沙南站

在这些以文化主题为形态塑造基础的设计过程中，车站建筑形式围绕主题构想展开，而结构设计技术的作用则是以辅助建筑空间造型隐匿其中，配合完成。虽然车站最终呈现的空间形态并没有特别清晰地展现结构体系参与形态构成的特征，但从整体结构协同逻辑上依然保持了结构的合理性。

2)结构自身形态语义的表达

近代以来，特别是钢铁和钢筋混凝土材料的出现和广泛应用，使得结构技术到了长足发展。首先是在以铁路桥梁为代表的工程结构中大量应用，之后也出现在一些临时性或实用功能较强的大空间建筑中，如 1851 年伦敦世博会展馆水晶宫(图 5.10)，1889 年巴黎世博会的机械馆(图 5.11)，以及以圣潘克拉斯火车站为代表的一批车站雨棚(图 5.12)。它们都是结构直接作为建筑形式表达的实例。20 世纪初，现代主义建筑开始进一步关注通过形态直接表达结构构件本体和结构构型的逻辑，裸露结构的造型作用重新出现在西方的主流建筑中。经过可视化调整的裸露结构构件构成了建筑空间形态上的重要视觉因素，如西班牙建筑师圣地亚哥·卡拉特拉瓦(Santiago Calatrava)设计的一系列交通建筑(图 5.13～图 5.15)，运用仿生学的结构构成逻辑，几乎让一切可见的建筑形态都由结构构件构成，形成结构自身的形态语义表达建筑形态设计意象，并在结构受力逻辑上、技术上也是完全合理的。

图 5.10 伦敦世博会水晶宫

图 5.11 巴黎世博会机械馆

图 5.12 圣潘克勒斯火车站

图 5.13 里斯本中央火车站

图 5.14 里昂站

图 5.15 世贸中心站

19 世纪末，钢筋混凝土结构技术取得了突破性进展，大跨度建筑也随之进入了新的发展期。钢筋混凝土相比砖石结构材料有更多的优势，主要在于它不仅能抵抗压力，还具有抵抗拉力和弯矩的能力。因此，由钢筋混凝土制成的整体受压模式结构可以更加轻薄，跨度也可以更大。钢筋混凝土的另一个优势在于它的可塑性更加便于工业化制造，钢筋混凝土大梁的改进型截面，可以形成中间具有空腔的桁架结构形式，大大增加了结构对局部荷载所产生弯矩的抵抗能力。

由美国建筑师埃罗·沙里宁(Eero Saarinen)设计，于 1962 年竣工的美国纽约肯尼迪国际机场第五号航站楼，以完全裸露双向受力的钢筋混凝土薄壳结构形态勾勒出一只展翅欲飞的大鸟，赋予了飞行的寓意，如图 5.16 所示。位于天津市红桥区的天津西站，站场规模为

13台26线,“上进下出”站型。设计以圆拱和放射状百叶的形象表现光芒四射,象征天津城市发展的美好前景和光辉未来;57 m高面向广场的半圆形编织网状的钢拱结构和下部简洁的方钢柱前廊结合,直接作为建筑形态语言,展现了具有韵律感的空间效果,暴露的H形和I形钢结构构件的尺度经过精心设计表达建筑空间形态的文化内涵,而并非仅出于结构工程受力逻辑的考虑。车站建筑通过表面肌理的处理,显得丰富而细腻,成为天津市地标式交通建筑,如图5.17所示。

图5.16　肯尼迪机场航站楼

图5.17　天津西站

此外还有我国的青岛北站等高速铁路车站(图5.18),都以外露结构本体的建构技术逻辑,有力的结构语言、语义,剥离传统意义上结构外表面无谓的装饰包裹,展现建筑空间形态设计理念和意象。

但值得注意的是一些所谓“高技派”建筑形态的出现,其结构形式的应用和表达完全由视觉因素引发而脱离了技术因素,因此建筑的结构性能用受力逻辑和技术标准来衡量往往不太理想,甚至有些外露的“结构”形式已丧失了应有的结构功能,成为技术符号的极端倾向。

图5.18　青岛北站

3)建筑与结构整体性综合表达

在建筑设计中,对美学方面的追求是多种多样的,一些建筑的形式与结构不存在直接联系,结构的特征未必都在形式表现的范围内。建筑与结构相辅相成的整体设计表现,近年来成为建筑创作的趋势。在多数情况下,高速铁路车站建筑的形态是在应用某种结构体系的基础上发展出来的,车站建筑并不是为了纯粹的结构表现,而是紧密结合结构上合理的构件设置,并且将结构的特征与建筑的美学相融合,使得结构形态成为建筑形态视觉特征的重要组成部分,成就了建筑空间之美。

成都东站的主站房造型形态的设计灵感来源于三星堆遗址出土文物,两个被放大的“三星堆”青铜面具,夸张地构成了建筑正面的支撑立柱,独特、舒展、张扬的屋檐,形似太阳神鸟归来,设计中还融入了川西风格的竹编幕墙,以及展现汉蜀文化特色的宫阙和雕刻,如图5.19所示。随州南站是湖北境内重要的旅游目的地车站,车站游客中心的专线车直达“千年银杏谷”地区的著名领域景点。车站将“银杏树下”的意境融入其中,将主入口单元式结构前廊柱式的分叉形式辅以适当的材料和色彩的装饰,转译为片片银杏树叶,并一直向车站内延伸成为构成整体空间的最重要元素,如图5.20所示,高速铁路车站因此成为地区文化的象征,并为旅客创造了别致的旅行体验。这类具有强烈识别度的车站建筑形态虽然并不全然由实际的受力结构直接表达，但其巧妙的装饰与结构融合的设计方法，成就了建筑形态意象的生动展现，寓意深远。

图 5.19 成都东站

图 5.20 随州南站

高速铁路车站的建筑概念是多义的：是文化的象征，是气候的调节器，是活动的容器……，这些都是对车站建筑概念化、抽象化的阐释，具有认识论层面的意义。在由概念转换成车站建筑形式的设计过程中，基本要素和性质都是相对稳定的，在特定条件下的车站建筑形态还受到特定的功能、技术、经济、文化、自然等诸多因素的制约，分离建筑与结构语义去表达形式的内涵是偏颇的。

由概念形成与制约因素相结合到形态生成，是建筑设计中从抽象到具体、从概念到形式的必由之路，也是产生丰富多彩建筑形式的基础。在我国大量高速铁路车站设计建设的实践中，运用建筑与结构紧密关联的空间形态表现手段，以不同的设计方式在不同的空间位置应对不同的功能需求，努力寻找、发现最为契合的形态表达途径，而不刻意追求某种强烈或特定的设计手段，可收获良好的效果，并且也在持续的研究中逐渐成熟。客观上，高速铁路车站的本质意义是服务社会的公共交通建筑，并正在逐步增强其综合功能，演变为城市公共活动场所，但根本功能必然是以解决复杂的交通问题以及对围绕交通行为的相关社会活动的关注为宗旨。因此，高速铁路车站建筑与结构共同协作是以创造多样化、丰富性的城市综合交通空间场所为最终目的。

4. 结构的逻辑与成就建筑表现

高速铁路车站建筑形态的结构作用机制也体现在专业合作层面上。由车站建筑的复杂性与系统性所决定，建筑设计需要通过多个专业的合作来共同完成，其中建筑与结构的合作对确定建筑形态的影响最为显著，并且建筑与结构之间的合作关系总是表现出多种方式，且影响着建筑形态与结构的关系，决定着建筑形态与结构的紧密程度。

“大跨度、无柱空间”是大型公共建筑设计执着追求的目标和理念。古罗马时代建筑师利用石块和砖木等建筑材料，采用拱券和穹窿结构建造了大量造型各异的适合人们从事祈祷、集会活动的无柱空间建筑，如意大利罗马万神庙、西班牙巴塞罗那圣家族大教堂等。整体的室内外建筑构型能最大限度地发挥块石和砖优异的抗压性能，有效消除或减小砖石类结构材料承受弯矩能力较差的不利影响，使得重力荷载在拱券结构中形成压力流，如：建筑的曲面造型就是结构的力流路线。换句话说，为最有效传递力流而构建的结构构架也应是实现建筑造型的最佳选择方案。

近年来仿生学也被建筑师应用到高速铁路车站的建筑设计中，如郑州南站(图 5.21)方案设计时，从当地出土文物——“莲鹤方壶”中提取了鹤型文化元素应用于车站造型结构柱和天花吊顶，结构设计充分利用这一建筑造型构想，布置了屋盖支撑柱和立面大悬挑斜撑结构，在有效解决传力结构的同时构建了建筑立面造型所需的骨架。重庆东站综合交通中心(图 5.22)东侧站房将进站广厅中一排支撑屋盖的结构柱设计成树型柱，扩大的柱头既有利于广厅大跨度屋盖的传力，又体现了当地特有的植物——黄桷树在站房中的地域性特征展示，结构成就了建筑形态生成。

图 5.21　郑州南站

图 5.22　重庆东站

5.2　车站结构设计

5.2.1　车站空间结构体系及特征

1. 车站结构体系的发展

自 1825 年英国人修建了世界上第一条铁路起，火车站建筑开始走进了城市。初期的铁路客站建筑非常简单且功能单一，一般只是在铁路的铁轨上加上一个站台雨棚为乘客遮风挡雨，基本上没有刻意设计的空间形式和艺术特征。随后在英国利物浦建成的一些铁路车站成为该阶段车站的代表，以站台为客运功能主体是十九世纪三四十年代铁路车站的最大特征。

1888 年底，我国自办铁路中的第一座客站——天津老龙头火车站(图 5.23)动工建设，是我国铁路客站建设发展的开端。这个时期建造的火车站房规模和建筑面积均较小，一般都采用砖石结构或砖木(钢木)结构体系，适用于小开间、小柱网的火车站建筑。

图 5.23　天津老龙头火车站

新中国成立后，我国铁路建设取得了长足的发展。这一时期，我国新建和改建了北京站、广州站、南京站等一大批铁路客站。站房建筑设计大多借鉴了苏联铁路客站模式，多采用对称、高大、庄严的建筑形象，其典型代表为 1959 年建成的北京站。这个时期火车是人们交通出行的第一选择，人们对火车出行的旺盛需求和当时火车站普遍站房规模偏小的矛盾日益突出，已成为当时社会经济建设的制约因素。因此，这一时期建造的火车站房其规模和建筑面积有了较大的提高，并且为适应当时人们第一交通出行的需求，站房普遍采用了局部大柱网、大层高与常规柱网组合的建筑平面，增加了旅客的候车面积和空间舒适度。车站结构也是采用与当时社会经济发展相适应的钢筋混凝土结构或钢筋混凝土与钢结构组合的结构体系。

20 世纪 80 年代以后，随着我国改革开放和经济建设的快速发展，铁路建设也充分学习和借鉴了发达国家的新理念、新技术，先后建成了上海新客站、北京西客站、杭州站等。这一时期建设的铁路客站的一个显著特征是采用了高架候车模式，使得铁路线路两侧双向进站成为可能，极大地方便了旅客进站候车。这一时期的火车站房由于建筑大柱网的普遍使用，站房结构一般都采用钢筋混凝土结构、预应力钢筋混凝土、钢梁或钢桁架等钢结构组合的结构体系。

进入 21 世纪以后，我国开始加快铁路建设，高速铁路建设也从学习、借鉴外国铁路建设技术到自主创新研发具有完全知识产权的新一代高速铁路技术，站房建设也充分体现了“以人为本”的车站建设理念，建设了一大批规模宏大、造型新颖、功能齐全的高速铁路车站，如北京南站、武汉站、广州南站、上海虹桥站、福州南站、郑州东站、兰州西站(图 5.24)、重庆西站(图 5.25)等以车站为核心的大型高速铁路枢纽。伴随着这些造型新颖的车站建筑的实施，高速铁路车站的结构技术也发生了迅猛发展和提升。结构新材料、新技术发展迅速，C60～C80 高强混凝土，HRB400、HRB500 高强钢筋等新材料在高速铁路站房结构中广泛使用。各种新型结构如张拉结构、网壳结构、仿生结构等被广泛应用到大型车站建筑的屋盖和站台雨棚结构中。

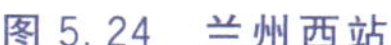

图 5.24 兰州西站

图 5.25 重庆西站

现在，我国高速铁路建设进入了新时期，特别对新建的大型高速铁路车站，无论是建筑的外观造型还是内部的结构柱网布置、空间高度等，均提出了更高的要求。因此，结构也在不断适应这种发展趋势和建设功能的要求，突破传统设计理念，寻求技术先进、经济合理、安全可靠的设计方法，接受挑战，创造更合理、新颖、精巧、美观的新结构体系，力求达到结构体系与建筑空间形态的完美和谐与统一。

2. 车站结构选型

1)站房主体结构

为满足车站公共空间的自由分隔使用，高速铁路车站建筑主体一般均采用现浇钢筋混凝土框架结构体系。站房的售票厅，候车厅及进、出站厅等公共区域人流量大，人群密集，建筑平面一般要求采用大柱网，柱网尺寸一般为 12 m×(18～30) m(个别甚至达到 34 m 或 40 m 以上)。普通的钢筋混凝土结构方案完全不能适用，目前常用的结构体系有预应力钢筋混凝土结构、型钢混凝土结构和钢结构等。

(1)预应力混凝土结构

预应力混凝土结构适用于柱网跨度在 10～24 m，其最大的优点是梁截面相对较小，施工简单，造价低。预应力混凝土主梁截面按跨度不同可取 600 mm×1 400 mm～1 000 mm×2 000 mm。

预应力混凝土结构在工程应用中也存在一些具体的问题和缺陷，如预应力筋在梁柱端部的锚固节点施工处理比较复杂，特别是与型钢混凝土柱的连接节点处理更复杂；预应力梁上开洞对受力影响较大，限制条件较严格，对设备管线的布置带来一定的困难；因施工工艺要求需待梁的混凝土强度达到设计要求后才能进行预应力筋的张拉施工，施工周期相较普通混凝土结构会增加 1～1.5 个月。

(2)型钢混凝土结构

型钢混凝土结构是指在混凝土中配置型钢，并配有一定的横向箍筋及纵向受力钢筋的结构，是钢与混凝土组合结构的一种主要形式。根据不同的配钢形式，型钢混凝土结构可以分为实腹式型钢混凝土和空腹式型钢混凝土两大类。目前在抗震结构中多采用实腹式型钢混凝土构件。

试验表明，型钢混凝土组合结构在低周反复荷载作用下具有良好的滞回特性和耗能能力。型钢、钢筋和混凝土共同工作使型钢混凝土结构具备了比传统的钢筋混凝土结构承载力大、刚度大、抗震性能好的优点；与钢结构相比，具有防火性能好、结构局部和整体稳定性好、节省钢材等优点。其结构受力性能和适用范围优于预应力混凝土结构，型钢混凝土结构适用于柱网跨度在 15～30 m，如图 5.26、图 5.27 所示。

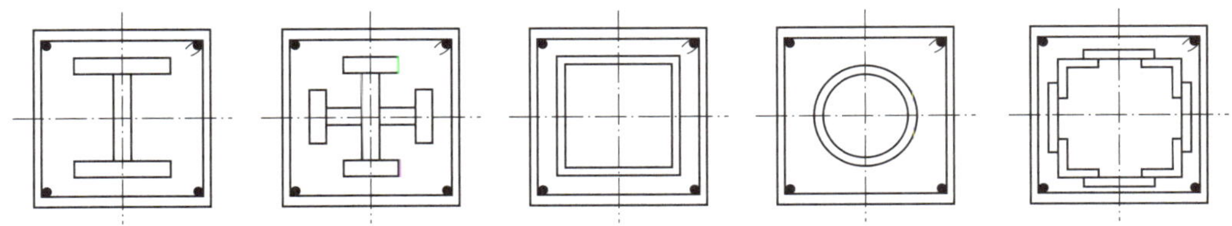

图 5.26 型钢混凝土柱截面示意图

图 5.27 型钢混凝土梁柱节点

由于型钢混凝土组合结构在施工时周边框架钢梁和楼面梁首先与柱内的型钢进行连接，然后绑扎钢筋，再支设模板并浇筑混凝土，施工工序比较复杂，另外框架梁柱节点区钢筋密集，构造复杂，箍筋贯穿型钢或焊接均很困难，在节点设计和施工时需尤其注意。

(3)钢结构

钢结构具有自重轻、刚度大、施工快捷的特点，比较适用于大跨度结构，其最大缺点在于造价相对较高。

(4)混合结构

由于现代高速铁路车站是集多种交通、物流、商业等功能于一体的交通综合体，站房结构往往采用混凝土结构、预应力混凝土结构、型钢混凝土和钢结构等多种结构形式于一体的混合结构体系。

2)桥梁结构

《高速铁路设计规范》规定，高速铁路车站高架站房结构宜与高速铁路正线桥梁结构分离。即当高架站房中车场的正线通过列车的设计运营速度在 160 km/h 及以上时，正线承轨层结构应采用梁式桥结构，梁体结构的截面选型和构造要求按桥梁结构规定设计。正线梁体结构的变形、变位和自振频率等均应符合《铁路桥涵设计规范》的相关规定。

目前大型高速铁路高架站房多采用桥梁与站房结构共建的“桥建合一”结构形式。高架铁路站房结构与铁路桥梁结构形成“桥建合一”结构体系时，桥梁的柱、梁构件截面尺寸可按站房的框架结构取值，相较于普通的桥梁构件截面尺寸会大为优化，对于承轨层通常采用的柱网(20～22) m×(20～30) m，其高架车场的柱截面一般可取 2 000 mm×2 000 mm～2 600 mm×2 600 mm，高架车场的承轨层楼面梁截面一般可取 600 mm×1 800 mm～1 200 mm×2 400 mm。

高架铁路站房结构与铁路桥梁结构形成“桥建合一”结构体系时，承轨层及以下部位结构设计应同时满足铁路桥梁和民用建筑相关设计标准的要求，上部结构应满足民用建筑相关设计标准的要求。抗震设防烈度 8 度及以上地区的“桥建合一”结构体系的承轨层梁、柱构件尚应进行抗震性能化设计。

高速铁路车站高架站房的主体结构和使用期间不可更换的结构构件，应按设计使用年限 100 年的要求进行耐久性设计。特大型车站结构尚宜进行整体结构健康监测，以实时监测和了解站房结构在使用期间、突发灾害时或灾害后关键构件的受力状态和受力性能的变化情况。

5.2.2 大跨度屋盖结构技术

空间结构是一种具有三维空间形体且在荷载作业下具有三维受力特性的结构。相对平面结构而言，空间结构具有受力合理、重量轻、造价低以及结构形式多样等优点，广泛应用于大型车站、航站楼等交通建筑以及体育馆、会展等公共建筑的大跨度屋盖结构中。

1. 大跨度空间结构特征

1)结构形式的灵活多变

结构形式的多样化是空间结构最突出的优点之一。空间结构以其丰富的外形来满足使用功能与建筑造型的要求，如澳大利亚悉尼歌剧院类似贝壳的壳体屋盖至今还是空间结构优异形式的典范。对于壳体的几种基本形式，如果加以剪裁、切割或组合，就可以完全改变原来的面貌，而在以杆件组成的网壳上实现也十分方便。对于空间结构形式的变化，一方面是建筑功能的需要，另一方面在技术上也能实现，因此世界各国正以极大的热情进行互相学习与应用，充满发展潜力，使空间结构的造型更加灵活多变、更趋丰富多彩。

2)杂交结构的兴起

杂交结构是指不同类型结构的组合而形成的一种新的结构体系，以有别于采用不同材料而组成的“组合”结构(如型钢混凝土结构)。杂交结构的优点是充分利用某种类型结构的长处来避免或抵消另一种与之组合结构的短处，从而改进了整个结构体系的受力性能。横向加劲单曲悬索结构就是一种桁架与单向索组合而成的杂交结构体系。一般单曲悬索的刚度都比较差，尤其在不对称荷载下易发生机构性位移。如果将作为横向加劲构件的桁架与索垂直相交并设置于索之上，然后对桁架端部的支座下压、产生强迫位移使结构建立预应力，这样就大大增加了屋盖结构的刚度，在抵抗不均匀荷载时，桁架也能有效地分担和传递荷载。因此，在整个结构体系中，柔性的索可以充分发挥其高强度钢材的作用来承受主荷载，而刚度则通过组合具有抗弯刚度的桁架得到改善。在建筑物中有时出于造型或功能的需求，要求在中间部分凸起，为此设置了类似拱、刚架或斜拉索的支承结构，并与网架或悬索结构组成一种杂交结构。杂交结构是一项新课题，有待于进一步探索与实践。

3)高强轻质材料的发展

空间结构采用的材料多种多样，如钢、混凝土、铝、木、塑料等。近年来，还开发与应用了人工合成材料，不但强度高，重量也更轻。特别是由某种纤维与结合物组成的复合材料，性能更佳。最常见的是玻璃丝增强树酯(俗称玻璃钢)、碳纤维。复合材料最大的优点是重量轻，因而单位密度的强度指标都很优越，如碳纤维或阿拉密德的抗拉强度是钢丝的四倍，目前复合材料已成功地用在修建连续体的壳体与折板上。它也可以用来制作索、棒与管。另一种高强轻质材料是建筑织物，它的出现使膜结构步入永久性建筑的行列。建筑织物需要一个强度较高的基材，目前常用的有聚酯和玻璃纤维织物，表面涂敷防护性能好的涂层如聚氯乙烯、聚四氟乙烯或有机硅树酯等。这种新型材料不但能承重而且起围护作用，它最大的优点是重量特轻，使结构自重发生了革命性的变化，此外在耐久、防火、自洁、透光方面都具有良好的性能。

4)空间结构应用范围的扩展

近年来，空间结构是建筑结构中最为重要、也是最活跃的发展领域之一。从网架、网壳到膜结构，从天然材料到人工合成材料，从静力到动力、从线性到非线性的计算分析等各方面都有了长足的发展。在原有的体系上，设计或施工都在走向成熟，并孕育着更大的空间结构应用范围。无论是从静态扩展到动态(即要求覆盖的结构是可开可闭或是可拆卸的)，还是从大型结构到巨型结构(即跨度从一二百米发展到上千米、覆盖面积达几平方千米)等理想建筑空间的诉求，当代空间结构设计都在为他们的实现提供可行性保障和新的实现方法。

2. 站房屋盖结构选型

高速铁路车站的候车厅是承接旅客集散最主要的公共空间，根据大客流量集聚的空间功能需求，采用大柱网、大空间的建筑布局，为旅客创造宽敞、舒适的候车环境。大型高架车站候车厅的建筑柱网结合铁路站场线间立柱的要求，跨度一般设定为(21～42)m×(18～72)m，站房屋盖一般采用空间钢结构。

空间结构通常按形式可分为五大类，即薄壳结构、网架结构、网壳结构、悬索结构和膜结构。而董石麟院士提出了按空间结构的基本单元进行划分，采用按板壳单元、梁单元、杆单元、索单元和膜单元来分类的方法(图 5.28)，避免了按传统分类方法的局限性且包含了可能出现的新型空间结构形式。

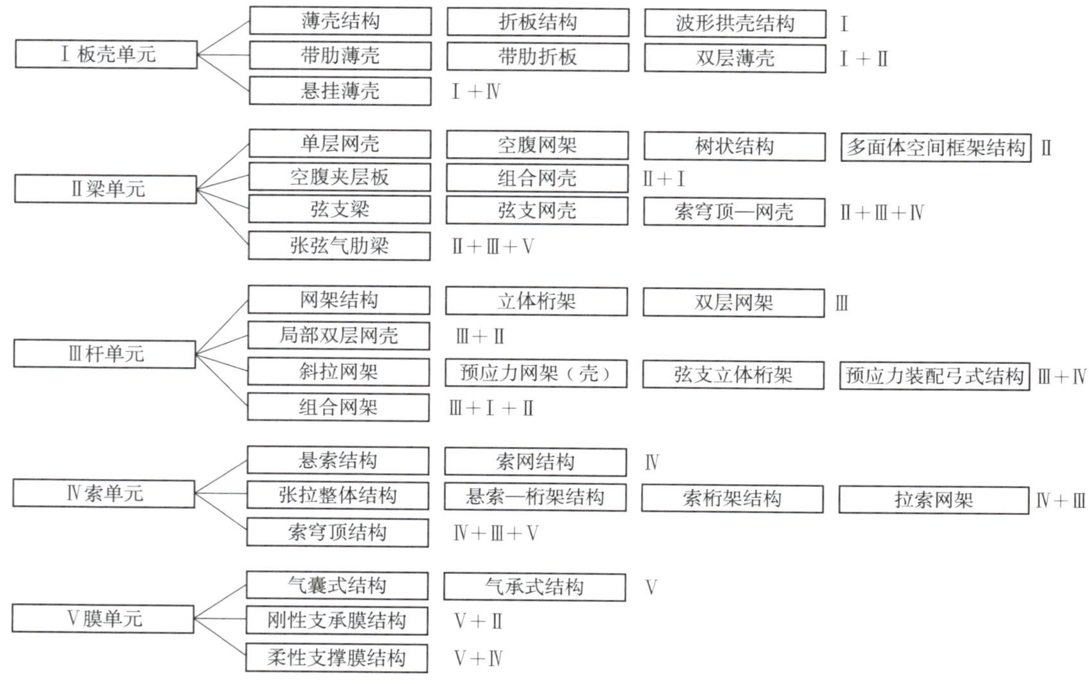

图 5.28 按构件单元分类的空间结构体系示意

结构体系选型建立在结构专业充分理解车站使用功能和建筑设计意图之上，使得结构体系选型和结构布置能与建筑形态和建筑空间效果完美结合，实现“结构成就建筑之美”的最终目标。

葡萄牙里斯本的东方车站(图 5.29)采用非常实用的矩形平面布局，将各种交通方式集于一体。由钢和玻璃构成的“树”按 17 m 的网格布置，钢结构构成的树状雨棚柱和由玻璃构成的雨棚屋面就像一片气势雄伟的森林。

1)站房屋盖钢结构选型

根据建筑造型设计和结构受力特点，站房屋盖钢结构体系主要分两类，一是刚性结构体系，包括桁架(如兰州西站)、实腹梁(刚架，如宁波站)、网架(如南京南站)、网壳(如天津西站)等；二是杂交结构体系，包括斜拉结构(如南京站)、弦支结构(如大连北站)等。国内大型高速铁路车站站房屋盖钢结构体系应用见表 5.1。

图 5.29 葡萄牙里斯本东方车站

表 5.1 国内大型高速铁路车站站房屋盖钢结构体系应用一览

高速铁路站房	站 型	屋盖结构体系	备 注
兰州西站	线上式,高架站房	钢管混凝土柱+正交立体桁架	桁架结构
重庆西站	线上式,高架站房	钢管混凝土柱+正交立体桁架	
郑州南站	线上式,高架站房	Y形分叉柱+正交立体桁架	
宁 波 站	线上式,高架站房	钢管混凝土柱+实腹钢梁	实 腹 梁
青岛北站	线上式,高架站房	人字形斜拱+实腹钢梁	
南京南站	线上式,高架站房	钢管混凝土柱+正放四角锥网架	网架结构
长沙南站	线上式,高架站房	两级分叉树状柱+曲面形网架	
天津西站	线上式,高架站房	联方型单层柱面网壳	网壳结构
大连北站	线上式,高架站房	钢管混凝土柱+张弦桁架	弦支结构
福州南站	线侧式站房	钢管混凝土柱+张弦桁架	

2)站台雨棚钢结构选型

我国大型高速铁路车站的雨棚均采用无站台柱雨棚,因站台无柱,极大地方便了旅客的使用,且通透性好、视野开阔、建筑效果佳。

雨棚屋盖结构体系主要分为两类,一是刚性结构体系,包括桁架、实腹梁(如合肥西站)、网壳(如郑州南站)等;二是杂交结构体系,包括斜拉结构(如青岛北站)、弦支结构(如福州南站)等。雨棚结构从建筑功能和形态上分析,更适合采用多跨连续桁架、连续弦支结构或连续实腹梁结构。因车站站台雨棚为全开敞结构,风荷载体型系数复杂,负风压(风吸)较大且存在变化可能,属于风敏感结构,要重视风作用响应分析,特别是位于沿海地区高速铁路客站的金属屋面,宜通过风揭试验验证屋盖结构的抗风揭能力和设计构造措施的合理性。国内大型高速铁路车站雨棚钢结构体系应用见表 5.2。

表 5.2 国内大型高速铁路车站雨棚钢结构体系应用一览

高速铁路站房	站 型	屋盖结构体系	备 注
杭州东站	线上式,高架站房	立体桁架	桁架结构
大连北站	线上式,高架站房	钢柱+正交立体桁架	
郑州东站	线上式,高架站房	分叉柱+正交平面桁架	
合肥西站	线上式,高架站房	钢柱+实腹钢梁	实 腹 梁
长沙南站	线上式,高架站房	两级分叉树状柱+正交实腹钢梁	
武 汉 站	线上式,高架站房	钢拱+V形支撑+正交正放双层网壳	网壳结构
青岛北站	线上式,高架站房	斜拉桁架	斜拉结构
北京北站	线上式,高架站房	钢柱+张弦桁架	弦支结构
福州南站	线侧式站房	钢柱+张弦梁	

对大型高架车站的雨棚结构，特别是正线两侧的雨棚结构，进行结构抗连续倒塌的计算分析和研究是非常必要的。我国目前的建筑结构设计规范对结构抗连续倒塌能力（鲁棒性）的规定还比较缺乏，设计时的可操作性和指导性较弱。在目前诸多的结构抗连续倒塌设计计算分析方法中，构件移除法（即备用荷载路径法）是比较实用的分析和设计方法。

3. 结构分析方法

对大跨度屋盖钢结构应分别按单独模型和整体模型进行计算分析，以整体模型计算结果为主，单独模型计算结果作为对比，互相校核验证，可更准确反映地震作用和温度作用下钢屋盖的变形、内力、支座反力等。抗震计算时，应计入多向地震作用效应，并对定义的各关键杆件及关键节点进行抗震性能分析，同时在抗震构造上采取相应的加强措施。

计算分析模型在计入屋盖结构与下部结构的协同作用时，需确保屋盖与主要支承部位的连接假定应与构造相符。考虑上下部结构协同工作的最合理方法是按整体结构模型进行建模计算，可更准确地反映大跨空间钢结构在静力、温度、风和地震等荷载作用下的受力性能及变形情况。当下部结构刚度较上部大跨空间钢结构刚度大很多时，也可对上部钢结构进行单独建模分析，并将其计算结果作为补充及校核验证。

1）独立模型

分析模型仅包括屋盖钢结构部分，考虑下部楼层混凝土结构刚度较上部大跨空间钢结构的刚度大很多，支座按钢柱底固接于下部混凝土楼层进行模拟，钢结构阻尼比按 0.02 取值。

2）整体模型

分析模型包含屋盖钢结构和下部混凝土楼层结构进行整体建模，支座按柱底固接于基础进行模拟，整体模型阻尼比按各自材料的阻尼比（钢结构：0.02，混凝土结构：0.05）分别取值。

结合模型特点及分析内容选用合适的计算软件进行计算分析，常用的通用设计软件有 SAP2000、3D3S、MIDAS/GEN 等，有限元分析软件有 ANSYS、ABAQUS、MIDAS/FEA 等。

4. 典型屋盖空间结构案例

1）大跨度组合拱结构

重庆西站站房屋盖横轨方向 450 m，顺轨方向 180 m，整体向呈弧形，矢高 7 m（图 5.30、图 5.31）。站房屋盖采用“钢管混凝土柱＋管桁架＋箱型梁”结构体系。

图 5.30 建筑鸟瞰图

图 5.31 室内实景图

主站房立面采用组合拱结构形式适应建筑造型，是目前我国高速铁路车站中跨度最大的组合拱结构。结构根据建筑形态在上、下建筑非透明区分别设置四边形弧拱桁架，利用撑杆连接上、下拱形成组合拱。组合拱的上拱跨度 192 m，矢跨比 1∶10，拱两端桁架高度为 15.5 m，跨中桁架结构高度为 3.7 m；下拱跨度 108 m，矢跨比 1∶7，拱两端桁架高度为 7 m，跨中桁架结构高度为 2.4 m。上、下拱通过斜撑连接，拱脚支撑在下部站房混凝土柱顶，并通过下部"预应力混凝土梁＋V 形防屈曲支撑＋预应力结构楼板"的传力体系解决了拱脚处产生的水平推力，如图 5.32、图 5.33 所示。

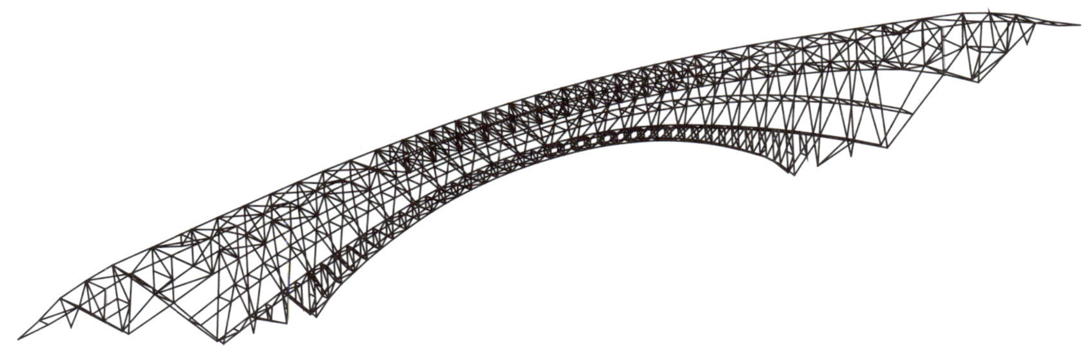

图 5.32 立面组合拱的建筑一体化设计示意

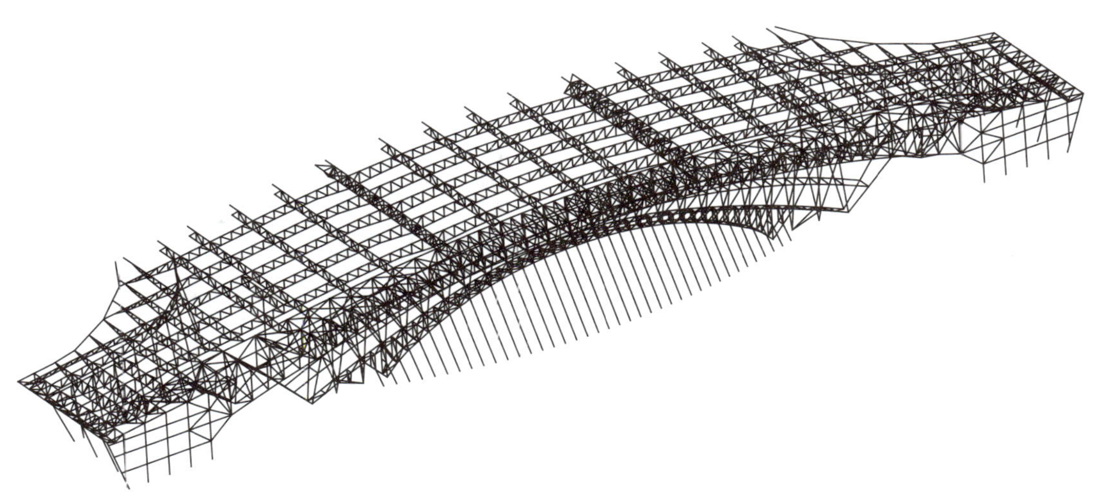

图 5.33 立面组合拱结构模型示意

2)单层网壳结构与 ETFE 膜体系

天津滨海站(于家堡站)站房屋盖采用单层网壳钢结构体系。屋盖长向跨度为 143 m，短向跨度为 81 m，矢高 25 m，内部无柱，为目前国内最大跨度的单层网壳钢结构。外形为由正、反螺旋线编织而成的贝壳形双曲面，网壳杆件采用箱型截面，由 36 根顺时针和 36 根逆时针的空间螺旋形杆件交叉编织而成，形成的网格为不规则空间四边形，杆件之间的连接采用焊接以达到刚接，从而保证网壳钢结构的整体稳定。站房屋面采用 ETFE 膜材，清晰展现了屋盖结构的特点，使得整个屋盖效果通透简洁，如图 5.34 所示。

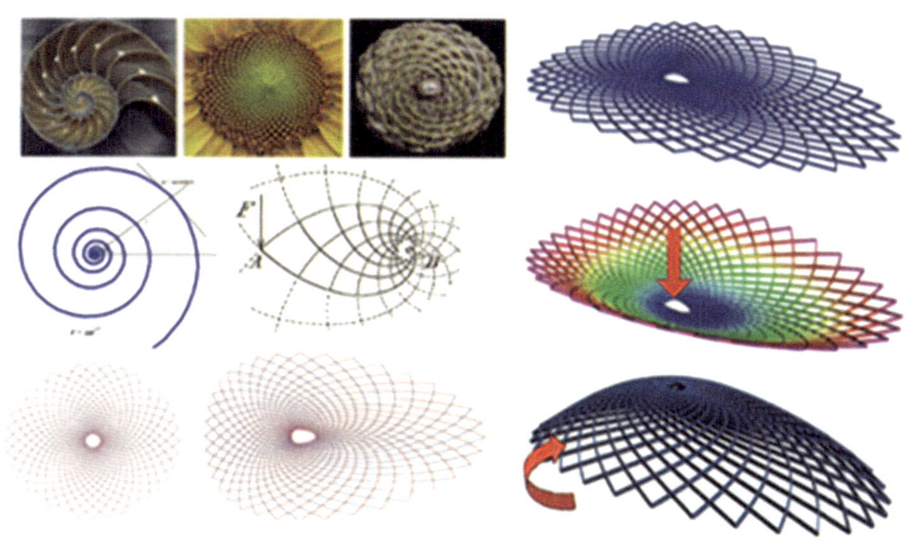

图 5.34　天津滨海站屋盖结构模型

3)张弦空间桁架结构

大连北站站房屋盖采用张弦空间桁架钢结构体系。张弦屋盖水平投影为矩形,垂直股道方向长 256.8 m,沿股道方向宽 164 m,整个屋面的顶标高为 35.7 m,如图 5.35 所示。

站房屋盖垂轨方向柱间距为 20.85～34.3 m,顺轨方向柱间距分别为 18 m、18 m、72 m、18 m、18 m。结合下部柱网情况,沿屋面南北向布置 9 道预应力主桁架。主桁架结构断面为正三角形立体空间桁架,高 1.5 m,宽 1.5 m。在中部最大跨度 72 m 范围内将每榀主桁架利用三根平行高强拉索进行张拉,结构高度最大达到 6 m;下部设置了间距为 25.5 m 的两对 V 形撑杆,撑杆高约为 4.3 m,每对撑杆上端连接于立体桁架下弦,下端通过索夹与间距 400 mm 的三根平行拉索相连。在预应力主桁架间布置若干道次桁架,通过 6 道托架支承在下部钢管混凝土柱上,次桁架为平面桁架,高度为 1.5 m。托架结构断面为正放三角形立体空间桁架,高度在 1.5 m 左右,宽 1.5 m。在东西两侧用平面边桁架进行封边,并承担东西两侧幕墙的部分重量,如图 5.36 所示。

图 5.35　大连北站室内实景

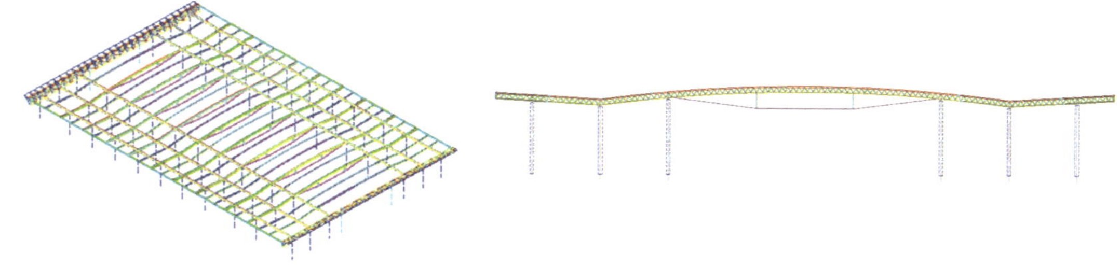

图 5.36　大连北站钢结构屋盖模型示意

大连北站屋盖钢结构设计的主要特点如下：

(1)针对 72 m 的结构跨度，采用张弦桁架结构形式(图 5.37)，通过其主动应力控制和变形控制的特性，创造出受力合理、技术先进、轻盈美观的结构形式，并与建筑造型完美匹配。

(2)索撑体系采用了三根平行拉索形式，在提高整体结构预应力效应的同时，有效减小了单根拉索的直径与重量，使结构更加美观，施工更加方便。

(3)拉索与上部刚性子结构通过间距为 25.5 m 的两对 V 形撑杆联系，撑杆高约为 4.3 m。既解决了撑杆的平面外稳定问题，又避免了撑杆过多对室内视觉效果的影响。

(4)屋盖结构较为扁平且桁架间距较大，对结构承载力要求较高。张弦结构体系的运用，有效改善了结构的受力性能，减小了杆件的截面尺寸。

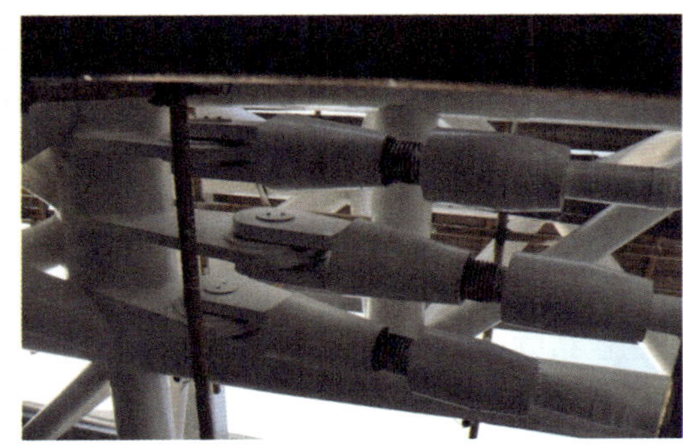

图 5.37　大连北站屋盖张弦桁架结构

4)清水混凝土叠合装配联方网壳结构

郑州南站站台雨棚为全国首次在铁路站房中应用叠合装配联方网壳清水混凝土雨棚。雨棚屋盖形态为波浪形，单片雨棚顺轨向长 98.1 m，垂轨向宽 370 m(图 5.38、图 5.39)。柱距 21.5 m×22.8 m，共 17 拱跨，拱壳矢高 3.9 m。通过采用高性能混凝土、清水混凝土、标准化预制装配等关键技术措施，有效减少了材料用量，降低了材料阶段碳排放，并达到后期“免维护”或者“轻维护”效果。

图 5.38　郑州南站雨棚鸟瞰图

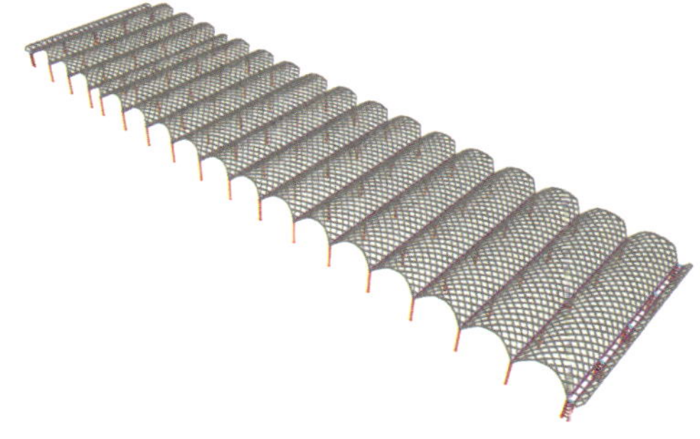

图 5.39　郑州南站雨棚结构

郑州南站站台雨棚结构设计的主要特点如下：

(1)采用高性能清水混凝土技术，将清水混凝土施工工艺和具有高强度、高工作性、高耐久性、体积稳定性好等特性的高性能混凝土相结合，既满足了混凝土结构的受力及耐久性能，又达到了建筑外观装饰的效果。

(2)首次在大型铁路客站中采用联方混凝土网壳结构雨棚，并采用预制叠合装配式清水混凝土技术进行设计和施工，充分利用了网壳结构空间受力好、可覆盖跨度大、造型变化丰富的特点，同时雨棚屋面梁结构小巧轻盈且垂轨向没有一根横向大梁隔断视野，实现了建筑设计追求的站台开敞通畅的效果。

(3)建筑与结构一体化设计相互表达、相辅相成，由建筑表皮作为结构设计的输入参数，结构布置与建筑造型更贴合。同时通过数字建造，多维出图，简化了施工的复杂程度，确保最终完成效果与设计保持高度统一。BIM 技术的运用使得各专业实现了“三维协同”设计，提升了雨棚施工效率，提高施工精度。

(4)雨棚采用“肋梁现浇，板预制＋叠合”的预制叠合装配体系。通过参数定义及算法编程设计优化尽量统一标准模块，在保证设计效果的同时，提高标准预制构件使用率，提升了施工效率。标准预制构件利用率达到 87％以上，加快了整个雨棚的建造流程，一定程度上实现了减碳节能目标。

5.2.3 结构安全设计

1. 结构布置

屋盖结构设计可分为主结构布置、次结构布置和立面造型结构布置。

1)主结构布置

根据屋面的建筑形态及下部结构柱网的布置支承情况，对屋盖结构体系进行合理的选型及主结构布置，既要保证结构自身的受力安全要求，又要在不影响其他建筑功能正常使用的情况下，保证建筑的内部空间、外部空间效果，使结构体系与建筑造型协调统一。

2)次结构布置

次结构布置应尽量简洁，避免布置凌乱复杂，应有效的保证大跨主结构的平面外稳定；同时结合屋面支撑系统，为屋盖提供足够的面内刚度，有效的传递水平力；应综合考虑整体室内空间效果，结合吊顶尽量做到跨度、间距和截面高度的协调统一。

3)立面结构布置

立面结构布置应注重与下部结构的连接，做到传力直接，节点连接可靠；注重与建筑立面效果的契合，最大限度结合建筑造型和展现建筑的美观；注重与屋盖主体结构的连接，同时与幕墙系统、金属屋面系统等紧密配合设计。

2. 主要设计标准及参数

屋盖结构设计应按承载能力极限状态及正常使用极限状态分别进行荷载效用组合，并取各自最不利组合进行结构构件的设计。

大型高速铁路车站的站房抗震设防类别一般为重点设防类(乙类)。根据现行《建筑工程抗震设防分类标准》，铁路交通运输建筑对于特大型站和最高聚集人数很多的大型站的客运候车楼，其抗震设防类别应划分为重点设防类；重要性等级为一级(重要性系数取 1.1)。对于特大型及大型车站，考虑结构破坏时会对人的生命安全、财产损失及社会影响造成较为严重的后果，工程安全等级取一级；设计基准期按 50 年，耐久性设计使用年限按 100 年考虑；建筑结构耐火等级按一级考虑。

3. 抗震性能分析

在车站站房结构工程设计中，很多问题会超出规范的规定范围，在结构设计时需要充分理解规范条文的宗旨和要求，合理选择计算参数，建立结构整体计算模型。对于平面和立面造型特别复杂的车站主体结构应采用多种不同计算软件进行抗震对比计算分析，除进行常规的多遇地震作用下反应谱分析和弹性时程分析外，必要时应补充动力弹塑性分析以及关键构件的抗震性能化设计等，以确保站房结构抗震设计安全。

4. 金属屋面安全设计

金属屋面是大型公共建筑空间常见的屋面体系，因其防水性能好，延性好，可塑性强，安装方便快捷，具有丰富的色彩与多变的造型性能，适用于大跨度、大空间结构，在高速铁路车站站房和站台雨棚中被广泛应用。

1)金属屋面系统概述

金属屋面系统主要构造层次自下而上由主体支撑钢结构、檩条、底层镀锌钢板、防潮隔气层、隔声层、保温层、金属屋面板、外装饰板等组成，如图 5.40 所示。系统除了结构的安全可靠和建筑造型美观外，功能上必须确保能够抵御自然界的风霜雨雪、太阳辐射、气温变化和外界的其他不利因素，以使其覆盖下的空间有一个良好的使用环境。

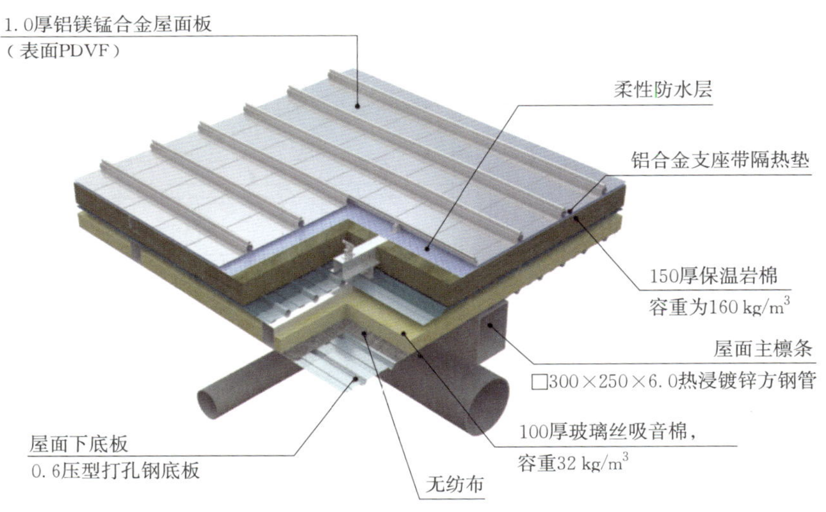

图 5.40 金属屋面构造层次示意

用于屋面系统的金属板材种类很多，有钛合金板、铜板、不锈钢板、铝镁锰合金板、镀铝锌钢板、复合镀铝锌合金板、普通压型钢板等，厚度一般为 0.4～1.2 mm，板的寿命也不相同，一般在 20～50 年，最长可达 100 年。板型设计肋高一般有 65 mm 和 75 mm，肋距为 300～500 mm，具有高效能排水切面，能有效解决低坡度屋面（<1.5°）的积水、排水困扰，如图 5.41 所示。

图 5.41 金属屋面肋高

2)金属屋面系统设计

金属屋面系统设计需考虑的因素主要有:承重、抗风、隔音、防水、防雷及安全检修等。

金属屋面构造工程上一般有单层板、双层板和多层板等常用做法。

(1)单层板构造。单层板构造简单实用、造价低,仅依靠单层屋面板与支座的咬合力来保证抗风性能。单层板屋面系统下雨时室内雨噪声较大且保温性能差,室内视觉效果简陋,如图 5.42 所示。

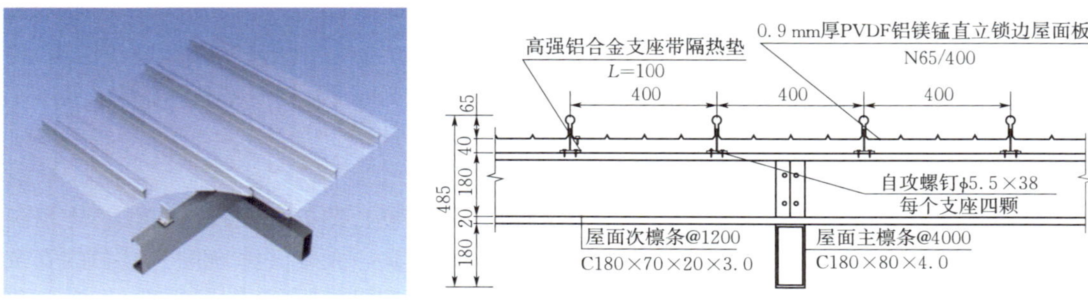

图 5.42 单层板屋面示意(单位:mm)

(2)双层板构造。一种构造方式是主、次檩条明露,面板与底层板共同承受风荷载。下雨时室内雨噪声大,内视效果一般,造价高于单层板方案,如图 5.43 所示。

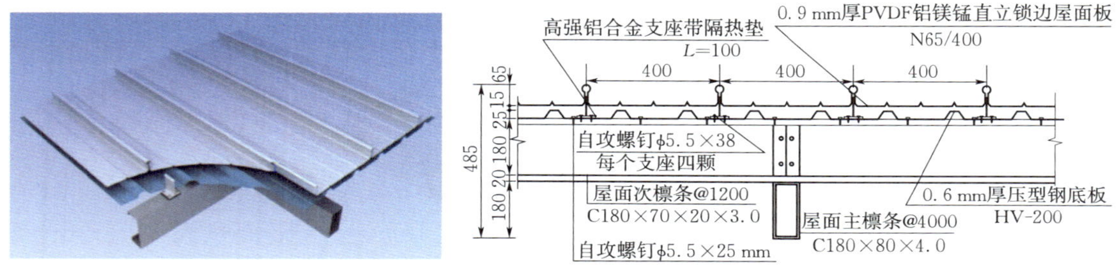

图 5.43 双层板屋面(构造方式一,单位:mm)

另一种双层板构造方式是将底层板布置在次檩条下方,提高了内视装饰效果,如图 5.44 所示。

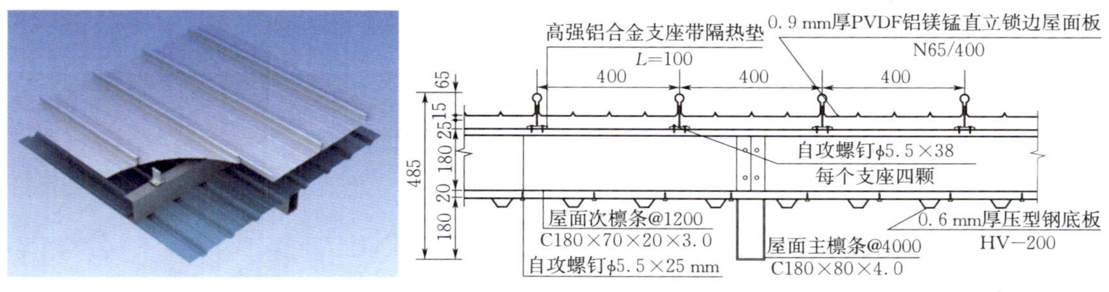

图 5.44 双层板屋面(构造方式二,单位:mm)

(3)多层板构造。多层板构造面板与底层板共同承受风荷载。在次檩层增设防火岩棉和玻璃丝吸音棉层,起到防火、隔音、保温隔热的作用。底层板放在次檩条下方,提高了内视装饰效果,造价高于双层板方案,如图 5.45、图 5.46 所示。

图 5.45 多层板屋面

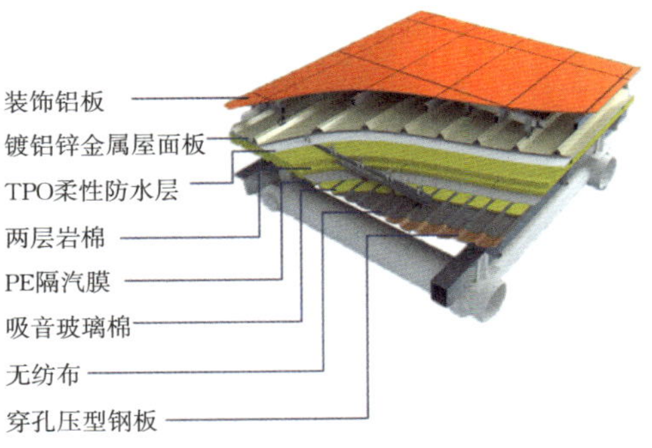

图 5.46 北京大兴机场金属屋面结构示意

部分高速铁路车站站房及雨棚金属屋面常见做法见表 5.3、表 5.4。

表 5.3 高速铁路车站站房金属屋面常见做法

站名	宁波站	合肥西站	福州南站	长沙西站
屋面构造做法	1. 1.0 mm 厚直立锁边铝镁锰屋面板,规格为 65/400 2. 吸音层采用 50 mm 厚玻璃棉,容重 24 kg/m³ 3. 防水透气膜(0.49 mm) 4. 两层 50 mm 厚玻璃棉,错缝搭接,容重 48 kg/m³ 5. 50 mm×50 mm×2.0 mm镀锌钢丝网 6. 0.8 mm 厚压型打孔钢底板,板孔直径 6 mm,打孔率 23%	1. 1.0 mm 厚直立锁边铝镁锰屋面板,规格为 65/300 2. 1.5 mm 厚 TPO 防水卷材 3. 150 mm 厚防火岩棉,A 级防火 4. 0.20 mm 厚辐射隔热膜 5. 0.6 mm 厚 YX35-125-750 型镀锌压型钢板 6. 50 mm 厚 24 kg/m³ 玻璃丝棉,下铺憎水玻璃丝布 7. 0.8 mm 厚压型打孔钢底板,板孔直径 6 mm,打孔率 30%	1. 1.0 mm 厚直立锁边铝镁锰合金板,规格为 65/300 2. 1.5 mm 厚 TPO 防水卷材 3. 100 mm 厚保温岩棉铺设,A 级防火 4. 0.6 mm 厚 YX35-125-750 型镀锌压型钢板 5. 50 mm 厚 24 kg/m³ 玻璃丝棉,下铺憎水玻璃丝布 6. 0.8 mm 厚镀铝锌压型钢板,23%穿孔率	1. 1.0 mm 厚直立锁边铝镁锰合金屋面板 2. 大于等于 0.49 mm 纺黏乙烯和聚丙烯膜(屋面加强型) 3. 100 mm 厚防火岩棉,A 级防火 4. 0.25 mm 厚聚酯隔汽膜 5. 0.6 mm 厚 YX35-125-750 型镀锌压型钢板 6. 50 mm 厚玻璃丝吸音棉,下铺玻璃纤维布 7. 0.8 mm 厚穿孔压型钢板

表 5.4 高速铁路车站无站台柱雨棚金属屋面常见做法

站名	宁波站	兰州西站	合肥西站	长沙西站
雨棚构造做法	1. 0.9 mm 厚铝镁锰直立锁边压型钢板,规格为 65/400 2. 防水透气膜(0.5 mm) 3. 0.6 mm 厚压型钢板	1. 0.9 mm 厚铝镁锰直立锁边压型钢板,规格为 65/400 2. 防水透气膜(0.49 mm) 3. 0.8 mm 厚压型钢板	1. 1.0 mm 厚铝镁锰直立锁边压型钢板,规格为 65/400 2. 防水透气膜(0.5 mm) 3. 50 mm 厚 24 kg/m³ 玻璃丝棉 4. 0.8 mm 厚镀铝锌压型钢板	1. 1.0 mm 厚直立锁边铝镁锰合金屋面板 2. 防水透气膜(0.50 mm) 3. 50 mm 厚 24 kg/m³ 玻璃丝吸音棉 4. 0.8 mm 厚穿孔压型钢板

3)金属屋面抗风揭设计

金属屋面系统属于轻质屋面,对风荷载(尤其是负风压)十分敏感。铁路站台雨棚因四周开敞,屋面系统上下表面均受到风荷载作用,屋面板的抗风揭能力是屋面系统设计需重点关注的问题,近些年发生了多起金属屋面被大风吹起破坏的事故。屋盖固定支座和压型金属面板的连接强度(咬合承载力)受材料性质和连接构造等多种因素影响,目前尚无精确的计算理论,为保证屋面系统结构安全,应通过抗风揭试验检验金属屋面系统整体抗风揭能力是否能满足设计要求。

目前,压型钢板的理论计算依据《冷弯薄壁型钢结构技术规范》(GB 50018),压型铝合金板的理论计算依据《铝合金结构设计规范》(GB 50429),对特殊压型金属,其承载力、挠度限值宜通过试验确定。

我国相关规范对风荷载的设计有明确规定,但是目前还没有相关的检测验证方法。关于单层金属屋面系统的抗风揭要求,新的国家标准《聚氯乙烯(PVC)防火卷材》(GB 12952)和《热塑性聚烯烃(TPO)防水卷材》(GB 27759)提出了要求,采用了美国 FM 标准 FM4474 中的 12 英尺×24 英尺(3.66 m×7.32 m)试验设备方法。其抗风揭试验分为标准规定的材料最低抗风揭要求试验及实际工程屋面系统的抗风揭试验两种。

(1)FM 抗风揭试验

FM 认证单层屋面系统测试抗风性能时,采取模拟实际条件的测试方法:将检测样品完全按照实际施工要求安装,随后嵌入 12 英尺×24 英尺(3.66 m×7.32 m)的标准安装框内并妥善密封,封装完成后将样品下部加压以模拟实际空间中承受压力的状态(针对水泥屋面则采取上部抽真空的方式)。受测样品需经受静态压力测试,初始压力设为 2 872.8 Pa,维持压力 1min,然后以每增加 718.2 Pa 并维持 1 min 的速率增加压力直至样品出现破裂或破损为止,然后取样品成功完成的最后 1 min 保压测试的压力值为样品的最终评定级别。例如,样品在加压到 4 309.2 Pa 后未能成功保压 1 min,则样品完成的最后一个测试级别为 3 591 Pa,如图 5.47 所示。

图 5.47 珠海站屋面板抗风揭试验

按照《建筑结构荷载规范》(GB 50009)计算出风荷载要求后,相关数据可以采用抗风揭实验室试验结果进行验证。根据国外的经验,采用按 FM4474 方法获得的抗风揭试验等级与设计风荷载(按美国荷载规范 ASCE7-05)的系数取 2,即设计风荷载(按美国荷载规范 ASCE7-05)应≤抗风揭试验等级/2。

(2)实际工程屋面系统的抗风揭试验

单层金属屋面抗风揭试验在国内开展实践时间还不长,它对提高单层金属屋面系统设计的安全性非常重要。通过开展抗风揭试验研究,建立起科学的单层金属屋面抗风揭性能评价体系,得出符合国内金属屋面抗风揭安全要求的设计安全系数取值,提高和完善金属屋面系统结构设计的安全性和经济性。

4)金属屋面排水天沟设计

近年来,大型高速铁路客站大量采用造型复杂的建筑屋面,特别是曲面造型的金属屋面系统,异型曲率屋面在给建筑增彩的同时也会相应产生使用和维护方面的问题,如渗水、漏水现象是大型金属屋面质量上的顽症。究其原因是多方面的,排水系统设计上的缺陷或施工质量问题很可能造成不锈钢排水天沟使用功能失效导致屋面漏水。

金属屋面天沟是建筑屋盖汇集雨水的沟槽,是将雨水排放至室外的重要屋面建筑构件。天沟又分内天沟和外天沟,一般采用不锈钢板制作成"U"形或矩形的钢结构沟槽,收集雨水,通过排水管有组织的将雨水排出屋面,如图 5.48 所示。

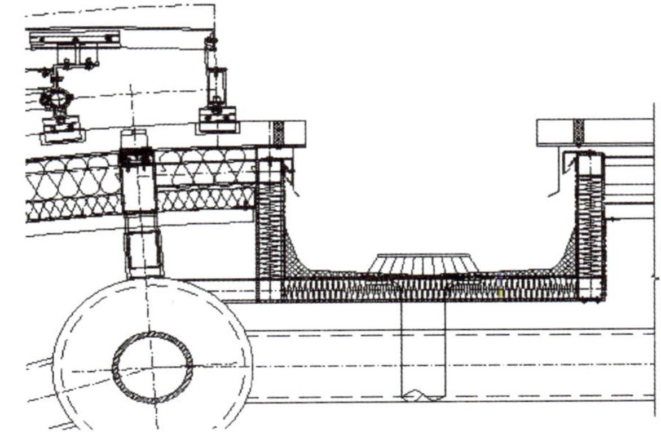
图 5.48　不锈钢天沟槽剖面节点示意

排水天沟应采用防腐性能好的不锈钢金属材料制作,不锈钢板厚度不应小于 2.5 mm,且应具备吸收温度变化产生变形的能力。排水天沟的截面尺寸应根据设计排水能力计算确定,并在长度方向上应考虑设置伸缩缝,天沟连续长度不宜大于 30 m。

5.3 特殊结构技术应用

5.3.1 铁路桥梁与站房结构共建技术

1."桥建合一"结构设计

1)"桥建合一"结构设计原则

21 世纪,科学技术迅猛发展,也给传统的铁路桥梁设计注入了新理论、新技术、新工艺、新材料。近年来我国高速铁路车站建设进入了一个快速发展的时期,使人们不断更新理论,发展先进的工程技术。

在高速铁路建设中,桥梁是铁路的重要组成部分。传统的混凝土桥梁一般由现浇桥墩、预制或现浇箱梁和桥梁支座等部分组成,其桥梁墩柱、箱梁等构件截面尺寸较大。目前在采用跨线高架候车式的大型高速铁路站房多采用"桥建合一"结构形式。"桥建合一"结构是指在站房结构中铺设轨道,利用站房结构作为承受列车荷载的"桥梁"结构,形成站房与桥梁为一体整体受力的特殊结构体系。采用"桥建合一"结构的优点是可以有效地减小承轨层及其下部楼层的柱、梁截面尺寸,改善承轨层下部建筑空间的建筑效果和旅客的使用体验。

"桥建合一"结构技术采用建筑结构形式,兼顾建筑结构和桥梁结构的功能,要同时承受建筑结构荷载和桥梁结构荷载。"桥建合一"结构要同时满足房屋建筑和铁路桥梁设计标准。因铁路桥梁设计基准期和设计使用年限为 100 年,故一些规范规定"桥建合一"车站中,承轨层及其下部结构设计使用年限为100年，而房屋建筑一般均按设计基准期50年、耐久性100年考虑。因此，采用“桥建合一”技术的高速铁路站房与普通的铁路站房结构受力具有显著的区别。结构设计应遵循以下原则：

(1)结构设计应满足建筑结构规范要求的强度、刚度、稳定性等要求，承轨层及其下部结构同时还应满足高速铁路桥梁的应力、刚度和结构动力性能要求。

(2)“桥建合一”站房结构的设计基准期，我国现行设计规范尚无明确规定。由于现行建筑规范的荷载、材料及地震动参数等设计参数都是基于设计基准期为50年的统计结果，而对于大型桥梁结构的设计使用年限一般要求为100年。所以，采用“桥建合一”技术的高速铁路站房，在结构设计时：承轨层上部房屋为一般的候车及商业建筑，其结构的设计基准期可按50年考虑；承轨层及以下房屋主要承担列车运行荷载，铁路桥梁要求应按使用年限100年考虑。

“桥建合一”车站中，承轨层及其下部结构设计使用年限为100年的规定，特指满足铁路桥梁设计标准100年，其根本目的是让结构同时满足房屋建筑设计规范和铁路桥梁设计规范的规定。

(3)铁路桥梁的抗震设计方法与房屋建筑抗震设计方法基本相同，主要抗震设计方法均为振型分解反应谱法，抗震设防目标也为“小震不坏、中震可修、大震不倒”。

(4)抗震设计参数三个规范体系基本相同，“小震”的定义均是地震重现期为50年的地震动。抗震设计时，房屋建筑结构不考虑结构重要性系数，铁路桥梁考虑工程的重要性系数：按照B类桥梁考虑，其重要性系数在小震时为1.1，在中震、大震时为1.0。

(5)应建立全面反映站房结构、桥梁结构及其连接关系的整体结构模型进行整体结构计算。由于站房结构和桥梁结构依据的设计规范体系不同，应按照各自所依据的规范确定相应范围内楼层或构件的荷载及其组合方式。

(6)“桥建合一”站房结构应按承载能力极限状态及正常使用极限状态分别进行荷载效应组合，并取各自最不利组合效应进行结构设计。对于承轨层及其下部的柱、基础等尚应按现行铁路桥梁规范进行强度、变形和动力性能验算，进行包络设计，这样既保证了结构安全，又考虑整个结构的经济性。

2)“桥建合一”结构震动响应评估

在“桥建合一”站房中，高速列车、城际列车以及地铁列车均直接运行于站房主体结构或者基础底板之上，列车的通过、刹车与加速必然引起整个站房结构的振动。由于列车线路众多，站房结构复杂，在一定条件下，列车激振频率与站房结构自振频率接近或一致，可引起结构发生较为显著的共振响应。站房结构振动响应过大，将影响候车旅客的舒适性、站房附属结构以及相关仪器设备的正常使用性能，导致结构疲劳甚至强度破坏。因此有必要对“桥建合一”站房结构在列车运行下的振动响应进行评估，在设计阶段避免由于结构设计不合理产生的不良振动问题。

对站房结构或高架框架式桥梁结构在列车运行下的振动响应应通过建立站房—桥梁结构动力分析有限元模型，分别计算站房—桥梁结构在列车荷载作用下的竖向、横向动力响应，包括站房桥梁结构横向振幅、横向加速度、竖向位移的时程响应，主要有以下几个方面：

(1)根据关键部位应力和动力放大系数,进行结构强度评价。

(2)计算站房—桥梁结构在列车荷载作用下,列车运行的安全性与平稳性,内容包括车辆的竖向、横向加速度,轴重减载率,抗脱轨安全系数等;分析桥梁车桥动力性能指标是否满足高速列车运行安全性和舒适性的要求;评价站房桥梁结构纵向、横向及竖向刚度的合理性,进行正常使用性能评价。

(3)计算站房结构关键部位加速度,进行人体振动舒适性评价。

2."桥建合一"工程实践

1)"桥建合一"结构车桥耦合振动分析

(1)工程概况

福厦铁路福州南站为全国区域性铁路客运交通枢纽之一,为向莆线、福厦线和温福线引入的铁路客运枢纽站。车场设正线 2 条、到发线 12 条,站房建筑面积 10 万 m^2。

站房中部换乘广场部分为典型的"桥建合一"结构体系,轨道层及下方换乘大厅采用钢筋混凝土柱和预应力钢筋混凝土梁组成的现浇框架结构,轨道层以上采用钢管混凝土柱和张弦钢梁组成的大跨空间钢结构,如图 5.49、图 5.50 所示。

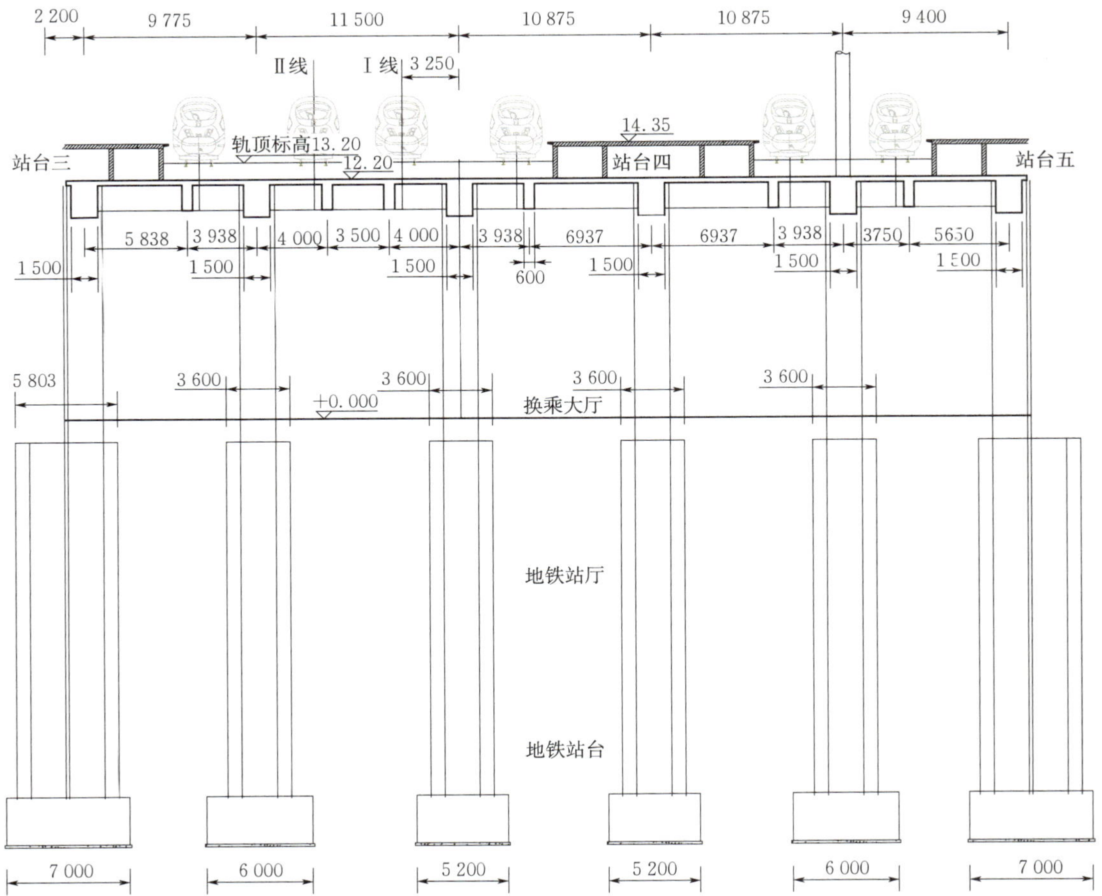

图 5.49 高架桥结构纵剖面示意(单位:mm)

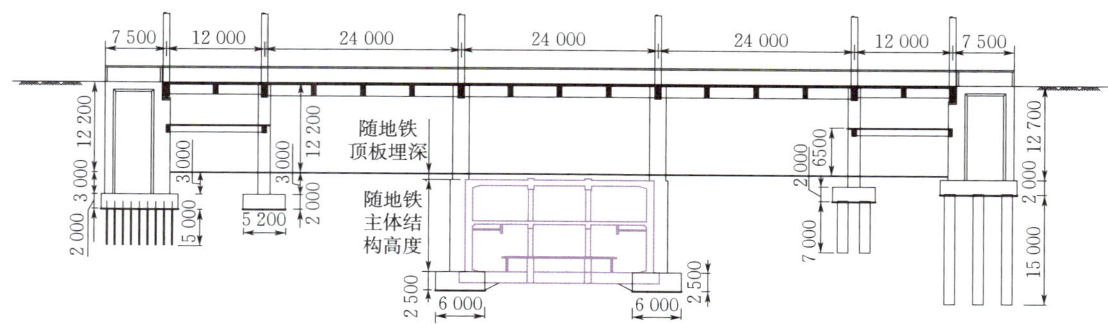

图 5.50 高架桥结构横剖面示意(单位:mm)

(2)站房结构计算模型的建立

采用通用有限元程序分别建立桥梁结构模型和运行车辆模型,如图 5.51 所示,采用模态叠加法建立车辆和桥梁结构的运动微分方程,并采用拟力法将非线性内力处理为虚拟力以实现模态解耦。

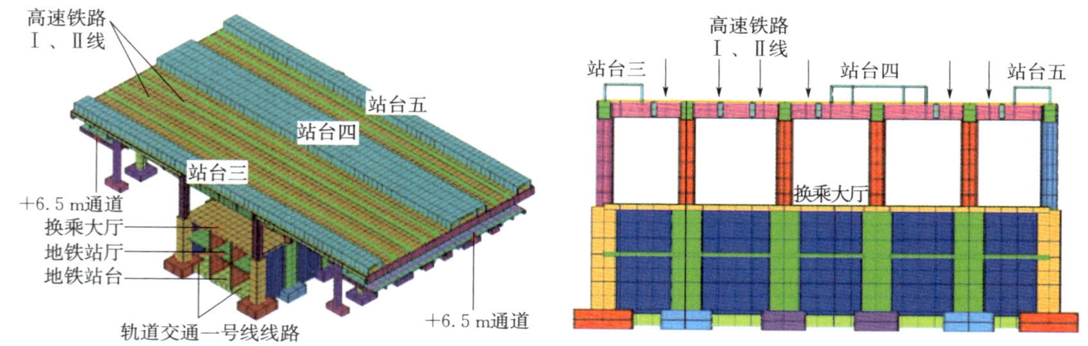

图 5.51 站房结构有限元模型图(ANSYS 模型)

计算模型考虑了轨道层结构、站台结构、+6.5 m 通道夹层结构以及地铁箱形结构。实际工作时尚建立了对比模型二:考虑轨道层结构和站台层结构、+6.5 m 通道夹层结构;对比模型三:只考虑轨道层结构及+6.5 m 通道夹层结构进行对比分析计算。三种有限元模型的情况见表 5.5。

表 5.5 三种有限元模型的比较

模　型	模型所考虑结构部分	边 界 条 件
模型一	考虑轨道层结构、+6.5 m 通道夹层、站台结构及地铁箱形结构	轨道层的梁端竖向约束;通道一侧固结;墩柱承台底固结;地铁箱形结构的底板底部及两侧墩柱的承台底固结
模型二	考虑轨道层结构、+6.5 m 通道夹层、站台结构	轨道层的梁端竖向约束;通道一侧固结;墩柱承台底固结
模型三	考虑轨道层结构,+6.5 m 通道夹层	轨道层的梁端竖向约束;通道一侧固结;墩柱承台底固结

(3)结构动力特性分析

结构的自振特性是其动力特性分析的重要参数,是结构本身所固有的,它包括自振频率、振型、周期及阻尼比等,反映了结构的刚度指标。结构动力分析中最重要的问题是计算结构自振频率和振型，自振频率是反映结构刚度和质量的指标，它是判别结构在车辆荷载作用下是否会发生共振现象的依据。

运用 ANSYS 通用有限元软件对三种结构模型的动力特性计算结果见表 5.6。

表 5.6 三种模型自振特性比较（ANSYS 计算）

阶数	模型一		模型二		模型三	
	频率/Hz	振型	频率/Hz	振型	频率/Hz	振型
1	1.916	立柱对称横弯	1.952	立柱对称横弯	2.042	立柱对称横弯
2	1.926	立柱纵弯	2.129	立柱纵弯	2.178	立柱纵弯
3	2.180	立柱反对称横弯	2.233	立柱反对称横弯	2.321	立柱反对称横弯

从以上计算结果分析可以得出：(1)通过站房的列车运行主要引起结构竖向和横向振动，列车刹车、加速启动则主要引起结构纵向振动；(2)模型一因考虑了地铁箱形结构，墩柱在其底板固结，因而其刚度较模型二、模型三小，振型频率也相应小一些。

(4)站房结构车致振动分析

根据本工程的特点选取 5 种工况进行计算分析，见表 5.7。

表 5.7 车桥耦合振动分析工况汇总

工况号	工况描述	计算车速/(km/h)
1	1 线 C62 货车刹车	从 52 km/h 开始进站减速
2	1 线 C62 货车通过	60,70,80
3	1 线 ICE3 高速列车通过	160,170,180,190,200,210,220,230,240
4	1 线准高速客车通过	80,100,120,140,160
5	2 线 ICE3 高速列车通过	160,170,180,190,200,210,220,230,240

从上述各种工况的计算结果分析，站桥结构对于列车运行的安全性如车辆轮对脱轨系数 Q/P(0.18～0.35)、轮重竖向减载率 $\Delta P/P$(0.1～0.5)、轮轨横向水平力 Q(24～55 kN)、车体竖向加速度 a_V(0.53～1.20 m^2/s)及横向加速度 a_L(0.28～0.61 m^2/s)等指标均满足相关规范的要求，列车运行的安全性可以得到保证。评判列车乘坐舒适性的 sperling 指标(客车≤2.7，货车≤3.1)达到“良好”标准以上。

本工程列车运行引起的站房结构振动加速度最大值为 1.235 m/s^2(竖向)、0.319 m/s^2(横向)，符合相关规定，满足轨道结构正常使用及行车安全性要求。

3. 深基坑临时铁路便桥技术

在对既有城市大型铁路客站改建工程中，多遇改建站房基坑下穿既有运营铁路的情况，常规做法以铁路为界，采用分区开挖、线路转场的方案，施工周期长，尤其是软土地区，运营和施工安全风险较大。宁波站改建工程采用钢格构柱支撑钢筋混凝土梁板式栈桥结构架空铁路干线，上跨站房和地铁软土深基坑(图 5.52)，可实现既有铁路线路运营不中断、下穿基坑一次性整体开挖的目标，可大大缩短工期(宁波站项目缩短基坑工程施工工期一年左右)，具有重大的经济和社会效益，是一次铁路客站建设技术的有益创新和尝试。

图 5.52 运营列车通过宁波站临时铁路便桥

在深厚软土中采用钢格构柱支撑混凝土梁板的铁路运营便桥，这在国内外尚无先例，其面临的最大技术难题是钢格构式铁路便桥在运营列车动载作用下的侧向振动控制以及深大基坑土方开挖引起的便桥立柱隆沉对列车运营安全不利影响的控制。

“钢格构柱＋混凝土梁板”组合式结构铁路便桥横向刚度较小，且随着基坑土方开挖深度的加大，便桥横向刚度进一步降低，便桥自振频率也逐渐下降，便桥横向振幅也进一步加大，这对其上运营列车的安全性和舒适性均会有不利影响。同时，软土深基坑开挖卸载导致土体隆起变形，进而引起便桥纵向整体隆起及立柱间的差异隆沉，影响便桥道床的平顺度，也会降低运营列车的安全性和舒适性。综上，需要开展开挖工况下铁路便桥动力特性、基坑内土体隆起变形规律以及对铁路便桥位移影响的研究，以便对铁路便桥结构的安全性和风险性作出正确评估，确保铁路便桥结构和列车运营的安全。

1)宁波站铁路便桥结构主要设计参数

宁波站钢格构式铁路便桥结构主要设计参数如下：

铁路便桥的桥柱采用大直径桩基础，采用“一柱一桩”的布置方式。桥柱采用“四肢角钢＋缀板”组合式钢格构柱，角钢规格为 L200 mm×20 mm，组合柱截面尺寸为 550 mm×550 mm。全桥共设钢格构柱 83 个，横桥向每排有 3～4 个。桥柱高度为 4～22 m，其中桥跨中部近 40 m 长度范围内桥柱高度为 22 m，如图 5.53 所示。现浇混凝土桥面梁板采用 C40 混凝土，板厚 350 mm，主梁截面为 1 000 mm×1 000 mm，次梁截面为 600 mm×800 mm。临时便桥列车运行设计速度为客车≤80 km/h、货车≤45 km/h，结构剖面如图 5.54 所示。

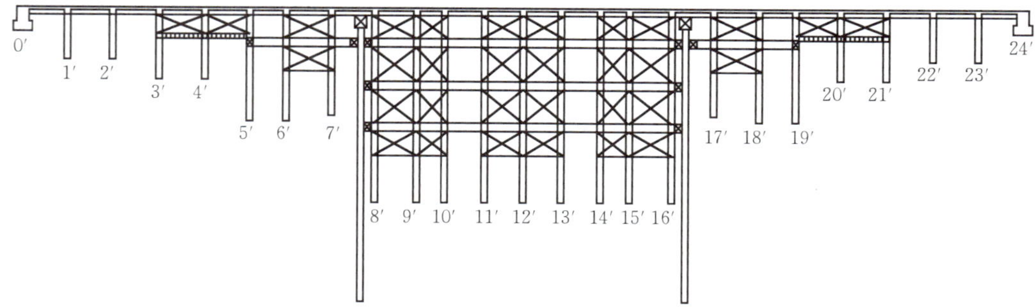

图 5.53 宁波站临时铁路便桥立面示意

该钢格构柱铁路临时便桥从其构造、力学特征和桥址处的地质条件上分析，具有以下几个特点：

(1)临时便桥立柱由 4 根 L200 mm×20 mm 的角钢组成，角钢之间通过缀板连接，为典型的钢格构式组合结构，桥柱身截面尺寸和质量均较小，且每根格构柱在基坑底部插入单根钻孔灌注桩，形成桩柱式结构，属于典型的轻型墩(排架式桥墩)。

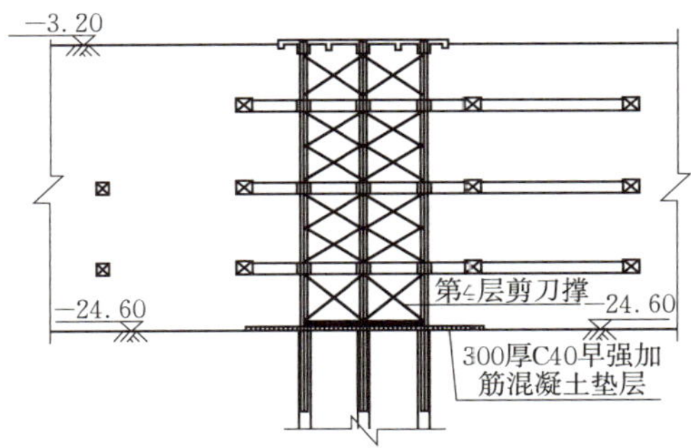

图 5.54 宁波站临时铁路便桥剖面示意

(2)便桥上部结构是由混凝土梁和桥面板组成的钢筋混凝土梁板结构，格构柱插入梁内形成固结，从力学特征上讲，属于多跨连续刚构桥。

(3)临时便桥桥址处土质疏松，为深厚软土地基，基础和基坑土体的变形会减弱便桥结构的整体刚度，从而加大车桥系统的耦合振动，降低了列车的运营安全度。

综上可知，该便桥结构无论是其结构形式，还是施工过程都明显不同于传统的桥梁结构，是国内外较为新颖的铁路桥梁结构，为国内外在既有运营铁路线路上应用的首例。“钢格构柱＋现浇钢筋混凝土梁板”组合的新型临时铁路便桥的采用为站房和地铁基坑的整体开挖施工创造了有利条件，为保障枢纽工程建设任务的按期完成创造了条件，并有效节省了基坑工程造价。

2)宁波站铁路便桥有限元分析

对基坑中的铁路便桥采用 MIDAS/GEN 建立有限元计算模型分析，对桥面板采用板单元模拟，墩柱、桥面梁等均采用空间梁单元模拟。钢格构柱与桥面梁板固结。考虑到本工程的地质条件及桥柱的嵌固状况，计算模型中通过在桥柱底施加等效弹性刚度矩阵，以此等效考虑桩基础和坑内加固土体对桥柱的弹性约束。便桥有限元计算模型如图 5.55 所示。

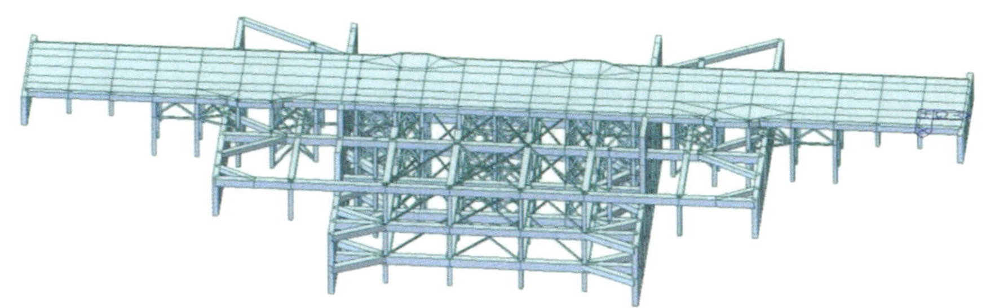

图 5.55 宁波站铁路便桥空间有限元计算模型

同时，采用 PLAXIS 平面有限元分析软件，建立平面有限元法数值模型，分析基坑分层开挖卸载对上方铁路便桥的附加变形影响。围护及栈桥梁板柱结构均采用弹塑性三节点平面 BEAM 单元模式来模拟，土体采用十五节点平面单元及硬化土(HS)材料模式来模拟。基坑分步开挖工况有限元模型如图 5.56 所示，基坑开挖过程中土体竖向位移等值云图如图 5.57 所示，栈桥隆起变形曲线(预测值与实测值)如图 5.58 所示。

经对便桥结构在基坑开挖施工不同阶段工况下的有限元计算结果进行分析，可以得出以下结论：

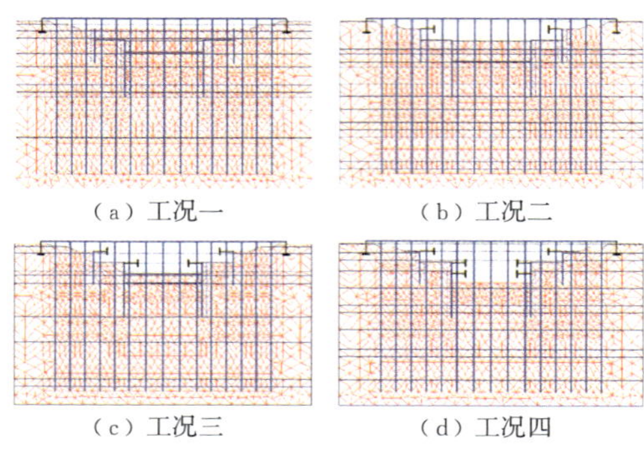

图 5.56 基坑分步开挖工况有限元模型示意

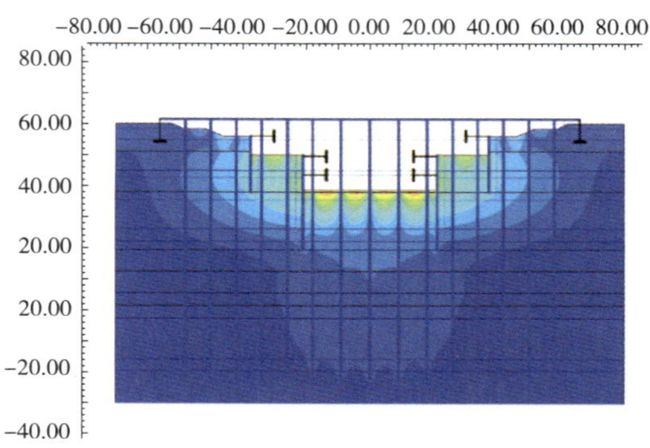

图 5.57 基坑开挖土体竖向位移等值云图

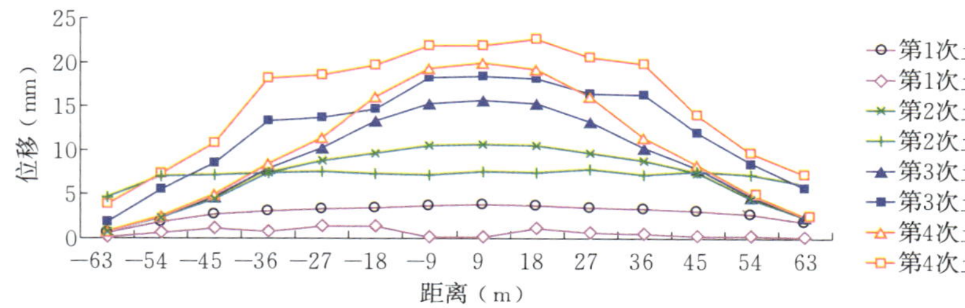

图 5.58 栈桥隆起变形曲线(实测值与预测值比较)示意

(1)便桥结构的竖向刚度大于横向刚度,便桥的动力特性由其横向刚度控制。

(2)随着基坑土方开挖的加深,便桥柱计算高度逐渐增大,桥柱的侧向刚度相应逐渐减小,便桥结构的竖向和横向基频总体呈现逐渐减小的规律。因此,必须按基坑开挖的不同阶段实行分级监控铁路便桥的振幅和频率,确保便桥和列车运营的安全。

(3)基坑特别是中部地铁深基坑土方的分层开挖卸载,引起坑内土体向上隆起变形,带动铁路便桥向上隆起。铁路便桥在土方开挖过程中的最终变形表现为沿栈桥纵向呈开口向下的抛物线形隆起,且相邻跨柱差异隆起量较小。

分析计算结果表明,便桥的横向刚度是整个桥梁刚度的控制因素。因此在便桥设计时充分利用中部地铁深基坑中两个横向刚度很大的地下围护墙作为便桥的竖向支撑构件,且该处桥梁支座设计为:沿纵向允许桥面梁滑动、横向固定,对便桥结构形成了强大的横向约束作用,相对减小了基坑开挖引起桥柱横向刚度降低的影响。

分析还表明,通过加大立柱桩插入深度,对便桥下土体进行大体量土体加固,同时基坑开挖过程中,在"要点施工、限时完工、逐仓开挖、及时加撑"的指导原则下,细化每层土方的分块、对称、限时开挖计划,通过迅速开挖土方、形成支撑及底板,缩短了基坑暴露时间,进一步减小便桥隆起变形,也为便桥安全稳定和变形控制起到了重要作用。

5.3.2 清水混凝土雨棚结构设计技术

1. 相关基本概念

清水混凝土在国际上被称为"建筑艺术混凝土""暴露表面混凝土"或"整形表面混凝土",在日本叫作"表面艺术处理混凝土",属于一次浇注成型、不做任何外装饰、直接利用现浇混凝土成型后的自然表面质感作为饰面效果的混凝土。按照成型质量控制标准不同又分为普通清水混凝土、饰面清水混凝土和装饰清水混凝土。

2. 清水混凝土应用

大约从18世纪末开始，混凝土成为近代建筑发展不可或缺的新建材，与铁和玻璃并列为近代建筑的三要素，并被广泛应用于建筑工程领域。之后，随着更多的实践和工艺技术的不断提升，当代建筑从把混凝土作为一种结构材料转变到利用混凝土材料本身所拥有的质感表现上来，通过混凝土与生俱来的厚重与清雅特征来表达建筑传递出的情感，产生了许多由清水混凝土建造的优秀工程案例。

混凝土结构也是高速铁路车站常见的结构形式。基于我国新型“无站台柱雨棚”结构形式的产生，并由于站场线间立柱平时不易维护的客观条件，相较于钢结构雨棚外表面防腐、防火涂层易老化起泡脱落的问题，混凝土（特别是清水混凝土）雨棚结构则得到更多设计师的青睐和应用。通过精细化节点细部设计和严格施工工艺控制以清水混凝土方式呈现，收到了良好的建筑效果。

重庆西站雨棚建筑面积达8万m^2，是国内首个采用纯清水混凝土工艺的大型高速铁路车站（图5.59），由于采用的混凝土雨棚具有免维护的独特属性，可充分利用并体现现浇混凝土结构的自然色彩和质朴的效果，同时也减少了工程建成后使用运营期间车站结构的维护、检修成本和难度，为后来在高速铁路客站中大量推广应用起到了示范作用。

图5.59 重庆西站清水混凝土雨棚

郑州南站将纯清水混凝土技术与建筑结构一体化融合，雨棚采用预制叠合联方网壳的形式。施工后的雨棚效果完美体现了建筑空间构思要达到的造型简洁、线条流畅柔美、颜色质朴自然的意境和要求，如图5.60所示。

图5.60 郑州南站联方网壳清水混凝土雨棚

3. 工艺特征及设计要点

清水混凝土是混凝土中的高级表现形式，显示的是混凝土最本质的质感和美感，由水泥、水、砂、石子等天然材料，通过不同比例调配而成为表现建筑意图的原材料。清水混凝土具有朴实无华、自然沉稳的外观韵味，与生俱来的厚重与清雅是一些现代建筑材料无法效仿和媲美的。材料本身所拥有的特性可以表达出特定的建筑情感。

对于高速铁路车站的站台雨棚，主要功能是给旅客上下车候车和遮雨，要求雨棚空间尽量简洁、宽敞、通透。雨棚主梁之间的屋面板次梁的布置，除了要满足雨棚屋面结构的受力和变形要求外，还需满足清水混凝土的建筑设计外观和整体效果的要求。因此，次梁布置的数量和雨棚屋面板区格划分的大小应尽量考虑到对称、美观、经济、方便施工等要求，如图 5.61 所示。

图 5.61　重庆西站雨棚梁格设计方案比选

清水混凝土建筑属于一次浇注成型，不做任何外装饰，直接采用现浇混凝土的自然表面效果作为饰面，它的最终效果取决于材料调配，细部设计，模板的选择、安装、拆除，混凝土拌制、浇注、养护以及保护涂料的种类等多种因素。施工过程中需严格控制清水混凝土的配合比设计、模板设计、浇筑工艺以及拆模时间和成品保护，且应采用同一厂家生产、同一品种、同强度等级的水泥，以保证混凝土色泽均匀一致。

1)配合比设计

除满足普通混凝土常规要求外，还应使混凝土具有良好的色均性。结合工程经验以及大量的试验得出，清水混凝土水胶比在 0.4～0.45，混凝土的黏度适中、和易性好、不易泌水。

2)模板工程

应结合工程特征进行精确设计，使其能表现清水混凝土表面质感，满足清水混凝土工程的几何尺寸的精度要求，同时符合经济性与合理性的原则。模板应严格按照设计进行加工，严格控制加工精度，保证模板表面平整、方正，接缝严密。模板的分块力求定型化、整体化、模数化和通用化，且应尽量减少拼缝。模板对拉螺栓孔的排布应经预先设计达到规律性和对称性的装饰效果。

3)综合布线原则

为了保证施工后的建筑效果，在设计初期应综合考虑静动态标识、标牌的吊挂、电力信息管线、照明灯具吊挂支座、雨水管埋设等具体位置的布设，以便在混凝土浇筑过程中预留预埋到位。一次施工安装完成，避免后期凿孔、植筋等弥补性施工，保证使用安全和美观。

5.3.3 结构安全健康监测技术

1. 基本概念和意义

1)结构健康监测的概念

结构健康监测(简称 SHM)是指对工程结构实施损伤监测和识别,通过在结构上布设多种类的传感器以及数据采集、传输、分析、安全评定和预警系统,模仿人类的自感知与自诊断智能功能,实时感知、识别、评估结构的受力性能和状态,揭示结构在实际荷载与使用环境耦合作用下的结构受力性能和反应。结构健康监测系统通过分析部署在建筑结构中的传感器回传数据来观察建筑结构随时间的推移而产生的变化,以建筑的特征值分析比对来确定建筑结构的健康状态。

2)结构健康监测的意义

随着社会的发展,大型土木工程不断兴建,如用于大型体育赛事、展览的超大跨空间结构,跨江跨海的超大桥梁,现代城市标志性高层建筑等。这些重要建筑一旦发生结构安全事故,将造成重大人员与经济损失以及严重社会影响。建立重大土木工程的结构健康监测系统可以对结构在施工与服役阶段的安全性、耐久性进行实时的把握,同时也可对同类新型结构的设计理念完善提供验证依据。

2004 年 5 月巴黎戴高乐机场 2E 候机厅突发屋顶坍塌事故(图 5.62),造成 4 人遇难,3 人受伤。2E 候机楼的结构属于非常规结构形式,屋盖的跨度为 26.2 m,采用厚 300 mm 的曲线形混凝土板壳结构组成。虽然结构设计在登机桥开口处混凝土壳体外侧用钢结构(承担板壳弯曲处的上表面拉应力)进行了加强,并通过间隔的撑杆将钢结构与混凝土壳体连接(图 5.63),整体屋面板壳结构支承在下部候机楼楼面的框架纵梁上,但还是在没有明显外加荷载的情况下突然坍塌的。调查表明,2E 候机楼结构由于最初的设计安全储备不足,板壳结构屋面(特别是登机桥开口处)处于“濒临死亡”状态,自建成至倒塌的两年多运营期间,结构损伤处于逐步累积状态。钢撑杆处应力集中引起板壳混凝土开裂并逐渐开展,最终引起对屋面壳体的冲切破坏,继而引发候机楼屋面结构体系整体失效、坍塌。而机场工作人员却无法及时察觉和了解,也就无法及时采取人员疏散和结构加固等措施。

图 5.62 戴高乐机场 2E 候机楼坍塌

图 5.63 诱发屋面破坏的钢撑杆节点

高速铁路车站每天承接着成千上万人次的进出站客流，是人员高度聚集、使用高度频繁的公共交通场所，如图5.64所示。车站站房、站台雨棚为满足大空间和大客流的建筑功能需求，多采用大体量、大跨度、结构体系复杂的网架、桁架、张弦梁等空间钢结构形式，具有横向跨度大、竖向支撑少等特点，其在使用期间可能面临着诸多问题，例如受到不利环境或各种突发性因素影响使结构受到损伤或结构性能退化等。若对结构上存在的这些损伤或性能退化不能及时了解、及时处理，经过一段时间的积累必将大大缩短结构的使用寿命，甚至导致结构的突发性灾害。

图5.64　人流密集的高铁车站

我国的铁路事业经过多年的发展，已经进入一个新的时期，对大型高速铁路车站开展结构安全健康监测，可以较全面地把握结构建造与使用全过程的受力状况，及时了解和准确掌握结构的受力性能并对突发事件进行有效报警，是保障铁路站房安全使用的有效手段和工程措施之一。

(1)满足复杂大型结构创新的需求

高速铁路车站站房结构体量大、跨度大、结构复杂，无论结构的复杂程度还是结构的跨度都大大超出了以往铁路站房的尺度，成为车站建设技术的重要创新成果。但结构创新往往也会带来新的问题，大型复杂站房结构虽然经过了精心设计但仍然无法避免大空间、大柱网所带来的结构冗余度偏低、鲁棒性不足等系统性问题，同时由于结构设计方面固有的实际边界条件与计算假定边界条件的差异，以及材料力学性质的不确定性，这些因素都会或多或少的影响结构的安全度。

结构在使用过程中可能发生的材料老化、预应力松弛、材料损伤等都会随着使用时间的增加而降低结构的安全度。因而，对于此类结构的健康监测尤为必要。

(2)车站结构安全的重要性

铁路是我国长途客货运输的主要方式，铁路站房人流、车流很大，公众的关注度很高，是外界认识和了解中国铁路发展水平、管理水平的重要窗口，其重要性不言而喻。高速铁路车站一旦发生结构破坏会危及旅客的生命财产安全，造成严重的社会影响。因而，保证大跨度复杂结构铁路站房建筑的结构安全，是铁路安全营运的重要一环。

(3)实现更为经济的站房结构

土木工程技术的发展需要理论的突破和经验的积累，只有不断形成科学客观的工程数据，才能更大程度地推动我国土木工程科技的发展。通过特定的健康监测，在降低结构安全风险的同时，还可以为以后其他站房的设计，提供宝贵的数据支持，做到在不降低结构安全度的情况下，实现结构总造价的减少和技术的发展，推动我国土木行业技术水平的进步。

(4)结构安全的系统化控制

近些年来，铁路交通基础设施建设取得了丰硕的成果。但同时应认识到，铁路建设要想实现科学发展，在积极推进铁路硬件建设的同时还必须不断加强软件建设，不断建立健全各种管理系统，提高管理水平，只有软硬件相互配合、同步提高水平，才能实现铁路事业可持续发展。

工程施工和使用时期的数据，对于工程经验的积累、工程后期的改造、工程安全的分析、同类工程的安全管理，都有着至关重要的作用。可以将施工阶段的监测数据纳入站房健康监测系统，方便项目建设单位、施工单位、设计单位、运营单位的全面深入掌握，方便快捷地提取各种数据。

对高速铁路车站结构安全的系统化管理，是管理方式不断精细化、具体化的一种体现，符合高水平管理的发展方向。同时铁路站房结构安全又是铁路安全生产的重要一环，是保证旅客生命财产安全的必要条件，体现了以人为本的管理理念，符合时代的发展潮流。

2. 监测的内容与范围

结构健康监测可以针对不同的监测对象，制定不同的监测方案。对于中、小型站房可以只对结构最可能发生损伤破坏的部位进行监测，以降低监测成本，条件允许时也可采用小型监测设备。对于大型的、重要的高速铁路车站，既需要监测对损伤敏感的部位或子结构，如局部的应力应变、位移和加速度等，也需要及时监测结构的整体健康状况，如内力、挠度及振型和频率的变化。一般需要配备大型全面的监测设备和健康监测系统。

对于高速铁路车站结构中高架桥梁结构的健康指标监测侧重于动力方面，如振幅、加速度、动位移、自振频率等。对于站房结构，其监测的重点则在于关键结构和构件如大跨度钢结构的应力、应变，结构的风速场、温度场，影响旅客使用舒适度的楼面加速度等。

高速铁路车站的结构健康性能指标需根据不同客站的结构特点、所处环境、构件重要性、构件内力或应力水平及对结构损伤敏感度等进行综合分析确定，其常用的结构健康性能指标包括以下几项。

1)结构响应

关键结构构件或节点(如大跨度钢结构屋盖、承轨层、无站台柱雨棚等部位主要受力构件及节点)、内力或应力、应变、位移、挠度以及结构的动力特性(频率、振幅、振动加速度)等。

2)环境作用

对风压和温度变化比较敏感的区域(如大跨度及大悬挑部位的屋盖结构)的风速场、温度场，地震多发区域的地面运动及结构地震响应监测等。

3)结构外观和完整性

关键构件的表面裂缝，表层涂装腐(锈)蚀、剥落或老化等。

3. 监测系统设计与测点布置

1)监测系统总体架构设计

结构健康监测系统设计应具备以下功能。

(1)结构性态评估功能。对建筑结构进行长期监测,根据实时监测数据对结构受力状态进行分析,建立结构在使用期间的数字化和信息化数据库,形成能够及时提醒养护、及时给出预警信息、方便管理的数据平台。

(2)灾害预警功能。通过对监测数据的分析来推算即将发生的危险状态,进行提前预警,从而提前作出应急反应,减少损失,也能为养护方面提供及时的数据支持,提高精确性。

(3)数据融合功能。在评估中对不同的数据来源进行相容性分析和信息融合工作,能够有效掌控建筑使用过程中的各种结构状态和状态的发展趋势,为后期的养护和维修提供信息支持。

(4)监测信息和分析评估结果的可视化查询功能。

2)监测系统网络架构方案

结构健康监测系统基于 Web 三层架构模型设计,将系统分为用户界面层、应用服务层和数据层。基于 Web 的结构健康监测系统的网络由传感器、网关、局域网、交换机和客户端等设备组成,系统总体架构如图 5.65 所示。

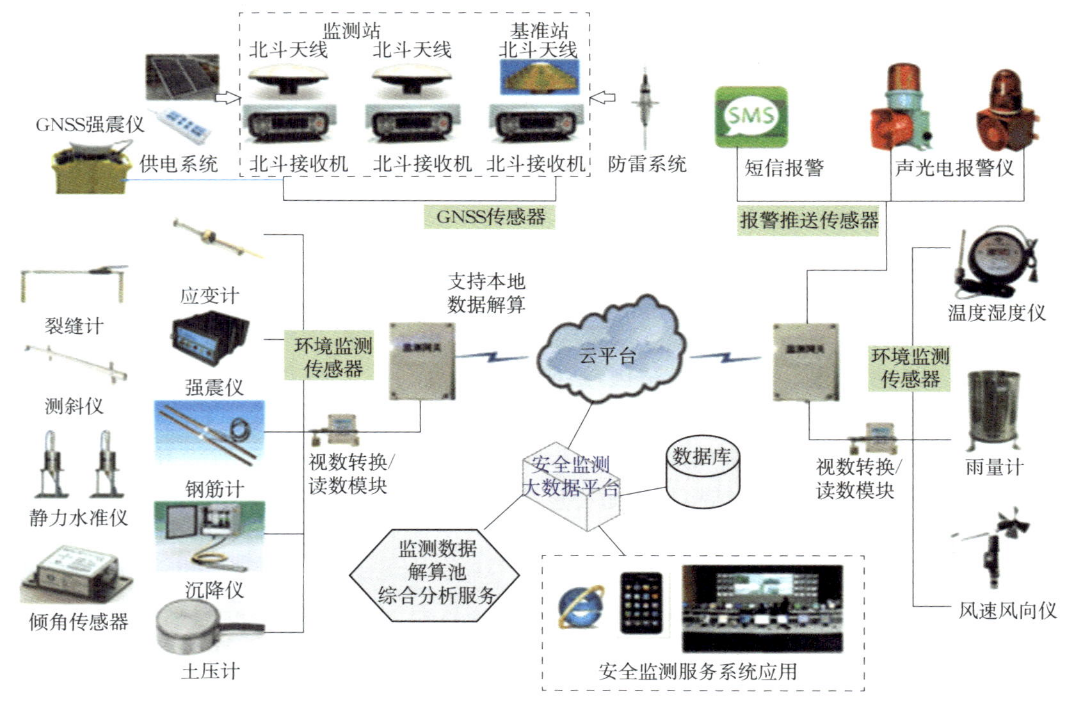

图 5.65 系统构成示意

3)监测点的布置

在结构健康监测过程中,想获得比较完备的数据,就需要足够多的传感器,然而由于经济条件和结构运行状态等方面的原因,在结构全部构件上安置传感器是不可能也是不现实的,需要确定最优的监测点布置方案。监测点布置方案应做到:

(1)在含噪声的环境中,能够利用尽可能少的传感器获取全面、精确的结构参数信息。

(2)实测分析得到的模态能够与有限元模型分析的结果建立起对应关系。

(3)能够通过合理添加传感器对最关注的部分模态进行数据重点采集,针对铁路站房结构可以重点监测大跨度屋盖、轨道层、高架层、雨棚等具体部位。

(4)使模态试验结果具有良好的可视性和鲁棒性。

4)结构安全评价与预警

结构健康监测工作的最终目的就是通过所监测的各结构参数判别结构的安全状态,以便采取相应措施,避免结构安全事故的发生。目前结构健康状态的评价标准是结构健康监测领域研究的热点之一,已经有了许多成果。通过将结构划分为不同的安全等级,并采取相应的措施,既可以避免不必要的浪费,又可以保证结构的安全。

4. 结构健康监测案例分析

1)宁波站工程概况

宁波站主站房共三层,地下一层为出站层及城市通廊,地面层为站台层,二层为高架层,局部三层为商业夹层。地铁 2 号线宁波火车站位于铁路站房地下二、三层,如图 5.66 所示。

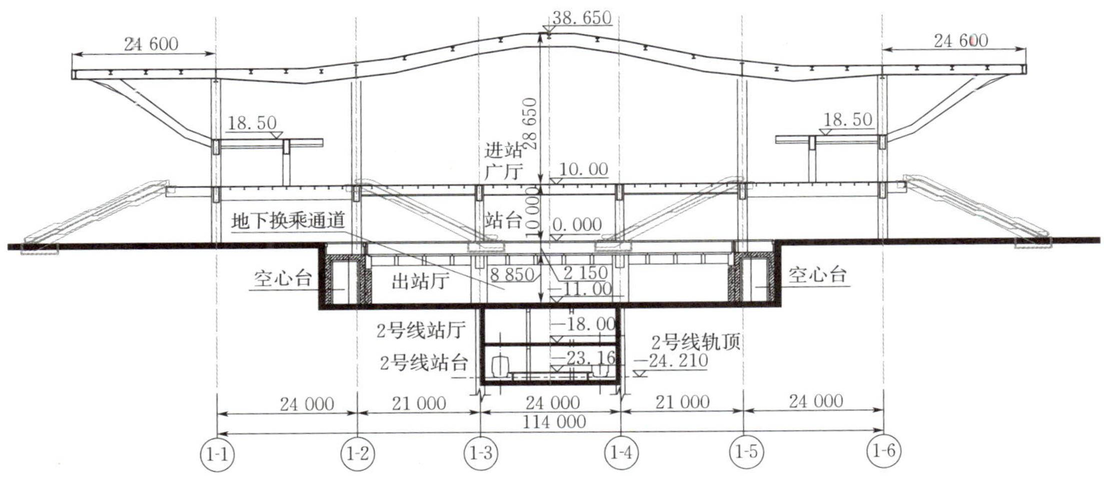

图 5.66 站房结构横剖面示意(单位:除标高以 m 计外,其余单位均为 mm)

站房高架候车层为型钢混凝土柱、预应力混凝土梁加钢桁架(钢梁)的框架结构体系。整个楼面不设变形缝,采用钢结构梁、钢筋桁架混凝土组合楼板。屋盖结构采用钢管混凝土柱、H型钢梁的刚架体系,站房南、北两主立面为整体平面大桁架,弦杆和腹杆均采用钢箱梁结构。

在主站房东西两侧为无站台柱雨棚,平面投影顺轨道方向长 173 m,与线路垂直方向宽 178.7 m。站台雨棚结构由横向张弦梁、索撑系统与钢管混凝土柱组成,如图 5.67 所示。

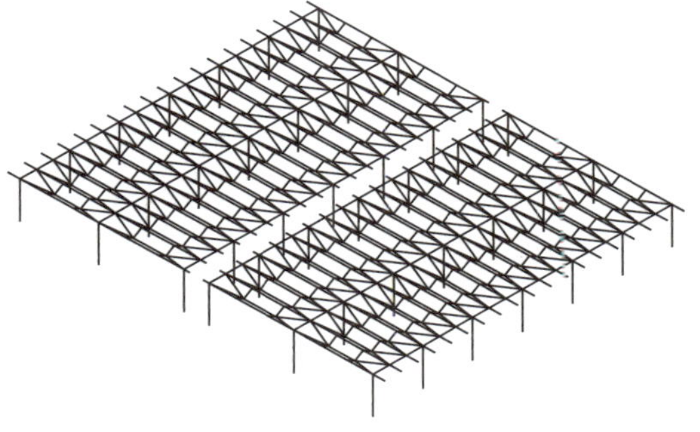

图 5.67 雨棚主结构轴测图

2)宁波站结构风险点判识与监测内容

根据宁波站结构特点、所处环境、构件的重要等级等,确定对以下内容进行重点监测。

(1)屋盖钢结构应力监测

站房主体结构采用大跨度刚架结构体系,内力和变形是大型空间钢结构安全性的两个重要参数。框架柱和大跨刚架梁是站房重要结构构件，特别对于立面大悬挑及水滴造型部位的关键构件进行重点监测。

(2)站房结构振动响应监测

对采用“桥建合一”形式的承轨层、站房大跨处楼面结构(如楼面层 48 m 跨度钢桁架结构)及屋盖钢结构的振动特性进行长期、实时监测。

(3)屋面风压及温度场监测

宁波站地处沿海台风高发区，立面大悬挑结构、屋面大跨度钢结构对风荷载、温度变化作用均比较敏感，故需要对站房立面大悬挑结构、屋面大跨度钢结构等所处环境风速场、温度场进行监测，如图 5.68 所示。

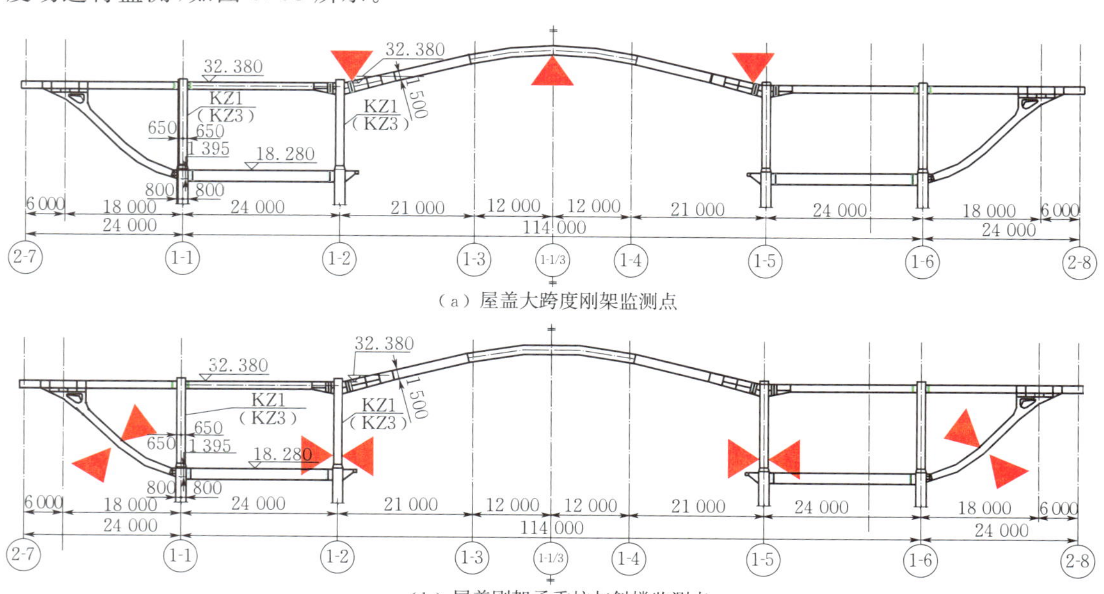

(a) 屋盖大跨度刚架监测点

(b) 屋盖刚架承重柱与斜撑监测点

注：图中红色三角为测点布置位置。

图 5.68 屋盖关键构件应力测点布置示意(单位：mm)

3)监测管理系统和软件设计

研发健康监测的管理系统和监控软件。监控软件可实现本地和 Internet 远程数据监控及安全预警，软件界面如图 5.69 所示。

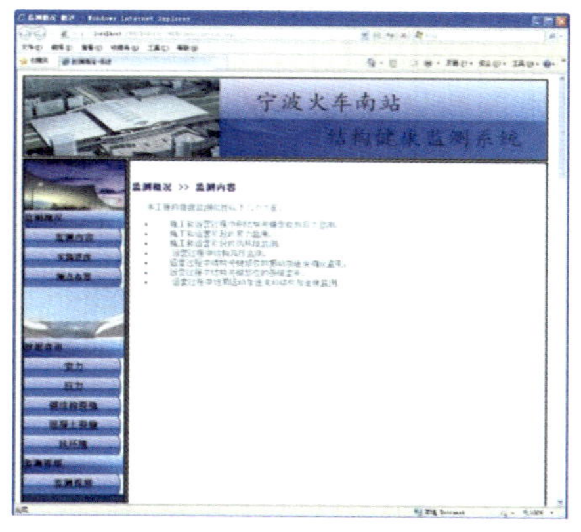

图 5.69 本地/Internet 远程监控软件

4)监测点布置及监测结果

宁波站健康监测系统共布置197个应变计、58个加速度计及1个风速风向仪。检测系统实时监测到2014年9月22日台风“凤凰”过境宁波期间宁波站钢屋架的振动变化情况监测结果,如图5.70所示。

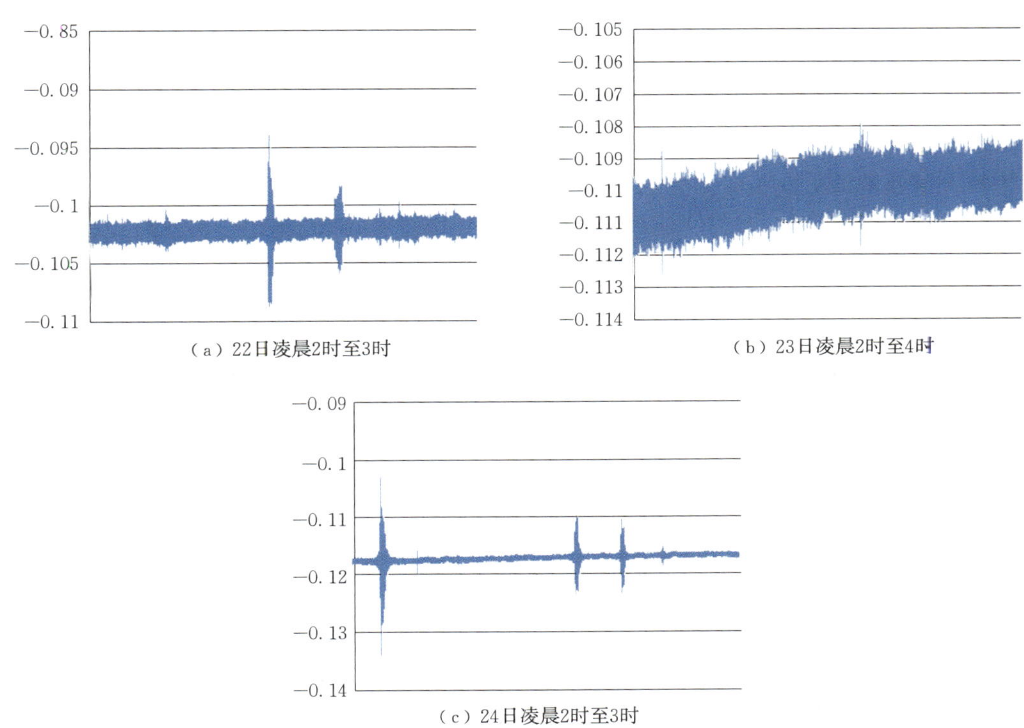

(a) 22日凌晨2时至3时 (b) 23日凌晨2时至4时

(c) 24日凌晨2时至3时

图5.70 测点A-W-GGL8-3-Y振型示意(台风“凤凰”过境前、中、后期钢屋架测点实测结果)

站房结构振动特性有限元计算分析与实测结果对比见表5.8。

表5.8 站房结构振动特性有限元计算与检测结果对比

有限元计算结果		实时监测结果/Hz		
模态阶数	频率/Hz	9月22日	9月23日	9月24日
1(X)	0.936	0.935	0.928	0.944
2(Y)	1.066	1.4029	1.36	1.413
3(扭转)	1.086	1.4108	1.409	1.43

监测结果表明:监测数据与计算结果吻合度较好。台风期间结构实测频率与计算基频(模态1)基本一致,表明结构安全状况良好,台风“凤凰”过境期间没有对站房造成结构损伤。

高速铁路车站的建筑与结构是不可分割的整体设计建造体系,并与其他相关机电设备专业相互合作、协调,共同抵御风险,才能充分保障车站安全营运,并创造丰富的、符合时代发展需要客运空间环境。

6 高速铁路车站机电保障运营系统

高速铁路车站空间环境的安全性和舒适性控制是车站建造品质的重要保障。在现代车站建筑设计中，为满足持续增长的社会需求，机电系统设计创新及技术运用成为提高客运环境和服务质量不可或缺的重要组成部分。怡人的环境控制、设备性能的技术提升正进一步向精细化、高品质方向纵深推进。对前期建设中存在的不足和技术问题，建立了深化研究机制，展开保障安全运维、提高车站空间舒适度、优化信息导向指示、完善夜间车站景观照明、提升车站空间环境品质等精细化设计研究，以技术积累、产品升级为优化设计目标，打造新时代精品高速铁路车站。因此，机电设备设计专业在很大程度上已不仅仅是一般意义的建筑配套设计工种，而以其先进的环境控制技术应用，在高速铁路车站中发挥了独特的作用，作出了重要的贡献。

本章介绍在当代车站建设快速发展背景下的整体环境控制系统中，通过大量工程实践的积累，获取的经验和技术发展主要成果，分别从给排水、暖通、电气专业设计的基本概念和原理展开，结合高速铁路车站及枢纽工程设计特点、特征，重点论述各系统设计关注的侧重点以及相互间的关系，并解析机电设备技术于高速铁路车站建筑应用的原则和相互作用，总结了新技术设计方法运用和实践的成功案例。

6.1 车站给排水设计

给排水是车站机电系统不可或缺的部分，涵盖给水、污废水、雨水、水消防等。为保障车站正常使用，旅客便捷出行，打造智慧、舒适的现代化车站，给排水体系担负着举足轻重的作用；其设计遵循“科学性、先进性、经济性、耐久性、安全性、合规性”的原则，并优先使用成熟可靠的新技术、新工艺、新材料、新设备。

车站给水要满足“安全、卫生、适用、经济、绿色”的需求，设计应深入调研、充分比选、合理评估，为车站提供最经济、节能、符合用水标准的水源；提供布局合理，二次污染概率小，满足车站各用水点对水压、水量、水质、水温要求的供水设施；设置各类有效的控制、防污染、计量等附件，保障整个系统安全运行；同时为停靠列车水箱快速补水。

车站污废水设计应保障各排水点污废水不堵、不淤，顺畅排至室外，并符合市政污水体系接纳标准；保障各水封及通气设施有效，管道内气流压力均衡，有毒有害气体不得逸入室内；同时保障停靠列车安全卸污。

车站雨水设计应保障设定重现期状况下雨水及时排放；屋面、雨棚等受水面不积、不漏；保障超重现期暴雨有排放出路，不溢入室内。

车站水消防设计应在遵循国家相关法律、规范、规定的前提下，结合车站地域气象特征，充分分析车站规模、空间形式、可燃物类别、火灾荷载、吊顶做法等，合理选择灭火系统、设备及介质；保障消防设施及时、有效灭火；保护人身和财产安全，避免造成次生灾害。

6.1.1 给水系统

1. 用水单元

车站包括旅客运输用水，生产、生活用水，消防用水三大用水单元。

(1)旅客运输用水——由旅客列车专用给水设备供给至旅客列车车载水箱的用水。

(2)生产、生活用水——车站卫生器具用水、旅客饮水设施供水、绿地浇洒及道路清扫用水、地/墙/屋面清洁用水、餐饮等旅客服务用水、采暖空调系统补水的总称。

(3)消防用水——室内/外/站台消火栓、自动喷水灭火系统、大空间智能型主动喷水灭火系统、自动水炮灭火系统、水喷雾灭火系统、细水雾灭火系统等水灭火设施用水的总称。

2. 体系构成

车站给水体系主要由水源、供水设施、管网、配水点以及各类附件构成，见表6.1。

表6.1 车站给水体系构成一览表

名称			构成
水源	城市自来水(车站应优先选用)		供水引入管
	自备水源[水质应满足《生活饮用水卫生标准》(GB 5749)的有关规定]	井水	取水、输水、水处理设施及配水管
		河水	
供水设施	蓄水设施		水池、气压罐、水塔、高位水箱
	稳压设施		气压罐、水塔、高位水箱
	增压设施		水泵、气压罐
管网	吸水管、供水主干管、轨间供水管、站房接户管、引入管、配水管等		
配水点	旅客运输用水单元		列车上水栓
	生产、生活用水单元		站台清扫栓、绿化浇洒栓、卫生洁具、采暖空调设施补水栓、饮水器、给水栓、餐饮配水点
	消防用水单元		消防水池/水箱进水阀、消火栓
附件	水表、压力表、流量计、倒流防止器、真空破坏器、减压阀、排气阀、自动水位控制阀、泄压阀门、安全阀等		

3. 系统分类

车站给水系统含生活、生产、旅客运输及消防给水系统等四种基本形式，设计中可直接采用，也可根据车站规模、水源以及供水站设置等情况，将其组合为生活—生产给水系统、生活—生产—消防给水系统、生活—生产—旅客运输给水系统、旅客运输—消防给水系统。

4. 供水方式

供水方式可分为市政直供、水池＋工频泵＋高位水箱、市政水＋高位水箱、水塔、气压罐＋工频泵、水池＋变频泵、叠压供水等，车站常选用市政直供、水池＋工频泵＋高位水箱、水池＋变频泵及叠压供水等四种供水方式。水池＋变频泵供水的旅客运输—站台消防给水系统如图6.1所示，市政直供＋叠压供水的生活—生产给水系统如图6.2所示。

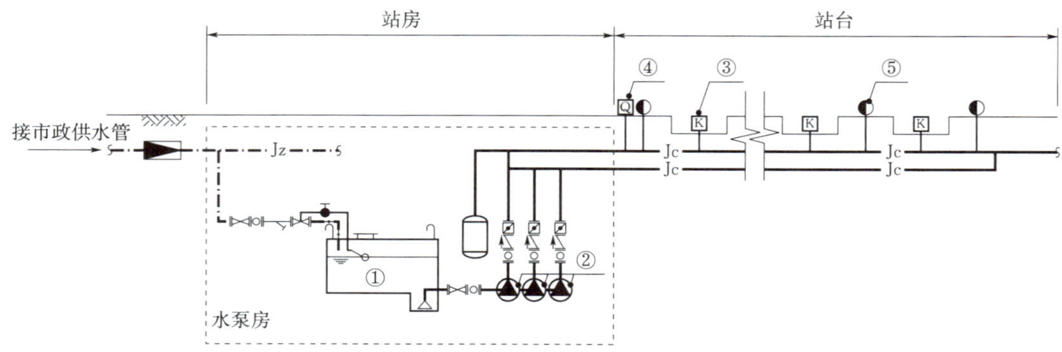

图 6.1 水池＋变频泵供水的旅客运输—站台消防给水系统

①旅客运输—站台消防给水水池；②变频供水泵组；③客车上水栓；④站台清扫栓；⑤站台消火栓；
—·— Jz —·—市政供水管；—— Jc ——变频供水管

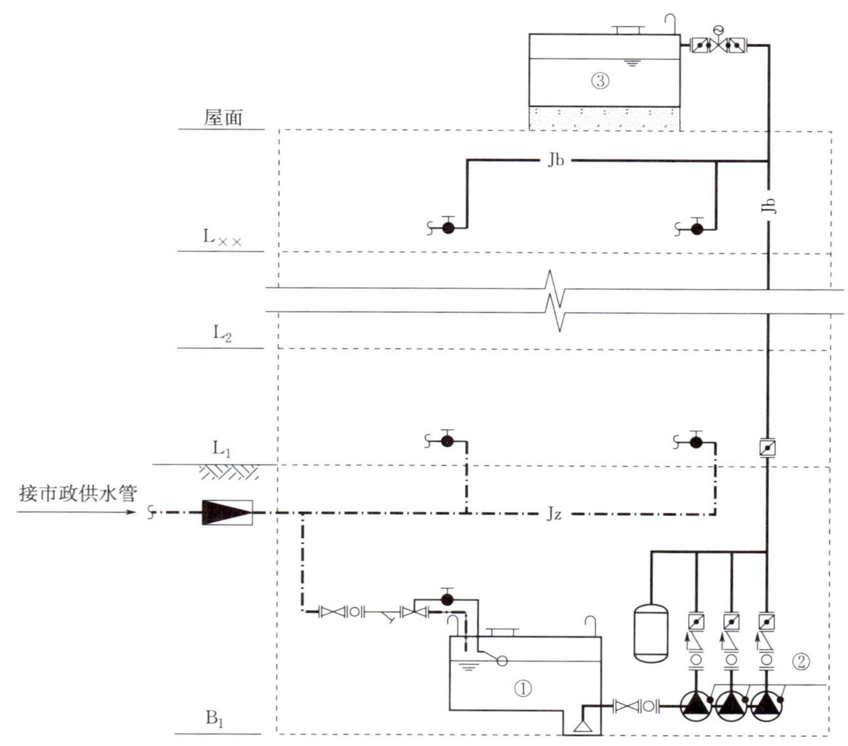

图 6.2 市政直供＋叠压供水的生活—生产给水系统

①生活—生产给水水池；②生活—生产给水叠压供水泵组；③消防水箱；
—·— Jz —·—市政供水管；—— Jb ——变频供水管

5. 管道布置

按照主干供水管道布置可分为环状、枝状及枝/环状结合供水方式，如图 6.3 所示。车站生活用水一般采用枝状管道供水方式，大型及特大型站当设两座给水加压站时可采用环状管道供水方式；生产给水系统采用枝状管道供水方式；旅客运输给水系统采用环状管道供水方式；消防给水系统采用枝/环状管道结合供水方式。

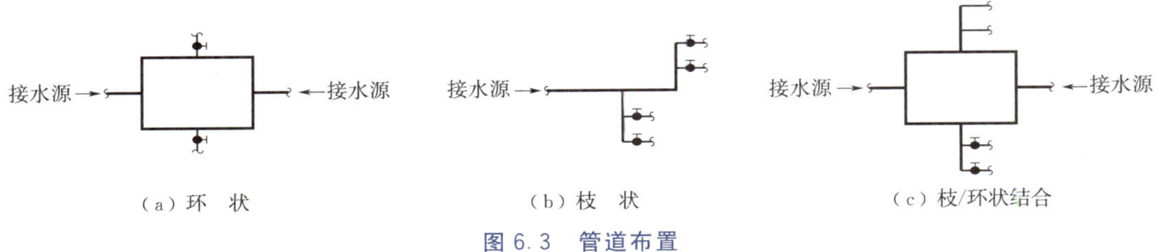

图 6.3 管道布置

6.1.2 污废水系统

1. 体系构成

车站污废水主要由受水器、管道、收集/提升/处理设施以及各类附件等构成，见表 6.2。

表 6.2 车站污废水体系构成一览表

名　　称	构　　成
受水器	动车卸污阀、卫生器具、轨行区排水点、商业排水点、各类泵房排水、室外电扶梯坑排水以及卫生间、开水间、清扫间、空调机房等处的排水沟、地漏
管　　道	排水支管、横干管、立管、排出管、接户管、站外埋地总管、专用通气管、结合通气管、器具通气管、真空卸污管等
收集、提升、处理设施	化粪池及隔油池等处理设施；真空罐、集水坑、水箱等收集设施；真空泵、潜污泵、干式污水泵等提升设施
附　　件	水封、检查口、清扫口、通气帽、检查井、跌水井、真空阀等

2. 系统分类

(1)按来源及排放介质可分为卫生器具粪便污水——车站及列车便器排放的污水；卫生器具洗涤废水——车站及列车卫生间人员洗涤废水；餐饮油污水——餐饮厨房产生的含油废水；其他废水——地下进出站通道等围护结构渗漏水、列车给水栓井/卸污单元井/站台地埋式消火栓井、线间列车给水管沟/卸污管沟、水泵房/冷冻机房/锅炉房/热交换机房/空调机房等排放的废水以及消防废水等。各类排水特征见表 6.3。

表 6.3 车站排水特征一览表

类别		水量特征	排水点分布	排水水质	预处理	通气体系设置
卫生器具	粪便污水	由人员密集程度、停留时间及卫生间服务半径等所确定，水量较均匀	分散式集中	杂质及有机物含量高，组分稳定，水质差	经化粪池处理（设置与否依据项目情况）	必　要
	洗涤废水					
餐饮油污水		取决于餐饮业规模，水量有峰值出现	集　中	油脂含量高，水质差	隔油处理	必　要

续上表

类　别	水量特征	排水点分布	排水水质	预处理	通气体系设置
围护结构渗水	外围护采取的防水措施决定了渗水量的变幅，水量均匀	渗入点多，呈线状，甚至片状渗入	较　好	不处理	不必要
消防废水	对应于消防用水量，瞬间水量大	随机出现	较　好	不处理	不必要
设备机房等排水	水量较小	集　中	较　好	不处理	不必要
各类井、沟排水	水量较小	分　散	较　好	不处理	不必要

(2)按排水方式可分重力排水、压力排水和真空排水，如图 6.4～图 6.6 所示，其特点及适用场合见表 6.4。

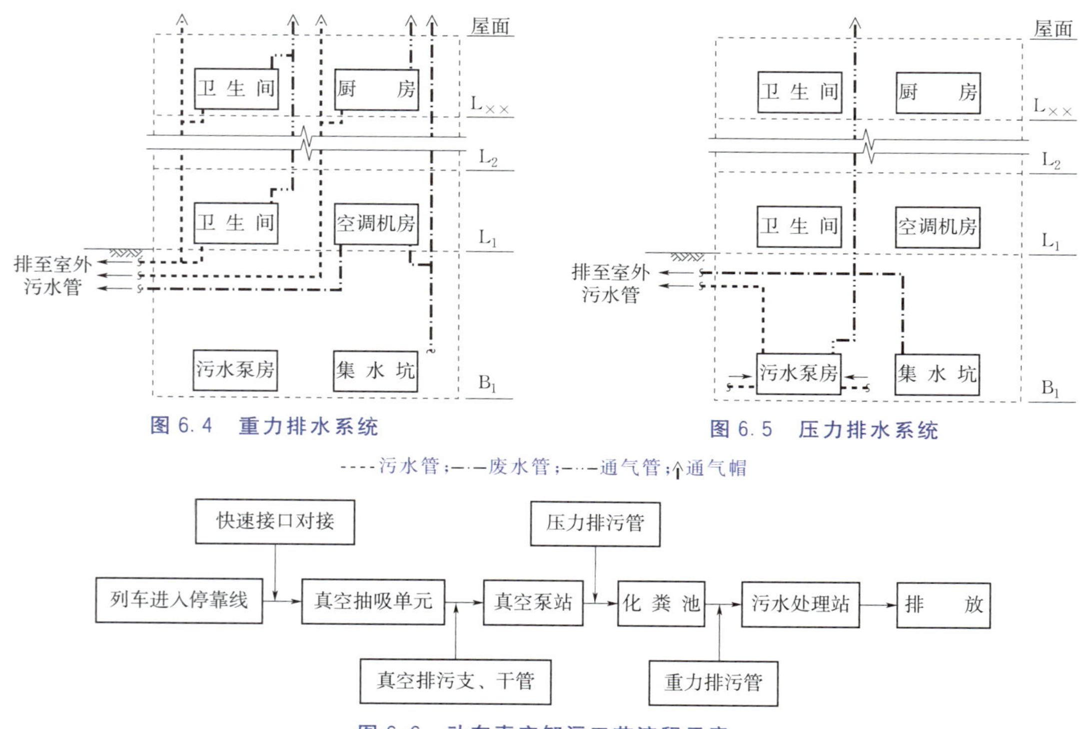

图 6.4　重力排水系统

图 6.5　压力排水系统

图 6.6　动车真空卸污工艺流程示意

表 6.4　车站常用污废水排水方式一览

排水方式	特　点	适用场所	备　注
重力排水	利用管道坡度自流排水	受水器高于室外地坪时应优先选用	见图 6.4
压力排水	利用排水泵提升排水	受水器低于室外地坪，或管道不能重力自流接入市政污水管道时可选用	见图 6.5
真空排水	利用真空设备抽吸，形成管道负压输送污废水	用于动车卸污	见图 6.6

(3)按管道收纳介质种类可分为污废合流制和污废分流制。通常车站卫生间、列车卸污采用污废合流系统，即便器排水与洗涤排水汇入同一管道；餐饮油污水及其他废水采用污废分流系统，即各设独立的排水管道。

(4)按通气管系设置方式分类。通气管系是排水系统的重要组成部分，主要作用是平衡排水管内气压，防止水封破坏，阻止污浊气体侵入室内，造成污染；同时增大管道排水能力，降低管内噪声。车站常用通气形式见表6.5。

表6.5 车站常用通气形式一览表

通气形式		特点	适用场所
无通气管		有一定的通气效果	一层排水支管单独排出，连接的大便器不多于5个
通气管无法出屋面	侧墙通气(优选)	通气效果较好	用于通气管不便出屋面的线下站等
	自循环通气(次之)		
	设吸气阀(不推荐)		
通气管可伸顶出屋面	伸顶通气	通气效果好	用于通气管可伸出屋面的侧式站房、高架候车层等

3. 处理及排放

车站排水中含砂砾等固体沉淀物、油脂等悬浮物和寄生虫卵、肠道传染病毒等病原微生物，排放前需进行处理。常用处理措施有化粪池、隔油池和污水处理站等。

当车站排水可纳入站址周边市政污水管道时，生活污废水经化粪池预处理、餐饮油污水经隔油池预处理即可。当站址周边无配套市政污水管道时，预处理后，尚需自行设置污水处理站，出水达到相关标准时方可排入周边水体或雨水管道。

6.1.3 雨水系统

1. 体系构成

车站雨水体系通常由收集、提升、处理设施，管道系统以及各类附件等构成，见表6.6。

表6.6 车站雨水体系构成一览表

名称		构成
设施	收集	天沟、明沟、暗沟、雨水口、雨水斗、调蓄池、集水坑
	提升	潜污泵
	处理	雨水处理设备
管道系统		悬吊管、支管、横干管、立管、排出管、接户管、站外埋地总管等
附件		检查口、检查井、泄压井、跌水井等

2. 系统分类

雨水按流态可分为有压流、半有压流、无压流和提升排水等；按区域可分为站房屋面、站台雨棚、落客平台及车道、轨行区、下沉庭院及地下空间入口排水等。车站常用雨水系统特点及车站适用场所见表6.7。

表 6.7 不同流态雨水系统特点及适用场所一览表

流　　态	设	施	特　　点	适用场所
半有压流	87 型或功能相似的雨水斗		1. 系统较简单，可不设溢流口或系统 2. 悬吊管需找坡，排水能力较好 3. 排水可靠	雨棚，钢筋混凝土、金属等小型屋面
有 压 流	虹吸式雨水斗		1. 系统复杂，需设溢流口或系统 2. 悬吊管不需找坡，排水能力强 3. 排水可靠性略差	大型、复杂屋面等无法设置半有压流的场所
无 压 流	承雨斗、地漏、雨水沟		1. 系统简单，不需设溢流口 2. 悬吊管需找坡，排水能力差 3. 排水可靠	落客平台及车道、轨行区、下沉庭院等排水要求较低的场所
提升排水	集水坑、潜污泵	集水坑 潜污泵	1. 系统较复杂，需依赖动力设施 2. 管道可上下弯折，敷设自由度高，排水能力强 3. 有可靠电源的前提下，排水可靠	室外型电扶梯的坑底等排水点低于室外地坪，无法重力自流的场所

3. 设计标准

雨水排水系统的规模取决于雨水量，雨水量与车站所在地暴雨强度公式、汇水面积、径流系数、汇水面构造及材料有关。暴雨强度计算中最重要的参数是设计重现期 P，P 值越大，雨水排水系统的规模越大，排水能力越强。设计重现期根据建筑物的重要程度、汇水区域性质、地形特点、气象特征等因素确定，一般车站站房屋面 P 取 20 年，站台雨棚、落客平台及车道 P 取 10 年，轨行区 P 取 5 年，下沉庭院及地下空间入口 P 取 50 年，其他室外场地 P 取 5 年。

4. 收集及排放

车站终端雨水收集设施包括沟、管、线路明沟、过轨箱涵、市政雨水管、集水池、自然或人工水体。车站雨水可综合考虑周边市政配套、水系状况、站场排水系统、地形等，选择排放方案。优先选择重力排水，就近排放。

6.1.4 水消防系统

水是最有效、最经济、应用最广泛的灭火剂。在建筑灭火中，水消防系统起着举足轻重的作用，在适合的场所均应提倡使用。

1. 体系构成

车站水消防体系通常由消防水源、供水设施、灭火末端装置、管网及阀组、控制设备等构成，见表 6.8。

表 6.8　车站水消防体系构成一览表

名　称	构　成	
消防水源	市政给水(车站应优选)	市政直供水、消防水池、水塔
	回 用 水	雨水清水池、中水清水池
	天然水源	井水、江、河、湖、海、水库
	其　他	水景、游泳池
供水设施	消防水泵、高位消防水箱、稳压设施、消防水泵接合器	
灭火末端装置	消火栓、各类喷头、消防炮	
管网及阀组	供水管、配水管、控制阀、报警阀、减压阀、排气阀	
控制设备	控制柜、控制盘、控制仪表	

2. 系统分类

水消防系统按照供水压力和流量状态可分为低压制、高压制、临时高压制三类。

(1)低压制：指能满足车载或手抬移动消防水泵等取水所需的工作压力和流量的供水系统，如图 6.7 所示。

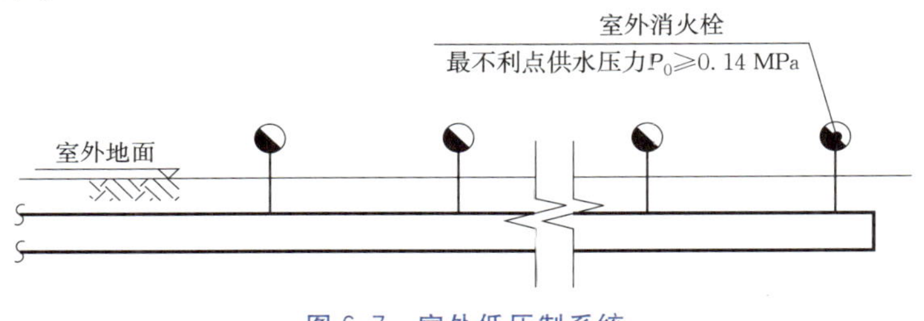

图 6.7　室外低压制系统

(2)高压制：指能始终保持满足水灭火设施所需的工作压力和流量，火灾时无须消防水泵直接加压的供水系统，如图 6.8 所示。

(3)临时高压制：指平时不能满足水灭火设施所需的工作压力和流量，火灾时能自动启动消防水泵以满足水灭火设施所需的工作压力和流量的供水系统，如图 6.9 所示。

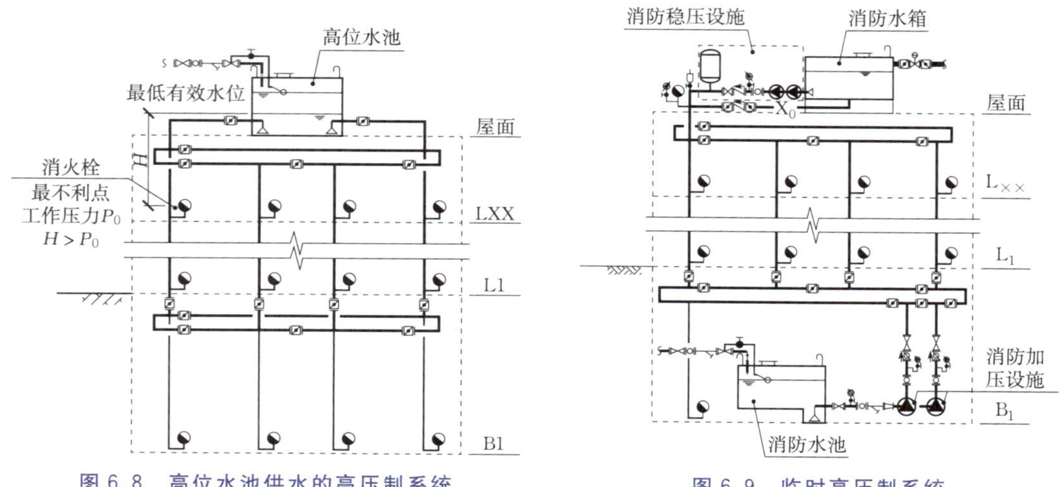

图 6.8　高位水池供水的高压制系统

图 6.9　临时高压制系统

3. 常用系统及适用条件

车站常用水消防系统包括消火栓系统、自动喷水灭火系统、大空间智能型主动喷水灭火系统和自动水炮灭火系统等，其适用性见表 6.9。

表 6.9　车站常用水消防系统及适用性一览表

<table>
<tr><th colspan="2">名　称</th><th>设置场所</th><th>设置场所净高(h)</th><th colspan="2">灭火末端装置</th></tr>
<tr><td rowspan="3">消火栓系　统</td><td>室外消火栓系统</td><td>站房周边、消防车可到达的落客平台、高架消防车道等处</td><td>—</td><td rowspan="2">室外消火栓</td><td rowspan="2"></td></tr>
<tr><td>站台消火栓系统</td><td>站　台</td><td>—</td></tr>
<tr><td>室内消火栓系统</td><td>站房室内</td><td>不限</td><td>室内消火栓箱(带灭火器)</td><td></td></tr>
</table>

续上表

<table>
<tr><th colspan="3">名　称</th><th>设置场所</th><th>设置场所净高(h)</th><th colspan="2">灭火末端装置</th></tr>
<tr><td rowspan="7">自动喷水灭火系　统</td><td rowspan="3">湿式系统(环境温度不低于 4 ℃，且不高于 70 ℃)</td><td>局部应用系统</td><td>不设自喷的站房，局部场所需要保护</td><td>$h\leqslant 8$ m</td><td rowspan="2">直立型或下垂型洒水喷头</td><td> (a)直立型喷头 </td></tr>
<tr><td>常　规</td><td>站房室内空间</td><td>$h\leqslant 8$ m</td><td>(b)下垂型喷头</td></tr>
<tr><td>高大空间</td><td>站房室内空间</td><td>$8\ \text{m}<h\leqslant 18\ \text{m}$</td><td>非仓库型特殊应用喷头</td><td> </td></tr>
<tr><td colspan="2">干式系统、预作用系统</td><td>设自喷的场所环境温度低于 4 ℃，或高于 70 ℃时</td><td>$h\leqslant 8$ m</td><td>直立型或干式下垂型洒水喷头</td><td> 干式下垂型喷头</td></tr>
<tr><td colspan="2">防护冷却系统</td><td>需要防护冷却的防火卷帘或防火玻璃墙的上部</td><td>$h\leqslant 8$ m</td><td>边墙洒水喷头</td><td> </td></tr>
<tr><td rowspan="2">水幕(不推荐)</td><td>防火分隔</td><td>应设置防火分隔物而无法设置的局部开口部位</td><td>$h\leqslant 12$ m</td><td>开式洒水喷头或水幕喷头</td><td> 开式洒水喷头</td></tr>
<tr><td>防护冷却</td><td>需要防护冷却的防火卷帘或防火幕的上部</td><td>$h\leqslant 4$ m</td><td>水幕喷头</td><td> </td></tr>
<tr><td>大空间智能型主动喷水灭火系　统</td><td colspan="2">大空间智能灭火装置</td><td>要求设置自喷的站房，其高度超出设置自喷范围的空间</td><td>$h\leqslant 25$ m，喷头和探头安装高度 6～25 m</td><td>大空间大流量喷头</td><td> </td></tr>
</table>

续上表

名称		设置场所	设置场所净高(h)	灭火末端装置	
大空间智能型主动喷水灭火系统	自动扫描射水灭火装置	要求设置自喷的站房，其高度超出设置自喷范围的空间	$h \leqslant 6$ m，喷头和探头安装高度2.5～6 m	扫描射水喷头	
	自动扫描射水高空水炮灭火装置		$h \leqslant 20$ m，水炮和探头安装高度6～20 m	高空水炮	
自动水炮灭火系统		要求设置自喷的站房，其高度超出设置自喷范围的空间	$h > 8$ m	具备直流—喷雾无极转换功能的水炮	

6.1.5 车站给排水设计的特点

1. 站台及轨行区给排水设施

高速铁路车站站台及轨行区典型给排水设施包括站台清扫栓及给水管道、站台间休房给/排水点及管道、站台消火栓及管道、站台雨水埋地管道及检查井、站台雨棚柱雨水立管、轨间列车上水/动车卸污管沟、管道及上水/卸污单元、轨间雨棚柱雨水立管、轨间排水沟/点、管沟内排水点，如图6.10和图6.11所示。

2. 主管道布设及水管跨线策略

“线侧与线上复合式”车站站房的室内空间，通常在站台层被站场横向分割，在出站层被出站通道纵向分隔，给排水服务区域被分为四大组团，“过路”管道长，主管道布设及水管跨线存在较大难度。设计中可采用“模块化”布设原则，即依建筑布局，在四大服务区块设置一组主立管道，各自竖向贯通每个楼层；每区每层再以该主立管为源点，接出横干、支管等；由同一套设备提供服务主立管道在出站层设置主干管道联通。由此不仅缩小了服务区域，而且为后期运营管理、维修维护创造了便捷条件。水管跨线通常采用在高架候车层设置跨轨管廊的方式解决。

3. 交通枢纽工程各系统设置原则

高速铁路车站往往以其为工程建设核心，衔接各类城市公共交通设施子项工程，形成综合换乘枢纽，工程界面复杂，其给排水各系统应根据不同的投资、运营管理、权属的不同制定分、合原则。

(1)给水引入管及水费计量

交通枢纽工程有多家用水单位，以宁波火车站站房南侧为例，包括火车站、汽车南站、轨道交通2号线、南广场(永达路下立交、地下车库、广场、配套用房)等4家；站房北侧包括火车站、轨道交通4号线、北广场(配套用房、地下车库)等3家。各家可合用给水引入管，除室外消防用水设专用水表计量，水费各家均摊外，其余用水单元各家单设水表计量，如图6.12所示。

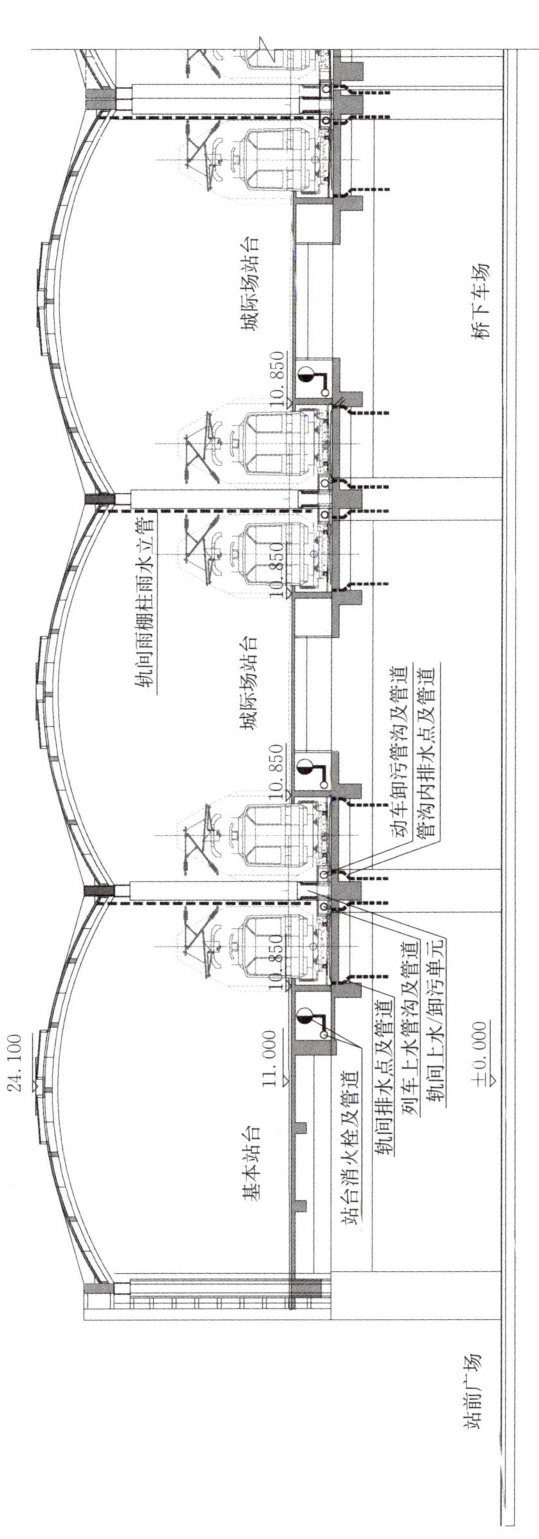

图6.10 郑州南站(2017年)站台及轨行区给排水设施垂轨剖面示意

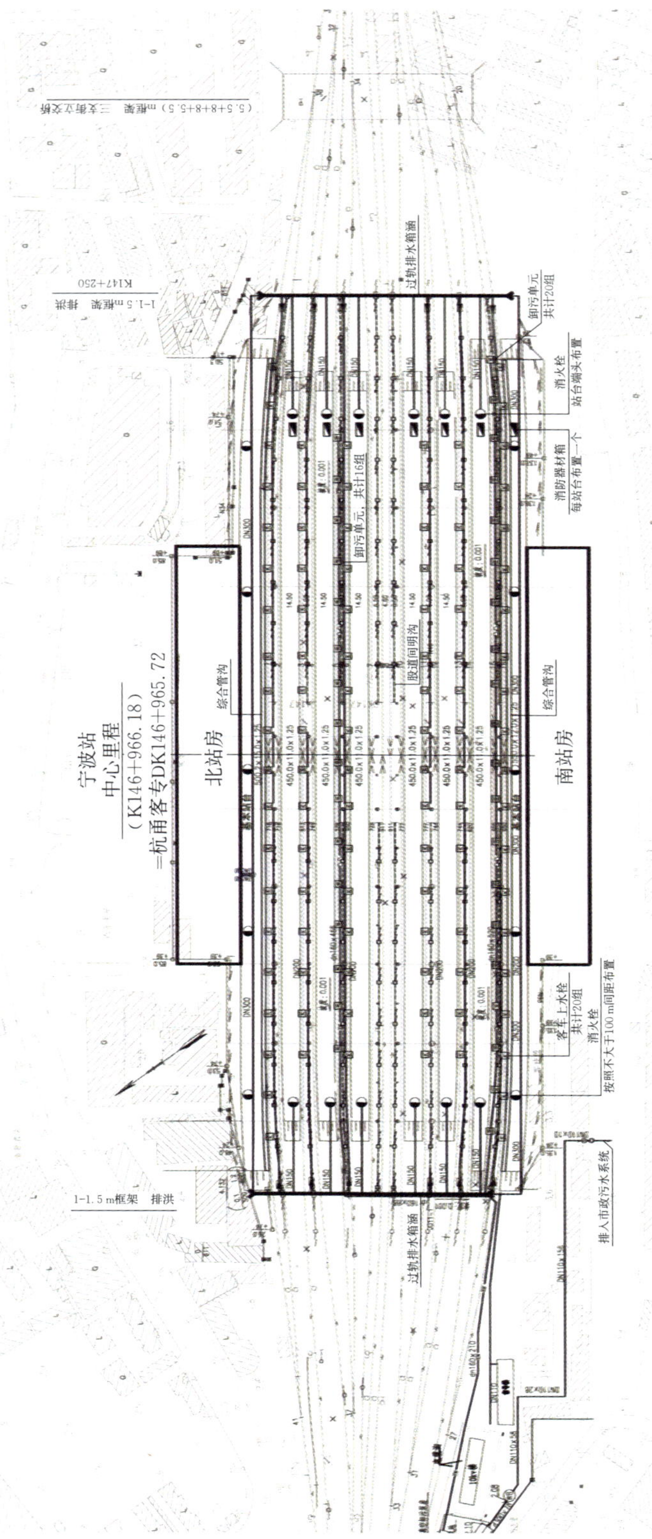

图6.11　宁波火车站(2009年)站台及轨行区给排水设施示意

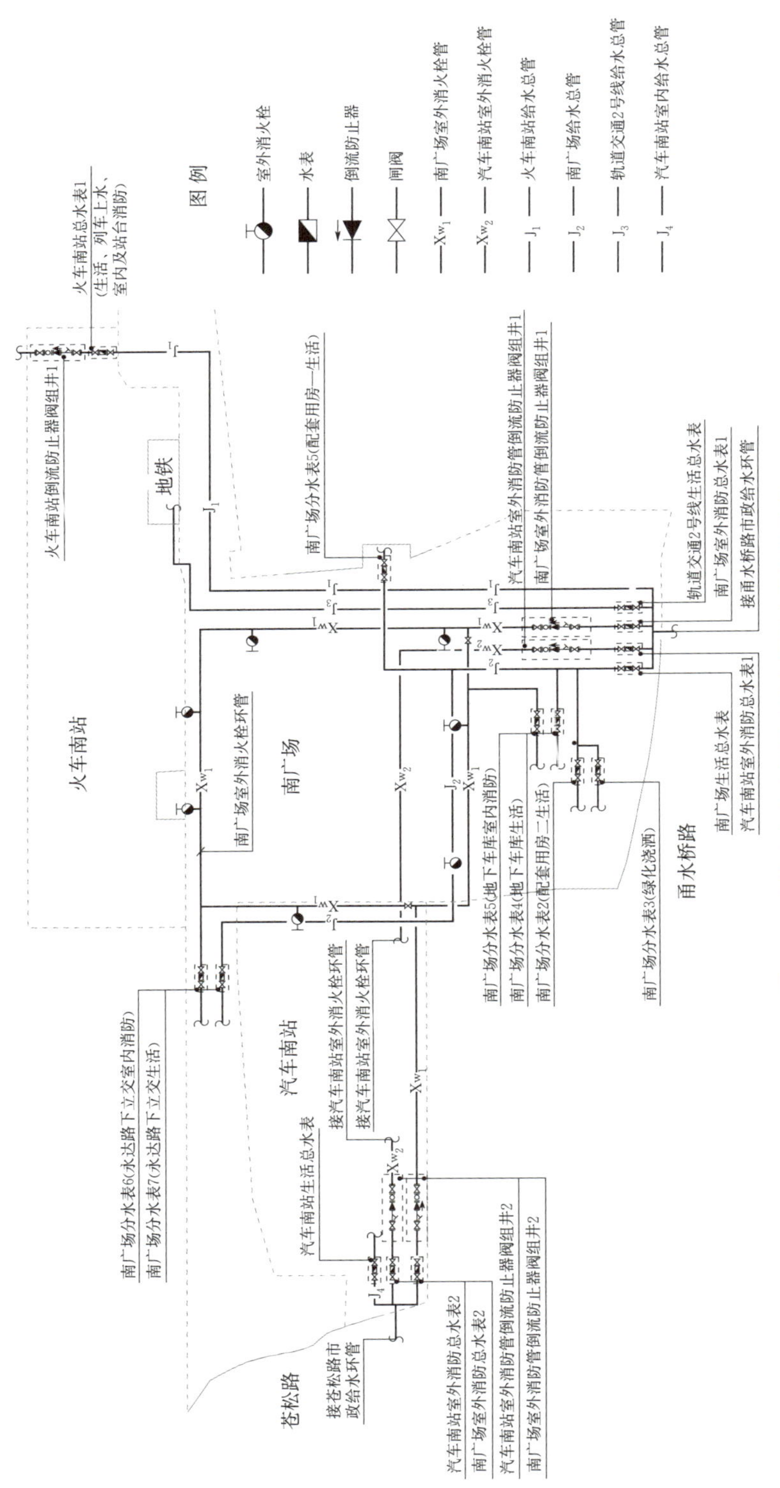

图6.12 宁波火车站南侧用水引入管及水表设置示意

(2)排水管与市政接口的分、合原则

枢纽污废水各家可共用市政排水接口，接入市政井之前管道及预处理构筑物各自独立设置。

(3)消防供水设施的设置原则

当产权归属或物业管理部门不同时，交通枢纽的消防供水设施应当各自独立设置，以利于投资计列、运营维护及水费收取，并有效弥补因管理职责不明确而出现的安全隐患。

4. 自动水灭火系统选择策略

铁路站房有高架候车层、桥下候车厅、进站广厅、地下出站厅及城市通廊、桥下出站层、防火舱/防火单元等不同于其他建筑物的特殊场所，这类场所自动水灭火系统的选择应根据空间高度、吊顶形式及吊顶板开孔率、消防水箱位置、是否有冰冻风险、防火分隔需求等统筹考虑，见表 6.10。

表 6.10 铁路站房自动水灭火系统选择一览表

场　所	空间高度 h/m	吊顶形式	消防水箱位置	是否有冰冻风险	防火分隔	自动水灭火系统选择
高架候车层	$h>18$	不　限	不　限	无	无	自动水炮
	$8\leqslant h\leqslant 18$	密实吊顶	低于吊顶			自动水炮
			高于吊顶			湿式自喷系统
		通透吊顶	低于屋面板			自动水炮
			高于屋面板			湿式自喷系统
桥下候车厅	$8\leqslant h\leqslant 12$	密实吊顶	高于吊顶			湿式自喷系统
		通透吊顶	高于轨道板或站台板			
进站广厅	$h>18$	不　限	高于吊顶			自动扫描射水高空水炮灭火装置
地下出站及城市通廊	$h\leqslant 8$	密实吊顶	高于吊顶	有/无		干式自喷系统/湿式自喷系统
	$h>8$	通透吊顶	高于吊顶	有/无		吊顶上设防火板，限定板下净高不大于 8 m，干式自喷系统/湿式自喷系统
防火舱	$h\leqslant 8$	不　限	高于吊顶	无	C 类防火玻璃	湿式自喷系统、防护冷却系统
					A 类防火玻璃	湿式自喷系统

注：密实吊顶 h 指地面至吊顶的高度，通透吊顶 h 指地面至上层结构板的高度。

6.2 车站暖通设计

高速铁路车站的暖通空调系统包括采暖系统、空调系统、通风系统、防排烟系统及节能自控技术。

1. 系统负荷特点

高速铁路车站具有室内空间高大，进出口多，且有潮汐客流候车等空间使用特征，因此服务于车站的空调采暖系统负荷具有以下相应的特点。

(1)围护结构负荷

虽然高速铁路车站建筑的外围护结构传热负荷所占比例较小，入口雨棚及大尺度挑檐使窗户遮阳性能有所提高，并对减少辐射冷负荷有利，但由于幕墙玻璃等通透材料使用面积较大，屋面天窗大面积玻璃的太阳辐射对室内热负荷环境影响严重，因此需要强化幕墙玻璃的隔热性能并充分考虑夏季太阳辐射对人员舒适性的影响。

(2)人员负荷波动影响

高速铁路车站人员密集且波动性大，最大停留人数和波动规律对负荷及运行影响较大，目前多采用建筑专业提供的客流模拟数据进行分析确定，或采用车站最高聚集人数在各区域进行分配估算。

(3)室内外连接区能量交换

大型高速铁路车站的高架候车厅与站台直接相连，外门数量多，旅客进入站台检票时会长时间开启，尤其是两侧门同时开启，室外空气侵入负荷大，甚至可能形成过堂风加速对流的影响。另外，高架候车厅两端一般都有多层贯通的竖向共享空间，也容易产生很大的侵入负荷。

2. 设计原则

我国高速铁路车站空调系统的设计选用及确定，与该车站所处的气候温度分布带密切相关。我国的气候分布带分为严寒地区(如东北地区)、寒冷地区(如北京地区)、夏热冬冷地区(如江浙沪地区)、夏热冬暖地区(如福建、广东地区)和温和地区(如云南地区)五个分区，高速铁路车站空调系统的设计需要基于不同的气候分区，综合考虑能源环境、投资等情况。

(1)当高速铁路车站区域内有既有或规划城市、区域热源、电厂余热，同时满足站房工期需求时宜优先采用；具有充足的天然气供应的地区，且满足并网要求时可采用分布式热电冷联供系统；具有天然水资源或地热源可供利用时，可采用水(地)源热泵系统；当铁路系统内实施峰谷分时电价政策时，可采用冰(水)蓄冷系统；具有多种能源(热、电、燃气、污水等)的地区，宜采用复合式能源供冷、供热技术。夏热冬冷地区及夏热冬暖地区的中、小型站房可采用空气源热泵系统；在满足使用要求的前提下，对于夏季空气调节室外计算湿球温度较低、温度日较差大的地区，如气候区划图的ⅦA、ⅦC、ⅦD区宜采用蒸发式空调。

(2)夏热冬冷地区及夏热冬暖地区的站房宜设置空气调节系统；其他地区客运专线站房最热月平均温度大于等于24 ℃时可设空调，小于24 ℃时贵宾室、售票室等办公及工艺用房可设置空调，省会城市及口岸站的枢纽车站可适当提高标准。

(3)严寒地区及寒冷地区应设置采暖设施，夏热冬冷地区及温和地区日平均温度小于等于5 ℃的天数达6 d或小于等于8 ℃的天数达75 d时大型及以上站房可结合空调系统设置采暖设施，夏热冬暖地区不宜单独设置采暖设施。

(4)严寒地区及寒冷地区的进站厅、售票厅、候车室、贵宾室等高大空间宜设置辐射采暖系统，单独设置空调的办公、工艺房间及无集中空调或无人有水设备房间，可设置散热器装置，工艺机房若设备发热量满足机房冬季环境要求可不设置采暖设施。其他区域采暖系统宜共用空调系统。

6.2.1 冷热源系统

高速铁路车站空调采暖系统的冷热源能耗所占比例较大，是暖通空调系统设计中的重点环节。一般情况下，在只有夏季供冷需求时，优先采用电制冷；在同时有供冷、供热需求时，原则上冷热源形式应根据车站所在地区周边的能源结构、价格政策、环保要求、地质情况和当地气候特点综合比较确定。常用能源形式的正确、合理使用非常重要，多种能源的合理结合具有很大节能潜力。

1. 热源系统

一般的热源分为可就地利用的市政高温热源、自备热源如燃气锅炉，或者是有高温余热可供利用如热水型溴化锂机组等不同形式的热源，还有利用风能的热泵系统。

(1)市政热网

一级市政热网的介质一般分为蒸汽或高温热水，利用市政热网供暖简单可靠，在价格合理的情况下应优先采用。

(2)天然气能源

天然气是有限的高品位能源，应得到最合理的利用，目前天然气用于大型联合循环发电从能源利用方面看是非常合理的，但由于众多原因也只是应用于少量天然气调峰电厂，绝大部分还是用于直燃供热如燃气锅炉提供热源。

(3)高温余热热源机组

如果车站周边有低品位热源可利用的条件，如采用蒸汽或热水型溴化锂吸收机，利用高温介质作为动力提取低品位热源进行供热，在不增加综合能耗的情况下实现多供热的目的，是一种有效可行的节能方式。

2. 热泵系统

现阶段中小型高速铁路车站广泛使用空气源埋管地源热泵，最直接的原因是新建中小型高速铁路车站选址大多偏僻，无市政热网、无燃气管网，又限于主机房面积的限制，可采用热泵形式。热泵供暖是将低位势(低温端)抽升到高位势(高温端)排放。热泵系统又可分为空气源热泵、地源热泵和水源热泵系统。

空气源热泵是利用室外空气的能量通过机械做功，使能量从低位热源向高位热源转移的一个装置。地源热泵系统是一种以岩石、地下水或地表水为低温热源，由水源热泵、地热能交换系统、建筑物内系统组成的供热空调系统；冬季，热泵系统通过地下埋管吸收底层的热量(向大地吸热，底层位蓄热)，冷凝器产生的热水提供热源。水源热泵目前在车站中较少使用。

3. 冷源系统

空调冷源包括天然冷源和人工冷源，车站空调冷源的选型首先要考虑天然冷源，无条件采用时，可采用人工冷源。冷水机组的选型根据车站的规模、用途、负荷、所在地区的气象条件、能源结构、政策价格等因素综合论证确定。

(1)若有余热利用,可采用热水型或蒸发型溴化锂吸收冷水机组提供冷水。

(2)对于大型、特大型车站,可采用复合能源形式供冷,如分布式能源(热电冷三联供系统,图6.13)目前在特大型铁路站房中较为常见,尤其是在以热负荷为主的北方地区,是高效利用天然气的节能途径之一。

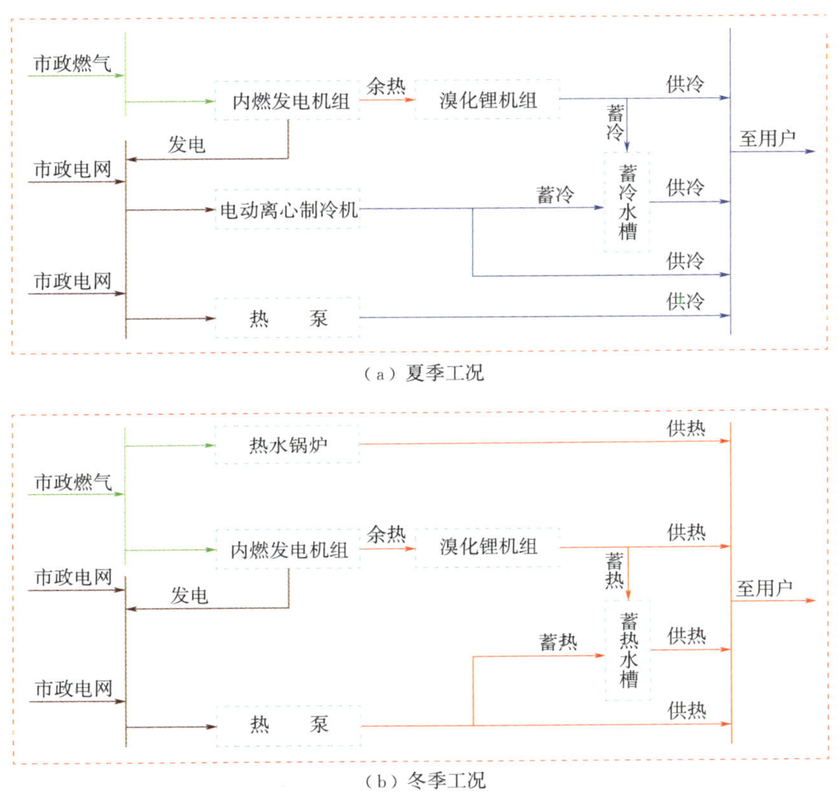

图6.13 热电冷三联供系统冬夏季供冷供热示意

(3)对于夏热冬冷地区、干旱缺水的中小型车房可以采用空气源热泵提供冷源,或采用地源热泵形式供冷。

(4)电制冷冷水机组的形式不仅要考虑机组的额定功率,还应考虑机组的综合部分符合的性能,以使冷水机组在工作周期的能耗是最低的。水冷冷水机组有活塞式/涡旋水冷机组、螺杆冷水机组、离心冷水机组,风冷或蒸发冷水机组分为活塞式/涡旋冷水机组、螺杆式冷水机组。

6.2.2 输配水系统

在车站暖通空调系统设计中,水系统的输配方式众多,高速铁路车站常用的水输配系统分为供暖系统、空调水系统和冷却水系统三大类。

1. 供暖系统

在寒冷地区、严寒地区的高速铁路车站会涉及供暖系统的设置,如值班采暖系统、车站办公区采暖系统；早期的车站公共候车区会采用供暖系统，如扩建改造前的天水站、银川站、兰州站等。因车站规模的扩大和既有空调系统形式的多样性，采暖系统多作用于值班采暖区域和办公区域，公共候车区域多采用低温地板辐射采暖系统。

（1）供暖系统从动力上分为重力循环热水供暖系统和机械循环热水供暖系统；从系统结构上分为单管上供下回式、单管下供下回式、双管上供下回式、双管下供下回式、双管中供式和单管水平跨越式等，如图 6.14 所示。

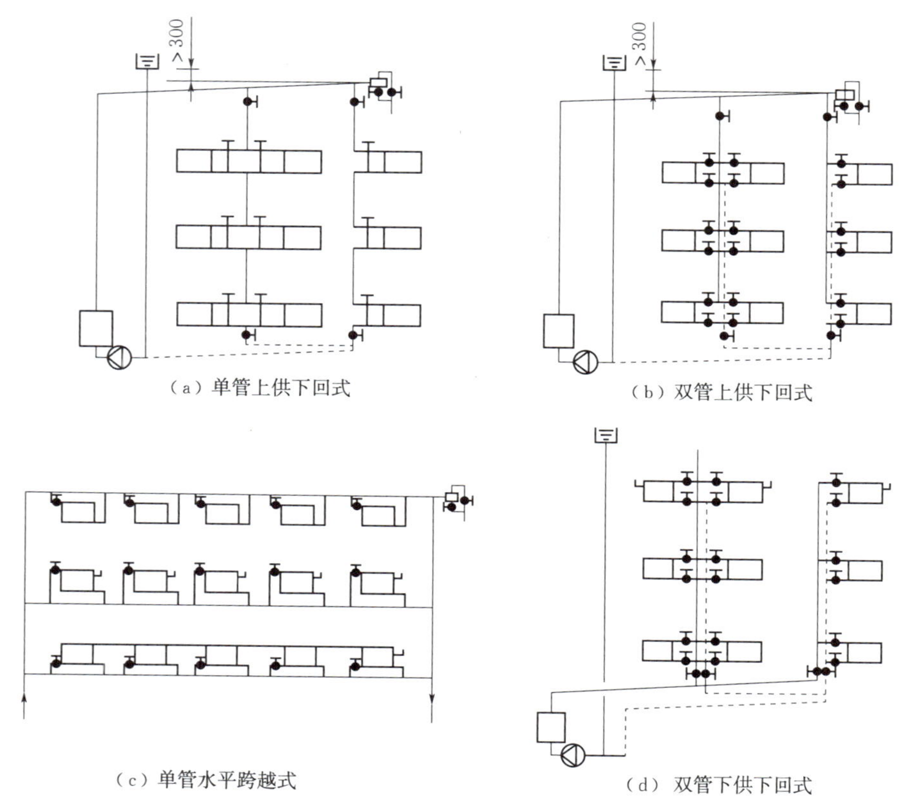

图 6.14　车站常见供暖形式（单位：mm）

（2）随着近年来对能耗控制要求的提高，供暖系统的热量计、分户计量设置成为必要条件，尤其在车站区域，需要在不同功能用房的入户管上进行分户计量。

（3）通常值班采暖水系统的设计水温宜为 75 ℃/50 ℃，其次采用 85 ℃/60 ℃。

2. 空调水系统

（1）车站的空调水系统一般为两管制系统，分为同程式双管系统和异程式双管系统。

（2）从空调用户端流量变化来分，有变流量系统和定流量系统，车站空调系统用户侧根据客流变化、室外温度变化等因素，多为变流量系统，而冷源侧则为定流量系统，或者采用变频冷水机组的变流量系统。

（3）从循环水泵的分级设置角度，又可分为一次泵系统和二次泵系统。一般中小站房的水系统区域较小，常为一次泵系统；大型或特大型站房，多采用二次泵系统。常见空调水系统形式如图 6.15 所示。

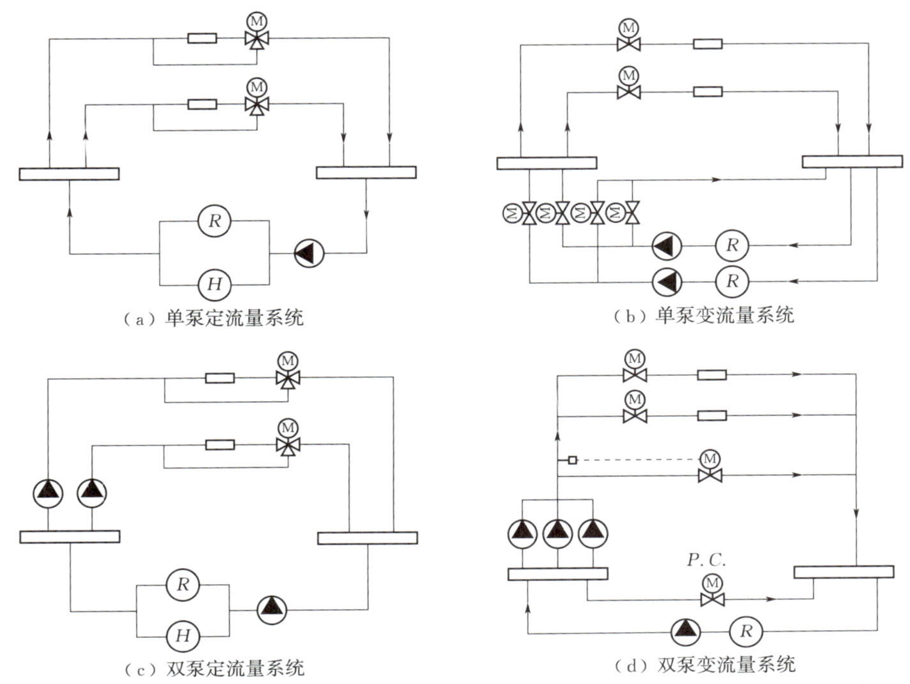

图 6.15　常见空调水系统形式

(4)空调冷水系统常规采用 5 ℃温差，为 7 ℃/12 ℃；一些大型站房为减少输配系统的能耗，采用大温差冷水系统，温差达 6～7 ℃。

(5)空调热水系统常规设计温度为 60 ℃/50 ℃，或 65 ℃/50 ℃。

3. 冷却水系统

(1)冷却塔选型须根据车站功能、周围环境条件、场地限制和平面布局等诸多因素综合考虑。对塔型与规格的选择还要考虑当地气象参数、冷却水量、冷却塔进出水温、水质以及噪声、散热和水雾对周围环境的影响，最后经技术经济比较确定。选择冷却塔时主要考虑热工指标、噪声指标和经济指标。

(2)冷却塔应设置在空气流通、进出口无障碍物的场所，有时为了建筑外观需设围挡时，必须保持有足够的进风面积(开口净风速应小于 2 m/s)。布置冷却塔时，应注意防止冷却塔排风与进风之间形成短路的可能性；同时，还应防止多个塔之间互相干扰。冷却塔进风口侧与相邻建筑物的净距不应小于塔进风口高度的 2 倍，周围进风塔之间净距不应小于进风口高度的 4 倍，才能使进风口区沿高度风速分布均匀并确保必需的进风量。

(3)车站的冷却水系统一般设计温度为 32 ℃/37 ℃，由于车站站型的限制，大型站房需考虑冷却水系统的输配长度，应注意输配阻损，防止循环水泵入口出现虹吸现象。

6.2.3　空调末端系统

1. 全空气系统

(1)全空气系统是指全部室内热湿负荷，均由经过集中处理的空气介质所吸收，不需另外的二次冷却。由于空气的比热较小，需要用较多的空气量才能达到消除余热余湿的目的，因此要求有较大断面的风道或较高的风速。全空气系统的优点是在过渡季节能满足全面通风的要求，减少主机的开启时间，具有一定的节能效果。

全空气系统从风机动力角度又分为单风机系统和双风机系统，如图 6.16 所示。目前高速铁路车站中的候车厅等高大空间公共场所由于与外部的开口较多，基本采用单风机全空气系统方式。

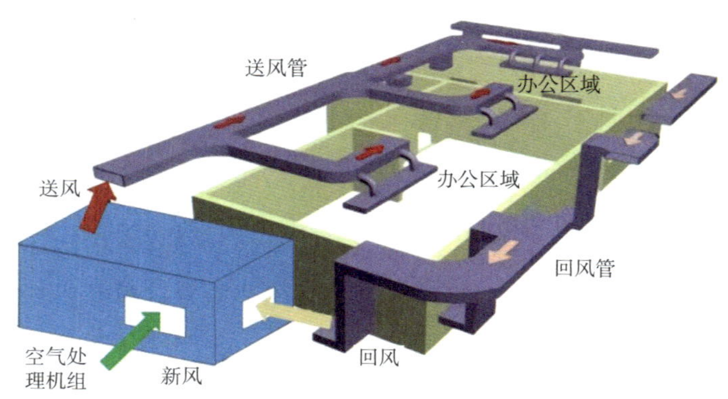

图 6.16 典型全空气系统示意

(2)车站候车厅是典型的高大建筑空间区域，以节能为目标，常见的气流组织方式为分层空调形式，仅将旅客行为活动的候车区域作为空调环境区域，而将候车区的上空视为非空调区域，一般采用侧送集中回的方式。

末端风口形式有电动感温喷口、鼓型风口等，其风口设置的高度在很大程度上成为划分空调与非空调区域的分界线，因此这个设置高度与分层空调节能率有着重大关系。

2. 空气—水系统

空气—水系统是指空气介质仅处理全部的新风负荷或附带处理一小部分的室内负荷，而剩余的室内负荷由设在空调房间中的二级冷却器，如风机盘管、诱导空调器等设备负担，因而避免了冷热抵消造成的能量浪费，同时也解决了大风道及占用空间的问题。风机盘管及诱导空调器等皆属于这种系统中的二级冷却器，若使用区域的回风量较少也可以不设回风道，则更有利于节省空间。除此之外，空气—水系统便于各区域的温度调节，使用起来更加人性化，如图 6.17 所示。

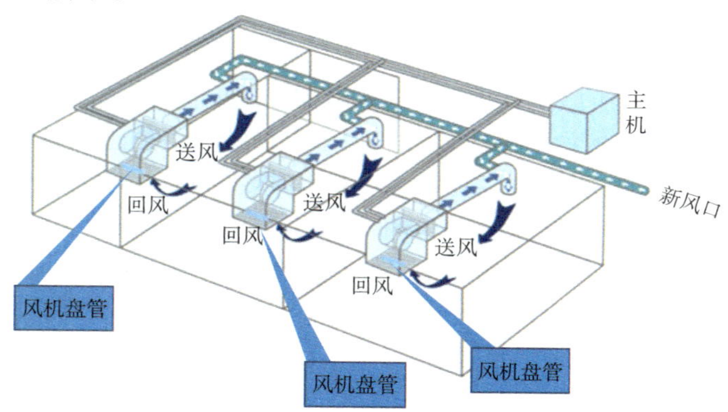

图 6.17 空气—水系统

高速铁路车站中的办公管理等小空间场所基本均采用空气—水系统形式。

3. 变制冷剂流量多联分体式系统

(1)变制冷剂流量多联分体式空调是指一台室外空气源热泵机组配置多台室内机，通过改变制冷剂流量能适应各空间负荷变化的直接膨胀式空气调节系统。变制冷剂流量多联机系统按其室外机功能可分为热泵型、单冷型和热回收型。变制冷剂流量系统由室外机、室内机、配管及自动控制系统组成；室外机根据室内负荷的变化控制进入各个室内机的制冷剂流量，可以适时满足室内冷热负荷的需求。

(2)分类：根据压缩机的形式，分为定频式、定频式多联机系统；根据室外机冷却方式，分为风冷式、水冷式多联机系统，如图 6.18 所示。

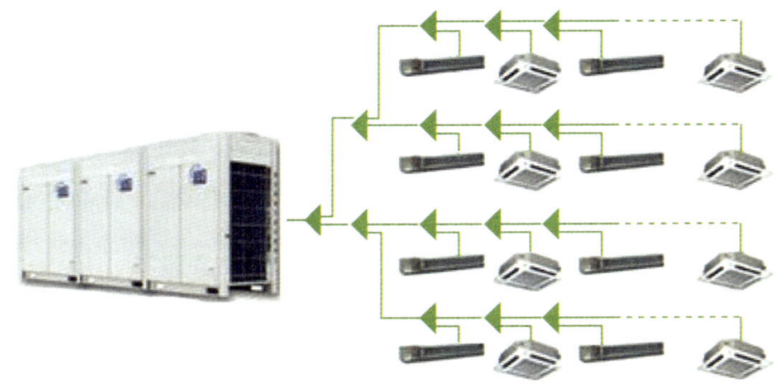

图 6.18　变制冷剂流量系统

(3)选型：对于多联机的选型，须遵循节能标准的制冷综合性能系数 IPLV(C)的数值，见表 6.11。

表 6.11　多联式空调(热泵)机组制冷综合性能系数 IPLV(C)

名义制冷量 CC/kW	制冷综合性能系数 IPLV(C)					
	严寒 A、B 区	严寒 C 区	温和地区	寒冷地区	夏热冬冷地区	夏热冬暖地区
CC≤28	3.80	3.85	3.85	3.90	4.00	4.00
28＜CC≤84	3.75	3.80	3.80	3.85	3.95	3.95
CC＞84	3.65	3.70	3.70	3.75	3.80	3.80

高速铁路车站中一些使用时间与常规办公时间不同的特殊作业区或公共场所，如自动售检票区域，或者在冬季热源还没开始供热的情况下需要使用空调的空间，如行政贵宾、商务贵宾厅，通常采用变制冷剂流量多联分体式空调系统。

(4)由于车站建筑平面尺度较大，受空调室外机设置位置条件的限制，一些室内外机的连管长度也会成为变制冷剂流量多联分体式空调设备容量衰减的影响因素。因此，在设计过程中需要充分注意室内外机连接管距离对能效的影响，依据国家节能规范要求，多联机空调系统的制冷剂连接管等效长度应满足对应制冷工况下满负荷时的能效比(EER)不低于2.8 的要求。

4. 蒸发冷却空调

蒸发冷却空调技术是一项利用水蒸发吸热制冷的技术。蒸发冷却空调系统可分为一级

(直接)蒸发冷却空调系统、二级(间接+直接)蒸发冷却空调系统和三级(二级间接+一级直接)蒸发冷却空调系统。一级(直接)蒸发冷却空调系统蒸发冷却最常用的方式是由单元式空气蒸发冷却器或只有直接蒸发冷却段的组合式空气处理机组所组成的蒸发冷却系统,系统技术和工艺均相对成熟,初期投资和运行费用低,占地空间小,安装方便。在干燥地区,一级(直接)蒸发冷却系统相对于机械制冷系统而言,能源消耗可节约60%~80%。直接蒸发冷却是一个等焓(绝热)加湿过程。

一级(直接)蒸发冷却空调系统受气候和地域等条件限制,存在空气调节区湿度偏大、温降有限、不能满足要求较高的场合使用等问题,故可以采用间接蒸发冷却与直接蒸发冷却复合的二级(间接+直接)蒸发冷却空调系统。间接蒸发冷却是一个等湿降温过程,不会增加空调送风的含湿量,二级间接冷却+直接蒸发冷却的两级冷却方式(焓)降大于单级直接蒸发冷却,在实际工程中广泛应用。

典型的三级蒸发冷却空调系统有两种类型:一是一级和二级均为板翅式间接蒸发冷却器,第三级为直接蒸发冷却器;二是第一级为冷却塔+空气冷却器所构成的间接蒸发冷却器,第二级为板翅式间接蒸发冷却器,第三级为直接蒸发冷却器。目前三级蒸发冷却空调系统正在推广使用。

蒸发冷却空调系统比常规空调更加节能,但却非常受限于站房所处的气候分区,现阶段仅在我国西北地区高速铁路车站建筑中推广使用。

6.2.4 通风系统

高速铁路车站的全面通风按空气流动的动力分为自然通风和机械通风。

1. 自然通风

自然通风又名被动式通风,是利用自然能源而不依靠空调设备来维持适宜的室内环境的一种通风方式;主要工作原理是利用室内外温度差所造成的热压、风压来实现通风换气,如图6.19和图6.20所示。

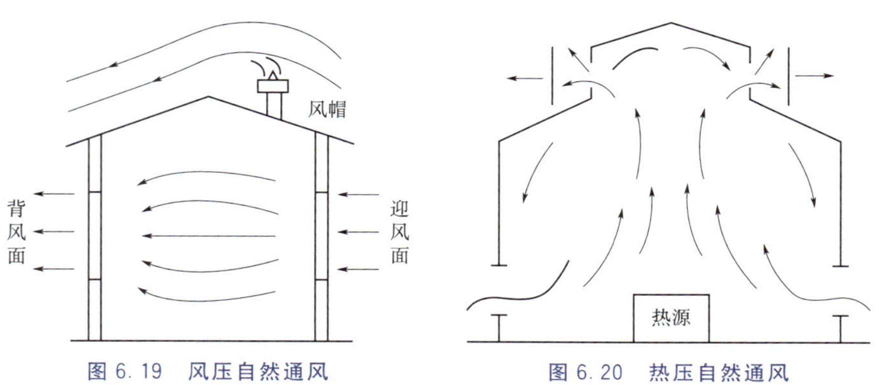

图6.19 风压自然通风　　图6.20 热压自然通风

在气候条件适宜的地区,高速铁路车站尽可能地利用自然通风技术,有两方面意义:一是实现被动式制冷,利用自然通风可在不消耗不可再生能源情况下降低室内温度,改善室内热环境;二是可提供新鲜、清洁的自然空气,带走潮湿污浊的空气,有利于人体的生理和心理健康。高速铁路车站室内自然通风设计需注意以下几方面问题。

(1)在车站采用自然通风时,必须保持其内部舒适度,根据美国采暖、制冷与空调工程师学会标准 *Thermal Environmental Conditions for Human Occupancy*(ANSI/ASHRAE Standard 55:2017),当室外月平均最高气温为 19.0 ℃时,在人员热舒适度达到 90%的情况下,自然通风条件的最高室内温度不可超过 26.0 ℃,可将此条件作为自然通风的设计标准,如图 6.21 所示。

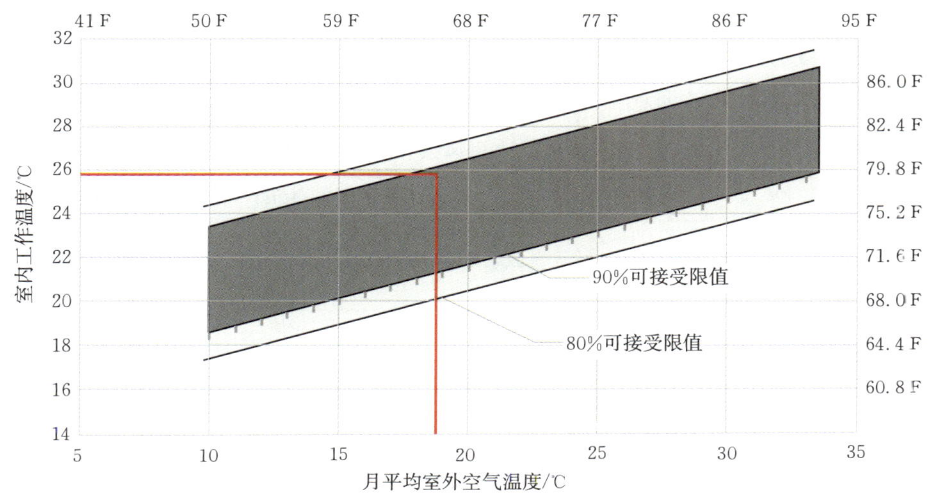

图 6.21 ANSI/ASHRAE Standard 55:2017 自然通风舒适度示意

(2)由于铁路车站内部的热源主要是乘客的散热量和广告、大屏、照明灯,为低温发热体,在过渡季,内外的热压不易形成较大差值,因此车站的自然通风设计主要以风压为主。

(3)自然通风分析主要包括外部风环境模拟分析和内部自然环境通风分析,目前的模拟手段主要借助于计算机数值模拟技术进行分析。

(4)无组织渗透风的影响。空调季尤其是冬季制热工况下,由于车站空间有诸多通往站台的开口,使得列车到发时引起的无组织渗透风相当大,对主动式能源供给造成浪费。在 2010 年左右,根据对已建成的 16 座大型高速铁路车站进行现场调研,总结车站主要空间的无组织渗透风现状及特点,归纳控制无组织渗透风的节能做法。研究发现,由于车站建筑的日常使用特点,检票出入口部位往往呈开放空间状态,大量的无组织渗透风量增加了夏季空调和冬季供暖能耗,对室内空间环境的热舒适性产生较大影响。经过分析得出结论:高速铁路车站普遍采用的门斗阻隔效率高且稳定,其中外置门斗的阻隔效率高于内置门斗;对外界条件变化适应性强,适用于全国大部分地区及大部分气候条件,尤其适用于渗透风速度大的严寒及寒冷地区;若建筑对门斗美观有要求,可以采用双重门的形式,两者效果相似。空气幕阻隔效率不稳定,受外界条件变化干扰严重,阻隔无组织渗透风能力不如门斗,较适用于外界风速较低及对无组织渗透风量要求不严格的地区;在控制风速和舒适度的基础上,应尽量降低风幕机的安装高度。

2. 机械通风

机械通风方式是指依靠机械设备送、排风,使室内环境达到要求的送、排风量及区域速度场。对室内温湿度有一定要求或需要排除有害气体的建筑,均需要采用机械通风方式。

全面通风按空气流动的动力分为机械通风和自然通风。利用机械实施全面通风的系统可分成机械进风系统和机械排风系统。对于某一房间或区域，可以有以下几种组合方式：既有机械进风系统，又有机械排风系统；只有机械排风系统，室外空气靠门窗自然渗入；机械进风系统和局部排风系统（机械的或自然的）相结合；机械排风与空调系统相结合；机械通风与空调系统相结合，或者由空调系统实现全面通风任务。

高速铁路车站建筑空间规模大、旅客众多、功能复杂，且大型机电设备的机房繁多，因此需要使用多种机械通风方式，以满足旅客活动需求和不同设备用房的专业使用要求。车站常见通风设计参数及其设计通风量参见表 6.12。

表 6.12　通风换气次数

设备机房	送风/(次·h^{-1})	排风/(次·h^{-1})	备　注
冷冻换热机房	5	6	
变 电 所	10	12	
行包通道	—	4	
水 泵 房	5	6	
柴油发电机房	根据工艺提资计算	根据工艺提资计算	送风量、排风量与燃烧所需空气之和
厕　所	15	25	

(1)公共候车区

夏季，高速铁路车站的候车区域上部聚集大量的热气，一些站房设置了顶部的排热风系统，以减少上部非空调区域对下部空调区域的热辐射影响。一般上部非空调区域的夏季通风量按 1.0～1.5 次/h 设置。这种通风形式常见于夏热冬暖地区、夏热冬冷地区的车站中。

冬季，由于高大空间垂直温度梯度失调的特性，候车区域的热气会上浮。车站通风设计可考虑在高架候车层的顶部，从室外引入新风对上部非空调区域进行冷却灌风，使高架候车层的压力保持相对室外的微正压状态，以减少由诸多的车站室内开口引起的冷渗透风问题，达到节能的目的。这种通风形式适合用于寒冷或严寒区域，正在建设中的郑州南站，采用了此种高位补风设备。

(2)公共卫生间

公共卫生间的使用品质，近年来在车站设计中受到高度关注，尤其对卫生间机械通风系统，做出了较大的优化改进。目前大部分车站卫生间均设置上下排风系统，保证换气次数在 15～25 次/h，上下排风量的比值为 2/3，下排风的风口尽量靠近便器的排污口附近，最大程度地解决卫生间异味问题。

(3)变电所

变电所设智能温控轴流风机机械送排风，通风量按消除室内设备发热量计算确定，且换气次数不应小于 12 次/h，并设置变制冷剂流量多联机系统辅助降温。当室内温度大于 38 ℃时，温控风机开启；室内温度低于 32 ℃时，温控风机关闭。当变电所内安装有 SF_6 气体绝缘设备时，应设事故通风和下排风口，且换气次数不应小于 12 次/h，与平时通风系统合设。当室内温度大于等于 40 ℃时，工作人员根据具体情况手动开启多联机系统冷风降温。

(4)其他重要机电用房

通信机械室、信息机房等安装有气体灭火系统的房间设置气体灭火后送、排风系统，通风量按换气次数不小于 6 次/h 设计。

(5)污水泵房

设置机械排风系统，换气次数为 15 次/h，风机入口设置活性炭过滤器，活性炭过滤器需配置饱和提醒装置。

(6)垃圾房

设置独立机械排风系统，换气次数为 15 次/h，风机入口设置活性炭过滤器，活性炭过滤器需配置饱和提醒装置。

6.2.5　防排烟系统

高铁客站的防排烟系统作为车站消防安全中相当重要的组成部分之一，在公共交通建筑中扮演着十分重要的角色。目前车站的防排烟系统主要依据《铁路工程设计防火规范》(TB 10063)、《建筑防烟排烟系统技术标准》(GB 51251)和《建筑设计防火规范》(GB 50016)进行设计。

1. 设计原则

(1)高大空间

车站的候车厅、进站广厅为高大空间，室内排烟空间净高大于 9 m，划分逻辑防烟分区，每个防烟分区面积不大于 2 000 m^2，长边长度不大于 60 m；一般区域采用自然防烟方式。

车站建筑中部分超大空间若无法按现行规范执行的，则需运用实际计算、动态模拟等手段，通过特殊消防设计进行论证及评估。

(2)特殊用房

大于 100 m^2 的地上有人房间，地下，地上建筑内无窗房间总面积大于 200 m^2 或单个房间面积大于 50 m^2，且经常有人停留或可燃物较多的房间保证可开启外窗面积大于占地面积的 2%，采用自然防排烟方式，不满足自然排烟条件的需要设置机械排烟系统，排烟量按一个防烟分区不小于 60 $m^3/(h \cdot m^2)$计算，且总排烟量不小于 15 000 m^3/h。

(3)超长空间

长度超过 20 m 的走道，应在两侧设置面积不小于 2 m^2 的自然排烟窗且两侧自然排烟窗的距离不应小于走道长度的 2/3。

(4)气体灭火区域

车站所有设计气体灭火区域的设备用房，出入此区域部分的风管均加设电动防火阀，设一套独立的机械排风系统满足灭火完成后气体的排除；火灾时，自动关闭着火区的风阀，开始气体喷洒；喷洒结束后，开启风阀及通风系统，进行换气。

2. 消防专项论证

随着越来越多的大型、超大型高速铁路车站的出现，候车区空间高大，其疏散距离、防火分区划分、机械排烟的设置均出现无法严格按照现行规范实施的问题，一些车站需要有针对性地进行一些消防专项论证。利用火灾模拟软件(FDS)对高速铁路车站的出站层、站台层、换乘厅、高架层、高架夹层以及城市客厅等超大空间或特殊空间的火灾场景进行计算模拟，研究其火灾发展和烟气运动规律，分析消防设施的有效性，如车站高架候车层上部的商业空间（存在大量的商业易燃物）。依据这些防火困难条件，在性能化特殊消防设计中，衍生出"防火舱""防火岛"的单元防护概念。特殊消防设计是基于"合理划分防火分区""控制火灾烟气蔓延扩大"的基本策略，对火灾荷载规模、烟气发展模型、人员疏散时间等各方面进行分析讨论，在无法满足现行规范的情况下，提出补强措施。关于特殊消防在第7章中展述。

6.3　车站电气设计

高速铁路车站建筑电气部分一般由供配电系统、照明系统、火灾自动报警系统、建筑设备监控系统、建筑防雷及综合接地系统等组成。

6.3.1　供配电系统

高速铁路车站供电系统是车站实现交通运营的动力源泉，负责电能的供应与传输，提供车站范围内全部用电设备所需的动力照明用电。其供电系统应具有安全性和可靠性，以保证供电。

车站供电系统一般由外部电源，变电所，低压配电干线，区域配电室，现场配电箱，动力、照明配线，自动化设备，接口设备等组成，其中大型枢纽车站还具有配电所及部分中压配网线路，如图6.22所示。

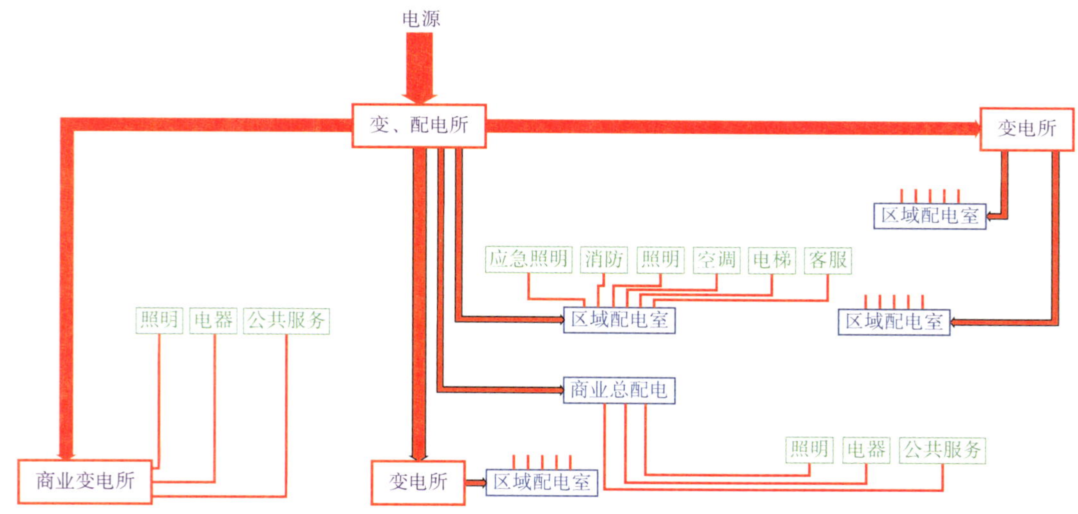

图6.22　高速铁路车站站房供配电系统组成示意

1. 供电方式及负荷分析

(1)站房供电网络组成

对于特大型和大型枢纽站房，用电负荷较多，一个变电所不足以为全站供电，此时宜设置中压配电所，每座配电所引入两路外部电源，将电能进行二次分配，放射式输送至各个供电分区。对于规模较小的站房，设置综合变电所引入两路独立的中压电源即可。

(2)站房变、配电所电源选取

对于具有配电所的站房,其中压电源宜取自地方电网至少两路独立电源。对于在站场配电所供电能力范围内的站房,变电所中压电源取自站场配电所。如难以取得第二路外部电源,也可利用电力贯通线路或地方中压线路作为备用电源。

(3)站房内变电所设置原则

对于特大型和大型站房,应以负荷分析为基础,将车站整体划分为若干个供电分区,根据建筑布局和负荷分布,分区设置变电所;技术经济合理时,在空调设备集中处设季节性变电所。中小型站房一般设置一座变电所即可满足供电要求。

(4)负荷等级划分

高速铁路车站电力负荷应根据对供电可靠性的要求及中断供电在政治、经济和铁路运输上造成损失或影响的程度分为一、二、三级,一级负荷主要有通信设备、客服设备、消防风机、消防水泵、应急照明、特大型车站公共区照明、FAS、BAS、消防电梯、排烟窗、防火卷帘、变配电所操作电源等,二级负荷主要有一般照明、电梯和自动扶梯、给排水设备等,三级负荷主要有热风幕、广告用电、旅服用电、商业用电等。

一级负荷应由双重电源供电,当其中一路电源发生故障时,另一路电源不应同时受到损坏。故采用从变电所两段低压母线上各接引一路电源供电,设备末端自动切换。一级负荷中的特别重要负荷除应由双重电源供电外,增设应急电源,并严禁将其他负荷接入应急供电系统。

二级负荷一般采用从设有母联的变电所任一段低压母线上接引一路电源供电,一路电源失电,由母联切换至另一路电源供电。

三级负荷由低压母线上接引一路电源供电,当变电所一路电源失电时,宜切除三级负荷。

2. 高低压配电系统

(1)电气主接线

站房配电所采用单母线分段形式,有需要时,可设置高压母联;站房变电所采用单母线分列运行形式,低压母线末端设置母联。如站房规模较大,一二级负荷、三级负荷较集中且数量较多时,每路电源分为一二级负荷母线段和三级负荷母线段,便于一路电源失电时集中切除三级负荷;设有柴油发电机的站房,还应设置重要负荷母线段,当两路电源均发生故障时,由柴油发电机组向一级负荷中特别重要负荷供电。站房典型变电所主接线如图 6.23 所示。

(2)低压配电干线配置

低压配电干线是指由变电所至现场区域总配电箱之间的线路,是低压配电系统设计中需要重点规划的工作。基本配电原则以放射式和树干式配电干线相结合。放射式干线造价较高,但故障时不影响其他干线负荷;树干式干线较为经济,但故障时影响整条干线上的负荷。配电设计中应根据负荷分布和容量,合理选取配电形式。

消防和应急照明干线是专属的,不负担其他无关负荷;同区域、同类别的用电设备尽可能合用配电干线,以减少电缆的用量;每条低压干线的供电范围一般不跨越防火分区,这有利于减小火灾停电范围;对于单台特大功率设备,可采用密集型母线由变电所直接供电,或采用矿物绝缘电缆代替母线。

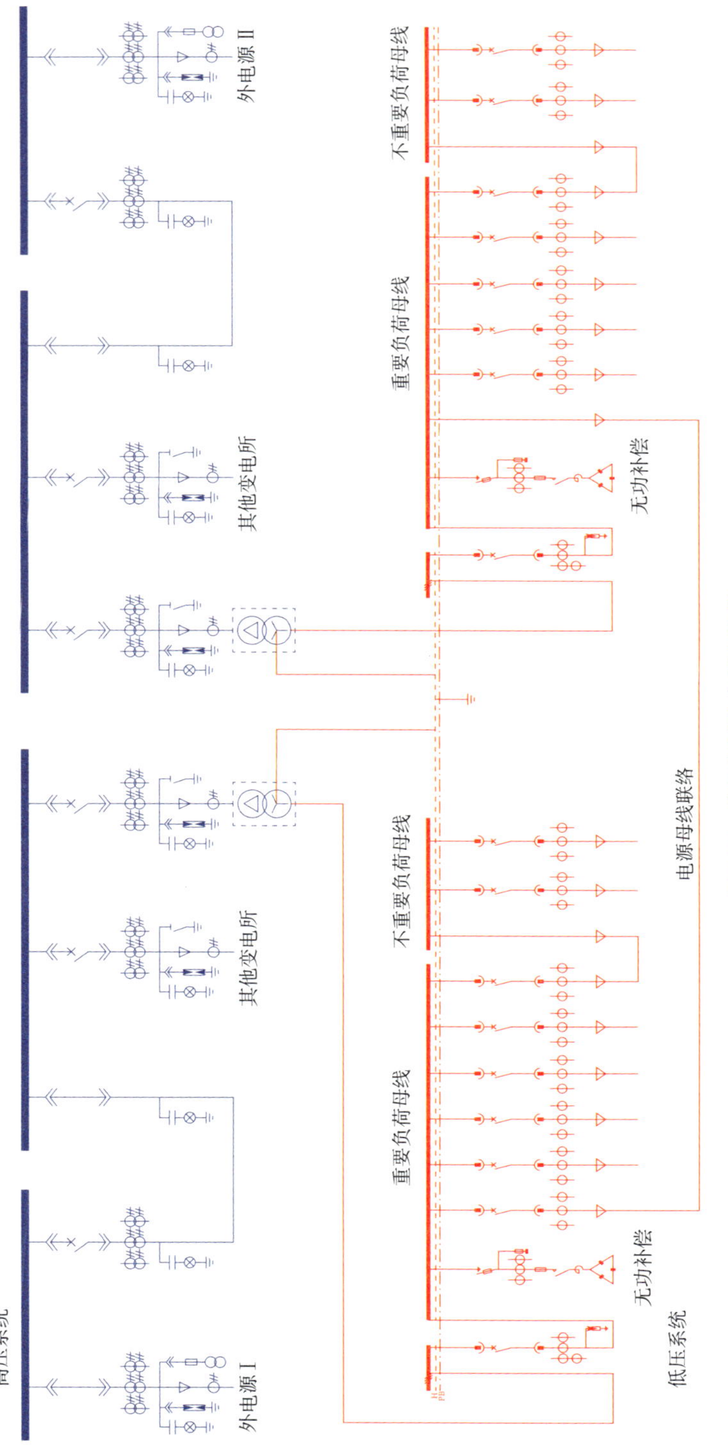

图6.23 站房典型变电所主接线

(3)用电设备端配电原则

对负荷集中、需要较多配电回路的区域,宜设低压配电室,应根据现场设备分布及用电负荷大小情况,合理设置末端配电箱。

(4)电线、电缆选择

高速铁路车站属人员密集的建筑,电线、电缆均应选择具有无毒、阻燃性能的;火灾时需要继续工作的线路,例如消防和应急照明配电线路,应选用耐火型。矿物绝缘电缆的耐火性能优于其他耐火电缆,根据相关规范规定,当没有条件将消防线路敷设在专用径路时,应采用矿物绝缘电缆。

3. 电力远动系统

高速铁路车站内用电设备数量、种类繁多;各种设备运行状态不一;分布在站房的不同区域,管理距离远、监控难;变电所大多是按无人值守来设计的,电力远动系统是其合理运转的技术保障。

电力系统的远动技术是通过远距离通信对被调度对象实行遥信、遥测、遥控、遥调的一种技术。铁路电力远动系统用于对铁路沿线重要供电线路和用电设备进行远程监控,系统将控制、测量、信号输入、故障记录、越限报警等功能集于一体,确保调度中心可直接监视各用电设施供电运行状况。

铁路电力远动系统一般采用SCADA(数据采集与监视控制)系统,由安装在铁路调度中心的电力远动调度主站和现场的被控站与通信系统组成。SCADA系统通过微机保护单元、RTU(远程终端单元)、FTU(馈线终端单元)可以对现场的运行设备进行监视和控制,以实现数据采集、设备控制、测量、参数调节以及各类信号报警等功能,最后通过两个互为备用的通信信道接入铁路调度系统。电力远动系统组网方式如图6.24所示,电力远动系统主要采集的数据内容见表6.13。

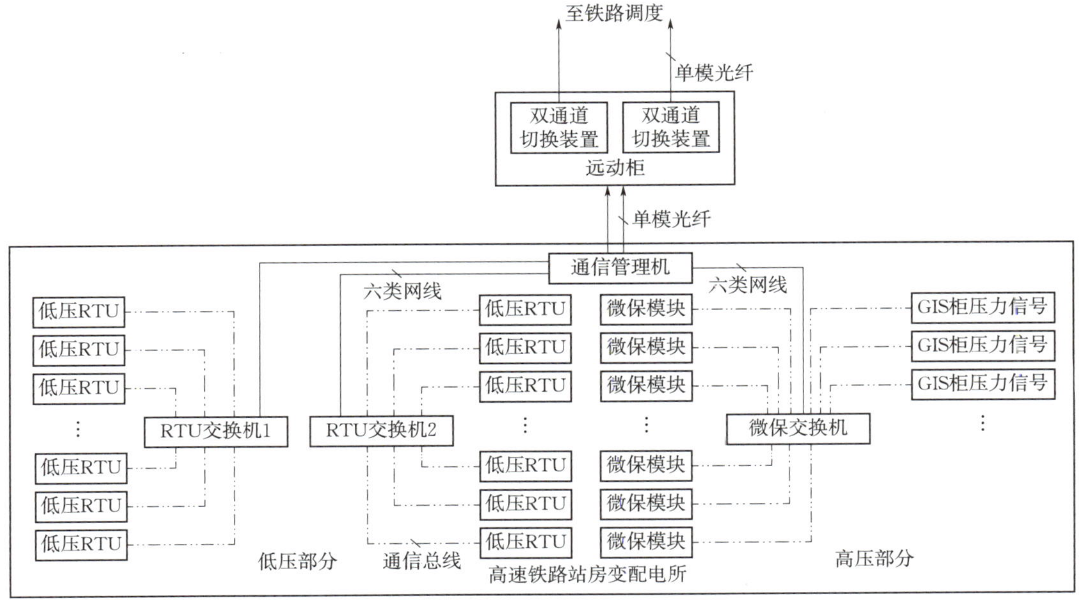

图6.24　车站电力远动系统组网方式示意

表 6.13 电力远动系统采集的数据内容

被控设备	监 控 内 容
高低压母线	电压
高压断路器	状态、分合闸控制、开关位置、故障信号、开关储能信号
变 压 器	变压器温度、调压开关的状态
低压断路器	状态、分合闸控制、开关位置、故障信号
备用电源自投	自投装置投停、重合闸投停、操作和控制电源状态
低压出线	电流、有功功率、无功功率、功率因数

4. 大型电气用房设置

大型、特大型车站建筑规模大，用电负荷等级高、数量多、容量大，可以根据低压配电的供电距离(200～250 m)、用电负荷容量及性质结合建筑布局，划分供电区域。在每个供电区域内设置 10/0.4 kV 车站变电所，负责本区域的设备供电。

兰州西站是新建宝鸡至兰州铁路客运专线上的一座特大型高速铁路车站，位于甘肃省兰州市七里河区西津西路。车站南北长 425 m，东西宽 228 m，建筑高度 39.550 m(相对站台面)，总建筑面积为 23.3 万 m^2，由站房、高架车道、站台雨棚、物流通道、出租车道等组成。站台长度 550 m。

车站用电总负荷 19 425 kW，其中一级负荷 2 555 kW(不含平时不用的消防设备 1 050 kW)，二级负荷 10 010 kW，三级负荷 6 860 kW；另有商业开发负荷 8 293.6 kW；出租车道及候客区用电负荷 570 kW(不含平时不用的消防设备)。

车站电气设计根据站房规模大、使用功能复杂、用电设备负荷容量大的特点，结合建筑布局，并根据低压配电的供电距离(200～250 m)及运营管理需求，以车站南、北、东、西中心线为界(个别区域以防火分区为准)分为 NW、NE、SW、SE 四个供电区域，如图 6.25 所示。

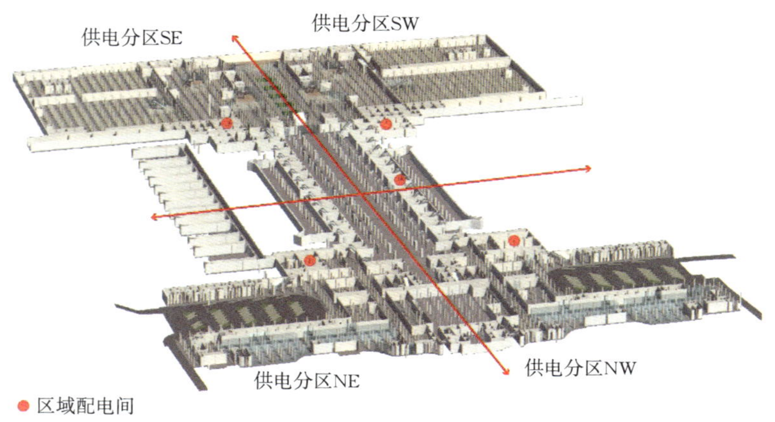

图 6.25 兰州西站供电分区示意

在每个分区分别设置变电所为该分区用电设施提供电源。同时基于车站运营维护管理、节能和使用便利性等考虑，根据用电负荷性质及容量将变压器分为综合变压器、商业专用变压器和季节性负荷变压器(夏天用于空调制冷、冬天用于电制热设备)等三类,如图 6.26 所示。

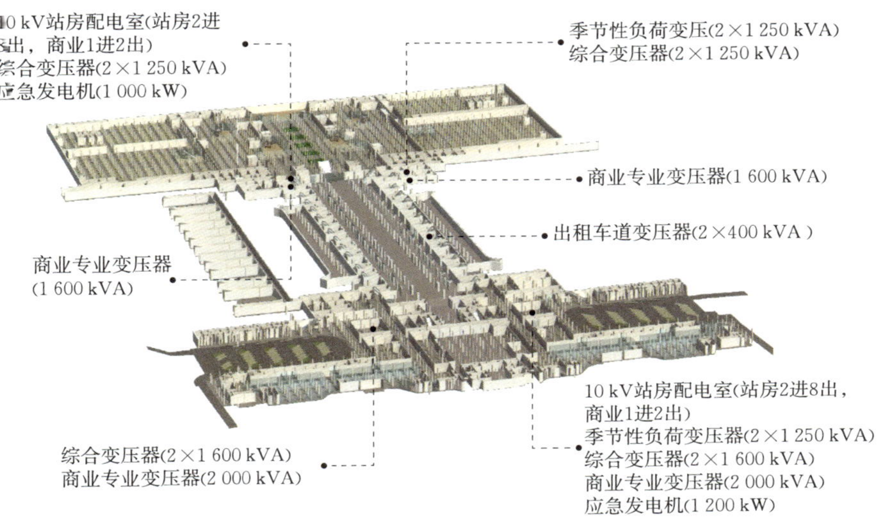

图 6.26 兰州西站大型用电设施布置

在车站南、北站房的 10 kV 配电室内各设置一套电力远动系统,两套系统互为冗余。高压部分的保护采用带远动终端功能的微机保护综合自动化设备,低压开关柜的进线、母联及重要的馈线等采用远程控制单元(集中式 RTU)。高、低压监控均纳入铁路客运专线远动系统,远方调度中心通过终端 RTU 对变电所内所有高、低压回路进行遥测和遥信。整个高低压系统建立起一套电力监控系统,以便于整个供配电系统的管理。同时,基于分类分项的原则建立能耗管理系统。

每座 10/0.4 kV 变电所的 0.4 kV 侧采用串接电抗器的无功补偿装置,保证补偿后高压侧的功率因数不低于 0.9。同时预留有源滤波装置位置,在车站运行后根据需要安装,确保谐波抑制在允许范围内,减少对电网的影响。

6.3.2 照明系统

高速铁路车站是人群集散场所,光环境是室内环境的重要组成部分,对乘客候车时段的活动有着重要的影响。车站室内舒适光环境的营造主要通过车站照明系统设计来实现,车站照明系统包括自然光照明系统(见第 7 章自然能源利用部分)、人工照明系统以及二者组合而成的系统。照明系统设计的目标是实现照明应用的安全性、节能性、便利性、舒适性和艺术性。

1. 主要设计原则

照明设计应符合照度及其均匀度、眩光限制、显色性、功率密度等主要技术指标要求,并与车站的总体规划、风格、室内装修、自然采光等相适应。高速铁路车站照明应本着功能、导向、舒适、安全、节能等原则进行设计。

(1)照明功能性

照明功能性方面,应参照国际、国内相关规范达到表 6.14 照明标准要求。

表 6.14 铁路旅客车站内主要场所照明标准值及功率密度限值

房间或场所		参考平面及其高度	照度标准值/lx	照明功率密度限值/(W·m^{-2})		统一眩光值 UGR	照度均匀度 U_0	显色指数 R_a
				现行值	目标值			
集散厅	其他车站进、出站厅	地面	150	7.0	6.0	22	0.4	80
	特大型车站进、出站厅	地面	200	9.0	8.0	22	0.4	80
候车区	其他车站候车室	地面	150	7.0	6.0	22	0.4	80
	特大型车站候车室	地面	200	9.0	8.0	22	0.6	80
售、检票用房	售票厅	地面	200	9.0	8.0	22	0.4	80
	售票台	台面	500	15.0	13.5	—	—	80
	售票窗口、补票窗口、检票处、问讯处	0.75 m 水平面	200	9.0	8.0	19	0.6	80
	安全检查	地面	300	10.0	9.0	22	0.6	80
通道、连接区、扶梯、换乘厅、进出站地道、流动区域		地面	150	7.0	6.0	—	0.4	80
楼梯、平台	其他车站	地面	75	2.5	2.0	25	0.4	60
	特大型车站	地面	150	4.0	3.5	25	0.6	80
商业区、餐饮区、多功能厅		0.75 m 水平面	300	11.0	10.0	22	0.6	80
行李托运处		0.75m 水平面	300	11.0	10.0	19	0.6	80
行李存放库房、小件寄存处		地面	100	6.0	5.0	—	0.4	80
厕所、盥洗室		地面	75	3.5	3.0	—	0.4	60
站台、天桥	特大型车站基本站台	地面	150	7.0	6.0	—	0.4	80
	特大型车站其他站台、其他车站有棚站台、有棚天桥	地面	75	5.0	4.5	—	0.4	80
	无棚站台、无棚天桥	地面	50	2.5	2.0	—	0.4	20

(2)照明导向性

对重要节点(售票口、检票口、问询处等)及出入口应突出照明的导向性,如做局部照明、提高区域亮度、调节区域色温、增加照明标示等来加以区分空间特征。人流较大的通道及连接区通过有意识的灯位布置强化交通流线,引导人在空间中的动向,如图 6.27 所示。

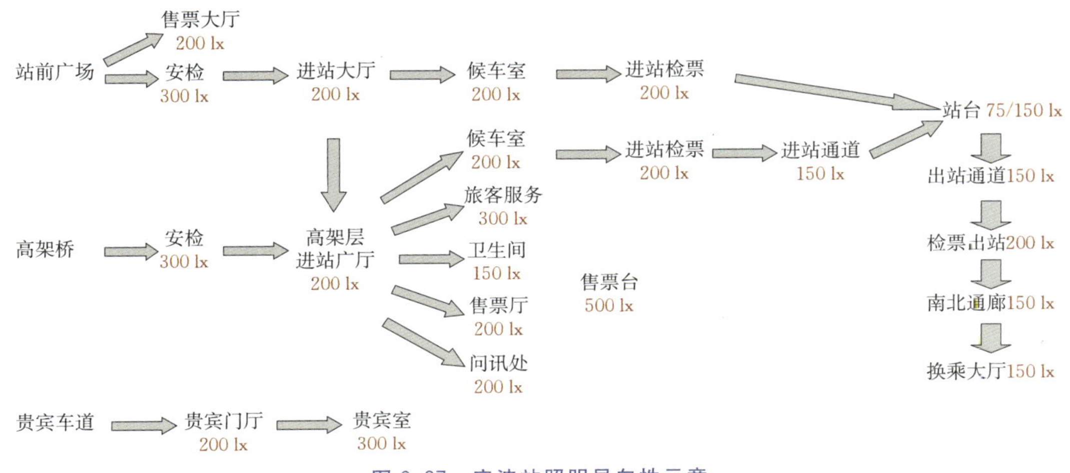

图 6.27 宁波站照明导向性示意

(3)照明舒适性

高起点、高标准、高水平规划,科学合理地安排规划设计范围内照度、色温等的分布及控制指标,避免眩光及光污染,避免出现过暗的区域阴影。

色温的正确控制能够提高使用场所的氛围效果,进出站大厅、候车室等有人长时间驻留和活动的区域可控制在 3 300～5 300 K 之间;休息、等候区、餐饮等需温馨气氛区域可控制在 3 300 K 以下;旅客站台控制在 4 200～5 300 K 之间。

高速铁路车站尤其是大型站房,高大空间多且空间形式多种多样,通过照明设计软件(如 DIALux 等)科学合理地安排,根据空间合理选择灯具配光,如图 6.28 所示。

(4)照明安全性

照明器具选择和安装需符合国家规范及标准,灯具应有相应的防护措施。

(5)照明节能性

选用节能照明器具,根据空间合理选择灯具配光,采用智能控制系统,合理编排、设定灯光场景的运行模式,降低运行费用。

2. 照明灯具及光源

车站照明成本取决于采购、维护和运营等三部分,经不完全统计分析:采购光源、灯具成本约占 5%;日常维护管理成本约占 10%;运营使用时的电费成本约占 85%。因而选用节能型光源、灯具和合理照明控制策略是降低照明成本的最佳途径。

(1)灯具选型

功能性照明一般以筒灯等点型灯为主,在旅客地道及高度 6 m 以下公共区域也可采用透镜式条型灯。应急照明应选用能瞬间点亮的灯具和光源,在人流密集区域设置具有智能动态引导功能并能保持视觉连续性的疏散指示照明,见表 6.15。

（a）车站效果图

0 10 20 50 100 150 200 250 300 lx

（b）伪色表现图

107.20 m
0.00
0.00
59.20 m

（c）等照度图

图 6.28 宁波站效果图和照度模拟计算

表 6.15 铁路站房公共区域 LED 照明设计选型推荐

站房公共区域高度	LED 灯具形式	LED 灯具功率(推荐,W)	LED 灯具功率(根据建筑净空及装修方案选择,W)
6 m 及以下	筒　灯	26	13/18/36
	透镜式条形灯	27	20/35/42
6～12 m	筒　灯	50	30/80
大于 12 m	筒　灯	80	50/100
	高天棚灯	110	70/150
旅客地道	条形灯	20	13/27
	平板灯	18	13/25
站台雨棚	筒　灯	36	26/42

注：光照辐射强、通风散热差等灯具工作环境温度较高的区域不宜采用 LED 照明。

灯具和光源的选择及布置应结合建筑形态和使用场所的环境条件，在满足照度、眩光等主要标准的前提下，优先选用通用性强、效率高、寿命长的光源及电器系统，力求减少光源和灯具的种类，有效降低项目的功率密度，尽量做到见光不见灯，光源宜优先采用节能型产品。同时还应考虑灯具使用效率与维护费用的问题，减少投资和运行成本。

(2)智能照明控制系统

智能照明控制系统是车站照明的重要组成部分,在提高管理水平、提高照明舒适性、节约能源以及延长灯具使用寿命等方面起着不可替代的作用。

智能照明系统通过利用物联网技术、有线/无线通信技术、电力载波通信技术、嵌入式信息处理技术及节能控制等技术组成分布式照明控制系统,实现对照明设备的智能化控制。通过分布式控制网络对灯具进行自动化管理,既可就地在配电间等地通过配电箱控制,也可在值班室通过智能面板控制,还可以在车站综合管控平台上集中控制。

智能照明系统可以按照白天、夜晚、高峰等不同模式编程,自动控制投入灯具的数量,以达到节能目的,控制方式有以下几种。

①时钟控制:根据车站现场经纬度时区时间,一次可设置好每天的天黑开灯时间和天亮关灯时间,并且可以随时灵活更改。

②场景控制:根据各个不同时间段,利用隔灯的方式区分照明回路,实现全开、1/2 开、1/4 开等照度模式控制。

③照度联动控制:根据光照强弱,通过照度传感器自动开启或关闭部分灯。

④火车进、出站联动控制:通过车站智能管控平台接入列车到发信号,根据列车到发信息及时开关灯。

⑤摄像头联动控制:通过车站智能管控平台与安防摄像头联动,天黑后监测到本区域有人时打开全部灯或部分灯,无人时则关闭全部灯或部分灯。

⑥组合条件控制:根据管理需求,选择以上控制策略的一种或多种,设定满足条件和优先级来进行开关灯控制。

郑州南站智能照明控制原则见表 6.16。

表 6.16　郑州南站智能照明控制原则

控制区域	控　制　原　则
售票大厅	照度传感器控制、时钟控制、场景控制、计算机控制
进 站 口	照度传感器控制、时钟控制、场景控制、计算机控制
出 站 口	照度传感器控制、时钟控制、场景控制、列车联动控制、计算机控制
候 车 室	照度传感器控制、时钟控制、遮阳帘联动控制、场景控制、分区控制、计算机控制
地下通道	红外传感器控制、时钟控制、列车联动控制、计算机控制
站台雨棚	照度传感器控制、时钟控制、场景控制、列车联动控制、计算机控制
天　　桥	照度传感器控制、时钟控制、列车联动控制、计算机控制
公共卫生间	红外传感器控制、时钟控制、计算机控制
泛光照明	照度传感器控制、时钟控制、计算机控制

(3)照明配电

站台雨棚、大通廊、候车厅、贵宾厅及其他公共空间的照明回路根据灯具布置的位置、照明功能、灯具型式、空间照度等因素进行划分,由智能照明控制系统实现不同的定时控制、照度控制、调光控制和其他场景控制。

照明配电采用树干式与放射式配电结合的方式配电，公共区域照明按双电源交叉供电方式供电，回路划分应满足两电源任一分支回路断开，剩余灯具应仍保持一定程度的照度均匀。

3. 景观照明

景观照明属于户外照明工程，既包含功能性照明又包括艺术性照明，能够起到美化城市环境，突显建筑艺术美的作用。按照不同的功能区域，景观照明又可以分为道路景观照明、广场景观照明和车站建筑景观照明等。本部分重点阐述车站建筑景观照明设计。

(1)设计原则

①科技与艺术创新：体现照明科技与艺术结合的魅力，彰显国际先进照明技术实力和设计水平。

②高效节能：通过合理的设计与实施，运用新的光源技术、灯具技术、能源技术和控制技术，实现高效节能的建筑夜景照明系统。

③人性化：树立“以人为本”“人文特质”的光文化理念，创造为人服务、安全、舒适、美观的建筑夜景照明。

④生态与环保：以科技先进的照明技术为依托，将绿色环保的生态照明理念贯穿于夜景照明中，使用绿色的照明器具与设备，避免光污染等有害光的出现；注重保护自然环境，保护城市夜间环境，保护暗天空；注重节约能源，选用高效节能、节电产品，智能化营运、维护、管理控制；注重节电措施，设备节电、控制节电。

⑤结构一体化：同步车站建筑设计，整合外部照明方案，为建筑结构设计预设专用的照明方案。

⑥可持续发展：在满足人们在夜间对建筑景观欣赏需求外，根据城市发展规划，正确处理景观照明控制与可持续发展的关系。

(2)景观照明类型

常用于高速铁路车站景观照明的方式有很多，如整体泛光照明、投光照明、轮廓照明、内透光照明和特种照明等。在实际工程设计应用中，通常会将其中两种或两种以上的照明方式结合。

①泛光照明

夜景靓化照明在符合车站建筑功能前提下应充分体现地标建筑效果，突显地域文化特色，并与周边环境景观相协调。根据被照物的具体情况，除采用建筑立面的夜景泛光照明外，也可采用内光外透的照明方式以节约电能。选用低耗能的 LED、EL 光源和用紫外线照射发光的荧光涂料做装饰照明。当车站建筑表面材料反射系数低于 10%时，不应采用投光照明方式。同时，车站建筑夜景泛光照明在保证照明效果的前提下，有效控制单位面积的安装功率。平日、节日的照明功率密度值应符合相关标准的规定。

兰州西站主立面采用了泛光照明方式，使用 LED 投光灯 216 W、120 W、DMX512 单灯控制，适合幕墙的暖色温，特制单颗透镜，特制防眩光罩。同时采用新型专利透镜型散光膜，以满足异型大面积、不规则曲的泛光照明，如图 6.29 所示。

②投光照明

投光照明分为整体投光照明和局部投光照明。

图 6.29 灯具安装及泛光效果

整体投光照明——将投光灯具设备安装在车站建筑外围，直接照射主立面，通过灯光的渲染，使车站建筑呈现出与日间阳光照射下的不同形象。投光照明是车站照明的基本方式，所表达的效果不仅显示出车站空间形态的整体面貌，还能表现建筑造型材料的色彩、肌理以及细部特征；投光照明光源近年来多采用卤素灯、发光效率高的高压钠灯以及氙气灯等。

局部投光照明——将小型投光灯安装在车站建筑物上或者地上，用于照射立面的某个部分，是表现建筑细节的很好手段。照射部位一般选择立面凸凹的部位或具有细部节奏、韵律特征的部位。设计中通常采用具有较窄光束的投光灯具，选用灯具虽然功率不大，但能达到丰富的照射效果，如天水站、丽水站和重庆东站等，如图 6.30 所示。

（a）天 水 站

（b）丽 水 站

（c）重庆东站

图 6.30 局部投光照明设计效果

良好的投光照明可以突出车站建筑特色，并表现具有立体感的空间层次，在设计中需要注意以下几方面。

第一，确定被照立面所要表现的重点部位，提高重点空间的照度和亮度，使光线投射于建筑主体具有丰富的层次。

第二，合理选择光的投射角，投射光线于立面的入射角通常小于 90°，使车站建筑立面产生一定的阴影并扩散光晕，柔和并具有细腻的光照变化。具体的角度可以根据立面的凹凸情况、细部节点以及所表现的重点区域确定。

第三，投光设备尽量安装在隐蔽的位置，避免日间在视觉上影响车站建筑整体形态。

第四，需要防止投射灯光与人的活动相互影响，以及对视觉产生眩光等不适的干扰。

③轮廓照明

轮廓照明是用单个光源、串灯、镁耐灯、霓虹灯、线性光纤等装点建筑，勾绘出建筑轮廓的重要照明方式，以呈现优美、舒展的车站天际线。采用轮廓照明布置方式，应根据车站建筑轮廓造型、饰面材料等因素综合分析确定。一些重要的大型车站，在不同的时间或节假日可组合选择不同的轮廓照明方案。

颇具特色的北京南站夜景轮廓照明，很好地表现出了车站建筑造型的特点和文化寓意（图 6.31）。北京南站的建筑形态重点是中央采光天窗和三重屋檐，叠级层次分明，是轮廓照明设计的重点表现部位。

图 6.31　北京南站轮廓照明设计效果

中央采光天窗内透光，呈现车站开放、恢宏和升腾的气势，并隐喻车站主轴线统一协调南北入口，形成室内外功能和景观引导的双重标识性。表现手法上，在室内大空间两侧立柱上设投光灯，投向中央采光天窗，使通透的室内空间在夜间突破建筑屋面，光芒向外四溢，体现当代科技与城市繁荣的精神景象，并作为重要节日表现的夜间场景。

屋面三重檐轮廓 LED 点光源灯具勾勒出点状效果，形成璀璨的光珠，突显外轮廓；利用泛光灯的退晕效果，表现建筑三层重檐的屋顶曲面；外檐上构架和百叶细部，采用投光灯向内上侧照射，表现檐口轮廓，在视觉上塑造宏大流畅的车站主体空间形态。

建筑主立面照明，采用地埋灯沿外围地面将车站综合楼立面照亮，使立面灯光内外结合，烘托夜间形象。

南北广场入口是人们进出北京南站的主要空间，用投光灯将车站 A 型结构柱、高架桥梁柱等照亮（上下照射），突出入口空间，同时提供间接的功能照明补充，给予旅客明快、温馨的体验和迎来送往的宾客礼仪。

④内透光照明

内透光照明是利用室内光线向外透射所形成的照明效果，主要有两种做法，一种是利用室内的灯光照明，晚上不熄灯，光线向外透射；另一种是在需要重点表现夜景效果的部位，如玻璃幕墙、柱廊、阳台等部位设置内透光照明设施，形成透光发光面来表现建筑物的夜景效果。内透光照明从外面观看夜景效果很有特色，特别是对于采用大面积通透玻璃幕墙的车站建筑，这种照明方式最为合适，如北京南站和宁波站，如图 6.32 和图 6.33 所示。

图 6.32 北京南站内透光照明设计效果

图 6.33 宁波站内透光照明效果

⑤其他方式

随着高速铁路车站景观照明的应用和发展，更多新型照明方式也在不断地被研究和尝试应用。

灯光秀效果——利用简单的模拟媒体立面照明，结合车站某些部位的格栅结构使用 LED-RGB/DMX512 线形投光灯，在节假日时段通过 DMX512 控制系统，对其进行灯光变化，演示具有地域文化元素，包括文字、图案等形成简单的模拟媒体立面效果。灯光效果丰富多彩，灵活多变，同时传达内涵信息，如图 6.34 所示。

图 6.34 重庆东站节日模式灯光秀效果

声光电灯光效果——杭黄高速铁路千岛湖站采用了特殊照明方式，通过候车大厅吊顶 LED 点光源和结构柱面曲面模拟屏，声光电相结合，营造独特的旅客候车环境体验。在照明设计的同时，将视频、音乐与声音报时功能系统融合，营造新颖的室内候乘体验，设定半透明装置覆盖灯体避免光污染；同时与 4 个结构立柱的高清显示屏形成虚实相间、主次分明、静动互补的效果。视觉结构呈现出"山之灵""水之韵""人之杰"三大主题；每个主题分 4 小节（准时整点放送），每 2 小节由同一个时辰元素导出，整体共 12 个整点由 6 个文字元素（时辰）构成；整点之间，显示一个静态的主题色系，分别表示周日至周一的不同内涵。形式上营造清新明快、活泼动感的视觉氛围，成为室内空间中的亮点，展现特色旅游车站的新风采，如图 6.35 所示。

图 6.35 千岛湖站室内灯光效果

6.3.3 火灾自动报警系统

火灾自动报警系统（简称 FAS 系统）是高速铁路车站安全运行必不可少的系统之一。火灾自动报警系统能在发生火灾后第一时间识别到火灾，并迅速将火灾报警信号发送到消防控制室，使人员及早知晓火情，引导人员尽快逃生，同时联动控制与之相联结的其他灭火系统、防排烟系统、防火分隔设施等消防设施，及时调动各类消防设施发挥应有作用，最大限度预防和减少建筑物或场所的火灾危害。

高速铁路车站火灾自动报警系统按同一时间内发生一次火灾考虑，由火灾报警控制器、消防联动控制器、各类探测器、消防控制室图形显示装置、消防应急照明和疏散指示系统、消防电话、消防广播等系统组成。每个车站至少设置一个消防控制室，一般设置在一层，连接通往室外的出口。

1. 火灾报警控制器

火灾报警控制器是火灾自动报警系统的核心，具有接收各类火灾探测器传输的信号转换成声、光报警信号，显示火灾发生的位置、时间和记录报警信息等功能。还可通过手动报警装置启动火灾报警信号，或通过自动灭火控制装置启动自动灭火设备和联动控制设备。

2. 火灾探测器

火灾探测器可分为常规火灾探测器和大空间火灾报警探测器两类。

(1)常规火灾探测器

常规火灾探测器包括感烟火灾探测器和感温火灾探测器。感烟火灾探测器是通过监测烟雾的浓度来实现火灾防范的,适合安装在房间高度小于 12 m 的场所;感温火灾探测器是利用热敏元件对温度的敏感性来探测环境的温度,感温火灾探测器的安装高度不超过 8 m。

(2)大空间火灾报警探测器

一些站房的候车厅空间高大,通常高度大于 12 m,常规火灾探测器无法正常工作,此类场所可以选择以下类型的探测器。

①红外光束感烟火灾探测器:是应用烟粒子吸收或散射红外光束,导致强度发生变化的原理而工作的一种探测器。

②空气采样感烟火灾探测器:通过管道抽取被保护空间的空气样本,送到中心检测室,测试其浓度,并与预先确定的响应阈值进行比较,从而可监视被保护空间内是否存在火灾烟雾,如图 6.36 所示。

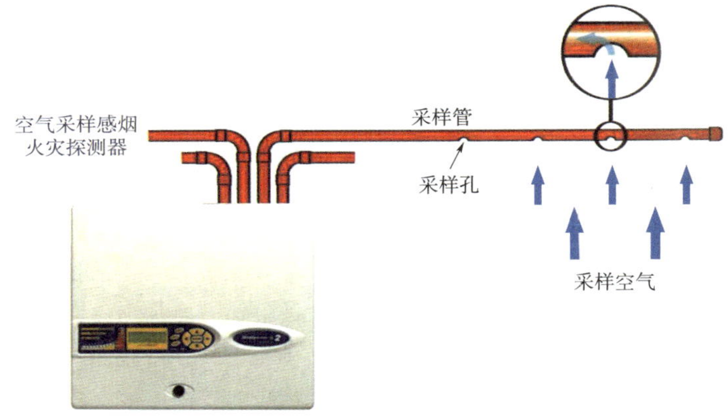

图 6.36 火灾空气采样系统

③智能图像感烟火灾探测器:采用面型探测、三维图像处理,视觉图像和智能分析控制一体化,可以准确分析真实火焰和各种干扰源,探测距离远,响应速度快,并且可将火焰探测与烟雾探测一体化。不会对阳光、地面强反射光等产生误报,可通过烟雾检测提高早期火灾报警,如图 6.37 所示。

图 6.37 智能图像感烟火灾探测器

3. 消防电话和应急广播系统

消防电话系统是一种消防专用的通信系统,通常与自动报警系统并行安装。当发生火灾报警时,通过消防电话系统可迅速实现对火灾的人工确认,并且及时掌握火灾现场情况及进行其他必要的通信联络,便于指挥灭火及疏散工作,是消防控制及其报警系统中不可缺少的通信设备。

消防应急广播系统是火灾逃生疏散和灭火指挥的重要设备,在火灾发生时,应急广播信号通过音源设备发出,经功率放大后至各扬声器,向现场人员通报火灾发生,指挥并引导人员疏散。

4. 消防联动控制系统

消防联动控制系统属于火灾自动报警系统中的一个重要组成部分,其功能是接收火灾报警控制器发出的火灾报警信号,按照预设逻辑完成各项消防功能,可以对以下各类系统进行联动控制要求。

(1)消防给水系统。

(2)气体灭火系统。

(3)防烟排烟系统。

(4)防火门及防火卷帘系统。

(5)火灾警报及消防应急广播系统。

(6)消防应急照明和疏散指示系统。

(7)安全技术防范系统。

(8)门禁系统。

(9)非消防电源切断。

(10)电梯迫降。

(11)打开进出站闸机、停车场出入口挡杆等。

5. 其他消防设备系统

高速铁路车站内用于消防的设备除了火灾报警系统外,还有电气火灾监控系统、消防电源监控系统和防火门监控系统。

(1)电气火灾监控系统是火灾自动报警系统的独立子系统,属于火灾预警系统,由电气火灾监控器、电气火灾监控探测器和火灾声光警报器组成。当被保护线路中的被探测参数超过报警设定值时,电气火灾监控系统能发出报警信号、控制信号并指示报警部位。

(2)消防电源监控系统由消防设备电源状态监控器、电源总线、通信总线以及与其连接的各种传感器等设备组成,通过传感器对消防配电箱的主电源和备用电源进行实时检测,并判断消防电源是否有过压、欠压、过流、断路、短路及缺相等故障,可有效保证火灾发生时消防电源系统的可靠性。

(3)防火门监控系统能够实时监测站房内所有疏散通道上防火门的开启、关闭、故障状态;监测系统各回路的工作状况;火灾时系统与消防报警主机联动,集中控制所有释放器的工作状态,并根据消防报警的具体部位关闭相应区域的常开防火门。

6.3.4 建筑设备监控系统

为保障高速铁路车站内众多机电设备的合理运行及高效管理,高速铁路车站引入了建筑设备监控系统(简称 BAS 系统)。

建筑设备监控系统为基于现代分布控制理论而设计的集散控制系统,通过分布式网络系统对整个建筑物内中央空调系统、给排水系统、变配电系统、照明系统和电梯系统等进行优化及自动化控制管理,从而降低设备故障率,减少维护及运营的成本。

1. 系统网络结构构架

高速铁路车站规模决定了建筑设备监控系统网络结构的构架:大型、特大型车站宜采用三层网络结构(管理、控制、现场),中小型站房宜采用两层网络结构(控制、现场网络层合并设置),如图 6.38 所示。

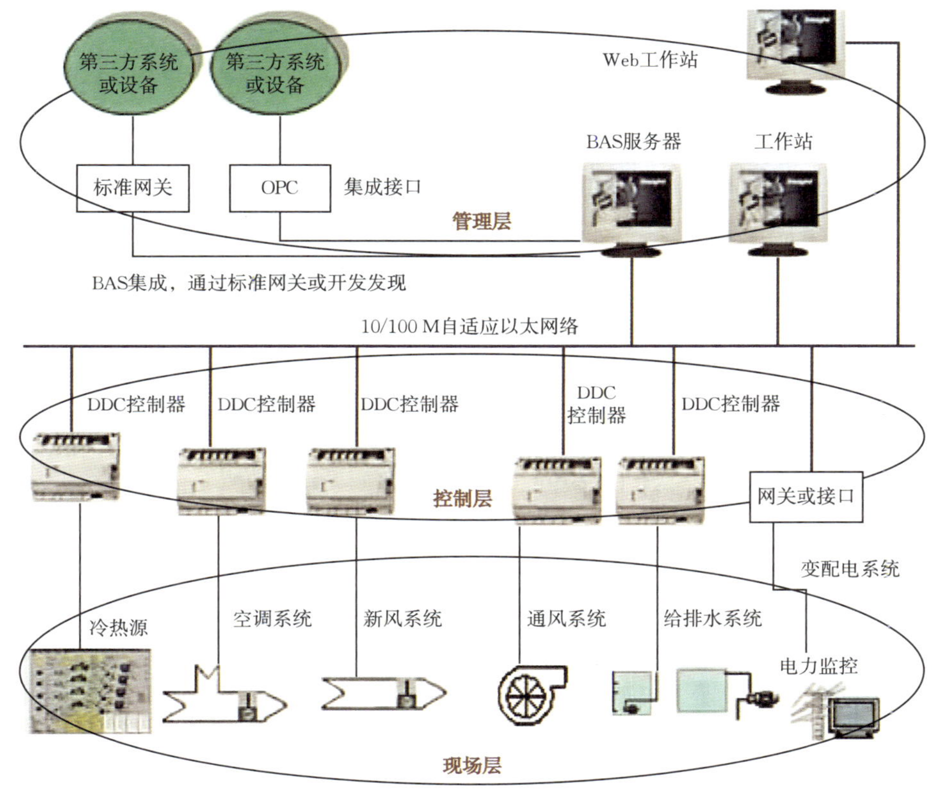

图 6.38　车站建筑设备监控系统网络拓扑图

管理网络层包括 BAS 控制主机、服务器、防火墙(与上级网络隔离用)等设备,完成系统集中监控和各子系统的功能集成。

控制网络层包括直接数字控制器(DDC)、可编程逻辑控制器(PLC)等设备及相关网络,完成建筑设备的自动控制。

现场网络层包括末端设备控制器、分布式 I/O 模块和传感器、阀门、风阀、变频器等现场智能仪表设备,完成末端设备控制和现场设备的信息采集及处理。

2. 能源管理平台

高速铁路车站建筑设备监控系统一般具有数据采集、数据处理、数据记录、控制操作和告警管理等功能。

根据国铁集团相关文件要求,铁路部门将在大型、特大型高速铁路站房内设置"铁路旅客服务与生产管控平台",同时规定车站内设置的部分智能化系统如中央空调节能管控系统、智能照明系统、能耗分析系统等需通过建筑设备监控系统接入生产管控平台。

生产管控平台为整个高速铁路车站的"大脑",而建筑设备监控系统将起到联络管控平台与各子系统的"枢纽"作用。为满足以上功能需求,建筑设备监控系统升级为建筑设备监控能源管理平台,该系统建成后,智能照明系统、中央空调节能管控系统、能耗分析系统等统一接入建筑设备监控能源管理平台，综合管控平台直接和建筑设备监控能源管理平台对接，如图 6.39 所示。

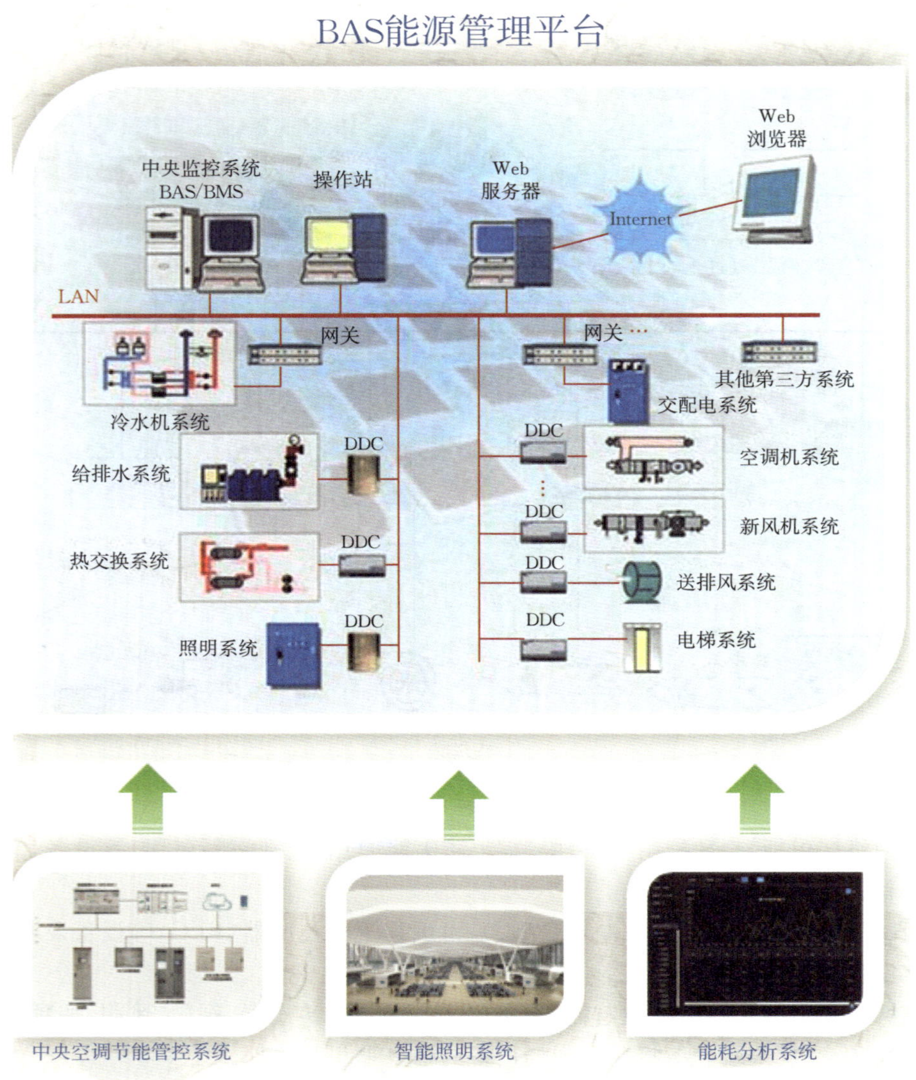

图 6.39　建筑设备监控能源管理平台系统构成示意

按照系统建设需求，综合管控平台与能源管理平台在车站进行接口互连，通过设置接口服务器，并设置防火墙策略实现双方的数据交互。

能源管理平台在车站局域网内采集各类设备状态数据至综合管控平台接口服务器，经过安全防护策略，传至综合信息内的设备接口服务器，并上传至铁路局集团公司前置服务器，进入铁路管控平台中心，实现数据展示与预警。

综合管控平台对数据加工处理，并制定相应的策略，生成计划命令，通过综合信息网下发至各车站设备终端，实现对终端设备的控制，如图 6.40 所示。

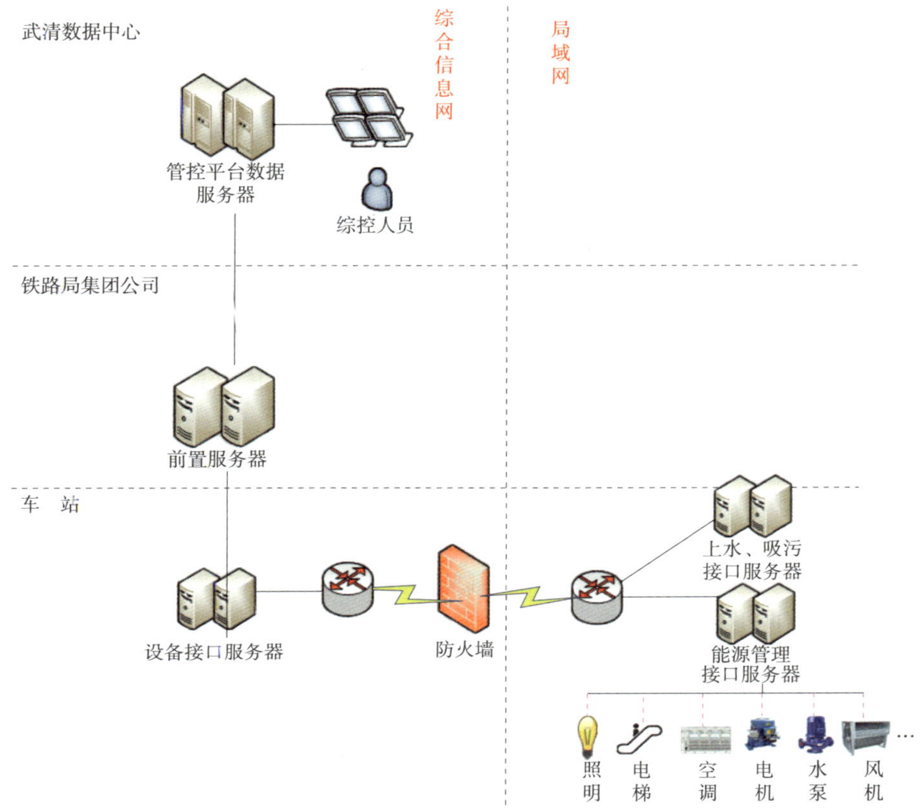

图 6.40 高速铁路车站综合管控平台网络架构

高速铁路车站机电保障运营系统是一项复杂的综合系统工程，由水、暖、电等机电设计专业相互配合构成，结合先进的技术、装备应用并与建筑、结构设计专业协调，全面保障车站空间环境的品质，体现现代化高速铁路车站的整体建造水平。

7 高速铁路车站公共安全措施及绿色建造技术

公共安全是高速铁路车站工程设计中关注的重点问题，尤其反映在巨大客流的安全集散和公共防卫、防疫管控方面，需要严格地执行相关设计技术规范、运用现代化管理措施，通过性能化疏散模拟设计等先进技术手段对空间环境的人员集散安全进行引导；结合旅客群体活动所产生的相互间交流作用，对车站环境形成自然监控。技防与人防相结合，组成整体公共安全防御系统。

另一方面，高速铁路车站区域的生态环境建设是响应我国可持续发展战略要求的举措。实现节能、减排、低碳的高速铁路车站环境控制目标，日益受到全社会的关注，成为未来工程建设中的重要议题，以提供营运环境安全、舒适、节能、低碳、环保的全面保障。中国高速铁路车站历经十余年的快速发展，在综合枢纽规划、特殊结构设计、智能化信息控制、绿色建造等高新技术应用方面不断走向成熟。

本章分别从公共集散安全、防卫防疫系统要求展开，分析并论述我国高速铁路车站采取的技防人防相结合措施和实践应用成果。以营造绿色车站的生态环境发展观为指导，结合当代车站先进技术创新和应用，通过近年来车站建设实践，在集约土地资源、自然能源利用、综合节能技术运用等方面，总结高速铁路车站设计在实现碳达峰、碳中和目标中采用的节能减排技术措施、成功经验，以及需要进一步深入研究的方向。

7.1 车站公共集散安全

随着城市发展，大众生活水平及出行品质提升，高速铁路车站的公共集散安全问题，特别是在消防、防卫、防疫安全方面，近年来成为社会和行业高度关注的焦点。

7.1.1 特殊消防安全

高速铁路车站建筑是铁路综合交通枢纽的核心，对于特大型或大型车站消防安全而言，其超大的空间规模、超长的疏散距离以及复杂的空间结构体系，往往突破现行建筑设计防火规范的限定，给消防安全保护带来了一定的困难，也对消防设计提出了新的要求。因此，根据高速铁路车站具体建筑特征和火灾特性，并综合考虑建筑防火的相关技术要素，开展针对性分析研究，以实现特殊消防设计方案安全可靠、技术先进、经济合理的目标。

1. 公共集散消防问题

大量高速铁路车站工程体量庞大、功能复杂，诸多大空间在消防设计上不能满足现行规范要求，需要运用性能化消防设计方法进行分析论证，确保其消防安全是否可达到规范要求的同等水平。目前，高速铁路车站在大型公共空间的旅客集散安全方面，主要存在的消防设计超规问题归结为以下几种情况。

(1)防火分区问题

高速铁路车站空间规模大且功能性强，由于车站建筑交通功能的特殊性和规模限制，在出站层的出站通道、城市通廊，进站层的进站广厅及高架候车厅等大型空间区域，防火分区面积往往超过规范要求。

(2)疏散距离问题

铁路轨行区下方的中央出站通道或城市通廊空间中的大部分区域，以及高架候车厅靠中间区域，均难以满足疏散距离要求。

(3)出站层和高架层烟气蔓延问题

大型车站的出站通道面积较大，进深长，合理划分防烟分区，并合理制定排烟策略是消防设计的主要内容之一。高架层净空高度较大，防烟分隔较难实施，因此需要对高架层的烟气蔓延分布情况进行分析模拟，并针对模拟结果确定相关防排烟方案。

此外，高速铁路车站建筑多采用钢结构空间体系以满足大空间客运服务功能需要，所以钢结构的防火问题也是车站常见防火设计难题之一；而且大量车站的侧站房长边尺度超过规范限定，导致外部消防救援也相应产生困难。

2. 性能化消防设计方法

(1)基本概念和依据

高速铁路车站性能化消防设计是借助消防安全工程学的方法和手段，在对具体车站空间的火灾风险、火灾发展状况以及主动和被动防火措施的实际效果进行个案评估的基础上，确定所需要采取的消防措施的设计方法。消防安全工程学将最新的消防技术和火灾科学研究成果相结合，并在大量大型建筑项目中应用与实践，成为实际消防工程设计和安全评估的“桥梁”；其涉及火灾发展蔓延、烟气流动及控制、火灾探测及扑救、建筑及材料对火反应特性、人员疏散逃生、人员在火灾中的行为等多个相关学科，包括物理、化学、心理学和社会学等方面。性能化消防设计分析方法常应用于火灾风险评估、消防设计安全评估、火灾发展和烟气流动情况模拟及人员疏散分析、火灾探测和主动灭火系统控火效能评估、结构防火安全性评估、制定综合消防策略规划，以此提高高速铁路车站建筑空间使用的灵活性，并能达到较高的消防水平，保障旅客生命和国家财产的公共安全。

高速铁路车站性能化消防设计的基本依据是建立在车站建筑工程设计图纸的基础之上，并主要依据执行相关防火规范。对国内规范无法涵盖的部分进行设计时，可采用的性能化设计方法、手段以及数据资料均应依据国际权威的规范及文献资料或国内科研成果，予以分析、试验论定。

(2)安全目标及安全判定准则

高速铁路车站性能化设计的目的主要在于：防止火灾发生；及时发现火情；通过适当的报警系统及早发布火灾警报；有组织、有计划地将楼内人员撤出；采取正确方法扑灭或控制火势发展，以保证人员、财产和建筑结构的安全。

①保障人员安全：保证工作人员从危险区域疏散到安全区域的全过程不会受到火灾危害，同时为消防队员进攻灭火提供安全场所。

②保护财产安全：车站范围内某区域发生火灾后，可以通过设计的防火分隔与灭火措施控制火灾规模，限制火灾大面积蔓延。

③保证建筑结构安全:建筑物的结构不会因火灾作用而受到严重破坏或发生连续垮塌。

人员疏散安全性判定准则:危险来临时间>人员疏散所需时间。火灾时人员疏散过程与火在发展过程的关系可用图7.1来表示。在人员疏散时间与火势蔓延时间之间引入安全系数,以解决发生火情可能出现的不确定性问题。

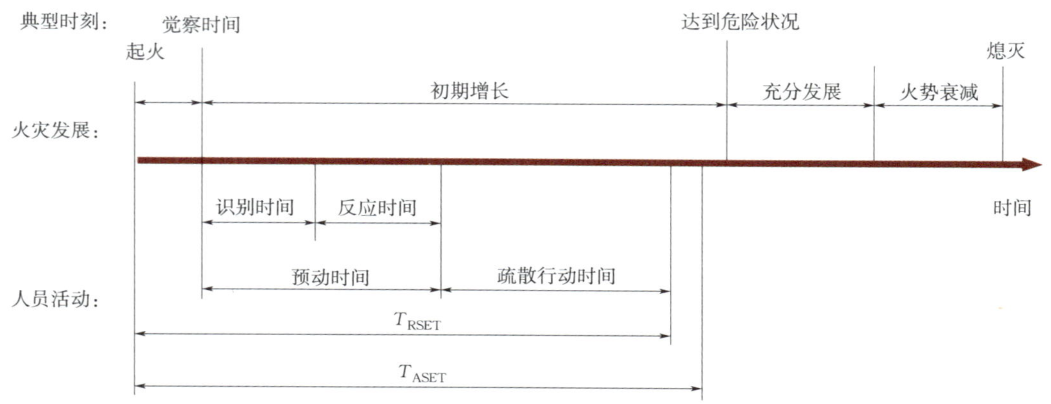

图7.1 火灾发展与人员疏散参数关系

火灾对人员的危害主要来源于火灾产生的烟气,主要表现为烟气的热作用和毒性,另外对于疏散而言,烟气的能见度也是一个重要的影响因素。设计中在分析火灾对疏散的影响时,一般从温度、毒性气体浓度、能见度等方面进行讨论。

首先分析待评估车站建筑的火灾危险性,并根据火灾危险性设定典型火灾场景,通过计算机模拟对设定火灾场景下火灾烟气温度、有害气体浓度等参数进行计算,得到人员可用疏散时间 T_{ASET};再根据设定火灾场景设置相应的人员安全疏散场景,并利用人员安全疏散模拟软件得到人员必需疏散时间 T_{RSET};最后证明 $T_{ASET}>1.2T_{RSET}$ 是否成立,若成立则可以认为:在设计的设定火灾场景条件下,使用人员能在火灾产生的不利因素影响到生命安全以前全部疏散到安全区域;反之,则应判定现有消防设计方案不能满足人员安全疏散的需求,需要进行修改。

(3)安全指标

按照性能化防火设计通常的做法是建立人员生命安全评估准则,一般在技术上依据热辐射、对流热、能见度等指标(表7.1),在人体生理上采用生命安全目标和指标(表7.2)。

表7.1 人员生命安全评估准则

项　目	特定界定
热辐射(热烟层)	环境2.1 m以上,热烟层: (1)对普通人员需小于2.5 kW/m^2或热烟层温度小于180 ℃ (2)对消防员小于10 kW/m^2或热烟层温度小于375 ℃
对流热	(1)环境2.1 m以下,对普通人员周围温度不超过60 ℃ (2)环境2.1 m以下,对消防队员周围温度不超过260 ℃
能见度	环境2.1 m以下,能见度不小于10 m
CO浓度	环境2.1 m以下,对普通人员CO体积浓度不超过0.045%
CO_2浓度	环境2.1 m以下,对普通人员周围CO_2体积浓度不超过1%

表 7.2 生命安全性能化目标与指标

项　目	人体可耐受的极限
能 见 度	当热烟层降到 2.0 m 下时，对于大空间其能见度临界指标为 10 m
使用者在烟气中疏散的温度	2.0 m 以上空间内的烟气平均温度不大于 180 ℃；当热烟层降到 2.0 m 以下时，持续 30 min 的临界温度为 60 ℃
烟气的毒性	对于大空间，一般认为在可接受的能见度范围内，毒性均很低，不会对人员疏散造成影响（一般 CO 判定指标为 0.25%）

注：表中指标来源于 2006 年版《中国消防手册》第三卷。

3. 大空间消防技术措施

（1）防火舱

防火舱设计概念已广泛用于大空间公共交通类建筑防火设计之中。理论上，采用防火舱概念进行性能化设计，是为了利用局部消防措施（机械排烟系统、自动报警系统、自动喷淋系统、防火分隔及防烟分隔）对火灾载荷较高的区域进行防火保护，以弥补在大空间内无法设置全范围的消防措施。防火舱一般控制其单元功能区域面积不大于 100 m^2，并应采用耐火极限为 1.0 h 的防火隔墙，特殊部位可采用防火卷帘、带自动喷水保护的防火玻璃构件替代防火隔墙，以及 1.0 h 的不燃烧体屋顶，同时其内还应设置火灾自动报警系统、自动喷水灭火系统及机械排烟系统，如图 7.2 所示。

防火舱的处理方式是设置于车站大空间内，作用于为旅客服务的无明火作业的餐饮、商业零售网点等场所（图 7.3），使旅客集中活动的区域相对分离形成各独立单元空间，可将火灾烟气控制在较小范围，从而控制火势蔓延扩大。

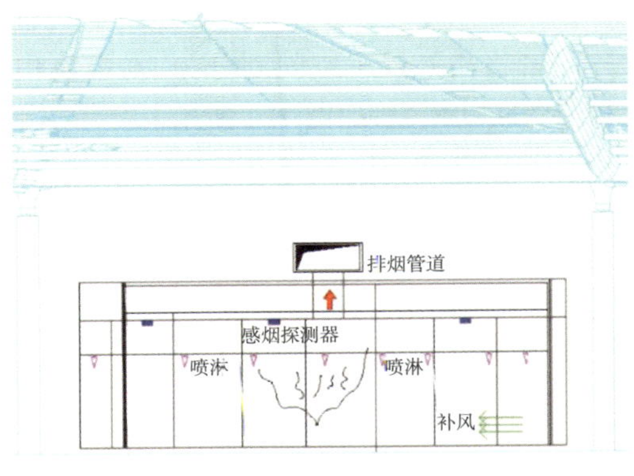

图 7.2 防火舱示意

图 7.3 上海南站防火舱

（2）燃料岛

燃料岛是指在开放大空间内设置的没有顶棚的小型陈列和零售服务设施，一般控制在 6～20 m^2 以内，火灾规模控制在 3.0～5.0 MW。燃料岛之间应保持足够的防火安全间距，其设计目的是控制大空间可燃物之间的分隔距离，使之即使在无自动灭火系统保护的情况下，也不会发生火灾连续蔓延。针对车站建筑高大空间内移动商摊等场所，运用燃料岛的概念进行设计，并据此确定固定或移动可燃物之间的防火间距。

在车站高架候车区高大空间内，可燃物的分布比较分散，火灾载荷密度较低。这些区域的可燃物着火时，考虑到火灾发生时出现飞火等现象的可能性较室外环境要小得多，则可燃物之间的火灾蔓延主要靠热辐射作用，火焰辐射强度随可燃物之间的距离增大而急剧下降。因此，只要可燃物之间或可燃物与高火灾载荷区域(如移动商摊)保持足够的距离，即使没有自动灭火系统的保护，火灾蔓延也难以发生。分散的可燃物形成了多个燃料岛，“岛”与“岛”之间的人流通行区域在大空间中可以形成自然的防火分隔带。

(3)防火单元及防火分隔带

大型高速铁路车站建筑往往防火分区面积远远超过规范的相关规定。为了满足其防火功能要求，火灾安全工程学提出采用划分防火单元的方法来控制火灾蔓延。

①防火单元：指相对独立的防火分隔区域，通过一定防火分隔措施可有效阻止火势蔓延至相邻区域。对于车站公共空间内高火灾荷载、人员流动小、无独立疏散条件的区域(如厨房、为旅客服务的办公室、设备用房等)应采用防火单元的处理方式，采用耐火极限不低于2.0 h的不燃烧体防火隔墙和1.5 h的不燃烧体屋顶与其他空间进行防火分隔，在隔墙上的开设门窗时，应采用甲级防火门窗。

②防火分隔带：在建筑内根据可能的火灾荷载及火灾规模设置相应宽度的通道，该通道内不设可燃物，并配合喷淋、排烟系统的作用，避免火灾时隔离带一侧的火焰辐射蔓延至另一侧。采用防火分隔带进行防火分隔的区域也可称作防火控制分区；防火控制分区是对于火灾风险较低、空间开敞高大的公共场所采取的防火设计技术，即采用大于一定宽度且有明显标识的防火隔离带将扩大的防火分区划分为若干个防火控制分区，每个防火控制分区的面积均不大于规范规定的防火分区面积，防火控制分区主要用于防止火灾连续蔓延和进行消防联动控制设计。采用这种方法划分的防火分隔区域虽然没有采用实际的防火分隔构件，但仍然能够满足阻止火势蔓延的安全目的。这种防火设计技术满足了防火阻隔和建筑空间通透的功能要求。重庆东站利用宽度不小6 m的防火分隔带将高架候车空间划分为10个面积不大于1万 m^2 的防火控制分区，用于防止火灾蔓延和消防联动控制，如图7.4所示。

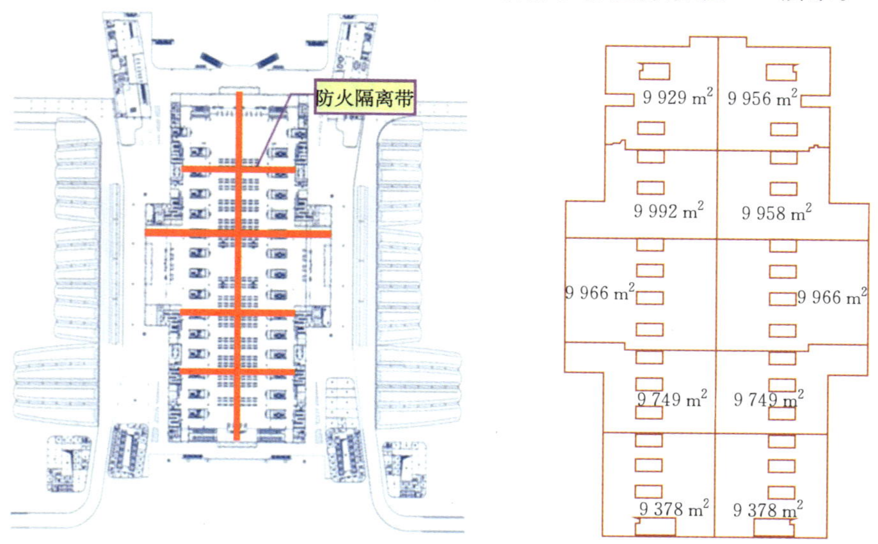

图7.4 重庆东站防火隔离带划分防火控制分区示意

(4)准安全区及分阶段疏散

准安全区及人员分阶段疏散策略是避免车站火灾时发生旅客恐慌和火灾区域人员疏散困难的必要手段。车站单层平面面积大,空间相互贯通,需合理确定疏散分区并采用分阶段疏散策略,以保证车站建筑运营安全,减少火灾影响。如大型车站的出站通道内发生火灾,旅客可从两侧疏散门疏散至出站通道外防火设施分离的、不受烟气及火灾影响的公共区域,并界定为准安全区域,为旅客疏散临时过渡。使用不燃材料装饰,采用水喷淋系统、火灾自动报警、排烟等措施,确保这些区域的临时安全疏散条件。

4. 动态模拟及消防安全策略

(1)合理的火灾场景设置

火灾场景是对一次火灾整个发展过程的定性描述,确定反映该次火灾特征并区别于其他可能火灾的关键事件。火灾场景通常要定义引燃阶段、火灾增长阶段、完全发展阶段和衰退阶段,以及影响火灾发展过程的各种消防措施和环境条件。设定火灾场景是建筑物性能化消防设计和消防安全性能评估分析中,针对设定的消防安全设计目标,综合考虑火灾的可能性与潜在的后果,从可能的火灾场景中选择出供分析的火灾场景。

①设置原则

确定设定火灾场景应根据"可信最不利"原则确定,选择火灾风险较大且最可能发生的火灾场景作为设定火灾场景,如火灾发生在疏散出口附近并令该疏散出口不可利用、自动灭火系统或排烟系统由于某种原因而失效等。在设定火灾场景时,主要需要确定各功能分区的火源位置、火灾荷载密度、发生火灾时火灾增长速率以及最大热释放速率,设定火灾发展曲线等。

②火灾危险性分析

危险源识别——指车站可能导致火灾事故从而造成人员伤亡和财产损失等危害的潜在的不安全因素。危险源辨识要发现、识别系统中的这些不安全因素,作为评估火灾危害性、控制危险发生的基础。车站需要进行性能化评估的主要有出站通道、站台层、进站广厅、高架层候车厅、商业夹层等功能空间区域,因使用功能上的差别,各功能区的危险源也有所差异。

风险等级确定——主要是针对那些易发生火灾的关键部位,并确定减少和消除发生的可能性及发生后损失的最佳方法。有助于确定最有成本效益的方法来减少伤害和财产的损失,并根据风险的性质和大小,在多数情况下使用定性分析(缺少历史资料可以查询的情况下可根据经验判断)来确定每个存在火灾危险的火灾发生频率和后果的评估。

③火灾场景设计

火灾场景设计一般分为热释放速率随时间增长和热释放速率恒定两种情况,根据火灾发展趋势,分析各火灾类型的最大热释放速率。热释放速率除了试验测定之外,还可以通过模型计算、经验估算以及参考相关文献规范的数据。

行李火灾——设计火灾规模按手提行李一般为 1 MW,其火灾发展为中速火,多件行李条件时略大;考虑 1.25 倍的安全系数,保守的行李火灾规模取值为 1.5 MW。

客运列车火灾——不同类型列车其具有不同的火灾规模。普通列车火灾持续时间较长,其最大热释放速率一般均不超过 16 MW,且其在较高热释放速率的时间较短,而对于有软座或卧铺的列车，其最大热释放速率则大于 16 MW。通过调研国外火灾试验资料(表 7.3)和工程案例，建议采用最大热释放速率为 18 MW 的快速平方火来表征列车火灾。

表 7.3 列车火灾规模统计

铁路系统	车厢类型		火灾规模峰值(MW)
英国铁路	415	旧式硬座车厢，座椅无阻燃材料	16.0
英国铁路	Springter	新式硬座车厢，座椅为阻燃材料	7.0
泰国铁路	卧铺	硬卧车用开放式铺位，与走道间无遮挡	16.3
泰国铁路	木质座椅	旧式硬座车厢，座椅及车用内墙均为木质	14.0

站台层小商摊火灾——站台上通常会设置一些小商摊，主要向顾客出售一些饮料食品、土特产品、报刊杂志等，这类小商摊一般规模甚小，分布比较分散，且火灾荷载较低。保守设定最大火源热释放率约为 3 MW。

高架层小商铺火灾——对于高架层候车厅内通常设置的小型商铺，建议运用防火舱概念进行消防设计，防火舱内设有火灾自动报警系统、自动喷水灭火系统，大于 100 m^2 的小商铺建议设置排烟系统。喷淋失效情况下，高架层候车厅小商铺按 6 MW 的火灾强度进行设计。

高架层候车厅小商摊火灾——高架层候车厅内可能设有小商摊且分布比较分散，火灾荷载密度较低，面积可控。运用燃料岛的概念进行设计，并据此确定固定或移动可燃物之间的防火间距。采用自动灭火系统全面保护，高架层候车厅小商铺火灾规模确定为 2 MW。

高架层候车厅固定座椅火灾——依据《SFPE 消防工程手册》，单个座椅着火时的最大热释放速率为 200 kW，当连续 12 张座椅着火时的最大热释放速率为 2 000 kW。因此，座椅火灾规模取值为 2 MW。

南京南站消防性能化设计中根据火灾场景分析设置了 13 个典型火灾场景，见表 7.4。

表 7.4 南京南站火灾场景

编号	火源位置	排烟方式	喷淋系统	设计火灾/MW	设计火灾应用
1	换乘大厅行李	机械排烟	喷淋失效	1.5	人员安全分析、CFD 分析
2	城际铁路进站厅行李	排烟失效	喷淋失效	1.5	人员安全分析、CFD 分析
3	城际铁路进站厅座椅	机械排烟	喷淋失效	2.0	人员安全分析、CFD 分析
4	站台层雨棚下客运列车火灾	自然排烟	无喷淋	36.0	人员安全分析、CFD 分析
5	站台层楼板下小商摊火灾	自然排烟	无喷淋	3.0	人员安全分析、CFD 分析
6	北进站广厅移动商摊	自然排烟	喷淋失效	3.0	人员安全分析、CFD 分析

续上表

编　号	火源位置	排烟方式	喷淋系统	设计火灾/MW	设计火灾应用
7	高架层贵宾厅候车厅座椅火灾	自然排烟	喷淋失效	2.0	人员安全分析、CFD分析
8	高架层商铺火灾	自然排烟	喷淋失效	6.0	人员安全分析、CFD分析、防火隔离带分析
9	高架层候车厅通廊行李火灾	自然排烟	喷淋失效	1.5	人员安全分析、CFD分析
10	高架层小商铺火灾	排烟失效	喷淋失效	6.0	人员安全分析、CFD分析、钢结构抗火安全分析
11	东侧通道小商铺火灾	机械排烟	喷淋失效	3.0	准安全区人员安全分析、CFD分析
12	地铁站厅行李火灾	排烟失效	喷淋失效	1.5	准安全区人员安全分析、CFD分析
13	车库小客车火灾	排烟失效	喷淋失效	9.0	CFD分析、车库安全间距分析

(2)人员疏散分析

高速铁路车站较长的疏散距离、复杂的路径、人员活动和构成多样性是车站在旅客疏散上面临的最大难点。在计算人员疏散所需时间、划分疏散区域、制定疏散策略过程中,充分考虑车站的空间条件和人员使用特点,对大空间公共活动区域采用模拟软件 BuildingEXODUS 模拟人员疏散的过程,最终计算出各个区域疏散所需要的时间,并对结果进行分析,提出合理的消防疏散措施和建议。

①疏散时间分析

疏散时间——疏散设计需要根据设定的人员类型和数量,对疏散人员疏散所需时间的分析。疏散时间 T_{escape} 包括疏散开始时间(T_{start})和疏散行动时间(T_{action})两部分,即:

$$T_{\text{escape}} = T_{\text{start}}(\text{疏散开始时间}) + T_{\text{action}}(\text{疏散行动时间})$$

疏散开始时间——一般由觉察时间和预动时间组成。因其由多种因素决定,难以完全准确量化,一般也均采用经验分析方法结合火灾探测时间预测方法确定。其中预动时间包括识别时间和反应时间。

疏散行动时间——分析方法可采用 BuildingEXODUS 模拟软件分析,软件基于坐标系统计算个体移动,可以模拟多层建筑中的人员疏散,并考虑真实因素,可模拟人的移动、超越、拥堵、侧行、移动速度调整等,能较为真实地反映复杂通道的人流速度和疏散时间。

②基本假定条件

疏散模拟的分析计算基于以下假设条件:车站建筑内的同一空间场所活动人员均匀分布各处,特定区域可按不同建筑区域的密度指标或固定座位数确定;建筑内的人员是清醒并且警觉的;计算模型只对人员移动时间进行分析,不包括感知时间和响应时间。

③人员数量分析

对于车站类的交通枢纽建筑，其目的是人员输送，车站内人员主要由旅客、接送旅客人员以及站内工作人员等构成。通常情况下，人员数量确定采用人流量法计算：

人员数量＝人流量（人/h）×逗留时间（min）/60

人流量和人员逗留时间这两个参数由车站客流量设计及班次分布决定。而车站建筑内疏散人员数量的确定是消防性能化分析中非常重要的一环，还应结合项目不同区域特点采用多种方法综合确定建筑人数。

公共流通区域——包括候车室、站台和出站区等疏散人数，可采用人流量分析方法确定人数，同时还应结合人员密度和火灾进出站运营数据综合确定。借鉴《地铁设计规范》（GB 50157），用于设计疏散出口的流量数据应采用远期超高峰客流量值，即应在该站高峰小时客流量基础上乘以 1.2～1.4 的超高峰系数。

贵宾室和办公室等区域——应按座位数、密度指标或站房设计人数确定。若任何原因引起使用者人数的明显增加，需对安全疏散和消防安全再次评估。

④人群流动基本参数设置

移动时间由两部分构成，一部分为到达出口所需的步行时间，另一部分为通过楼梯门口、出口处其他相对安全的地方所需的排队或人员流动时间。两时间中较长者决定该空间全部撤离所需时间。另外，步行时间由步行距离和行走速度决定，通过出口处的排队时间则与出口的类型及出口宽度有关，基于不同拥挤情况下三种出口处人员流量统计数据见表 7.5。

表 7.5 各种拥挤情况下出口处人员流量

设　备	拥挤情况	密度/（人·m^{-2}）	速度/（m·min^{-1}）	每米宽度每分钟通过的人数
楼　梯	最　小	0.54	45.60	16.45
楼　梯	中　等	1.09	36.48	39.50
楼　梯	最　佳	2.07	28.88	59.19
楼　梯	极度拥挤	3.26	12.16	39.50
走　廊	最　小	0.54	76.00	39.50
走　廊	中　等	1.09	60.80	65.79
走　廊	最　佳	2.17	36.48	78.99
走　廊	极度拥挤	3.26	18.24	59.19
门口通道	中　等	1.09	51.68	55.95
门口通道	最　佳	2.39	36.48	85.48
门口通道	极度拥挤	3.26	15.20	49.34

⑤疏散场景模拟

对大型车站疏散场景模拟的主要公共区域包括以下几方面。

进站层——进站厅、候车厅行李火灾；旅客候车区域座椅火灾；商业夹层或商铺火灾等。

出站层——出站层移动商摊火灾、快速城际铁路进站厅行李火灾、座椅火灾。

站台层——雨棚下列车火灾、站台层楼板下小商摊火灾等。

通过设计软件对这些密集人员公共活动区进行最不利点的火灾场景模拟，以得出在设定的安全时间、路径中，旅客疏散的相关情况，采取相应消防措施，如图 7.5 所示。

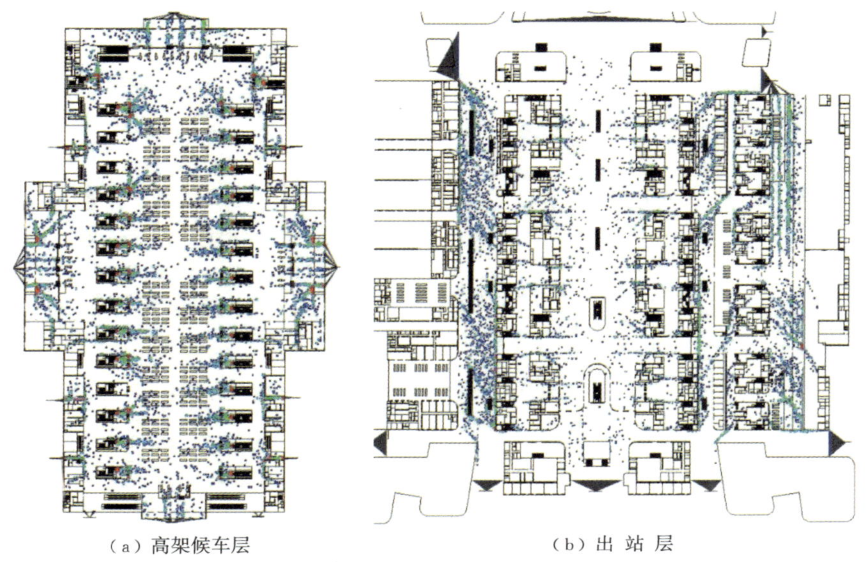

(a) 高架候车层　　(b) 出站层

图 7.5　火灾发生 30 s 时人员疏散密度图

(3)大空间消防安全策略

①分阶段分区域疏散

高速铁路车站建筑中的疏散楼梯和疏散出口多、路径复杂，在火灾规模较小的情况下，对较远区域的人员不会立即造成危险，可以考虑将离火灾发生点较近的人员向远离火灾区域进行疏散，使人员进入一个相对安全的地点，降低人员伤亡的可能性。

为防止发生火灾后引起混乱，可采用分阶段疏散策略。首先需要疏散火灾等紧急事故影响区域的人员，将其引入周围相对安全的区域，离开火灾发生的危险区域并与该区域人员继续向最终安全出口疏散。具体的分阶段疏散策略可视不同的车站空间疏散条件而定，如出站层人员进入通往车库区的车站通道时，通道内无可燃物，且通道内设置相应的消防设施，两端与室外连通，仅作为人员通过区，人员疏散至该区域时实际已经处于相对安全区域，可视为人员安全，如图 7.6 所示。

②增加大型公共空间楼梯

在空间允许的条件下，可适当增设用于消防的楼梯，有效增加疏散宽度，保证人员更安全疏散。

③保证疏散通道的畅通与疏散的引导

建议发生火灾时，站台层应加强人员疏散的引导，平时站台层不应设置妨碍人员疏散的物品。在车站建筑的主要路径关键节点空间，增加疏散引导标志，必要时可临时安排工作人员加强疏导，以减小人员阻塞的发生概率，降低人员等待时间，甚至可使用集中控制型智能疏散标志。

④保证候车厅出口的畅通性

高架层内人员较多，办公夹层及商业夹层的人员也通过高架层疏散，候车厅出口的畅通

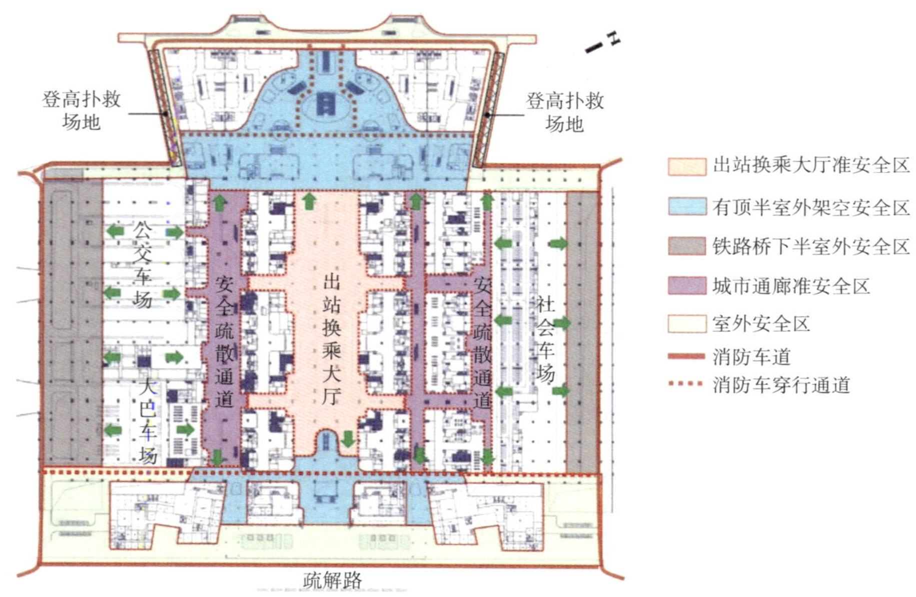

图 7.6 重庆东站外部救援及内部疏散流线示意

性对于整体车站疏散而言至关重要，建议高架层疏散门为平开门，检票区闸机口设置为平开式（图 7.7），火灾发生后能够联动开启，检票区的栅栏应设置为移动式的并严禁落锁（图 7.8），紧急疏散时可以确保出口区域的通畅，并可在候车厅增派工作人员引导部分旅客通过站厅疏散。

图 7.7 平开式检票闸机

图 7.8 移动式栅栏

⑤防火分区、防烟分区及排烟方式

针对消防性能化防火设计方案，于各个层面及车站旅客活动的主要空间节点，尤其是超大、超长的空间，建立模型进行消防性能模拟分析、优化；通过防火舱、燃料岛、隔离带、准（过渡）安全区的设置，划分多个控制分区等策略，提高防火分区的安全性；通过设置防火卷帘、防火门围合楼梯及防烟分隔、挡烟垂壁、加密喷淋、机械排烟等措施，控制烟气蔓延；并对材料、设备、线缆等可燃物严格控制，形成防火、防排烟安全策略。

⑥消防安全设施

对不能满足规范要求的区域，应结合性能化消防设计，设置针对性消防设施，见表 7.6。

表 7.6 候车厅消防安全设施设置

消防设施类别	消防策略	实施要求
火灾自动报警系统	(1)点型感烟探测系统 (2)手动报警按钮 (3)火灾警报装置(声光报警)	按规范要求设置 建议:采用控制中心报警系统,视实际情况适当增加手动报警按钮数量;声光报警数量与手动报警按钮数量一致,本防火单元及相邻防火单元消防联动
自动灭火系统	(1)按国家相关规范及标准 (2)可设置 K80 标准喷头自动喷水灭火系统	按规范要求设置 建议:如设置自动喷淋系统,根据火灾场景分析该区域火灾荷载大小;喷头按标准喷头设置
其他灭火设施	(1)室内消火栓系统 (2)消防水喉 (3)灭火器	按规范要求设置 建议:室内消火栓给水系统与自动喷水灭火系统分开设置;保证相邻两个消火栓的水枪充实,水柱同时到达被保护范围内的任何部位;为扑灭初期火灾,以便于自救,应设置消防水喉
应急照明、疏散指示	适当考虑增加疏散标志的数量及增大标志的尺寸	按规范要求设置 建议:考虑大空间区域的因素适当考虑增加疏散标志的数量及增大标志的尺寸
火灾应急广播	火灾应急广播与公共广播合用时,应符合规范相关要求	按规范要求设置 建议:应设置火灾应急广播系统
消防电源	按极负荷要求供电	按规范要求设置
内 装 修	(1)顶棚和墙面 A 级 (2)地面和隔断 B1 级 (3)固定家具、装饰织物 (4)其他装饰材料 B2 级	按规范要求设置
其　　他		按规范要求设置

作为重要的公共交通建筑,可将火灾危险划分为三个等级并采取相应的设备联动控制,尽可能减少火灾影响,在可控的安全范围内,保证铁路运营的连续性,其分级方法及要求见表 7.7。

表 7.7 消防联动控制分等级要求一览表

分类等级	等级描述	联动控制要求
一 级	(1)火点处在较小范围内 (2)仅有少量烟气冒出 (3)无人员受困	(1)在小范围内发出预警 (2)做好消防联动控制一切准备
二 级	(1)火点范围扩大或发生列车火灾 (2)有大量烟气冒出 (3)有人员受困	(1)按联动控制分区进行消防联动控制 (2)组织着火所在控制分区人员进行疏散
三 级	(1)火势猛烈 (2)大量浓烟,高热 (3)出现受伤人员并增多	(1)渐次将火灾相邻区城转入火灾状态 (2)通知并组织可能受到影响的区域直至全站房人员进行疏散

7.1.2 防卫及防疫安全

1. 公共防卫安全

高速铁路车站作为城市公共空间也是犯罪活动的载体,其空间品质的优劣对防卫安全产生重大影响,如果缺乏重视,很容易成为缺失可防卫性的消极空间。因此,在车站设计中对可能发生的公共空间犯罪行为实施有效防控,是解决城市犯罪问题的一个重要途径。

公共防卫安全主要是指在公共卫生事件和人为犯罪等情况下建筑与人员的安全,社会安全灾害主要包括人为纵火、暴力犯罪和恐怖袭击等。高速铁路车站是人流密集、人员构成复杂的城市公共场所之一,其公共防卫安全是一个复杂的系统,不仅单纯依靠技术手段、安全管理机构和警务力量,而且需要在空间环境设计时考虑这些因素,籍以空间场所的公共性和开放性,通过公众监管,形成社会自然防御系统。

(1)技术设防措施

我国高速铁路车站的公共安全防卫一般都包含视频监控、门禁、防爆安检、防盗报警等多个系统。近年来,单一系统无法满足现代车站安防及通信的高要求,将这些单一的系统进行有效地整合,相互补充,形成联动机制,构成多道防线、多种功能的完整安防系统,并与新的科技手段相结合,如通过 GPS、遥感等技术,提升车站公共空间的监控效率和监控范围。

①视频监控

车站智能化监管设施随着科学技术的发展而逐步提高,高清监控系统应用具有直观、准确、及时和信息量丰富的特点。高清摄像设备常用于进站口安检和站区治安防控,基本覆盖了车站的公共区域,对站前广场、售票问询区、候车厅、进站口、站台、出站通廊等空间的客流情况以及治安秩序准确掌握,实时监控并清晰记录各公共区域的人群活动情况。同时监控设备具有实时回放、现场拍照等功能,部分摄像头还具备红外夜视功能,有效地遏制可能发生的不法行为,并协助侦破案件,帮助市民寻找走散的亲友、遗失的物品等广泛的功效,确保旅客出行平安。

②门禁识别

门禁系统网络化、集成化是高速铁路车站安防系统建设的一个方向，门禁系统已经从一个独立系统或一个子系统方式转变，纳入综合监控集成平台大系统中，实现真正的系统集成管理。在实现方式上，从简单的硬件连接，到计算机层面的软件接口，发展到硬件设备层面的集成。车站门禁系统由中央级、车站级和现场级门禁设备以及系统通信网络综合构成，进行统一监视以及相关联动，并在运营中形成两级管理三级控制的管理模式。中央级门禁管理系统负责对全线门禁系统配置设备参数、人员授权、数据存储，同时也具备设备状态监控、报警响应、报表查询等功能。

目前，人脸识别在技术上取得的突破，为其应用提供了更为广阔、高效的安全防卫空间，在高速铁路车站中运用，大大提升了交通枢纽整体的安全防范水平，达到威慑犯罪、惩治罪犯、维护社会稳定、保障国家安全的目的。

③防爆安检技术

防爆安检设备是城市公共场所为预爆制爆、行凶等案件发生，对货物、人身、场地和携带物品进行安全检查的设备的总称。设备产品类别主要包括安检、防爆处置和防恐三类，其中安检设备包括 X 光安检机、安检门、手持金属探测仪、通过式金属探测门、液体检测仪、探测器、金属探测器(门)等，防爆处置设备包括防爆罐、防爆毯、机械手、勘查箱、危险物品储物罐以及一些辅助设施等，防恐设备包括便携式频率干扰仪、毒气探测仪等。

(2)公共环境防御

设备技术提升虽然是高速铁路车站公共防卫安全的重要方面，而技防与人防相结合则将更有效地构建车站整体的安全防卫系统，防患于未然。城市公共场所的防卫安全设计主要是指针对危害社会安全的行为，包括可能发生的人为犯罪活动以及恐怖主义等行为产生的破坏和攻击，通过环境设计来预防这类犯罪(Crime Prevention Through Environmental Design，简称 CPTED)，其核心思想是通过改善物质空间环境要素，减少犯罪的环境诱因，限制和消除有利于犯罪的条件，从而预防和减少犯罪事件的发生。

①空间环境的领域性

通过对高速铁路车站内、外部公共空间环境的形态、位置、距离、尺度以及通行性、可见性、凝聚力、吸引力等特征分析，建立有层次的空间环境区域，创造具有旅客行为活动领域感和安全感的空间环境，限制、减少可能发生犯罪的概率。例如：减少开放环境中公共、私密和半私密空间区域的视线死角；提高车站地下空间的视线畅通感；避免地下通廊转折过多；减少地下空间范围的视线盲区等一系列环境安全措施，已应用于前期工程设计之中，以不断提高车站公共环境的安全防卫能力。

②社会公众监视

车站区域公共环境的开放性与空间活力，可以有效提升社会公众的参与度，包括立体化站前广场、城市通廊、综合换乘中心、周边区域慢行步道、城市绿地等公共空间，并整合、串联由车站或市政配套设施建设遗余的、孤立的、碎片化的空间，如高架桥下、铁路沿线等消极空间，植入商业、零售、休闲、娱乐设施，吸引人气，与周边城市社区有机结合，在大量人群容易聚集活动、交流场所，通过城市日常生活，形成自然监视和安全保护作用。

2. 公共防疫安全

随着当今全球经济、社会活动交流的复杂性和流动性的加剧，应对突发性公共卫生安全事件已经不仅仅只是卫生部门的工作，也是包括建筑领域在内的全社会各个行业领域的共同责任。

高速铁路车站是城市间人员流动最为重要的公共建筑之一，并作为城市人流、物流、信息流等交换密集的节点场所，俨然成为城市中公共防疫极为重要的监管区域。

(1)车站防疫重点防控区域

“源头控防”是高速铁路车站公共防疫的主要策略。结合车站自身的监管优势加强实名制监管措施，利用智能识别技术建立预警系统，重点防控进站口和出站区域，在第一时间对进、出站旅客实施防疫监测，发现体温异常或疑似病患人员，实现精准预警防疫。对疑似病患旅客尽早、尽快采取隔离、诊治措施，以避免疫情在站内大量候车人群中传播、扩散。同时在车站区严格监管控制车辆进出，利用实名制数据库，对车辆进行精准识别和管理，提高日常运维管理水平，利用智能化技术手段，快速有效地阻止各类传染病疫情流传。

(2)防疫空间应急应变能力

新建高速铁路车站，应在方案设计阶段融入安全防护理念，把防疫安全纳入建筑空间组织和物质系统配置的系统设计之中。在车站公共空间划分和组织中，在功能分区、消防分区、性能分区与防疫分区之间寻找兼顾的策略，利用病毒传播学知识结合计算机模拟技术，通过人群行进路线中病毒传播路径模拟，选择最优的建筑布局，并配置相应医疗防疫设施，使车站空间具有临时应急应变能力。一旦发现疫情隐患，即可及时转换空间，开辟应对疫情的临时隔离防护场所，采取诊治、救护措施。同时与外界医护体系建立网络化联系，实施就地发现、就地隔离、就地治疗的措施，打造应对重大突发事件信息公开化、措施透明化的“透明空间”。

(3)营建公共空间卫生环境

在车站内部空间环境规划设计中，需要结合建筑设计的绿色生态理念，增强空间与自然的密切联系，尽量减少封闭空间，减少对机械设备调节人造气候的过度依赖，提高空间卫生品质，营造良好的自然空气环境。建筑内部的机电设备管线要以防护单元作为系统组织的基本单元，从而避免不同防护单元之间的流传风险。

安全防护、抵御灾害是人类从事建筑活动的原始目的，寻求庇护安全也始终是建筑合理性的基本内涵与重要标准。大型突发疫情为车站建筑安全设计敲响了警钟，更提醒从业者需要从常规的建造观念中做出转变，坚持安全第一、预防为主的建设准则，在设计之初就应当将公共卫生防疫纳入建筑整体安全的体系之中，成为设计工作的常态，并需要加强建筑领域与卫生防疫、医疗救治相关的探索研究和实践应用。

7.2 绿色车站建造

绿色建筑是在建筑的全寿命期内，节约资源、保护环境、减少污染，为人们提供健康、适用、高效的使用空间，最大限度地实现人与自然和谐共生的高质量建筑。

2020 年 7 月，住房和城乡建设部等多部委联合印发了《绿色建筑创建行动方案》(建标

〔2020〕65 号)，明确提出创建目标是:“到 2022 年，当年城镇新建建筑中绿色建筑面积占比达到 70%”;生态环境部于 2021 年 2 月施行的《碳排放权交易管理办法(试行)》(生态环境部令第 19 号)，在应对气候变化和促进绿色低碳发展中充分发挥市场机制作用。“十四五”规划中，发展绿色建筑等内容被明确纳入其中，探索零能耗、零碳建筑关键技术突破，通过信息化、数字化的手段提升行业生产效率，推动能耗、碳排双控的高速铁路车站建筑领域低碳发展，任重而道远。

7.2.1 集约土地和空间资源

1. 站场节地及空间利用

在整个以高速铁路车站为核心的综合交通枢纽中，铁路站场作为重要的车站设施，用地面积占比很大，其土地有效利用显然是车站建设中节约土地资源最显著有效的措施之一。在集约化站场措施中较早运用的是将高路基改为桥梁的方法，特别是“桥建合一”技术出现以后，铁路站场与站房可以更加充分的融合，站场桥下空间可以得到更加充分的利用，而且也强化了站场两侧城市的联系(图 7.9)。桥式站场目前在大量大中型车站以及一些小型线下式车站中应用较为普遍，有效地完善了城市功能，土地利用率也得到了提高。

图 7.9 某车站桥下空间利用

近年来随着建造技术的进步，不断涌现出一些新的集约化站场措施的实践，如深圳福田站、天津滨海站采用地下站场的形式，将地面土地还给城市，作为公园景观绿地等城市公共开放空间使用。重庆沙坪坝站则是将埋深地下的高速铁路车场、车站上部空间，用于城市综合开发，成为高密度城市高速铁路车站集约化土地开发的典范。

正在建设中的北京丰台站采用双层叠合站场的方式，将 6 台 12 线规模的城际铁路车站置于 11 台 20 线规模的普速车站上方，在既有的用地范围内，最大程度整合、完善铁路站场设施和站房建筑功能，既节约土地，又提质增效。

2. 车站公共空间综合利用

一切建筑从被建成起就将面临对未来发展的不适应性，这是历史的规律。如何提高高速铁路车站空间综合利用效率和应变能力，增加其满足不同功能需求的适应性，以延续车站空间的使用寿命，是发展循环经济、实现资源节约的有效措施。

高速铁路车站的空间应变能力，随着不断更新的新技术体系、功能系统以及旅客行为需求，正在逐步受到重视。在新时代科技发展的影响下，近年来的车站建设实践，催生出许多新的营运管理模式以适应新的出行环境需求，也产生了在空间使用、分布和适应性方面的矛盾。进站安检、站内换乘、环境体验等一系列新生的客运供需关系问题迅速上升，这种变化依然在新时代强大的科技体系和增长的社会需求作用下持续演变。

另一些渗透自然环境的空间设计方法，正在越来越广泛地运用于车站设计之中。如绿色共享空间、景观室内庭院等(图 7.10)，以围合、开放或半开放空间状态置于公共候车区域，供旅客在短暂的候乘时间内休闲、观赏体验，并可适当改善车站的微气候环境和空气品质，更有益的是能够在特定时间、特殊条件下，随机转变为扩大候车区、隔离区或特殊服务区，展现其空间的弹性、灵活性和包容性优势。如哈尔滨站在候车大厅一侧开放了室外平台，应对高峰客流的不时之需，也可在平峰期供旅客享受户外环境，并解决应急疏散保障安全。

图 7.10　某高速铁路车站室内生态共享空间

运用灵活可变的空间限定、空间分合、空间过渡等构成设计方法，结合永久性设施和临时设施的基础条件，创造富于弹性、主动应变的客运服务空间形式，是空间利用、绿色建造的有效方法，如图 7.11 所示。

图 7.11　某高速铁路车站设置“弹性”儿童候车区

3. 枢纽区域土地综合利用

以往我国高速铁路车站受土地使用权限影响，铁路红线范围内的空间很难被城市所利用，相对封闭性较强，并且交通设施用地规模大，空间利用率相对较低。近年来随着地方与铁路合作的进一步密切，形成铁路与地方共同开发的合作机制，使得铁路与城市的边界模糊化，如杭州西站推出“立体划分、分层确权”的策略，重庆东站的大红线策略，使得地方开发与铁路建设同步进行，城市功能与铁路空间相互渗透，形成土地资源共享，极大提高了站区的土地利用效率。

相比早期铁路客站，现代高速铁路车站建设实践更加注重公共空间的多元整合，除满足车站区域基本的交通、功能、公共旅客空间外，往往会融入更多关联城市功能的空间。以绿色建筑设计基本理念为指导，通过车站交通与城市功能有机复合，满足旅客体验；公共活动分层叠合，高效利用空间；土地开发多维联合，形成一体化紧凑城市发展策略，从而节约土地资源、共享经济效益、创造城市活力，打造新时代绿色高速铁路车站。

7.2.2 自然能源利用

1. 太阳能利用

太阳能技术是绿色高速铁路车站利用较多的可再生能源技术，包括太阳能热能和光能利用两个层面。在高速铁路车站设计中通常利用车站屋面的形式特点结合太阳能光伏发电板，在不影响车站屋面形式的基础上形成一套独立的光伏发电系统，向车站提供部分电能，降低车站的整体能耗。

太阳能光伏发电，是利用半导体 PN 结的“光生伏打”效应，把照射到太阳能电池上的阳光能源直接变成可供使用的电能。太阳能光伏发电系统由光伏组件、并网逆变器、就地升压装置及集中变电系统组成；太阳能通过光伏组件转化为直流电力，再通过并网逆变器将直流电能转化为与电网同频率、同相位的正弦波电流，并入电网，如图 7.12 所示。

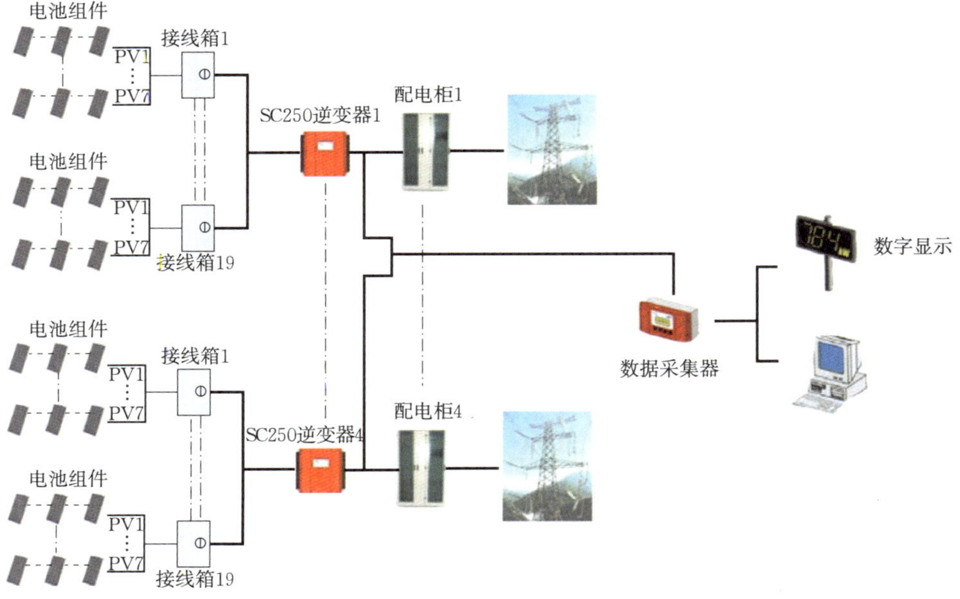

图 7.12 并网太阳能发电系统

太阳能电池组件(又称作太阳能电池板)是太阳能发电系统中最重要的核心部分,分为单晶硅、多晶硅和非晶硅太阳能电池,如图 7.13 所示。常见的太阳能电池组件性能对比见表 7.8。

(a) 单晶硅电池

(b) 多晶硅电池

(c) 薄膜电池

图 7.13 各种太阳能电池组件实物图

表 7.8 常见的太阳能电池组件性能对比

项　　目	薄膜非晶硅组件	单晶硅组件	多晶硅组件
电池转换效率	约 10%	17%～25%	约 15%
效率衰减	1^{st}年衰减:>5%	1^{st}年衰减:≤2.5% $2^{nd}-25^{th}$年衰减:≤0.7% 25^{th}年剩余效率:≥80.2%	1^{st}年衰减:≤2.5% $2^{nd}-25^{th}$年衰减:≤0.7% 25^{th}年剩余效率:≥80.2%
使用寿命	理想状态的非晶硅薄膜电池使用不到 10 年,衰减严重	25 年	25 年
技术历史	31 年	57 年	57 年
产品单价	低	高	高
弱光性发电能力	高,发电时间长	低	低
发电占用土地	15 m²/kW	6～8 m²/kW	6～8 m²/kW
系统维护成本	高	低	低

(1)单晶硅太阳能电池

单晶硅太阳能电池的光电转换效率为 17%～25%,是所有太阳能电池中光电转换效率最高的,但制作成本很大,以致于还不能被大量广泛和普遍地使用。单晶硅一般采用钢化玻璃及防水树脂进行封装,因此其坚固耐用,大部分厂商一般都是提供 25 年的质量保证。

(2)多晶硅太阳能电池

多晶硅太阳能电池的制作工艺与单晶硅太阳能电池相仿,但是多晶硅太阳能电池的光电转换效率较低,约 15%。制作成本相比单晶硅太阳能电池低廉,材料制造简便,节约电耗。多晶硅太阳能电池的使用寿命也要比单晶硅太阳能电池短,但因整体生产成本较低而得到大量发展。此外,就性价比而言,单晶硅太阳能电池略好。

(3)非晶硅太阳能电池

非晶硅太阳能电池与单晶硅和多晶硅太阳能电池的制作方法完全不同,工艺过程大大简化，硅材料消耗很少，电耗更低，其主要优点是在弱光条件下也能发电。非晶硅太阳能电池存在的主要问题是光电转换效率偏低，国际先进水平为10%左右，且不够稳定，随着时间的延长，其转换效率衰减。

高速铁路车站的屋面、雨棚等区域面积巨大，且平整度高，周边遮挡少，只要合理处理光伏发电组件和建筑之间的关系，将成为安装光伏发电组件的最佳区域。光伏系统还能作为建筑材料如幕墙、天棚和遮阳板等与建筑融为一体。车站的太阳能发电一般提供给站内部的低压电网端，优先提供给照明、办公、空调等电器使用，如图7.14所示。

图7.14 车站雨棚安装光伏发电组件

(4)自然光照明

良好的光源对人的心理和生理健康尤为重要，可让人感受舒适，目前自然光照程度已成为考察室内环境质量的重要指标之一。

人工照明耗能大，间接污染环境，不利于可持续发展，自然采光是利用天然光源来保证建筑室内的光环境。高速铁路车站区域有许多地下空间，引入自然光照明不但节约能源，而且能够促进使用人员身心健康，提高交通营运和工作效率。目前车站使用较多的有以下两种方式：

①光导照明，类似管道天窗。在车站公共空间运用，具有简单直接、节约人工照明能耗等显著优点，自然光照射区域范围大且均匀；但弱点是需要在屋面多处开口，尤其在大型金属屋面上开孔，对整体防水系统有一定的影响。该系统主要由室外采光区、导光传输区、室内漫射区三部分组成，如图7.15和图7.16所示。

②光纤照明，是指光纤通过逐日装置，始终对准阳光，将阳光导入室内，优点是安装一个装置即可通过光纤将光分别导入多个需要自然光的区域，使用灵活，不需要像光导照明在屋面开孔；缺点是不适合大面积照明需求。

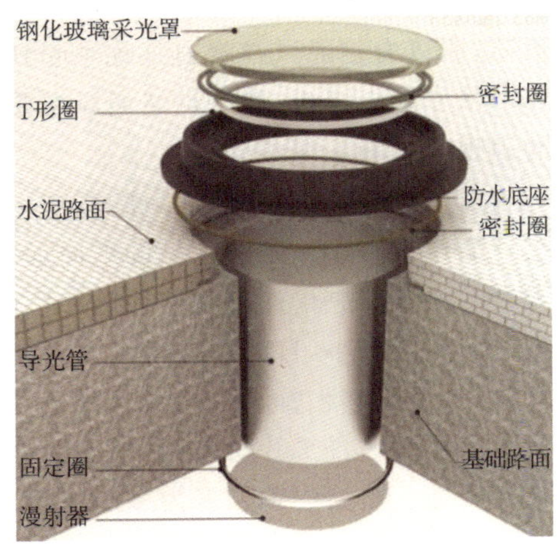

图7.15 光导照明示意

（a）进 站 厅

（b）屋面布置

图 7.16 甘肃天水站导光管采光系统

光纤照明装置，由主机、照明光纤和室内照射器具三大部分组成。通过光纤导体的传输，可以将光源传导到任意的区域。主机安装在室外，通过逐日装置，始终对准阳光，通过光纤导体的传输，可以将光源传导到任意的区域。

目前，在车站建筑中应用光纤照明技术并不完全成熟，尚处于试验、试用阶段，仍在进行不断的产品研发和标准升级，以期在未来的建设中发挥更大作用。

2. 风能利用

风能是自然界重要的可再生能源，在建筑中的应用主要有两个层面，其一是利用自然通风带动建筑内部的空气流动，减少空调系统的使用，降低能耗；其二在风能充足的地区可以利用风能发电技术为建筑提供部分电能。在高速铁路车站中的风能利用，多以自然通风改善室内空气环境、降低太阳辐射为主。

自然通风对于众多长年需要空调的高速铁路车站，有极大的效用与经济价值。室外较冷空气自然或由机械引进室内，直接作冷却用，可省去机械空调必须利用的冷媒，达到节能目的。在车站的设计中引入自然通风系统，目的是在春、秋或者一年中适当的过渡季，充分利用车站附近风压较大的优势进行自然通风以降低建筑空调能耗。另外由于车站具有较多与外部相通的开口，冬季无组织的渗透风对室内环境的影响也很大程度影响了车站的系统负荷，所以自然通风在暖通系统中起到了很重要的作用。

从原理上来讲，建筑自然通风主要由热压与风压效应引起，这两种效应在不同的建筑上的表现形式却不尽相同。

（1）建筑形式对自然通风的影响

高速铁路车站建筑常见的平面形式有圆形、矩形、T 字形、工字形等。自然气流涡旋区产生的位置取决于建筑物的外形和风向，涡旋区大、正压亦大的部分，最有利于通风，圆形建筑的涡旋区最小，自然通风相对不利，但是这种建筑形式却最有利于抗风压。当车站建筑高度越高、进深越小、面宽越大时，背面涡旋区就越大，对通风有利，矩形平面通风效果良好。T 字形平面综合了开间大、进深小以及开间小、进深大两种矩形平面，气流涡旋区较大，通风效果较好。车站建筑大多为多层建筑，相对高度通常在 24 m 左右，因此要加强自然通风，关键是确定合理的平面形式。

通过对高速铁路车站建筑形态调研分析归纳总结出三种典型的自然通风建筑类型：单

侧通风类建筑、可水平风压通风类建筑(俗称穿堂风)、有竖向中庭可垂直通风类建筑。这三种通风类型建筑通风能力是依次增加的:当建筑只有单侧开口时,其通风形式可以归结为单侧通风,当建筑另一侧增加开口,相应的可利用风压进行水平风压通风,随着建筑体量的不断增大,出现内区并且有隔断分割,风压能力大大降低,此时设置中庭可以进行垂直方向上的自然通风。目前很多大型车站建筑具有对称的进出安检口,如腰部进站的设置等对于采用被动式通风能源是相当有利的。

在通风能力上,垂直自然通风>贯流通风>单侧通风,这与其通风动力机理有关。贯流通风主要通风动力为风压,而风压相对于垂直通风的热压效应来说不稳定,通风节能能力较低;单侧通风节能能力更低。

(2)场地对自然通风的影响

当然全年自然通风能源的利用与车站外部所处环境有着密切关系,场地因素(建筑周围遮挡情况)也很大程度上影响建筑自然通风情况,从而影响建筑能耗。在计算中,将场地影响分为四类:开阔、半开阔、密集及不考虑风压作用。

(3)建筑高度对通风的影响

水平风压通风,建筑越高,水平风压越大,通风效果越好;垂直通风能力也随着建筑高度的增大而增强。研究表明,车站建筑高度在 12 m 左右的高大空间,其垂直通风能力随着空间高度的增大而增强,建筑高度对通风节能率的影响较明显,超出此高度之后增加能力有限。

自然风能作为一项古老的节能技术,如何通过建筑设计、运行角度,充分利用被动式通风能源降低车站建筑的能耗,部分取代或缩短推迟主动式能源,无疑对节能减排将做出极大贡献。车站设计应从建筑自然通风设计出发,研究风环境利用、通风策略,为车站营运提供更多的节能运行模式。

3. 地热能利用

地源热泵技术是一种利用地球表面浅层地热能资源进行供热、制冷且高效、节能、环保的系统,通过输入少量的高品位能源——电能,实现低温热能向高温热能的转移。地热能在冬季作为热泵供热的热源;在夏季作为热泵制冷的热汇。实际上地源热泵是有效利用了其自身在夏季供热时的冷凝热,储存在地下恒温带,到了冬季再利用热泵将储存在地下的这部分冷凝热提取出来。

地源热泵是一个广义的术语,它包括了使用土壤、地下水和地表水作为热源和热汇的系统,如地下耦合热泵系统(又叫地下热交换器地源热泵系统)、地下水热泵系统、地表水热泵系统。

土壤源热泵有着诸多的优点,机组性能系数高,节能效果好;利用土壤的蓄热性能,冬夏能量互为补偿;土壤源热泵冬季蒸发器不结霜,是一种保护环境的绿色空调。但缺点是:地下换热器的传热性能受土壤性质影响较大;土壤源热泵连续运行时,热泵的冷凝温度、蒸发温度受土壤温度变化的影响而波动,导致热泵效率的下降,相比空气源热泵以及水源热泵更加明显。正是由于土壤源热泵的这些缺点阻碍了它的广泛应用,而借助于辅助热源可以减少初投资以及补偿部分土壤温度变化的影响。因此,土壤温度场的恢复特性是判断地源热泵系统是否能长期稳定运行的重要依据。

地源热泵技术的基本原理，是运用地下的浅层恒温层作为热量交换体，通过管道水循环，在冬季获取热量，在夏季得到冷却，运用地下管道巡回及能量交换模式，将冷热媒转换到建筑空间的需求端，如图 7.17 所示。

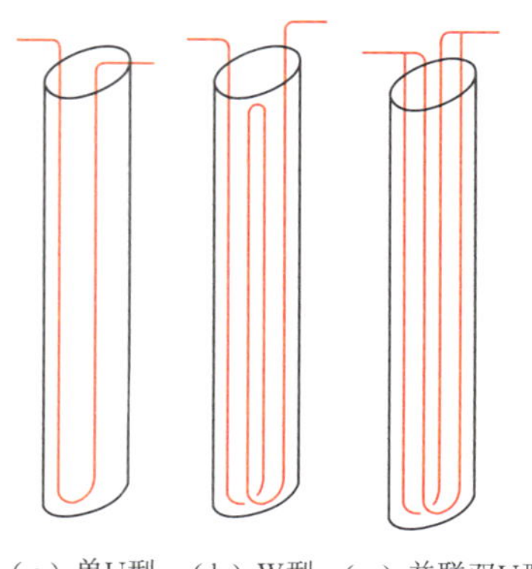

（a）单U型　（b）W型　（c）并联双U型　　（d）地埋管实物图

图 7.17　地埋管类型及实物

目前已经运行的武汉站、杭州东站、太原南站、长沙南站、台州站、岳阳站、衡山站、衡阳站、宜昌站等站房均采用地源热泵系统，降低能耗、减少碳排放。

7.2.3　综合节能技术

1. 节水系统技术

一般情况下，建筑节水系统是根据节能、卫生、安全及当地政府规定等要求，结合非传统水源综合利用的内容进行设计。由于高速铁路车站及其配套设施一般占地面积大、用水量多，在设计阶段通常采用雨水、中水的控制及利用等措施来实现车站节水、资源再利用的目标。

（1）雨水控制及利用

雨水控制及利用指的是径流总量、径流峰值、径流污染控制设施的总称，包括雨水入渗（渗透）、收集回用、调蓄排放等。雨水控制及利用工程一般采用渗、滞、蓄、净、用、排等技术措施，同时应根据项目的具体情况、当地水资源状况及经济发展水平合理采用低影响开发雨水系统的各项技术。

对于高速铁路车站，在水资源缺乏、水质性缺水、地下水位下降严重地区及内涝风险较大的区域，雨水宜综合利用。雨水经收集、储存、处理后可作为冲洗、灌溉、绿化和景观等用水，也可经过自然或人工渗透设施补充地下水资源。同时，雨水收集利用系统应选择污染较轻的大型车站建筑屋面及场地等作为汇水面；对于不同汇水面的雨水径流水质差异较大时，可分别收集和储存。

①雨水资源化利用量和水质

绿化、道路及广场浇洒、车库地面冲洗、车辆冲洗、循环冷却水补水等的最高日用水量，通常按《建筑给水排水设计标准》（GB 50015）的规定执行，平均日用水量应按《民用建筑节水设计标准》（GB 50555）的规定执行。各类建筑物最高日冲厕用水量应按《建筑中水设计标准》（GB 50336）的规定执行。景观水体补水量应根据当地水面蒸发量和水体渗透量、水处理自用水量等因素综合确定。

回用雨水集中供应系统的水质应根据用途确定,CODcr 和 SS 指标应符合表 7.9 的规定,其余指标应符合国家现行相关标准的规定。

表 7.9 回用雨水 CDDcr 和 SS 指标(mg · L^{-1})

项目指标	循环冷却系统补水	观赏水景	娱乐水景	绿　化	车辆冲洗	道路浇洒	冲　厕
CODcr	≤30	≤30	≤20	—	≤30	—	≤30
SS	≤5	≤10	≤5	≤10	≤5	≤10	≤10

②雨水控制及利用系统设置

雨水控制及利用应采用雨水入渗系统、收集回用系统、调蓄排放系统中的单一系统或多种系统组合,并符合下列规定:雨水入渗系统应由雨水收集、储存、入渗设施组成;收集回用系统应设雨水收集、储存、处理和回用水管网等设施;调蓄排放系统应设雨水收集、调蓄设施和排放管道等设施。

③水质处理

雨水处理工艺流程应根据收集雨水的水量、水质,以及雨水回用水质要求等因素,经技术经济比较后确定。收集回用系统处理工艺宜采用物理法、化学法或多种工艺组合等。

雨水用于景观水体时,宜采用图 7.18 工艺流程。

屋面雨水用于绿地和道路浇洒时,可采用图 7.19 处理工艺。

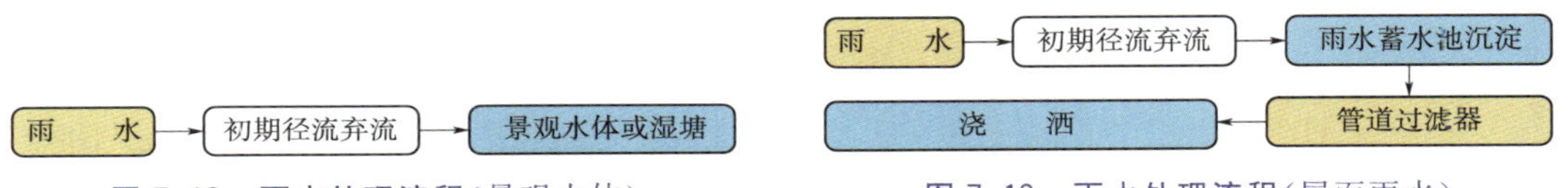

图 7.18 雨水处理流程(景观水体)

图 7.19 雨水处理流程(屋面雨水)

屋面雨水与路面混合的雨水用于绿地和道路浇洒时,宜采用图 7.20 处理工艺。

屋面雨水或其与路面混合的雨水用于空调冷却塔补水、运动草坪浇洒、冲厕或相似用途时,宜采用图 7.21 处理工艺。

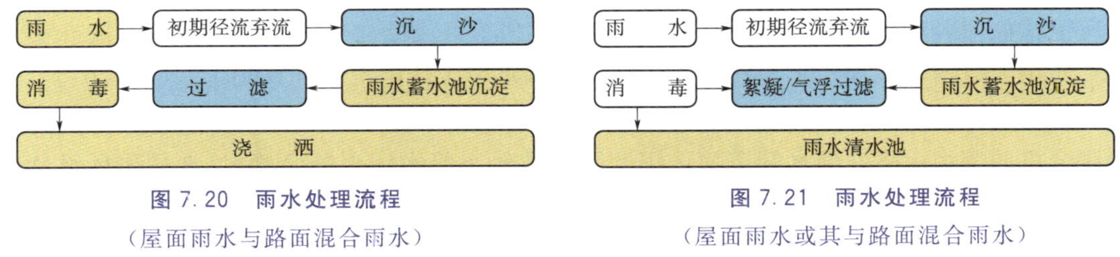

图 7.20 雨水处理流程
(屋面雨水与路面混合雨水)

图 7.21 雨水处理流程
(屋面雨水或其与路面混合雨水)

(2)中水控制及利用

中水指的是各种排水经处理后,达到规定的水质标准,可在生活、市政、环境等范围内利用的非饮用水。由中水原水的收集、贮存、处理和中水供给等工程设施组成的有机结合体称为中水系统,是建筑物或建筑小区的功能配套设施之一。建筑中水设计,应根据可利用原水的水质、水量和中水用途,进行水量平衡和技术经济分析,合理确定中水原水、系统形式、处理工艺和规模。

对于高速铁路车站来说，卫生间、公共浴室的盆浴、淋浴、盥洗排水、空调循环冷却系统排污水、冷凝水等废水均可作为中水原水回收，处理后用于冲厕、车库地面及车辆冲洗、绿化用水或景观用水。

①中水利用及水质标准

建筑中水应主要用于城市污水再生利用分类中的城市杂用水和景观环境用水等。中水用作建筑杂用水和城市杂用水时，其水质应符合《城市污水再生利用　城市杂用水水质》(GB/T 18920)或《城市污水再生利用　景观环境用水水质》(GB/T 18921)。中水用于多种用途时，应按不同用途水质标准进行分质处理；当中水同时用于多种用途时，其水质应按最高水质标准确定。

②处理工艺

中水处理工艺流程应根据中水原水的水质、水量和中水的水质、水量、使用要求及场地条件等因素，经技术经济比较后确定。

絮凝沉淀或气浮工艺流程如图 7.22 所示。

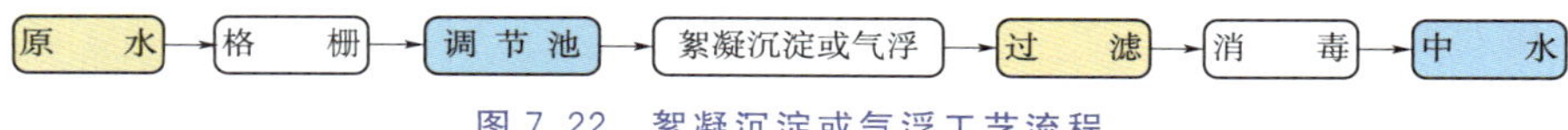

图 7.22　絮凝沉淀或气浮工艺流程

微絮凝工艺流程如图 7.23 所示。

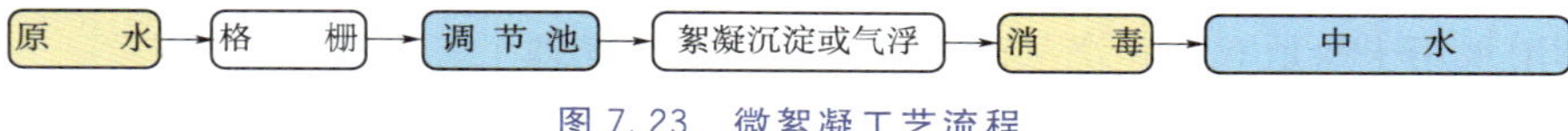

图 7.23　微絮凝工艺流程

膜分离工艺流程如图 7.24 所示。

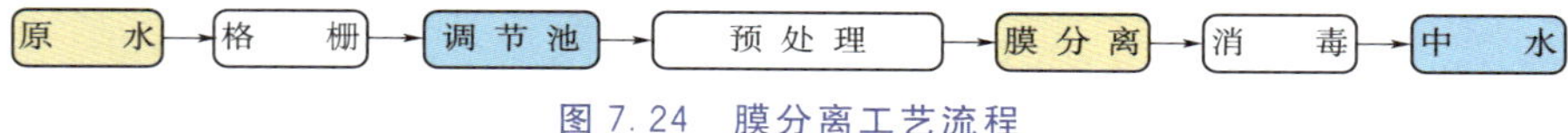

图 7.24　膜分离工艺流程

(3)其他节水措施

市政管网供水压力不能满足供水要求的多层、高层建筑的给水、中水、热水系统应竖向分区，各分区最低卫生器具配水点处的静水压不宜大于 0.45 MPa，且分区内低层部分应设减压设施保证各用水点处供水压力不大于 0.2 MPa。

所用卫生洁具采用节水型产品，并应符合《节水型生活用水器具》(CJ/T 164—2014)。

给水水嘴应采用陶瓷芯等密封性能良好、能限制出流流率并经国家有关质量检测部门检测合格的节水水嘴。给水管道均选用摩阻系数较小给水钢塑复合管材；选用密闭性能好的阀门、设备，并保证设备、管材及附件的工作压力不大于产品标称的允许工作压力。

根据水平衡测试要求安装分级计量水表，下级水表设置覆盖上级水表的所有出流，没有无计量支路。按使用用途、付费管理单元分别单独设水表计量。

选用高效、节能型水泵。凡列入《中华人民共和国实行能源效率标识的产品目录》的设备的能效等级均应达到 1 级。

2. 暖通系统技术

(1)暖通系统智能控制

高速铁路车站基于交通建筑高大空间和客流变化的特点，从节能设计出发构建暖通系统人工智能(AI)控制平台,有益于暖通专业的系统设计优化和系统节能,可以从以下几个层面考虑形成设计对策。

①特大型车站建筑规模大,站房跨度可能长达 300~400 m,从能源中心到最远的空调末端使用点,一般距离也将长达几百米,因此空调采暖需求的冷热水输送能耗较大,是车站空调系统运行节能需要重点考虑的问题。

②车站内部高大空间普遍存在竖向的温度分层现象,空间越高,温度分层现象越明显。因此合理的空调配置、通风气流组织,对于系统的能耗影响甚大。

③新建高速铁路车站多处于地势宽阔的室外环境,全年室外风环境多有季节规律性,而车站内部空间高大、贯通的特征明显,如何有效地利用被动式通风系统,降低主动式机械制冷能耗具有较大的节能价值。

④太阳辐射直接对整个站房空调负荷存在较大影响。在夏季,高架候车区的大面积采光屋面和玻璃幕墙对室内环境影响,特别对候车区域旅客活动的舒适性产生影响;在冬季,通透的玻璃对于车站日间自然采光有益于空调供热,可以显著地降低大空间日间照明的电力消耗。因此,如何优化玻璃材料的热工性能、施工工艺措施,有效地利用自然采光及太阳辐射能源,又可兼顾空调制冷设备的能源消耗,也是需要考虑的问题。

所以,当代高速铁路车站的空调采暖系统节能设计理念,从以往单一的主动式节能技术逐步向结合被动式节能技术综合运用的方式转化,借助一些车站能源管控平台、楼宇控制系统及空调 AI 控制平台一体化的设计,实现对客流变化、室内温湿度可变控制的目标,充分利用大数据信息平台,使得控制系统更具预判性、自学习性、专业性,对空调系统的控制更加精准,提升高速铁路车站的绿色、节能水平,如图 7.25 所示。

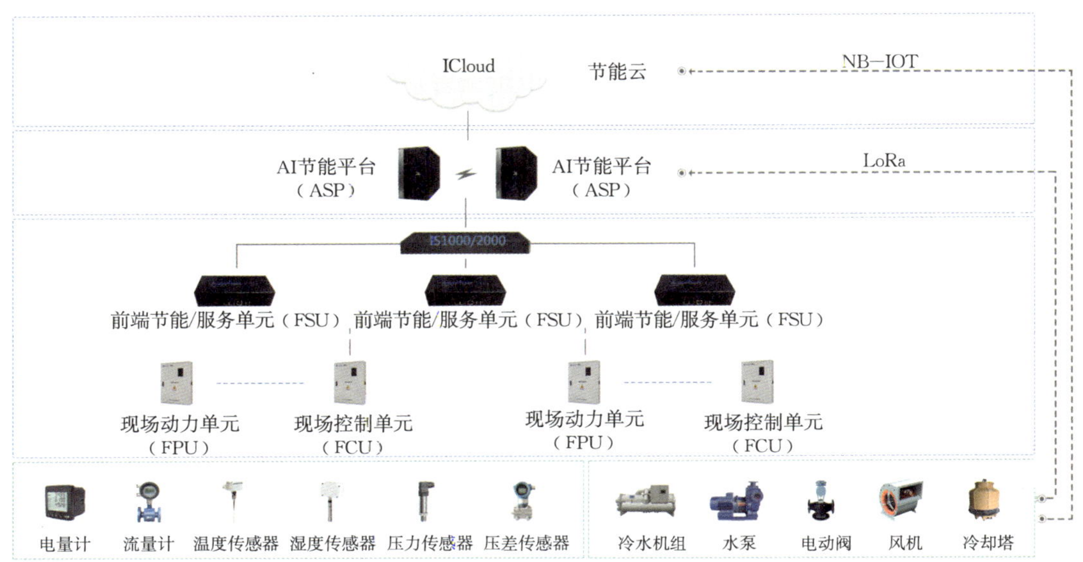

图 7.25 空调系统人工智能节能 AI 一体化平台网络拓扑结构

空调系统 AI 节能及智慧控制平台以人工智能为核心,结合物联网、自动控制、互联网通信、大数据等技术,能够进行分级控制和策略分级部署,确保中央空调系统全自动运行、低能耗运行和安全运行,如图 7.26 所示。

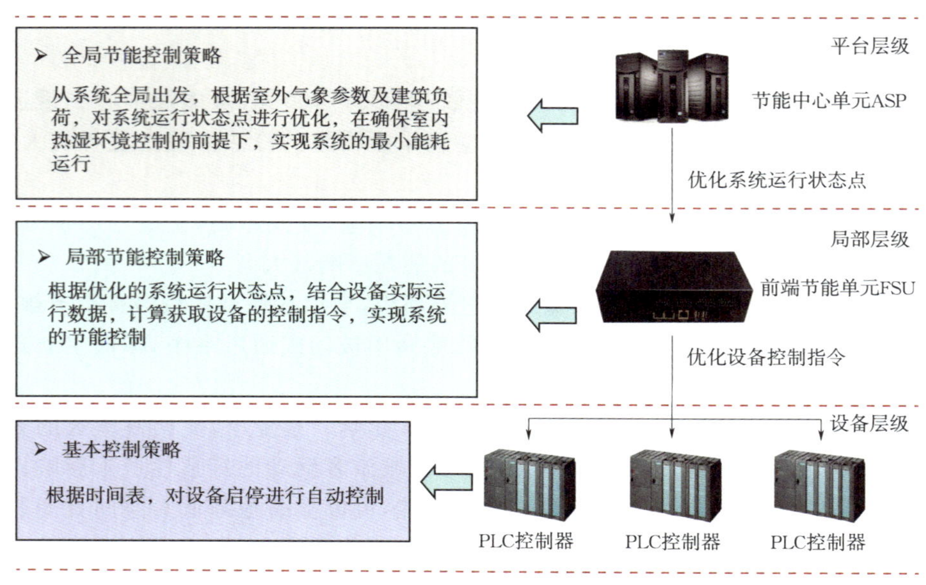

图 7.26 层级拓扑

控制平台有别于传统的楼宇控制系统对暖通控制系统的控制，对空调采暖系统进行专业的自管理，对于其上级的楼宇控制系统 BAS 系统仅开放通信协议，这种分级管理、控制的优点在于由专业的平台系统进行自管理，更实际有效。目前这种方式已经于建成的北京朝阳站、雄安站和在建的郑州南站、杭州东站、广州白云站中运用。

(2)其他暖通节能技术

①再生水源热泵技术应用

再生水源热泵是利用废热资源，既能供热又能制冷的高效节能环保型空调系统。郑州东站采用再生水源热泵系统，取自位于车站附近约 1 km 处的污水处理厂排放的达标废水，作为空调系统的冷热源。相比传统空调系统，设备使用寿命 20 年以上，能耗节约 30%以上，全年节省运行费用约 138 万元，同时相应每年减少 CO^2 排放 1 555 t、SO^2 排放 160 t、烟尘排放 208 t、氮氧化物 62.5 t。

②冰蓄冷技术应用

冰蓄冷是利用夜间低谷电制冰并储存冷量，用于白天空调的冷源系统，有利于电网及发电站平衡运行，提高运行效率，同时用户可在冬季利用峰谷电价政策下，节省空调运行费用。在杭州东站设计中，冷热源采用串联式分量蓄冷的冰蓄冷与地源热泵相接合的方式，节约能耗，设备使用寿命达 20 年以上。经综合分析论证，冰蓄冷系统综合投资比常规系统增加约 176 万元，平均年运行费用节省 182 万元，机房初投资回收期约为 1 年。

3. 节能材料应用

新型材料技术研发、更新换代，为现代高速铁路车站绿色建造提供了强有力的支持和新的发展契机。这些材料包括膜材料、砌体乃至节能玻璃等，通过材料自身的性能提升，助力改善并调节车站空间的热工环境，抵御自然气候对建筑形成的能耗影响，在一定程度上降低空调、照明等设备的耗能，达到节约能源的目的。

更多高强、轻质的材料在高速铁路车站建设中也有广泛应用。尤其空间结构采用的材料种类较多，如轻钢、混凝土、铝合金、聚酯和玻璃纤维织物等。近年来研发的人工合成材料，不但强度高，重量也更轻，一些由某种纤维与结合物组成的复合材料，其性能在实践应用中表现更佳。复合材料的优点是可复制、可再生、易造型，并且自重轻、安全指数高，建造性能优越，如碳纤维、薄膜、合成外墙板等，都已成功地运用于高速铁路车站屋面、墙体、天窗、装饰构件、保温系统等多个方面，并在耐久、防火、自洁、透光方面都具有良好的性能表现。

天津滨海站，采用纵向跨度达到 143 m 的单层网壳结构，而网壳之上则覆盖 ETFE 膜，解决了遮阳的问题，也满足了车站室内空间热工性能(图 7.27)。ETFE 膜结构充气后，可以通过控制充气量的多少，对遮光度和透光性进行调节，从而有效地利用自然光，同时起到保温隔热的作用，降低室内能源的消耗。

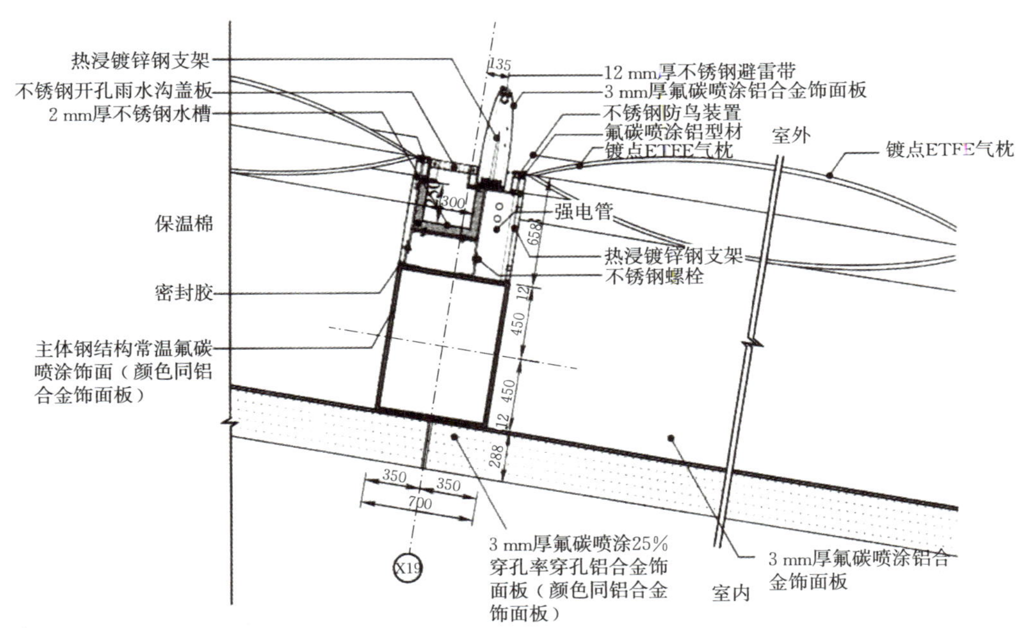

图 7.27　天津滨海站膜结构(单位：mm)

新材料、新科技的应用，也促进了建造工艺的更新和发展，一些高难度实施的三维曲面车站造型，如芜湖站、杭州东站、重庆西站、武汉站等，也通过新的工艺技术，出色建造完成。

4. 气候应变机制

建筑技术基于可持续发展观点的一个重要条件就是适应变化，包括结构和材料技术的自身变化以及应对自然气候条件的变化。我国幅员辽阔，南北地域气候条件差异甚大，同样以提倡绿色节能为目标的车站建筑设计在空间的开放度上具有明显的不同特征，如果建筑技术应用不仅仅是作用于应对气候变化，而是以应对室内外空间延伸、功能拓展为未来发展提前预留空间变换的可能，将形成车站建筑具有可生长和自身调节机制的弹性应变能力。

建筑表皮设计近年来广为流行，之所以称之为“表皮”，主要原因是“表皮”在大多情形下是作用于建筑外部造型的装饰，产生相应的材质肌理和光影变化，对建筑内部功能通常没有特别的影响。而高技术导向的“表皮”深层结构，则大不相同，其具有特定的功能作用：可以智能开启、旋转遮阳角度，亦或是通过高密闭性，形成“表皮”与维护结构间的空气夹层，提高热阻性能等。广义上的“表皮”也可以理解为建筑被特殊限定的界面，系统结构扩大化的“表皮”，将赋予更多的空间含义，缘起于应对气候，更可能产生具有类似“灰空间”作用的意义。一些更多元化“表皮”设计在许多发达国家和地区的实践表明，结合人工智能技术的建筑表皮设计运用，对建筑与环境的互动、适应自然气候的自应变功能、丰富的空间体验等多方面，尚具有很大的发展潜力。

还有更多作用于不同建筑性质、功能的“表皮”设计方法，表征是繁荣建筑设计的形态创作，却引发学界对许多自然现象、社会现象，人与环境、艺术与技术，以及能源利用、生态科技的深层思考，新型的建筑生态学、热力学、仿生学等在交叉学科领域的互动思考中崛起，再次推动了人类科学的进步。不难理解，如果高速铁路车站的外围护结构结合智能化“表皮”，综合考虑节能、环保的绿色建造设计理念，将创造出车站建筑空间的弹性应变能力和适应多元功能意义。

持续的绿色建造、节能减排发展理念，已成为高速铁路车站建设发展的主导方向。国家铁路局于 2014 年 5 月颁布了《绿色铁路客站评价标准》(TB/T 10429—2014)，正在设计和建设的高速铁路车站都将执行这项标准的规定。随后，我国建立了一套比较完整的绿色铁路客站设计评价体系，以不同的星级标准对车站建设予以评定，一批特大型高速铁路车站已经开始按绿色建筑三星评定的基本等级标准实施设计、建造。可持续的绿色铁路客站必将成为未来中国高速铁路车站建设发展的主流趋势。

7.3 先进技术应用

7.3.1 低碳建造技术

1. 预制装配技术

装配式建筑的概念主要包括预制构件(砌块、板材)装配和整体(盒式)单元装配。特点是工业化成批成套预制，适合运输，并具有生产效率高、产品精度高、时间成本低等优势。近年来，我国工业制造技术能力全面提升，在民用建筑特别是住宅建筑中，开始逐步运用新一代装配式构件。随着我国实现“碳达峰、碳中和”的节能减排控制力度加大，满足城镇建设快速发展的需求，以及建筑行业工业化水平不断提高，预制装配式建筑迎来了新的发展契机。

装配式构件是在专门的预制工厂事先制作好构件，然后再运输到实际的施工场地去进行组装并现场整浇的建造方式。其优点是可以节约工期、节省现场辅助作业，但缺陷是结构整体刚度较差，不利抗震，并在现场施工精度出现误差时难以调整等。早期我国主要将预制装配构件应用在工业厂房建筑和部分住宅的外墙建设中，但由于当时落后的工业技术条件受限，在日后的使用中并不尽人意。另一方面，传统的土木结构现场浇筑施工作业，是在施工现场完成包括支模、绑筋以及浇筑混凝土、养护、拆模的整个流程，在施工过程中会消耗大量的人力、物力和财力，施工现场的劳动强度大，机械化程度低，劳动生产率无法得到有效提高。与现场施工方式相比，装配式施工由于建筑构件是在专门的预制工厂制作完成，其生产时的温度、湿度以及具体的操作精确度等能够得到有效的保障，因此很容易实现建筑构件的高质量和工业化生产的高效率。

高速铁路车站由于自身的复杂性，除钢结构体系的施工区域采用预制构件、现场装配焊接的方式，其他大部分施工作业区采用装配式建造难度相对较大。高速铁路站场的站台和雨棚等一些单元构件标准化程度较高的部分，在现有建造技术条件下推行装配式完全具备条件。如郑州南站站台雨棚，采用装配式清水混凝土联方网壳结构，使用现场浇筑与工厂预制相结合的建造方式，所有顶部菱形密肋板统一规格，分为两层，下层板采用预制装配兼作底模，预留连接钢筋，上层整浇混凝土，雨棚屋面底板板预制装配率近 90%，如图 7.28 所示。

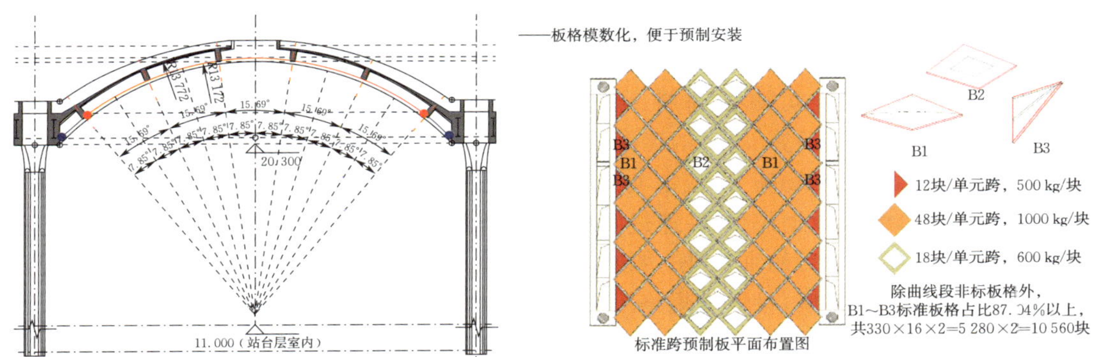

图 7.28 郑州南站雨棚模块化图解

装配式建筑是建立在强大的工业化基础之上的现代建造手段。在车站建筑中，研究并设计一些常规使用的局部标准化单元，通过整体装配化工厂建造，将成为较之装配构件预制更为整体、高效的生产方式。类似无障碍卫生间、组装式疏散楼梯、机电设备单元等一些标准化小型整体装配单元，对此展开深入的设计、应用研究，有利于推动车站建设的工业化进程。

2. 标准化建造

建筑标准化表现在建筑工程中建立和实施有关的标准、规范、规则等的建造过程，其目的是合理利用原材料，促进构配件的通用性和互换性，实现建筑工业化，以取得最佳经济效果和质量控制。建筑标准化一般包括两项内容，其一是建筑设计方面的有关条例，如建筑法规、建筑设计规范、建筑标准、定额与技术经济指标等；其二是推广标准设计，标准设计包括构配件的标准设计、房屋的标准设计和工业化建筑体系设计等。

高速铁路车站建筑涉及的领域广泛，其标准化内容包括设计、工程、财务管理等，是一个多因素综合的复杂系统。目前高速铁路车站标准化建设，在车站建筑设计层面有《铁路旅客车站设计规范》（TB 10100）等相关规范和标准，对高速铁路车站规划、设计、建造均起到相当重要的作用。尤其对材质、尺度、品质规格、施工工艺、安全运维等方面，日新月异，进步显著。国铁集团正在研究并即将颁布《铁路旅客车站及生产生活设施细部设计和施工质量控制标准》，进一步总结了前期实践中的经验和不足，并对大量成熟、稳定的细部设计和施工工艺制定明确的行业标准。

7.3.2　智能化信息技术

1. 数字化信息模拟

建筑信息模型(BIM)是当代信息科技发展于建筑设计和建造领域的应用技术，涵盖了几何学、空间关系、地理信息系统、各种建筑组件的性质及数量，它可以用来展示整个建筑全生命周期，包括了建设过程和运营过程。建筑的各个部分、各个系统在建筑信息模型都能得到及时获取并存储。由于建筑信息模型能够结合各种数据信息全面展示对象，建筑内部信息也可以十分方便地从模型中提取，实现建筑全生命期信息共享，从而实现建筑全生命期的优化。

运用BIM设计技术，通过3D可视化设计矫正数据，协调解决隐蔽部分复杂节点的施工措施，并在虚拟模型空间上模拟施工，优化工艺工法，选取最佳施工程序和步骤。全面建立各类建筑、结构构件的空间尺寸、材料、色彩、性能等技术资料的综合信息、安装人员施工操作信息以及工程经济概预算、决算的庞大数据库，保证所有材料，特别是异型材料在3D模型空间上精确定位，以便现场施工，或落实到工厂定制加工，并可在每一个预制加工的材料构件上标注二维码，录入数据信息，并通过手机扫码功能，提取任何个体产品的身份信息，方便建造过程的不测以及今后的维修或更换时材料数据采集。在重庆西站建设期间，东立面的异性铝板和弧形玻璃幕墙，量大且规格不一。在生产定制加工时，利用BIM技术系统的三维模型将每一片材料进行编组、编号并在材料表面印制上对应的二维码编号，以备材料在后续损坏的情况下，用简单的手机扫码查询，快速通知工厂按原规格复制生产，实现高精度和短时间更换的工作效率，如图7.29所示。

图7.29　重庆西站BIM模拟施工

以BIM技术生成信息数据库带来的广泛的用途为基础，建立BIM运营维护管理系统，实现了数据资料管理、维修养护管理、设备资产管理、应急安全管理、商业空间开发管理和决策分析功能，为客运交通枢纽提供现代化的管理模式。

高速铁路车站不仅涉及了多学科技术复杂而紧密配合，同时空间体量大、设施新、设备多、系统全、标准高，以致传统的车站管理模式难以适应现代化的站房设计、施工和管理需求。应用 BIM 技术，将设计、施工、运维的全过程综合信息数据录入，旨在构建全面的客站系统信息平台，从设计规划、施工建造、运营维护，为全路营运管理、全国高速铁路车站设计乃至区域城市建设，提供并分享广泛的信息资源，构建更加科学、专业、高效并具高度智能化，涵盖设计、施工、维护以及营运管理的大数据信息系统平台。

2. 智能化旅客服务

新一代信息技术发展为社会的个性化服务提供了强大的数据技术平台。随着高速铁路车站管理理念的转变，车站的信息系统建设转向以服务为中心，利用大数据分析技术，分析用户行为，预测用户需求，为用户提供更好的候乘体验。以旅客为中心，通过智能移动终端、站内导航定位服务、社交媒体营销、近场通信等技术满足旅客的数字需求，实现以每个旅客为中心，感知每个旅客的存在，量身定制个性化服务，让旅客出行更加便捷；建立车站的全方位互联系统，通过 Wi-Fi、5G 等网络基础服务让旅客、车站员工、信息系统之间实时互联，让旅客随时随地获取需要的信息；通过基于大数据分析的商业决策和旅客精准营销让旅客感受到“门到门”的全方位数字化服务。

铁路互联网售票系统上线以来，注册用户已经超过 3.5 亿，乘车用户超过 8 亿并持续增长，每天都产生海量的用户行为日志数据，随着铁路 12306 互联网售票系统，站车 Wi-Fi 运营服务、广告平台、互联网消费等系统数据的不断收集、录入，已经囊括了铁路客运累积多年的运营数据，包括对客票产品的清晰描述和定位，对旅客活动的行为收集，都已达到进行“可视化”分析、评估的程度。对旅客行为和需求的延伸，转化为物理空间关系的分布措施应对，将从平台拥有的万千数据分析中，借鉴当前互联网产业的发展模式，找寻适合客运服务空间发展的数据增值应用，提高铁路客运综合交通枢纽的整体效益和服务水平。

通过旅客行为大数据的基础搜集、积累，对旅客进行画像摹写实现对全路交通场景的信息以及延伸服务产生的数据进行汇集、交互和共享，为高速铁路车站客运服务和安全，提供资源管理、分析与统计支持。同时根据具体的客运业务系统的需要，拓展功能，辅助客运服务系统升级，其中包括：核验服务，通过与第三方平台共享铁路旅客实名信息提供，增设进出站口而免去人工服务，提高风险识别、安全交通效率；精准营销，通过对海量旅客数据挖掘分析，针对旅客分类特点、消费能力和活动行为，辅以多媒体手段推送旅客感兴趣的商品信息和文化信息，以助车站延伸服务，满足个性化需求；业务预测，通过数据分析为旅客提供客流高峰、餐饮服务、酒店服务、旅游服务等流量预测，以灵活性和适应性，创造多元业态交织的空间布局。通过多方位的现状信息录入，系统分析，最终将庞大的数据信息转化为车站空间系统优化和创新设计的后台依据。

从城市和地区发展的视角，已建成的过千座车站也留下了庞大的设计、建造、营运以及外围协同发展区域的客观数据，为相近的地区环境、车站站型、空间规模、设备运行、业态配比、交通组织、客流分类、资源分配等大范围的横向综合数据比较、分析、评估，提供了宝贵的信息统计资源，客观的分类、分项采样依据，以及为高速铁路枢纽未来的规划策略制定、综合交通组织、空间系统设计、业态遴选分布等新时代创新发展、绿色建造创造有据可依的条件，并打下坚实的基础。

3. 智慧枢纽建设

智慧交通的前身是智能交通（Intelligent Transport System，简称 ITS）。2009 年，IBM

提出了智慧交通的理念，智慧交通是在智能交通的基础上，融入物联网、云计算、大数据、移动互联等高新 IT 技术，通过高新技术汇集交通信息，提供实时交通数据下的交通信息服务。大量使用了数据模型、数据挖掘等数据处理技术，实现了智慧交通的系统性、实时性，信息交流的交互性以及服务的广泛性。

智慧交通发展理念已成为智慧枢纽建设的核心内容，我国高速铁路枢纽建设正在进一步结合先进的数字信息技术，将物联网、云计算、机器学习等方式应用于枢纽总体设计之中，实现枢纽体系中对交通、监控、管理、信息、服务等各种要素的全面感知、泛在互联、协同运行和可持续发展，提升枢纽的营运效率和服务水平。在智慧枢纽系统总体架构下，展开包括智慧交通综合管理平台建设、智慧枢纽 App 应用、智慧枢纽标识等技术范畴的深入研究，无论在旅客分布、数据监控、客流统计、商业营销、识别认证等各方面，形成多层次管理；结合电子地图、分区实时导航、虚拟实景，提供全程旅客服务；并区别服务对象、范围、发布方式，升级交通系统标识的识别性、可读性和实时应变性能，为铁路客运提供智能、高效、精准的多方位服务。

高速铁路车站枢纽建设将立足于现有的设计建造技术，呈现从规划设计、交通组织、运维管理、公共安全、综合服务等全领域面向未来与城市协同的智慧发展、绿色发展趋势，创造铁路交通枢纽的新价值，树立社会公众对智慧枢纽建设的全新认知。

8 高速铁路枢纽协同城市发展

高速铁路车站建设发展的城市意义愈加显著，所产出的附加值也越来越高。随着我国高速铁路和车站建设的深入，以车站为核心的客运站交通枢纽与区域城市关系变得更加紧密，由于综合交通、业态整合、空间利用、环境景观，乃至城市生活等多种社会因素和职能的介入，变得更加错综复杂。集综合交通、生态环境引导地区建设的城市发展理念和设计模式应运而生，一些发达国家、地区的城市规划和城市设计理念被引进、借鉴，并逐步转化为中国本土特色的建设实践和理论发展，形成新一轮高速铁路车站及枢纽建设的高潮，影响并引导我国中心城市综合交通枢纽可持续发展的未来建设方向。

本章阐释了以高速铁路车站为核心的综合交通枢纽建设协同区域城市生长、发展的因果关系和导向趋势，借鉴 TOD 模式和相关城市设计理论作为研究基础，通过分析其产生的背景，在国际上不同城市和地区应用的经验、教训，以及本土化转型研究，综合解析部分国外和国内的实践案例，论述其理论的成因、适用性与局限性，并结合我国高速铁路枢纽区域城市和地区的可持续发展条件、规律，实现的可行性，阐述构建高速铁路枢纽区域的核心交通功能和空间设计原则、方法，以及未来拓展开发、扩大范围建设和发展的方向。

8.1 高速铁路枢纽助力城市可持续发展

高速铁路通过运用先进的技术手段克服时间和距离的障碍，最大限度满足人们点到点之间的移动需求，体现了以高速铁路车站为核心的客运交通的本质。铁路作为中长距离两地间的安全、经济、快速的大运量交通方式，日益展现出中长距离城市间的客运优势，不仅极大地提升了交通效率，更改变了中国城市的社会结构、产业结构和发展环境，并产出经济、生态、文化方面的高附加值。在综合交通的城市发展层面，继续保持并扩大这种优势，只有充分与城市其他交通方式相配合、与城市自然环境相协调、与城市多元功能相结合、与城市产业经济相促进、与城市历史文化相融合，优势互补，才能从根本需求上服务好交通出行，并能良性成长与城市可持续建设发展相适应。

8.1.1 融入城市空间环境发展

建筑是构成和界定城市公共空间的主要因素之一，建筑的体量、高度及相互之间的关联、组合，不仅决定了空间的尺度、形态和用途，而且对城市空间的历史文脉延续、时代精神彰显以及社会价值创造具有重要意义。以车站为核心的高速铁路枢纽建设，其大体量交通建筑和设施的空间尺度对周边城市环境的影响举足轻重，因此需要在前期规划和城市设计制定的原则性和策略性框架内，充分融合并适应城市公共空间环境、地区经济的可持续发展，在合理构建区域城市公共交通体系的基础上，以高速铁路车站为载体塑造积极的城市生活场所，展现城市精神和文化价值。

1. 城市公共空间载体

城市公共空间包含供人们日常生活和社会活动使用的室外或半室外空间，或是由广场、街道、构筑物、公园、体育场地和自然地貌、植被等构成的城市公共空间环境。城市公共空间作为城市肌理的重要组成部分，其空间形态在城市环境中占据了显要甚至是核心的位置。城市公共空间承载了人们的社交、休憩、集会等日常性公共活动，是构成区域活力和多元生活方式的重要公共场所。

(1)作为城市环境景观体系的空间节点

高速铁路枢纽作为所在地区重要人流集散地，其公共空间包括站前广场、绿地、建筑灰空间以及线性的步行通道等，以多维空间模式构成与周边区域环境和景观的密切关联，丰富的空间形态在整体城市公共空间体系中具有极其重要的影响力，并以公共空间节点的形式辐射影响周边地区的空间结构发展，成为区域城市开放的生活场所。

香港西九龙站将铁路站场、城市公共交通以及过境交通全部置于地下，释放出地面空间成为城市的公共景观区域，并且将车站建筑与地面景观设计相融合，使整个区域成为南侧滨海西九龙文化公园向主城区内部延伸的重要公共空间节点(图 8.1)。开放式屋顶观景步行道设计与地面广场绿化景观系统无缝衔接，使场地内漫游步行系统流畅连续，并在最高点视线上与对岸香港中环建筑群遥相呼应。区域公共空间环境为出行旅客增加了城市抵达感和景观体验感，同时高速铁路车站的站前景观广场兼顾了城市生活的需求，成为社区居民休闲、娱乐的目的地，如图 8.2 所示。

图 8.1 西九龙站场地分析

图 8.2 西九龙站屋顶绿地

杭州西站处于杭州市城西生态景观带上，可便捷联系西溪湿地、西湖等景区，北侧接邻吴山和寡山，南侧联系余杭塘运河，是多处景区交汇的重要节点。杭州西站枢纽区域规划以此为契机，量身塑造了一座颇具特色的景观"公园"：南北通廊提供开阔的景观视野，四面广场区域形成开放的景观面域，东西通廊形成特色景观带，裙楼建筑的多层退台植被形成绿化叠合景观，创造出兼具城市生态环境和时尚特征的复合化景观枢纽，如图 8.3 和图 8.4 所示。

图 8.3　杭州西站盖上公园

图 8.4　杭州西站广场开发退台景观

(2)融入城市历史文化空间体系

城市的文化环境风貌是在漫长的生长、发展进程中逐步积淀而形成。高速铁路枢纽建设以现代化、多功能、大容量的空间形式介入其中，必然会与城市的历史文脉、空间格局、环境肌理、建筑风格等多方面产生矛盾与冲突。国内外一些优秀的项目案例在建设实践中兼顾了这些问题，在对区域城市历史文化保护和尊重的基础上，采取谨慎的设计思考，运用解构、再分、转接、移植等空间设计方法消解尺度，以及细微处的色彩、材质、构件衔接等技术手段丰富内涵，从而化解矛盾、提升新老空间的协调性与和谐度，使枢纽地区的城市历史风貌得以延续并焕然新生。

巴黎的雷阿勒枢纽是进出巴黎老城的门户，共有三条市域快速线路和一条地铁线路，与沙莱特枢纽地下空间连通，共同构成巴黎老城最大的地下交通枢纽，承担着每天 80 万人次的客流量。雷阿勒枢纽周边是巴黎的历史文化街区，区域内地块建筑密度高，文化设施与历史建筑林立。为了使枢纽建设与周边历史街区城市空间发展相适应，枢纽规划将所有轨道交通线路置于地下，建筑形态及空间整合布局集中于场地一端，其他开放的公共空间全部用于修建城市公园，为周边高密度街区提供开敞城市空间(图 8.5)。三条市域快速轨道线路，在用地范围内地下五层为站台层，各站台间形成平层平行的换乘交通组织，地下四层设置公共换乘及进出站大厅；枢纽区中部贯穿地下一层至三层的下沉广场，将商业设施组织分布在其周围；设计将地上建筑体量一分为二，分别朝向公园和地下空间开放，从视觉和交通上将地下空间与城市公园连接为整体(图 8.6)。交通客流通过长扶梯和大台阶上到地面，可直接进入城市公园，形成交通枢纽布局与城市公共空间布局的良性互动，以隐形的交通方式适应且融入城市历史文化街区的敏感环境(图 8.7)。

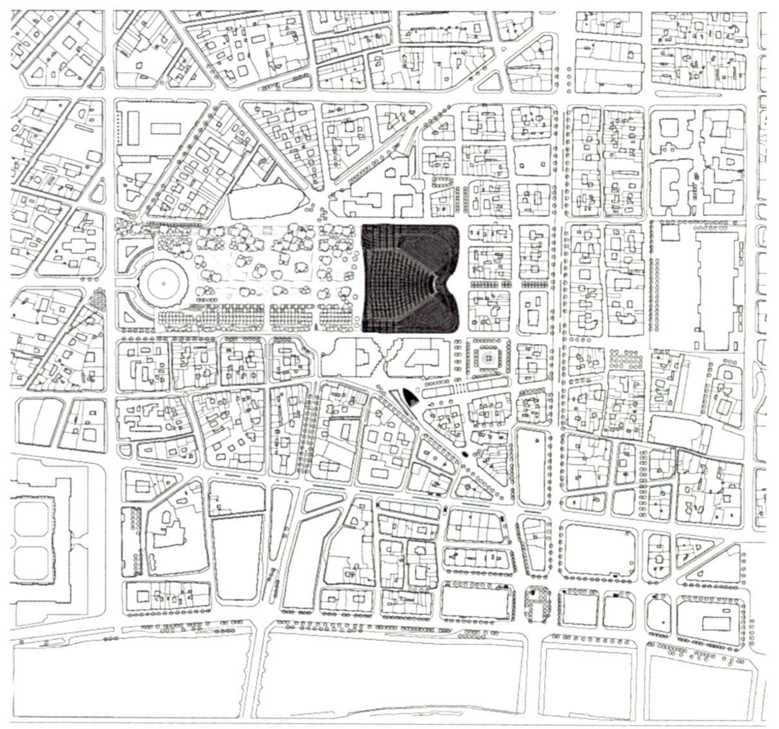

图 8.5　雷阿勒枢纽总平面图

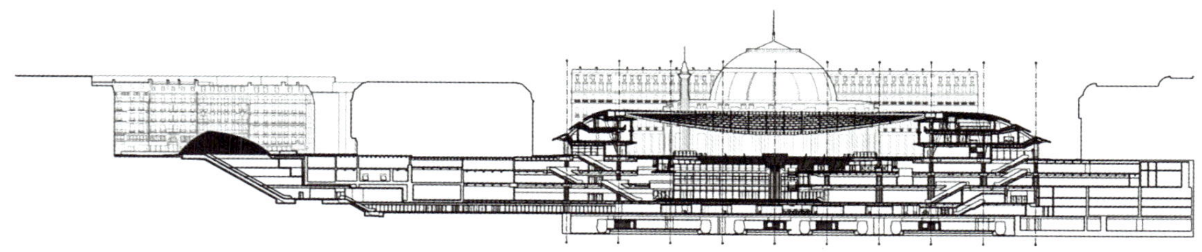

图 8.6　雷阿勒枢纽剖面图一

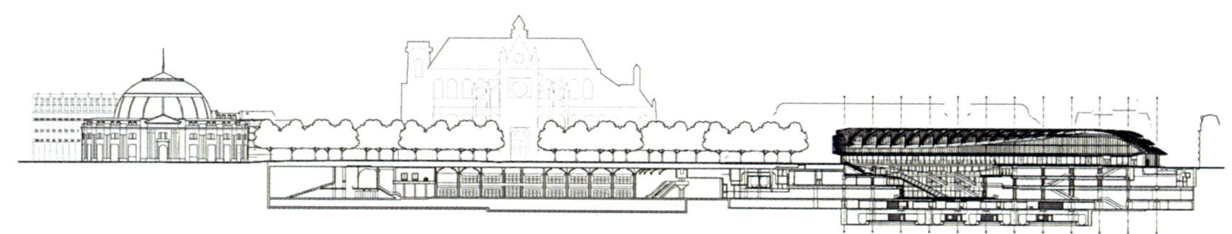

图 8.7　雷阿勒枢纽剖面图二

苏州站位于苏州新旧城区交接的位置，南侧毗邻苏州古城的护城河，南广场则是苏州古城区水系中重要的空间节点。广场空间不仅满足客流集散，而且成为区域城市重要的开放性公共活动场所和滨水景观节点(图 8.8)。有别于其他站前广场的单一交通功能特点，苏州站站前广场还兼具了传承城市历史文化风貌的重要作用。因此，在组织交通流线合理成型的同时，功能上将城市接驳交通设施退隐在广场两侧的景观绿化之中，并通过下穿道路的形式将过境交通分离，保持广场滨水面步行空间的完整而不受地面机动车交通的干扰，并结合设置滨水游船码头提高广场公共活动的开放度；形态上塑造具有江南传统风格特质的现代车站建筑空间，在广场雕塑、绿地以及配套街廊小品公园的共同映衬下，和谐地展现了城市公共空间的整体风貌，成功地实现了地域文化与交通枢纽在延续城市历史意义上的空间格局转换（图 8.9）。

图 8.8　苏州站区位

铁路线路；城市水系；公共绿地

图 8.9　从古城门望苏州站南广场

（3）成为城市公共建筑的组成部分

整体上，高速铁路枢纽区域内的公共环境是由多层次的交通空间和其他多种功能的建筑空间组合构成，建筑及空间关系相互交织、穿插，形成城市公共建筑组群，并通过立体的、开放的或视觉可感知的空间组合方式与周边城市建筑产生联系，融合发展、协同生长。

正在进行中的挪威奥斯陆中央车站改扩建工程，是将车站综合交通服务空间紧密结合城市功能转化为城市公共空间组成部分的典型案例(图 8.10)。其重要的设计规划策略,首先是通过拆除不适应区域发展的建筑物,植入新的功能衔接空间,重新梳理、组织城市公共空间,使原有的城市街区、海湾滨水空间与更新的站前广场、街道连接成为有序的步行空间体系(图 8.11);其次是对原有杂乱充斥于车站建筑中的商业、旅客服务等各种交通配套活动,在新的环境中重组,形成功能明确、流线清晰的多功能交通综合体。

图 8.10 奥斯陆中央站中标方案

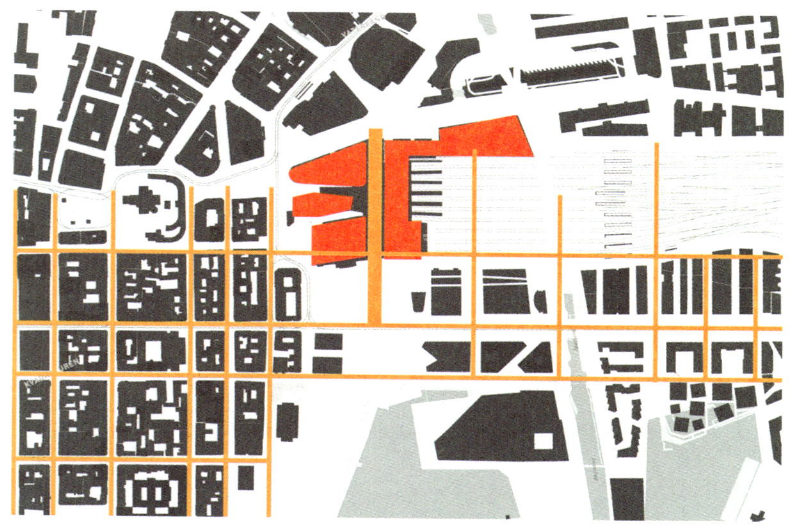

图 8.11 奥斯陆中央站城市空间图底分析

新建的站前线性空间主体,贯通南北,通过底层架空处理,形成连接内城和海湾的公共城市通廊,并与车站西侧通过拆除原有车站商业建筑而形成的开放广场和街道联通,共同构成新的车站公共空间体系,融入城市整体结构之中(图 8.12)。在功能层面上,通透的新建建筑融合了商业、旅客服务和游客信息中心等职能,与位于车站东南隅集合商务、办公、酒店、会议等城市功能的高层建筑相连,通过广场与架空通廊形成互动。车站以明确的线性空间造型和强烈的建筑识别性使之在城市景观中卓然不群,构成了从北部、南部和西部进入城市的入口,并且全面融入城市公共建筑群之中。

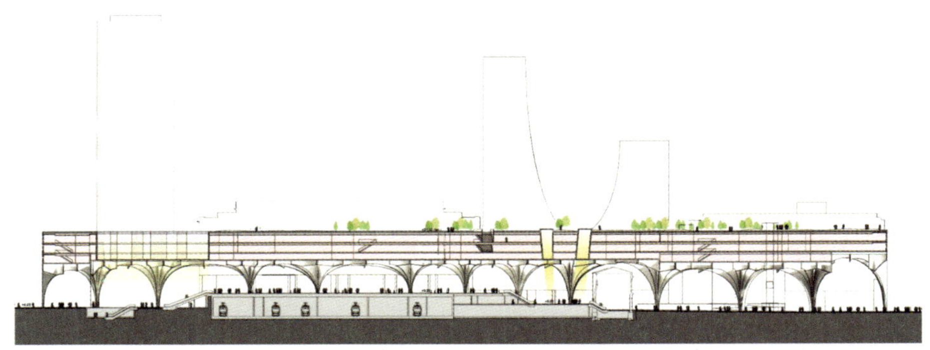

图 8.12　奥斯陆中央站剖面图

2. 城市地下空间核心

我国长期的城市建设实践证明，地下公共空间开发利用能够有效提高城市土地利用的集约化水平，缓解地面交通压力、促进经济活动繁荣、改善地表景观环境并提高城市生活质量。另一方面城市地下空间也是国家重要的战略空间资源。21 世纪以来，在我国中心城市以轨道交通地下站点为核心的地下空间开发进入了快速发展阶段，特别是北上广深等一线城市，城市地下空间资源更是作为重要的城市基础设施，扮演着越来越重要的角色。

高速铁路枢纽无疑是城市多种交通的汇集之地，持续发展往往会升级成为城市副中心或新城中心，周边土地资源稀缺且价值高，其地下空间开发将成为城市地下空间体系开发的重要构成部分，甚至是核心区域。枢纽区域地下空间开发主要包括地下交通系统、综合商业服务、适宜的公共活动环境以及地下市政工程设施等。显然，综合地下空间系统内部组织优化以及与城市空间的高效顺畅衔接，将可以实现铁路与城市资源的互联共享，发挥枢纽优势，塑造城市区域活力中心的地下空间开发目标。

高速铁路枢纽内的多种公共交通方式交汇、便捷换乘需求，衍生出各种配套服务的多种功能空间，也使得高速铁路枢纽区地下空间在平面上呈现辐射、脊状以及网络状的空间结构特征。客流交通集散、换乘需求促进了枢纽对周边地下空间形成连续、延展的空间发展影响；地下停车空间与地下商业活动相结合的关系使得枢纽区域地下空间呈脊状结构，并与不同方向的城市地下空间系统相互连接，共同构成地下网络空间结构体系（图 8.13）。有别于其他城市地下空间，高速铁路枢纽区的地下空间在竖向上呈现出更加复杂而综合的特征。特别是对城市土地集约化利用的需求，一些中心城市的高速铁路枢纽区域规划，将考虑引入铁路线设置于城市中心的地下，这一变化也将会引起一系列相关的功能组织反应：候车大厅，换乘空间，商业服务的位置也在竖向空间上发生改变，并加剧了高速铁路车站地下空间竖向分布的复杂性和多样性。

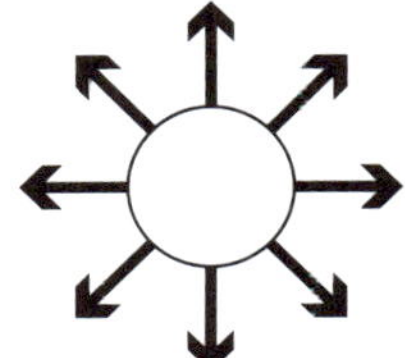
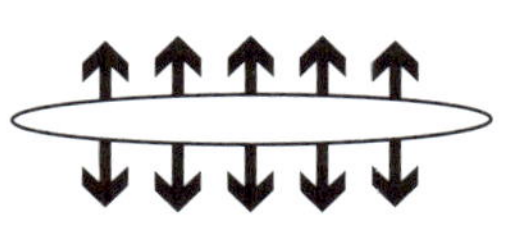
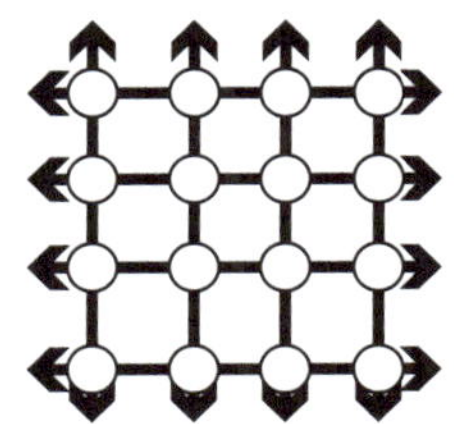

图 8.13　地下空间结构

日本东京站，地下空间开发包括呈现"两横两纵"布局的站房范围内的地下空间，以及丸之内侧、八重洲侧的地下空间，综合换乘、商业服务等多种职能，实现与东京 7 条地铁线路的衔接，满足东京火车站每天超过 100 万人次的交通集散需求(图 8.14)。其中八重洲侧的地下开发总建筑面积达 9.6 万 m^2，是日本迄今为止最大的地下商业街之一(图 8.15)。整体地下空间分为地下三层，地下一层以商业街为主，主要为出租店铺，包括服饰、餐饮、休闲服务、电器、酒吧和咖啡座等；地下二层布置停车场；地下三层主要为设备用房、辅助用房等。同时一条高速公路也由此穿过，车辆从地下就可进入道路两侧的公共停车场，以减少地面上的车流量和停车。

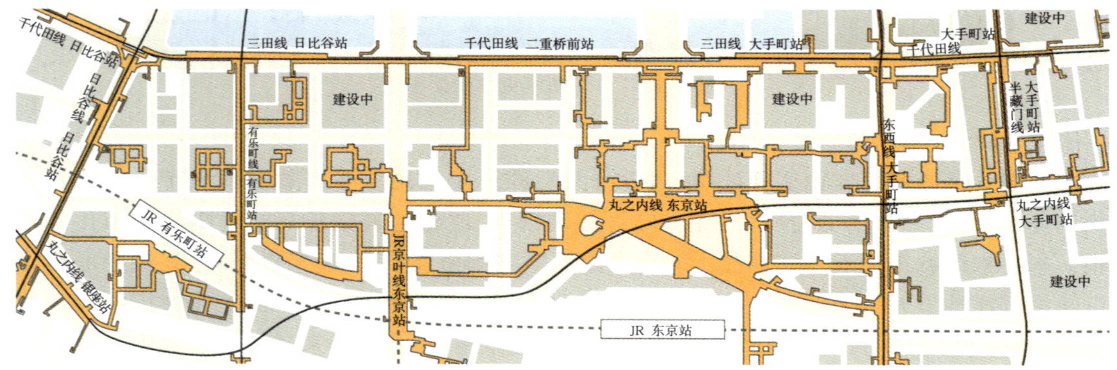

图 8.14 东京站地下空间分布

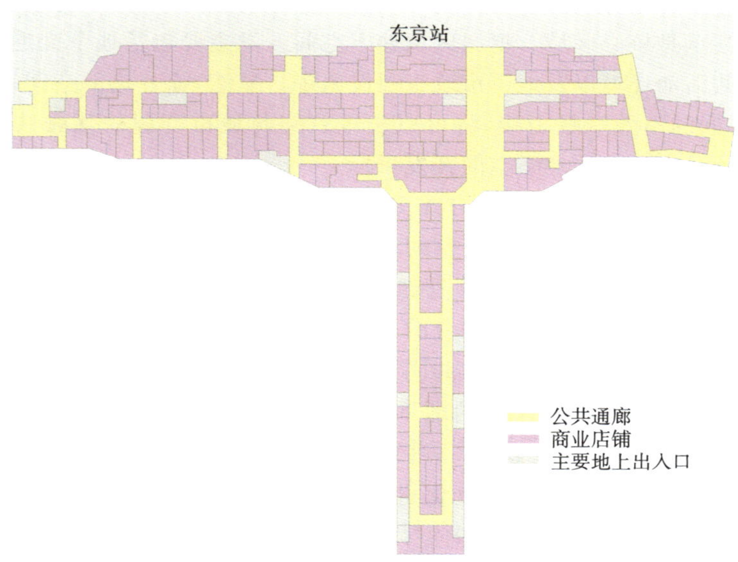

图 8.15 八重洲侧地下空间布局

八重洲地下街的建设成功将地铁车站与铁路车站相连接，构建了地下安全步行体系，从而实现"人车分流"，有效缓解了地区周边交通矛盾和确保行人安全。并且，地下街将整个地下空间与东京火车站及周围 16 栋大楼连通，与地面商业交叉定位，相辅相成，最大程度地实现了地下空间资源的开发利用。

高速铁路雄安站是结合线下、线上复合式站型模式的高速铁路枢纽综合体，主要空间由地下一层−8.5 m(对接地铁的高速铁路快速进站厅)、地面层 0.0 m(东、西进站候车)和夹层

6.5 m(南、北出站厅)三个标高组成,在不同层面多维度连接城市公共空间和配套服务,为旅客提供更多的行为可能和持续发展的潜力(图 8.16),其中地下层以对接城市地铁的快速进站厅为中心。枢纽区域根据接驳交通产生的庞大客流量条件,扩大开发城市地下公共步行商业街,形成贯穿车站的两条线下商业通廊,串联起枢纽东西两侧的城市地下公共空间,并与位于地面接驳各类公交的城市通廊以及出站夹层的城市通廊位置,形成竖向空间叠合,有利于不同高度的公共空间相互连通;同时,使地下空间既与城市轴线相连又贯通周边地下空间,形成空间网络;两条地面东西向城市通廊与拉开站场形成的车站"光谷",在南、北两个交汇部,结合换乘地面公共交通的客流需求,分布综合服务配套设施,并与集中布置的出站旅客商业服务区保持连通。整体步行系统在地下、地面、地上三个维度立体衔接,共同构成枢纽综合服务体系。

枢纽内地下空间、夹层空间以及城市通廊等公共联系空间与相邻的城市地下空间,采用一体化空间设计标准,保证换乘的舒适性和空间视觉体验的整体性,并规划预留与周边未来城市地下空间的衔接方式,形成站城共融、共享的地下公共空间网络系统(图 8.17)。

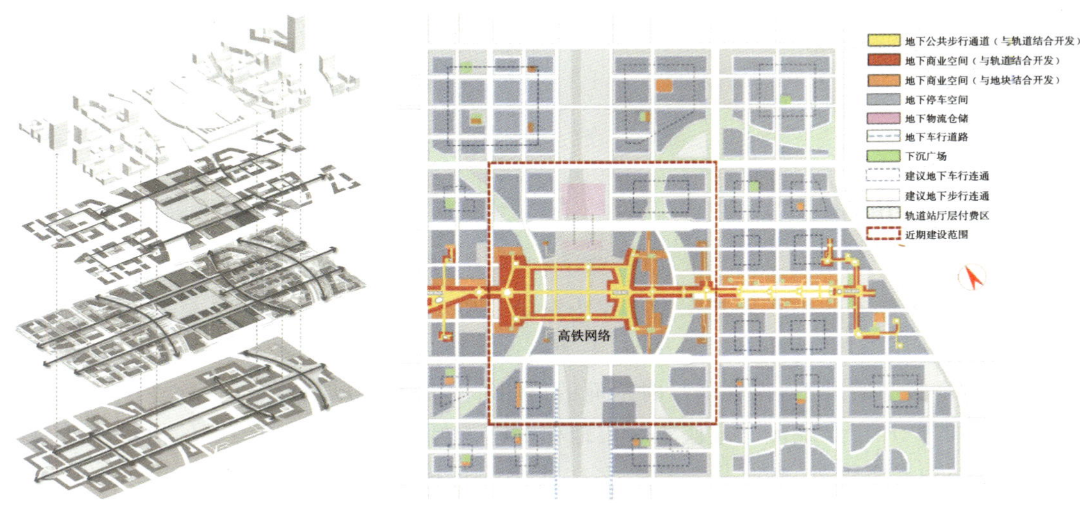

图 8.16　雄安站与城市多维衔接

图 8.17　雄安枢纽地下空间网络

3. 城市公共场所职能

现代意义的高速铁路枢纽规划,超越了独立服务铁路交通的单体建筑范畴,而且紧密联系了周围乃至整个区域的城市空间发展。在协调车站建筑同城市空间交互作用、枢纽区域与自然地形、地势,以及周边建筑群体的空间形态关系上,更加注重高速铁路枢纽的场所意义塑造,有效地将其融入城市整体空间之中,不仅能保持城市空间在视觉上的连贯性,而且有助于高速铁路枢纽建设承担起成为人们享受日常生活、满足公共活动需求的空间场所和社会职能。正如凯文·林奇在《城市意象》中提出的"易读性""结构和特性""意向性"三个城市空间设计原则,以及罗伯特·舒尔茨提出"场所是具有独特性格的空间……场所精神就被视为在人们在日常生活中不得不面对和妥协的有形事实",这些都是对以往单纯的建筑几何形态空间造型设计的质疑和反思。高速铁路枢纽成为城市场所空间的意义,是出于对地区人文与自然环境的尊重,而去寻找、发现更深层的城市空间、形态之间的关联,对历史文脉、自然环境做出回应,增强空间与既有环境的适应性,结合细节营造给予空间更加丰富的地域文化内涵。

大阪站站前综合体改扩建项目，从南至北由梅北广场、南馆露天花园、榉树街道、北馆露天花园、银杏街道、The Garden 组成（图 8.18，左侧为北），综合体通过步行通道与大阪车站连接，包含百货商场、办公大楼及饭店等服务设施，通过设置丰富的、多样化的功能空间、绿化与水景，创造出立体的商业活动氛围，来体现水都大阪城市的街道意境，传递开放、包容的城市精神。其中，占地约 1 700 m^2 的"梅北广场"紧邻大阪车站。

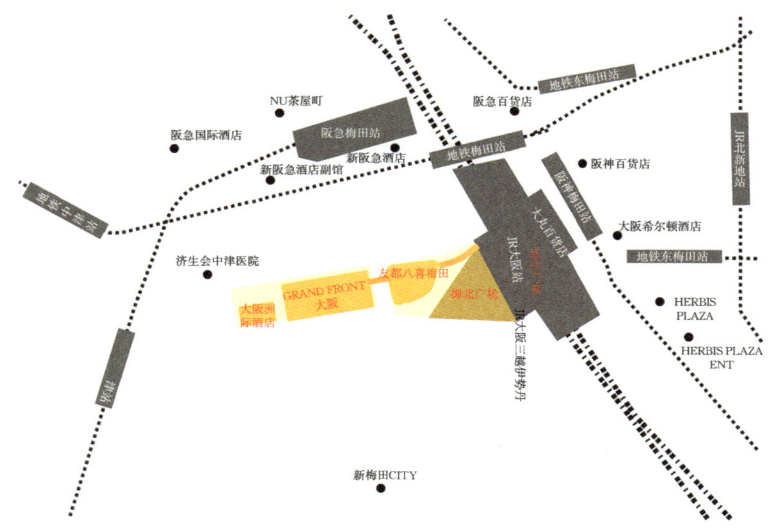

图 8.18　大阪站前综合体构成

以契合场地形态的椭圆为基本构型作为车站与综合体的空间衔接（图 8.19），融合周边环境；以水为设计元素，借助光影的互动，来塑造这一深处闹市的广场空间。白天，水雾景观"雾之雕刻"令人心旷神怡，夜幕降临时地面的照明亦是流光溢彩，这些都令梅北广场成为了喧嚣城市中的一片宁谧绿洲。这座集城市地标及宜人尺度双重特色于一身的枢纽型站前广场，其附属的观光咨询处、咖啡厅、市集、多功能厅等互相配合，营造出明快的生活气息。梅北广场既提供旅客的交通集散服务，还常年举办各种大型集会活动，已成为大阪重要的城市公共场所之一。此外大阪站利用站场上盖设置连通南北楼的时空广场（图 8.20），不仅是整个枢纽区的重要步行交通系统和连接区域开放空间节点，而且承担起地区公共空间的城市生活场所职能，也成为整个大阪市的标志性公共空间和城市名片。

图 8.19　梅北广场

图 8.20　时空广场

8.1.2 带动城市公共交通发展

1. 整合枢纽配套交通

经过十余年来高速铁路建设实践，以车站为核心的高速铁路枢纽再发展的焦点，正在从满足人们的基本出行功能的健全转向为满足更加广泛的城市区域综合服务需求。近年来，大中型城市的高速铁路枢纽所显现的主要矛盾，并不全部在于铁路车站建筑本身。大量民调数据显示，关于城市公共交通衔接铁路交通之集散问题的满意度并不乐观，相关的专业性研究及各分属管理机构的协调性仍存在差异，其中包含了规划、设计、管理和建设时序等诸多建设机制层面的问题，并一直作为枢纽建设配套设施进行相关程序上的操作，而成为前期总体规划上的薄弱环节。随着客流量的不断增加，逐步上升为旅客诟病的焦点，阻碍城市交通以及以车站为核心的枢纽区域中心化发展。

2016 年 6 月 29 日国务院常务会议上，原则通过了《中长期铁路网规划》，并提出要"按照'零距离'换乘要求，同站规划建设以铁路客站为中心、与其他交通方式有机衔接的综合交通体"。同年，国家发改委印发的《关于打造现代综合客运枢纽　提高旅客出行质量效率的实施意见》明确提出：新建综合客运枢纽应立体布局换乘设施，原则上，换乘设施工程应一次建成，可分期投入使用。当代高速铁路枢纽建设已不再仅仅考虑铁路自身的交通问题，应将各种交通方式的衔接配套问题纳入枢纽区域的整体研究范围。2017 年，交通运输部发布了《综合客运枢纽分类分级》(JT/T 1112—2017)，将依托于高速铁路车站与其他交通方式衔接形成的综合客运枢纽，定义为"铁路主导型综合客运枢纽"，为实现高速铁路枢纽的交通组织一体化设计提供了重要依据。

由于大部分高速铁路枢纽的地理位置邻接城市的中心区或位于新城区与老城区之间，与城市另一类大流量旅客集聚的交通建筑航空客运枢纽相比，高速铁路枢纽与城市的关系更为密切，对城市交通体系影响也更直接。为方便旅客集散换乘，往往需要各类城市交通工具在枢纽内形成高效集合，然而在高速铁路与城市轨道交通及公交、长途客车等各类地面公共交通实现无缝衔接的同时，也时常会因为枢纽区域周边交通量过大，地面交通错综复杂，而造成区域城市路网拥堵的情况，甚至严重干扰城市交通秩序和日常生活。因此，高速铁路枢纽的交通组织系统设计，不能局限于枢纽片区内部的道路交通疏解，应从更大的城市范围考虑，将枢纽区域交通组织纳入整体交通结构系统，同步整合、相互协作。

杭州东站枢纽位于杭州东部新城中心，区域道路交通问题比较复杂，既有城市路网与规划中相邻枢纽区域的城市道路难以满足枢纽交通量增长的需求(图 8.21)。经过专业评估，枢纽区域交通规划需要同步整合周边城市道路在扩大的整体范围内，从路网结构、立体交通、过境分离三个层面进行城市配套交通系统整合设计：首先是调整路网结构，采用方格状路网结构，以满足高速铁路枢纽集聚地面的各类机动车交通，往城市多方向疏解的诉求，采用密路网、小街区的空间渗透组织特点，以应对枢纽区高峰客流集散；其次是通过多条下穿铁路的城市干道，加强东西向城市交通连接，以解决南北向铁路线路对城市交通的阻隔问题；最后是分离过境交通，通过将枢纽外围四条快速路调整为高架道路的形式，将过境交通与进出高速铁路车站交通彻底分离，减轻对地面交通的压力，如图 8.22 所示。

图 8.21 杭州东站城市设计分析

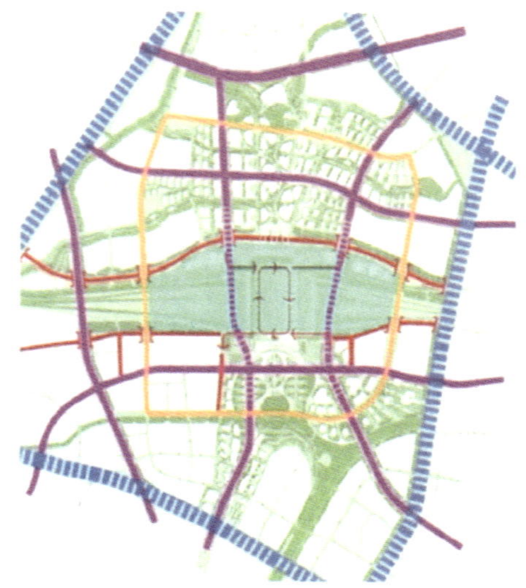

图 8.22 杭州东站道路系统规划

重庆东站的机动车进出站交通组织，在不改变地面道路和路网密度以及南进南出、北进北出基本流线逻辑前提下，对连接城市的高架和周边道路系统进行了优化设计。对于高架车道系统：增加站南高架下地面匝道，以便接站车辆可通过高架快速进入停车区等候；车站东侧的高架路段整体西移，以提升站东路侧的地块空间品质；移除不必要的南北高架联通路段，以适应南进南出、北进北出单循环的畅通交通组织原则；并采取类似方法相应优化北侧高架系统。对于道路交通系统：重庆东站枢纽城市设计在核心区构建站城分离的快速集散路网体系，通过设置高架、下穿等方式，将站房周边过境交通予以分离；设置相对独立的"快进快出"高架匝道，实现各方向机动车的高效进出，如图 8.23 所示。

2. 串联城市慢行系统

慢行交通指出行速度不大于 15 km/h，以人为动力来实现空间移动的交通，主要有步行、自行车以及助动车三种交通方式，慢行交通的概念是在《上海市城市交通白皮书》中首次被提出。在日常生活中，人们可以通过慢行活动满足绝大多数的生活需求，在一定层面上，城市慢行交通能够增加社区活力，为居民提供更加便利的服务，由于慢行系统主要是围绕城市公共休闲空间设置的，慢行交通有助于提升城市形象，创作宜居生活环境。同时在国家绿色低碳出行理念的倡导下，慢行主导生活模式的广受欢迎，慢行城市的概念也渐入人心。

在高速铁路枢纽区域，慢行交通系统承担着多种交通设施之间的换乘衔接功能，而且独立于机动车交通自成体系。慢行系统一定程度上发挥着城市公共空间的职能，其便捷度和灵活性越来越受到邻近枢纽区域发展的关注，因此慢行交通是枢纽中值得重点规划设计的交通空间类型。在高速铁路枢纽交通体系中，慢行交通的规划不仅是在既有交通基础上去优化步行空间，而是应该将慢行体系在一定的区域范围、一定的空间层面中作为枢纽整体交通组织的重点之一，使各种交通方式之间能够更好地协同、合作，并吸引区域多样化功能介入，构建新型的枢纽空间布局。

图 8.23 重庆东站高架系统调整

高架道路； 上下匝道； 地面道路； 调整高架路段

慢行交通线路沿途的功能复合与环境舒适度和趣味性等方面都能为城市带来更高的附加价值。枢纽内部慢行系统组织，应当结合周边城市的慢行体系统筹考虑，在空间上以枢纽内主要客流交通活动层为基准高程，多方向、多维度延伸、扩展，连接外围城市区域步行系统，形成地下、地面、空中三个层面的立体衔接系统；在功能上多层次、多样化分布配套商业服务，构建城市公共交通节点之间便捷换乘的步行网络，利用地下空间、风雨连廊，减少气候条件的影响，优化提升步行空间的品质。枢纽区立体分层的慢行系统，将保持以快速交通集散为主旨，融合城市环境景观、空间形态和社区生活协同发展，可在未来串联并孵化更具多元价值的城市活力空间。

二子玉川站是位于日本东京都世田谷区玉川二丁目的一座东京急行电铁车站（图 8.24）。以车站为核心辐射到周边三个地块的整体街区开发，构建了一条全长 1 km 的立体慢行系统——缎带街（图 8.25），从二子玉川车站西侧起，贯穿整个城市更新区域，最终连接到二子玉川公园至多摩川河岸，这条慢行系统串起了城市的交通、人文和自然。整个项目沿缎带街展开，毗邻车站的街区设置集中商业（图 8.26），沿缎带街向东则设置低层开放型商业街，在关键节点上布置广场空间，在建筑屋顶上规划了人行可达的绿化区域，地下设置超市等便利商业设施，共同组成缎带街立体慢行系统。为了增加慢行系统的趣味性，在沿途街道上设置多种尺度的广场以及各类文化艺术活动的空间设施，并通过设置体验式的新型业态，吸引人流，增加慢行系统的活力。

图 8.24　二子玉川站鸟瞰

图 8.25　二子玉川站站前综合体

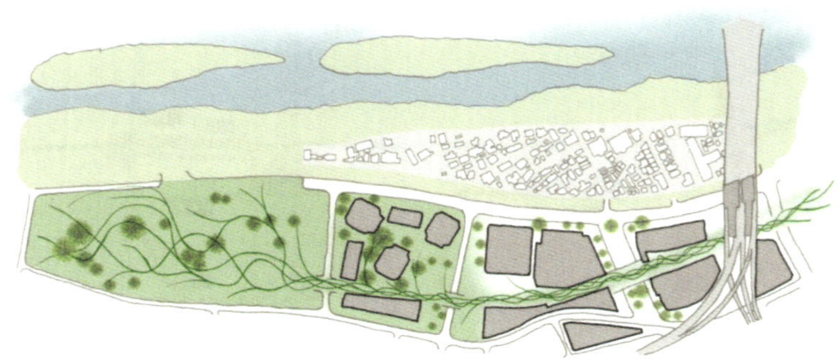

图 8.26　二子玉川站景观慢行系统

正在建设中的重庆东站，以枢纽区域综合交通中心作为公共空间的核心节点，将高速铁路车站建筑与城市交通、环境及多元功能全面衔接，形成以“城市客厅”为寓意的站城空间连接界面。丰富的多元化功能和业态分布，将使综合交通中心充满活力，并通过连廊、空中步道向城市辐射，往西与高速铁路枢纽前的城市金融文化区紧密连接，往东延伸与樵坪山生态区相连。

枢纽区在南北西三侧构建“品”字形“高线公园”，从中轴向南、北、中立体延展，通过跨越轨道的步行天桥、站房两侧高架城市平台，以及预留连接未来站前城市中轴景观空间，使重庆东站成为集多种功能于一体的城市交通枢纽综合体结构组团(图 8.27)。

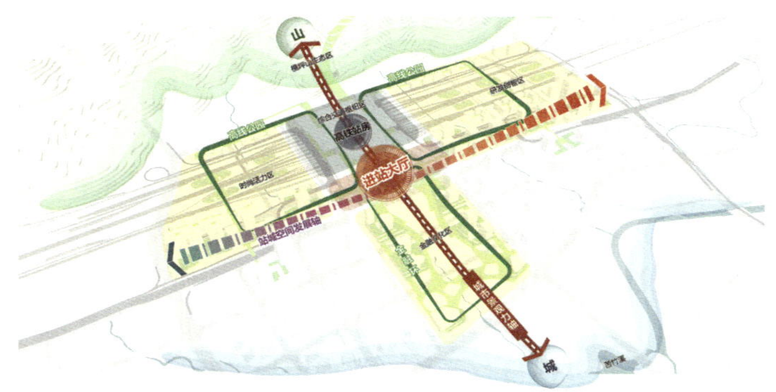

图 8.27　重庆东站枢纽规划结构

枢纽区域通过利用立体慢行系统将车站交通与商业服务、文化娱乐、生态环境、空间景观等城市公共空间融为整体，编织起一个共享互利、协同发展的空间网络，以实现站城融合、景城融合、城轨融合的发展愿景。

8.1.3 协同城市综合功能发展

1. 多元互补均衡发展

高速铁路枢纽作为城市内、外部客流集散的公共交通场所，在人流集聚效应和乘数效应的作用下，对周边区域的各项功能都会产生巨大的影响。车站不再是单纯的交通功能节点，而是办公、零售、娱乐、居住、文化、艺术、购物等公共服务设施融合聚集的场所。为了满足人们出行过程中的多样化需求，大型高速铁路枢纽的功能复合化趋势，同时也将充分激发铁路与城市双向的综合效益。多样化功能之间的相互支持与竞争，促使各区域特色更加鲜明，进一步产生相互协同作用，与周边城市环境融为一体，并在带动周边城市和地区的文化经济复兴、优化城市产业功能布局中发挥积极作用。

在城市总体规划层面，高速铁路车站是城市发展制衡点，关乎铁路车站地区与邻接城市其他副中心区域的均衡发展和相互影响问题，需要综合车站区域整体规划定位、产业结构和业态分布关系、空间环境景观特征、社区服务品质及就业岗位创造等条件，形成相互间的有机分配与结合，互补、互利，平衡发展，避免同质化产生的过度竞争而形成局部区域的虹吸现象，使城市的整体发展失衡。因此，以高速铁路车站为核心的综合交通枢纽必须在城市总体规划的指导下，兼顾区域经济发展特征，挖掘历史文化内涵，形成具有特色的功能定位，以提升高速铁路枢纽交通区域的核心竞争力。

如日本东京的池袋、涩谷以及六本木商业中心等，既是多条铁路、地铁、公交的交汇处，也是城市商业文化和会展中心，旅客在换乘过程中完成日常购物活动，成为了市民良好的休闲活动场所。

里尔是法国北部传统的工业城市，同时也是重要的铁路交通枢纽。1994 年完工通车的 TGV 里尔高速铁路车站，距离里尔老火车站图兰德站仅 430 m。里尔站的建设是"欧洲里尔"旨在复兴里尔城市经济，促进产业转型的整体城市规划的一部分。里尔的整体规划设计构思来自于雷姆·库哈斯(Rem Koolhaas)，在老火车站与北侧新火车站之间，设计一个三大的多层建筑裙房，其上设置酒店、办公、住宅等高层塔楼，周边设置容纳其他城市功能的单项建筑，通过一条顺应基地地形的轴线将所有的单项建筑有机组合起来。整个规划分多期进行，其中一期包括 9 大类型的公共项目：里尔会展中心、里尔高铁站、里尔欧洲大厦、里昂银行大楼、火车站商业中心（规划的核心建筑）、柯布西耶桥（联系新老火车站的高架机动车道）、城市公园、公共空间系列（各种集散广场及步行通道）、边缘地段开发（住宅、办公）。二期建设于 1999 年开始，经过一期项目的实践与反思，二期工程转向为对周边公共绿化和便捷联系交通的完善，调整项目尺度、盖上开发与周围城市环境的关系，以协调城市景观形成新中心与旧城市肌理之间的过渡，包括强化中心建设，完善公共空间，在中心周边建设绿地公园、集散广场、步行联系通廊等宜人尺度的公共空间，增强新旧城市之间的联系等(图 8.28)。

欧洲里尔新建高速铁路车站的整体开发以交通为核心，形成集合城市商务、商业、办公、酒店、公寓等城市功能的新城市中心，与老的工业城区互补发展，促进了高科技、商业、金融、旅游等新兴产业的发展，促使城市产业转型升级成功，使里尔在 2004 年被确立为欧洲“文化之都”。

图 8.28　“欧洲里尔”项目总图

2. 与城市协同生长

通常情况下，高速铁路的引入会加剧枢纽区城市的矛盾。因为高速铁路加强了车站的节点作用以及区域间城市的联系，带来更为密集的物质与非物质的流动和聚集。如果枢纽地区与原有城市地区的结构不相适应，那么枢纽地区的城市发展就会受到制约。

旧金山港湾枢纽项目是一个集交通枢纽与社区建设于一体的建设项目。项目包含三个相互影响的部分：取代原有港湾终点站；将第四大街和国王车站的加州高速铁路及加州通勤铁路轨道线路在地下延伸至港湾枢纽；围绕枢纽创造一个包含住宅、办公、公园和商业的新社区。

港湾枢纽共五层，地上三层、地下两层和屋顶花园。首层主要为客流集散空间和沿街商业空间，以及地面公交广场，还包含一部分后勤空间；二层为夹层，主要为商业空间和办公用房，换乘客流在二层中转，并配设商业服务设施；三层是各条长途巴士线路的换乘空间；屋顶层是城市公园，包含休闲娱乐、零售餐饮等功能；地下一层为轨道交通站厅层，包含部分商业服务于地下空间，以及综合车站办公和设备用房；地下二层为轨道交通站台层，设有 3 座站台、6 条轨道交通线路和部分管理用房，如图 8.29 所示。

图 8.29　旧金山港湾枢纽剖透视图

港湾枢纽项目的建设通过交通整合，以及枢纽区配套社区建设，包括 4 500 套公寓、11 万 m^2 办公及酒店空间、5 500 m^2 零售空间，形成一个功能齐全的混合社区，吸引企业入驻、生活安居，聚集人气以带动周边地块发展。项目包括了港湾枢纽屋顶花园在内的多个城市公共绿地，形成社区绿地系统，通过在高密度城市中心区植入开放的公共活动空间提高社区环境品质，适应城市发展并唤起整个枢纽片区的城市活力，如图 8.30 和图 8.31 所示。

图 8.30 旧金山港湾枢纽卫星图片(2018 年)

图 8.31 旧金山港湾枢纽卫星图片(2008 年)

8.2 高速铁路枢纽引导区域城市发展

8.2.1 TOD 理论本土化转型

1. 原型模式特征及演变

TOD(Transit-Oriented Development)模式，即以公共交通为导向的发展模式，是一种以公共交通为核心、综合发展步行化社区的空间结构原型，是诸多相关城市设计和建筑设计理论中为数不多的具有与城市交通、环境、空间开发结构密切关联的设计理论。TOD 模式详解了以混合用地、公交导向、步行化和多样性四项基本原则，构建沿公共交通网络展开的城市生态单元，适应于机动交通和公共交通网络同步增长的城市发展特征；分为城市等级的 TOD 和邻里等级的 TOD 两种层级。城市等级的 TOD 直接坐落在公共交通网络的主干线上，如轻轨、城际铁路或快速巴士站点，包括高密度商业区、工作场所和中高密度的住宅区。邻里等级的 TOD 坐落于地区性辅助公共交通线路上，它们到达公共交通主干线站点的公交转乘时间大约 10 min，主要包括中等密度的住宅、服务、零售、娱乐、市政和休闲用地，如图 8.32 所示。

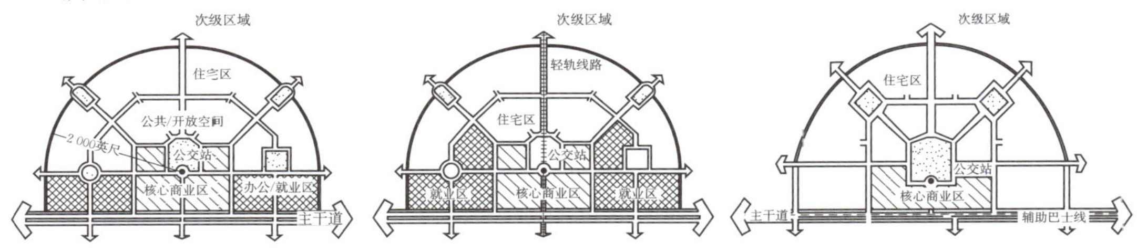

图 8.32 TOD 模式理论模型

TOD 模式的产生背景是为了解决城市郊区低密度蔓延的无序发展状况和区域小汽车交通与环境的矛盾冲突问题，具体包括土地利用、交通政策和空间开发三个层面的内容，其中土地利用强调住宅、办公、商业、公共设施等高密度、混合开发，从功能的混合布局和配比两方面协调土地的紧凑性和整体性开发，让城市居民的居住、工作和活动等需求尽可能在区域内实现，使生态单元具有全天活力；交通政策上，提倡公交、自行车、步行等多种出行方式，但不排斥机动交通的发展，鼓励借助完善的公交网络满足城市范围内的出行需求，以步行等慢行交通方式完成生态单元内部出行要求，缓解交通拥堵的问题，以人均消耗少的绿色途径为低碳城市建设创造条件；空间开发上，强调以公共空间和开放建筑界面组织，构建具有导向性和多样性的步行空间系统。主要特征表现为

(1)主要活动中心之间保持连续和直接的连接，各种建筑的布置应靠近公交站点。

(2)街道尺度、沿街商业设施、各类建筑空间及沿街立面处理，应具有良好的步行体验和感受。

(3)主要商业设施应与公交设施紧密联系。

(4)街道系统呈方格网状，可使得各步行起讫点通过直线连接，避免尽端道路和曲折的街道设计，以免增加出行距离。

(5)减少路边停车，停车设施布置于建筑的背后。

(6)提供宜人的步行环境。

(7)公交站点提供人性化服务，如雨棚、座位、公交线路信息等。

(8)创造公共开敞的空间和广场。

TOD 模式利用公共交通组织城市空间分为两个层次，包括公共交通站点及其周边区域形成生态单元和网络状生态单元编织成的城市公共交通系统。其中，生态单元之间的主要出行方式以公共交通为主，而单元内部倡导步行和自行车等慢行交通。

TOD 模式在 20 世纪 90 年代提出，随后在丹麦哥本哈根、日本东京等地及中国香港都有广泛的实践，被进一步扩大至中心城区大运量交通、土地与空间关系一体化整合的发展方式研究，特别是日本城市依据有限的土地条件，凭借丰富的开发与成长经验，成为 TOD 模式导向紧凑型、高密度铁路和城市轨道交通车站区域开发的集大成者。近年来，在国内外一系列以 TOD 模式为主要理论基础的高速铁路枢纽区域规划研究，并应用于被扩大化和本土化转型的实践案例中，有序的交通组织成为其最显著的特征和明确指向。

2. 本土化转型及适应性

(1)TOD 原型模式的局限性与差异性

TOD 理论研究的背景是以美国城市小汽车交通在城郊居住区无序蔓延所产生的矛盾为基本条件，提出以城市公共交通(包括轨道交通、有轨电车)站点建设展开带动周边区域有序发展的策略，这和我国当前以高速铁路枢纽主导的区域城市发展背景具有一定的相似性，又存在许多方面的差异，主要表现在交通出行的方式、客运量、城市规模、发达程度以及土地资源管理等方面存在较大差异。全面照搬国外的 TOD 模型于当代中国城市高速铁路枢纽建设实践，尚存在很大的不适应性和不确定性，并且从欧洲各国和日本的实践中也可以看到不同国家、地区条件下实践的差异性。根据中国的社会、经济与城市化进程的特定发展现状，以 TOD 理论和所构建的交通行为模型为基础，契合实际地重新梳理、调整与优化，使其

有助于我国的高速铁路枢纽及周边地区的城市建设。

TOD 模式作为协调城市交通与土地利用的有效途径，提倡构建以公交为主体的城市交通系统，合理引导地区（包括高速铁路枢纽区域）发展，促使城市交通系统优化和土地的合理开发利用，有效提升城市与地区的整体发展效率。高速铁路的大力建设对周边城市和地区的发展无疑是个巨大的发展机遇。根据我国《中长期铁路网规划》(2016 年版)，规划建设的"四纵四横"客运专线目标早已成型，"八纵八横"线网规划正在进一步织密，高速铁路车站周边地区的建设将成为各大中心城市发展的重点，成为跨区域联系的城市综合性活力地区。同时各大城市越来越重视高速铁路车站区域规划设计与良性的土地开发，以及公共交通引导的探索和应用。以 TOD 模式为基础，结合我国不同城市发展的现实条件，优化站点周边交通可达性，提高土地利用价值，以期形成功能齐全、高效利用空间的综合交通枢纽活力区。

参照我国目前的大型高速铁路车站建设现状，通过对 TOD 模式特征的转型分析，从城市视角观察，一些突出的站城间矛盾焦点问题基本表现在城市综合交通组织、区域规模、路径导向、环境控制、土地属性与产出利益分配等多个方面。我国高速铁路枢纽区域城市交通多以地面、地下或高架桥机动车交通，以及城市轨道交通接入枢纽，在轨道交通尚未成型地区，机动车交通则成为最主要的城市客流集散方式，形成完备的道路、桥梁设施以及大型停车场设施。因此，在未来衔接枢纽区域的交通方式转化以城市轨道交通为主导的公交化出行交通方式的模式情况下，当前的交通空间和设施如何进行再分配和可持续利用，是需要特别引起关注的问题。

(2)扩大化圈层结构对土地利益产出的影响和作用

在我国高速铁路枢纽发展规模控制的理论意义上，区域发展规模和覆盖范围可以通过预测和计算获得，并依据 TOD 理论的圈层结构模型，以确定步行可达性条件。但还是会因为紧凑的用地分布和立体化空间分层组织、路径复杂变化以及开发规模带来的利益和风险，而变得微妙并难以准确测定。另一方面，从 TOD 原型模式形成的依据条件来看，应该更适应于大客流量通勤的发达城市和地区，并且具有城市轨道交通和其他公共交通共同参与的特征。更复杂的情况是高速铁路枢纽区域的城市改扩建更新，将面临既有城市风貌保护、人口增长、自然环境破坏、基础设施缺失、城市交通割裂、产业结构变迁等文化因素、经济结构、空间规划、高密度环境改造、利用乃至征地拆迁的种种困境，使站城关系处于紧张、对峙的状态。

良好的站城关系，也将带来可观的经济利益。但这些利益的来源与分配却一直成为长期以来站城双方的矛盾冲突点。宏观经济调控主导下的早期国家政策，使得铁路部门在铁路引入城市后建站获取了沿线部分土地资源，用作于铁路机构的生产生活配套用地，权属归铁路系统所有。在新一代高速铁路枢纽扩建或改造建设中，一些发达城市和地区通过建筑技术整合，将早年的配套生产生活用房纳入车站建筑于一体，而被置换出的这些铁路用地，虽处于枢纽区域的显要位置，却因属性不同，又难以纳入城市土地一体化规划设计之中。更多的情况是关于立体化开发带来的土地确权问题，由于目前没有相应的政策出台，难以界定竖向空间上土地的归属和使用性质，再加上铁路自身的安全保障问题，导致了站城关系在土地如何充分利用问题上的瓶颈，并相应影响这些可能被开发利用的土地所产出的利益权属。这些在总体空间规划设计上可解决的问题，却因为政策和不同的机制影响，成为难以逾越的建设障碍。显然，这些问题在未来高速铁路枢纽建设中亟待深入解决，以适应城市和地区可持续发展的需要。

3. 交通枢纽助建城市秩序

借鉴 TOD 原型模式的圈层结构关系，以 5～10 min 的步行可达测算方法，进一步扩大车站周边区域研究，形成高速铁路枢纽与区域城市联动发展，尤其为大型城市提供了交通核心区物理范围合理控制的基本依据。我国大型铁路车站由于客流量、空间规模和土地权属等多方面因素与国外的差异性，站城关系呈现比较特殊的功能分布情况，其中内（核心）圈层往往是以高速铁路车站自身的内在功能为主；以车站进、出站厅为圆心，形成紧密联系的中圈层，在此空间范围内主要以铁路客流活动为主并渗透城市活动，形成站城双向混合功能区域；由此扩大推导以轨道交通、公共巴士站点间距离向外延伸设置的方式，明确了公共交通组织的空间结构分布逻辑，外围可扩大半径形成外圈层，以城市产业和社区生活为主，如图 8.33 所示。

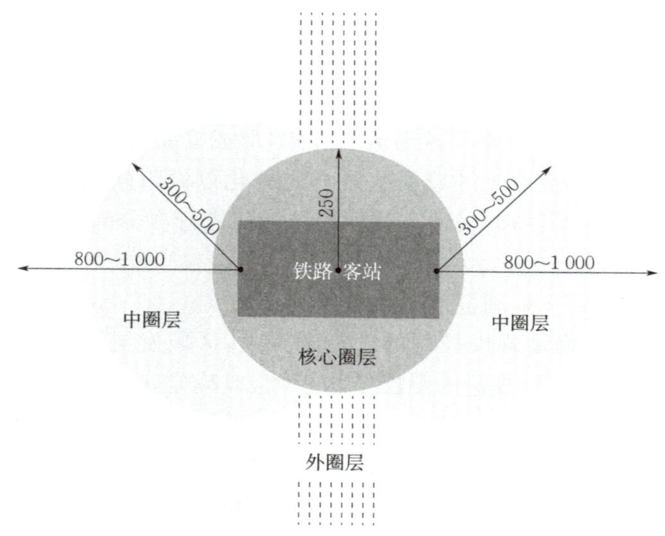

图 8.33 车站圈层结构图解(单位：m)

(1)核心圈层

高速铁路车站的线侧式、线上或线下式以及线端式站型结构，结合两端进站、双侧腰部进站以及上进下出、上进上出、下进下出的组合流线模式，已经为车站的对外（城际之间）联系形成了良好的交通秩序。而高速铁路车站的对内（城市公交系统换乘）交通组织，主要通过城市公共交通换乘的空间组织转换铁路客流与城市人群，作为站城关系的焦点，通过人流行动路径、各类公共交通（轨道交通、公交、出租车）场、站的合理分布、适度的步行距离、渗透多元业态服务而建立站城临界点之间的有序互动关系，并作为推动更大外扩区域发展的核心辐射影响，形成中圈层的交通组织和导向秩序。其不确定的或可变的因素，在于车站站型的空间结构关系差异，立体化、多方向的步行流线组织体系，以及成为核心场所空间的多元性、多义性。

(2)中圈层

从高速铁路枢纽核心内圈到周边地区的中圈层范围站城关系中可以发现，紧密的交通衔接功能，是形成这一区域环境秩序和构建空间逻辑关系最重要的依据。规划用地性质以配套客运服务功能如商业、问询、商务办公、酒店、会议及景观绿地等与车站客流需求相关的空间分布为主，适宜的慢行空间环境，明晰的导向系统，合理嵌入于刚性交通需求的人性化、多功能业态空间组织体系。

(3)外圈层

系统扩展至外圈层，则呈现城市人群活动主导而高速铁路车站交通弱化、递减，城市功能强化、递增的趋势。外圈层的城市功能则以公共交通站点分布结合定性的土地开发理念为主导方式，其空间秩序的建立主要依据与上位区域规划对接，与中圈层的系统交通条件对接，优化城市道路网结构、街区容积率密度和空间尺度，并预留更为扩大的外围圈层空间衔接条件。因此，站城融合、一体化协同发展的核心秩序是枢纽地区由站而城、由强至弱的公共交通组织方式为主要决定因素，空间营造、自然环境、业态构成等其他关系则需要结合进一步综合评估、可行性研究以及城市设计等方法、机制得以全面确立。

高速铁路枢纽区域环境所产生的矛盾问题是多方面的，在多数情况下是因为相互间管理机制的不同步和规则的不健全，形成随机的、低效的状态，各自产出的能量被无谓的重复和消耗。而通过合理的交通组织建立空间秩序，目的就是让站城关系在一定的规律下相互作用并持续有机地发展。由于各个城市自然环境、经济条件、政策法规的差异性存在，基于车站内部和外部的作用与反作用以及对区域的吸引与排斥的矛盾关系，也将形成自更新、自维护的能力。所以，车站地区的秩序是基于各种相关因素的关系变化和运动的条件而具有动态的结构形式。而上升到整体城市的秩序建构层面，则涉及自然、社会、文化等更广泛、庞大的复杂因素综合产生。人的意识能动性和活动能力的不断提升，从自然选择的主导过渡到人的社会选择，从自然秩序质变为社会秩序。城市如同生命体，既不同于机械的物理现象，也不同于化学现象造就的物质形态，而是充满活性的、复杂的生物系统。与自然秩序相比，人类社会秩序不仅更富有动态性和变化性，而且具有人与社会的价值属性和再发展方向性。

8.2.2 枢纽协同城市发展模式

1. 高速铁路枢纽综合体

高速铁路枢纽综合体是以交通功能为核心主导的综合体建筑形态。它既要满足铁路与城市交通的换乘服务，又融合了多种城市功能，是车站向城市开放全方位服务发展的一种新模式。

高速铁路枢纽综合体的范围主要基于核心圈层形成，即高速铁路车站行使其内在交通职能的区域。同时，枢纽综合体是以车站为核心，通过将各种城市功能进行合理的竖向叠加，以及有序的垂直交通联系形成一个有机的整体，其本质是充分发挥站区范围内交通高可达性优势，集约空间资源，是高速铁路车站本体空间综合发展的高阶模式，其形式多以城市巨构的方式呈现。

(1)集散交通整合方式

高速铁路枢纽综合体的核心功能依然是交通功能。枢纽综合体以最大程度方便乘客出行为目的，从“单一式枢纽”转变为多种交通方式聚集的“复合式枢纽”，形成多种交通方式的整合。枢纽综合体的交通一般由铁路、城市轨道交通、其他公共交通与出租和社会车辆等部分组成，随着社会、经济与技术的发展，如云轨系统、网约车、共享车等新型交通工具也加入其中。针对这些不同的交通工具，交通枢纽采用“交通管道化”“流线立体化”的原则合理组织交通的聚集，创造出高效、安全的交通运输体系。

①集疏运通道

枢纽综合体首先要解决城市交通与其衔接问题。设置专用的集疏运通道是一种高效的方式。车站的集疏运通道一般直接连接城市高等级的高速、环线或者快速路。形式有高架专用通道和地下隧道两种，地面道路往往预留给城市，尽量避免城市交通对集疏运通道的影响。

②站区内部疏解

站区内部通常形成封闭环路，以解决站区内部车辆的进出与转换。多以穿越站场的隧道和地面道路相结合的环路形式，避免城市过境交通进入，形成高效的内部运转交通系统。

③场站设施完备

枢纽综合体往往利用站场的下部或周边建设场站设施，专地专用，道路共享，以自身规模满足车站交通车辆的停靠与停放为基准，分设公交车场、公共社会车、网约车停车场和出租车续车场等，形成站区内部完整的车辆驻留体系。

(2)立体化交通换乘

高速铁路枢纽综合体的换乘系统，是基于交通便捷的集约化空间组合模式，特别是在人员密集的进出站公共交通换乘区域，多采用立体化交通组织布局。通常在地下层连接城市轨道交通，地面层连接道路交通，地上二三层连接空中步行廊道，并设置开放式中庭作为竖向公共交通换乘中心等，以实现多种交通工具间的客流步行转换，形成城市多元功能服务与交通路径紧密衔接、相互促进、相互支持的空间形式。两者的整合，既满足枢纽综合体便捷的客流交通组织，同时提升区域的城市活力，并增加枢纽运营的经济效益。

①功能复合模式

将城市功能全面融入高速铁路枢纽综合体，以复合购物、餐饮、休憩、办公、旅馆、文化等服务设施围绕旅客交通路径周围布设。提供配套商业服务设置于各交通方式的衔接换乘空间，如在线下出站空间结合城市通廊合理设置多样化业态服务，并衔接区域范围的步行街区或地下公共空间，或在可能的站台区域、候车大厅夹层设置为旅客服务的空间等，这种在站内结合交通分布旅客商业服务的功能复合模式主要用于满足到发旅客、中转旅客的商业购物、娱乐休闲需求。

②空间叠加模式

在高速铁路枢纽范围内充分利用立体化分流交通组织，进行地上、地面和地下的叠加式综合开发利用，将交通、商业、景观、休憩等多种城市职能整合到枢纽综合体内部，促使空间环境品质提升，空间使用效率和效益提高，集约土地资源。这种利用多维立体空间的多层次客流交通组织方式，也将进一步提高客运交通效率，丰富交通建筑的公共空间形态，促进高速铁路枢纽交通建筑向高度的功能复合化和空间立体化模式发展。

2. 城市交通综合体

城市交通综合体是由枢纽综合体与相邻城市建筑协同开发共同形成的未来发展模式。城市交通综合体是以车站为核心，通过空间的高度融合，将车站与周边城市建筑联系成一个相互依存、相互补益的整体。与枢纽综合体的区别在于城市交通综合体建立了车站与周边建筑的连接，形成一个多功能、高效率的综合体。除了完成车站本体的交通职能，还引入多项城市功能，更具有城市属性。其形式也由城市交通建筑巨构转变为交通枢纽建筑集群。

(1)功能空间再整合

高速铁路枢纽综合体虽然通过高度整合内部的交通与功能流线，并形成具有一定城市功能的综合体，但如果缺乏区域性的结构与功能整合，其与周边城市空间环境关系依然若即若离。而城市交通综合体的概念将突破车站核心圈层的物理界面，重构与内圈层的功能与空间结构。

一方面，城市交通综合体通过将站前广场、站房与站场三者的空间关系相互重叠、复合，用立体的手法将站前广场纳入到综合体的内部，并通过城市通廊的扩展、城市客厅的形成，将站前广场的交通组织和人员聚集分散到综合体内部，解构了传统的广场、站房、站场三位一体的功能空间结构。城市交通综合体可通过站前广场与周边城市功能形成空间上的汇聚，将站前广场转换为城市多功能广场，从而将其纳入为城市空间的组成部分。另一方面，上进下出的高速铁路车站腰部进站站型模式也可以利用站台雨棚上盖空间开发，形成跨线的城市空间结构，协同城市办公、商贸等公共活动和环境景观综合发展。这些在空间上整合城市功能的方式，同样也适合于线下城市环境的功能整合。将高速铁路车站与城市空间的外部联系转化为综合体的公共空间联系，这种联系突破了交通建筑的单一功能，演变成为集商业、办公、文化、休憩等为一体的城市交通综合体。

(2)城市综合交通中心

高速铁路与城市交通衔接换乘是车站的基本功能，随着高速铁路枢纽综合体的出现，换乘的范围将进一步扩大。因此，原有接驳城市交通的公共换乘体系将被再次整合、放大，并将以城市综合交通中心的形式出现，将分散在枢纽内部的城市交通换乘体系进行局部的集中，形成一个交通核。其分布主要集中在站与城的交接部位。

①集中式换乘中心

集中式换乘中心也可称为“交通核”，或理解为“厅式”换乘中心，它是通过将大部分的换乘设施集中于一处所构成，主要分布在车站与城市空间的交界处，在一些新建的高速铁路车站项目中被称之为“城市客厅”，其目的是混合多元功能，创造车站与城市的共享界面和空间，具有双重性意义；其形式往往是一个多层的立体空间，可以是封闭的，也可以是开放的；其功能集成了各类城市交通工具换乘于一体，还可围绕中庭空间布置丰富的城市业态，提供方便的旅客服务。

②线性换乘中心

城市公共通廊就是线性换乘中心的主要形式，是利用站场下部或上部的空间形成的一条枢纽内部与城市空间相连接、导向明确的开放式公共通道，适用于城市各类接驳交通设施成线性分布的换乘结构模式。交通空间规划上将各场站设施尽量沿城市通廊两侧以及上下布置，利用城市通廊作为换乘的连接通道，从而形成线性的、分枝状换乘格局。同时基于通廊的城市属性，可以围绕交通流线的周侧分布城市配套服务功能，结合城市功能引入枢纽内部，形成线性的公共交通换乘中心。

③网络式换乘中心

在一些特殊地形和站型条件下，可能需要组织多路径换乘布置于不同方位的城市接驳交通设施，有时采用单组换乘通道连接较难实现。因此，需要将换乘流线进行系统的、有序的路径线网组织，以明确的空间导向和静态标识引导客流换乘。

(3)土地利用高度集约

由于城市综合交通中心的形成，既解决了高速铁路枢纽的换乘问题，也有效缓解了周边区域的城市交通，更使得枢纽区域周边土地也可以享受公共交通高可达性所带来的便利，土地功能得以充分使用，土地价值明显提升。

①地上空间高强度使用

受目前高速铁路车站交通设施和营运管理机制的限制，我国铁路站房以及站场上盖部分的空间利用尚有一定的局限性，而临近的土地使用并不受此限制，枢纽区域有序的交通组织和集约化土地利用，使区域周边街区的高强度空间利用、协同开发成为可能，也将逐步促进紧凑型城市格局的形成。

②地下空间协同建设

城市交通综合体整合了早期城市建设由多个功能区块站场而地下空间分离的状态，转向各个构成要素融为一体的有机形式，并可结合城市基础设施建设，进行整体区域的地下空间一体化协同建造，综合利用。其最大的优势在于可以将枢纽区域交通设施与城市公共设施兼容共享，通过智能化管理进行分时、分区运行，整体利用，提高站城公共资源的使用效率。四通八达的地下空间可以充分整合，利用各街区道路和公共建筑的地下空间，形成有序的地下空间分控并统筹使用。

3. 城市区域活力中心

高速铁路枢纽区域活力中心的空间概念，可以通过铁路带来的庞大客流、所在地区的城市生活以及公共土地资源的集约化利用而形成，由高速铁路枢纽核心展开，辐射影响到周边外圈层的区域范围。可以认为，高速铁路枢纽的长效营运协同地区建设发展并经历时间孕育的未来城市副中心模式，将车站交通功能的核心作用与城市可持续建设在更大的范围内有机联系，形成交通效率高、经济效益好、社会效应强，且功能多样、空间多维、环境宜人的城市中心区。在此模式发展下的高速铁路枢纽地区发展将承担起城市副中心的社会职能。如伦敦的国王十字车站(图 8.34)和圣潘克拉斯车站地区建设，以及上海虹桥枢纽地区建设都以类似的发展方式，成为繁华都市或地区的副中心。

图 8.34 国王十字地区鸟瞰

健全的高速铁路车站及城市交通配套设施，形成了交通的高可达性，带来了大量的人口聚集和流动，也将促使城市区土地结构调整和重新分配，对有限土地进行立体化和集约化利用，并进一步引发社会资源的聚集与分布。城市区域活力中心可以吸引更多的资源配置，尤其是一些非盈利性的文化、展示和公共活动设施的引入，将进一步聚集人气，既彰显了社会价值，也提升了盈利性空间的使用效率。同时，城市活力中心也将催生城市房地产业的发展，通过合理配置一定比例的住宅，将提高枢纽地区土地混合利用的程度，形成办公、商业、居住、文化设施等多种功能的混合布局。不但可以降低单次交通出行需求，减少对汽车的依赖，而且有助于提升枢纽地区的能级，形成 24 小时全天候的城市活力中心。

城市区域活力中心的出现，将使枢纽地区出现"极化效应"，即较高的交通可达性会提升该城市区域的交通价值和土地价值，从而吸引更多的社会资源聚集以及社会价值的提升，资源的聚集和强大的社会效应反过来会进一步促进该城市区域的发展，最终使该区域形成交通效率、经济效益和社会效应最大化和最优化的配置。

(1)立体城市建构

枢纽地区的极化效应，将使土地价值急剧提升，枢纽周边地区的开发更多的采用垂直叠加的方式，将各种功能空间向地上和地下空间进行立体化扩展。具体方式：首先是站区土地利用的节约与高效使用，如北京丰台站的立体站场，以及站场上盖物业的开发等，使车站获得更多的综合效益；其次是城市土地的立体化使用和一地多用的方式，希望以更少的土地资源获得更大的经济效益；最后，通过立体城市的构想，枢纽地区除了地面作为城市活动基面外，还有地下城市活动基面和空中城市活动基面，以构建立体多维的城市公共空间体系。

(2)步行网络系统形成

完善的多层次公共交通体系将助力城市发展。其另一个重点就是鼓励低碳出行，形成以高速铁路枢纽为中心的步行社区，节约土地和能源，并创造良好的城市环境，突显社会价值。步行体系作为交通系统的组成部分和城市街道的延伸，提供可以从建筑内部穿越的通道、中庭、空中内街等空间，在多个人行活动基面将车站与区域内的步行交通进行连接，形成层次清晰和立体高效的步行网络系统，通过整合和优化，确保车站与周边城区的顺畅衔接，强化车站与周边区域形成步行空间的连续性和环游性，实现出行旅客向潜在消费者的转化，以及枢纽综合体与周边城市"共生"。

(3)生态城市创建

生态化城市建设是未来发展的前景。高速铁路车站建设并在城市中发展，单纯强调交通价值与经济价值的最大化，以及高强度高密度开发不尽合理，也有悖于紧凑城市、生态城市发展理念的初衷。紧凑城市的概念最早由欧盟提出，其目的通过城市土地资源集约、紧凑的空间利用，以遏制无序的郊区化蔓延。遵循可持续发展的城市建设要求，在枢纽区域内谨慎开发，保留更多的土地和自然资源，保护生态环境有利于城市交通、经济社会价值的综合提升，形成积极的促进作用。因此，在强调高速铁路枢纽区域站城融合、协同发展的同时，需要注重对城市或地区自然资源的保护和生态环境建设，通过合理营造城市绿色、开放、共享的公共空间和生活环境，平衡交通、经济与环境三者之间的关系，促进高速铁路枢纽区域有机生长，成为真正意义上可持续发展的城市活力中心。

以 TOD 模式的本土化发展结合紧凑城市、场所—节点等理论为基础，是适应我国高密度城市站城协同发展的一种方式。借助于公共交通的引导，进行高强度和高密度的开发，形成紧凑的城市形态格局，也是我国发达的中心城市以资借鉴的可行之路。

8.2.3 高速铁路枢纽引导城市发展策略

高速铁路枢纽区的公共交通系统建构是高速铁路枢纽地区建设的重要手段，在促进高速铁路枢纽区域发展、发挥公共资源作用、解决公共投资资金等方面都非常有利。

1. 城市层面

宏观上，以公共交通为核心引导的整体发展模式对于我国现行高速铁路枢纽区域规划建设的主要作用在于以下几个方面。

(1)土地利用的联动作用

强调高速铁路车站与整个城市公共交通网络建设和土地利用的联动作用。我国早期的铁路客站建设较少考虑周边城市建设与发展的需求，整体性土地开发和综合空间利用要求车站规划的视角不能局限于独立的车站交通功能，应以城市和区域发展的观点，综合看待地区的发展。高速铁路车站建设除了需要与站区城市交通网络协同发展，更应关注车站建设与城市公共交通的整体规划，引导城市空间的合理布局。依托车站建设，从“点(车站)”展开到“线(慢行道)”的延伸，向“面(区域)”扩大到“体(空间)”的过渡，在区域城市网络层面实现点、线、面、体之协同发展，以引导城市空间结构整体优化。

(2)圈层化土地开发策略

枢纽区土地圈层化开发策略，可以有效形成紧凑的城市结构。目前我国多数高速铁路车站区域空间形态比较松散，由于过于强调门户形象，常配置大广场等礼仪性景观用地，枢纽区建筑密度较低。反观日本、韩国等地区的车站，站点周边高强度集约化开发，圈层化土地利用模式不仅可以促进车站交通效率提高，而且有利于实现铁路交通系统和城市经济双向的可持续发展；有利于降低市民出行距离和出行次数，从总量上控制交通需求，减少过度的交通影响，并可在紧凑的可步行范围内实现功能多样化和空间复合化，方便城市社区出行和日常生活。

2. 区域层面

以高速铁路交通为主导的整体发展还包括土地利用效率和区域经济活力两方面。

(1)土地利用效率

枢纽区域土地利用的效率提升，主要表现在两个方面：一是要使区域土地利用效率达到最高，二是提高交通设施的使用效率。

参考香港轨道交通枢纽周边地区开发经验，香港通过建筑物规划准则法规的确立，将轨道交通车站周边列为一类住宅用地，均采用高容积率开发。在都会区，建议商业容积率在 10.0～15.0，住宅容积率为 8.0～10.0；新区和综合发展区住宅容积率为 6.5；新市镇商业容积率建议 8.0～10.0，住宅容积率建议为 8.0，这种结合车站土地高强度利用导向，确保了 3/4 居民住在轨道交通站点 500 m 以内，55%的商办写字楼集中在站点 200 m 以内，有效保证了土地利用价值的最大化，并为车站区域带来了大量的人流，增加了交通基础设施的使用效率。尽管是因为香港的土地资源稀缺，但大部分内地高速铁路枢纽区域的平均容积率大约为

2.5，即使特大城市北京、上海，高速铁路枢纽区域空间容积率也仅为3.0～4.0，这种低效模式不仅难以形成聚集效应，也降低了交通设施的使用效率。相比可见，枢纽区域在大客流量的乘数效应作用之下，土地资源高效利用尚有进一步提升的潜力。

(2)区域经济活力

高速铁路枢纽区域空间规划发展多以现代服务性产业为主，而现代服务业集聚区的经济活力通常由两个方面的表现：一是保证有更多的人使用公共空间，二是鼓励每个人滞留更长的时间。因此，枢纽区域应该鼓励更多的城市功能进驻，使其形成具有“24小时活力”城市公共活动场所。

由高速铁路枢纽建设引导区域城市整体发展适合我国基本国情，而且正处于建设实施的最佳时机，重庆沙坪坝站及一体化商业综合体项目案例，就是基于这种模式实践，是一次由交通带动区域城市建设、促进经济繁荣的成功尝试(图8.35)。在城市和区域层面，通过高速铁路车站建设促进区域城市交通系统健全并与土地开发利用的联动；通过大规模旅客集散效应，高可达性带来的高人气，将交通行为人群转化为潜在的消费人群，便捷的交通流线、合理的功能配置、多元化业态服务、舒适的出行体验以及怡人的空间环境，营造出集约高效和富有活力的综合交通场所，满足社会发展需求并带来更高的经济利益和社会价值。

图8.35　沙坪坝站一体化开发鸟瞰图

3. 经济层面

某种意义上，高速铁路车站建设的核心问题之一是资金问题。高速铁路车站作为规模庞大的城市交通基础设施建设项目，一次性投资巨大、运营成本高、回报期长为特征的资金密集型产业，其建设实施给当地政府带来了巨大的财政压力。根据调研显示，香港地铁公司作为世界上运营比较成功的轨道交通公司，主要依靠沿线的房地产来弥补建设资金的不足，其运营前期也是获得政府的财政补贴，经过近20年的运营才进入盈利期。因此，最大限度地集约用地，综合利用城市地下、地上的空间资源，成为香港等地区发展轨道交通的重要手段之一。综合世界轨道交通和高速铁路枢纽建设的发展趋势，可以总结为以下几点：

(1)市场化孕育

高速铁路枢纽区域的可持续发展,需要通过城市生活的孕育和市场化经营手段来实现;需要考虑城市或地区经济增长和长期的可持续空间结构规划;需要依据现实的经济基础,节约投资、控制成本并预留发展条件。

(2)多元化开发

以土地开发为依靠的高速铁路枢纽建设投资政策,可为其发展提供稳定的资金保障。发达国家的发展经验表明,大型交通设施建设融资需要多元化,单一的政府投资会面临巨大的建设压力和运营压力。如中国香港特别行政区政府部门为了增加地铁公司的收益,确立拨地政策;日本东京为了推动轨道交通建设发展和减轻投资负担,制定了资金筹措、税制优惠和沿线土地开发三个方面的保障制度,而沿线土地开发是其最重要和最有效的政策。

(3)企业化经营

经营的企业化,政府可以引入更多的运营主体,通过市场竞争,优化资源配置提高效率。以日本JR线为例,其站域开发由地产开发部门和轨道交通部门共同组成,轨道交通部门通过车票收入来收回对轨道交通相关设备的投资,而地产开发部门拥有车站周边的房地产,通过租金收入来收回投资。这两个部门都以保证资金的收支平衡为原则,而通过枢纽区域空间整体开发,既能提高使用者的便利性,也可提高轨道交通的利用率,从而带来车票收入增加及周边地产升值等双赢效果。

综上,系统地考虑枢纽综合发展与城市规划、轨道交通的协同,对地下、地面和地上空间统筹布局,从土地利用、功能布局、交通设计等方面与周边组团进行统一规划和系统开发,既可以节约建设成本,又可以获得最佳的效益。而且这种间接依靠土地开发获得收益的模式比政府直接投资模式的资金利用率明显提高,也比政府直接投入的产出比更为合理。高速铁路枢纽区域的整体性发展,可获得土地的增值收益,减少土地增值收益的外流。因此,合理开发车站区域周边土地,形成整体性协同发展,除了可以增加票务收入和人流外,还可以增加土地增值收益,反哺车站的发展,减少政府的补贴,促进车站的可持续发展。

事实上,城市通过综合开发不仅有利于解决公共投资资金,更重要的是在高速铁路车站项目建成运营后获得经济和社会的双重效益。因此,高速铁路枢纽区域的整体发展是一项非常重要的城市经营策略。

4. 社会层面

西方学者肯沃西(Kenworthy)和纽曼(Newman)通过研究发现城市开发密度与能耗成反比关系,密度越低的城市能耗越高,而开发密度越高的城市,由于利用高效的交通系统反而形成了最经济的能耗。美国大多数城市人口密度低但能耗高,而日本东京及中国香港地区则属于人口密度高能耗低的城市。城市人口密度的合理增加不但可以节约土地,而且有利于降低能耗及碳排放量。作为城市交通集聚的高速铁路枢纽区,具有大范围的人口通达性及拥有大量腹地人口,在车站强大的集聚效应作用下,形成紧凑城市的潜力极高,也有利于实现城市的低碳与环保。

高速铁路同样可以作为一种高效率、大运量和低污染的公共交通方式,并以此引导城市土地综合开发,有利于解决车站建设资金,降低社会建设成本,增加人们对公共交通的使用，使公共资源发挥更大社会效应。随着高速铁路枢纽区域空间环境品质的不断提升，舒适性空间的塑造成为高速铁路车站建设的重点，而高速铁路车站也将逐步成为城市生活的中心。

8.3 高速铁路枢纽建设实践

8.3.1 突显活力的场所空间

1. 城市核

“城市核”即综合交通中心，可理解为将车站、商业以及城市三者立体而紧密有机联系在一起的活力交通空间节点。尤其是在城市中心地区高密度、大规模的高速铁路枢纽建设中，为了能将各个功能部分的交通流线更加高效的组织、整合在一起，往往会采用多个城市核的策略，并通过城市核之间的水平连接，高效有序的组织枢纽区域的人流。

东京地下铁副都心线的开通以及其与东急东横线的直通运行，是涩谷未来之光城市核整顿工作的契机。未来之光的城市核功能(图 8.36)，纵向上联系了地下 3 层的副都心线检票层与地上 4 层的功能空间；横向上通过 2 层的高架平台联系了明治大道到青山大道的旅客流线。城市核正坐落于纵、横向交通流线的交点位置，体现了车站与城市间的高效连接。日本的地下商业大多设置到地下二层为止，然而涩谷未来之光却将其延伸至了地下三层，主要目的是为了吸引更多来自副都心线的客流，保证车站的人气能够持续不断地交换输送。由城市核形成的通高空间，不仅将自然光引入到地下车站，还兼具将铁路设施的废气、余热排出室外，以及充当车站与公共设施之间防灾缓冲带的安全防护功能。在这个场、站一体化的交通枢纽空间中，除了简单明了的交通流线组织，还兼具有可激发城市活力的戏剧性空间感染力。

图 8.36　涩谷枢纽城市核

沙坪坝站区域综合开发项目位于重庆西侧的门户位置，不仅是连通成渝高速铁路线路的站点，也是连接市内地铁和公交车的综合交通枢纽，每天的客流量可达 40 万人次。基地北侧地下七层为原有地铁 1 号线的站位。与车站建设同步土地开发，在地下七层和八层的位置新增了地铁 9 号线和地铁环线。基地内，靠北侧的地下一层、二层分别为公交车、出租车站点，南侧地下四层为高速铁路出站大厅。面对如此复杂的基地条件，梳理各交通方式之间的换乘流线，高速铁路车站与上盖公共设施以及车站与周边城市交通系统组织，是这个项目成功的关键。以此庞大的交通客流量为契机，强化铁路与上盖公共设施，城市地铁与公交、出租车等密集的交通换乘客流行为，成为规划设计的重点。在所有城市公共交通设施交汇处的东西两侧分置城市核，并使其与上盖开发直接联结(图 8.37)；再以城市核为出发点，梳理公交车、出租车以及周边交通流线，通过在城市核周围设置商业设施，将铁路客流、城市人流和自然环境引入竖向连通的公共开放区域，创造各类人群愉悦活动的共享空间。城市核实现了位于不同标高的 3 条线路轨道交通车站、高速铁路车站、地下出租车场以及公交车站之间的高效换乘，同时将商业、办公大堂等城市开发设施围绕城市核布置，进一步汇聚了内部空间的人气。客流在各类交通设施中穿行，洄游经过附属商业服务设施，并迅速被周边的各类大容量公共空间吸纳，融入与城市环境之中。

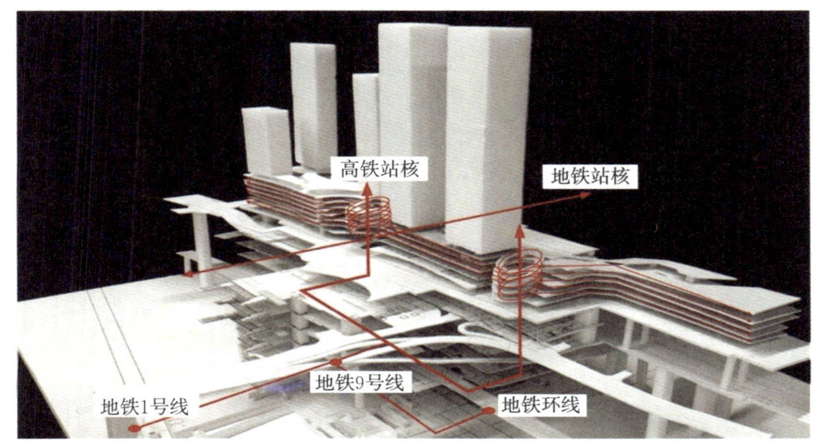

图 8.37　沙坪坝枢纽双城市核

2. 城市连廊

“城市连廊”主要是连接高速铁路车站和城市的水平联系空间，形态由室外或半室外的长廊空间构成，并在其周边配置商业设施，穿插广场或公园等公共空间，以此吸引人流，激发城市的活力。

在涩谷车站，由于各铁路公司的站台和站前广场都在不同标高且相互叠加，因此旅客换乘流线异常复杂。站前广场中留给步行者的停留空间不足，流线错综，导致步行者的安全无法得到保障。而在车站周边地区，受到谷地地形、城市干道以及铁路线的切割，车站与邻近街区的联系路网非常脆弱；城市干道的车辆通过与车站的车辆到达相互干扰，逐渐导致交通堵塞状况愈发频繁。再加之非法停车、违规卸货等问题，使得周边的交通环境也不断恶化。

为了解决这些问题，在涩谷车站的周边区域开发中，通过建立立体的步行网络来消解地形的高差以及城市的割裂现象，从而确保车站周边地区拥有安全放心的步行环境(图 8.38)。采用与涩谷未来之光相同的手法，利用地面、二层平台、地下的多层网络来加强车站到城市的水平连接，引入城市核，将不同标高的网络进行纵向贯通，实现无障碍通行，并提高行人的便利性及舒适性。

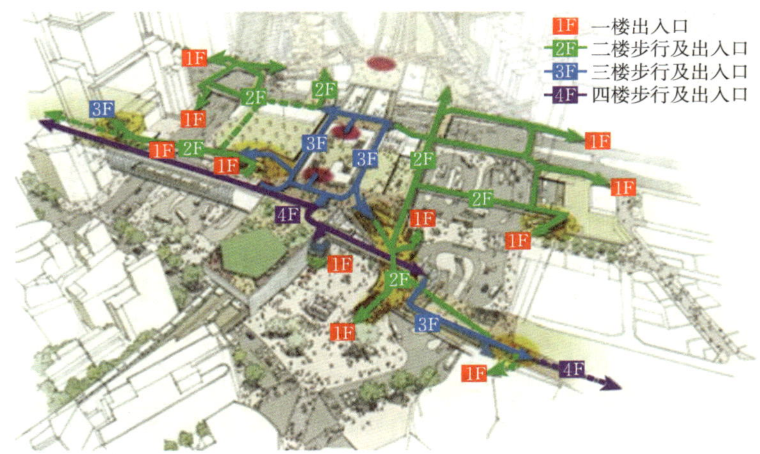

图 8.38 涩谷站立体步行网络

在涩谷站城开发的涩谷站大厦项目中，各种设施将车站包裹在内，并分别在东西两侧设置城市核连接车站与城市。东口城市核依次纵向连接地下二层东急东横线及东京地下铁副都心线、一层 JR 线检票口、二层 JR 线及东京地下铁银座线检票口，最终直达四层。再通过四层的高架平台，跨越谷地，构筑起从宫益坂到道玄坂的步行平台网络，与周边地区的开发工程携手并进，将人与城市紧密地联系在一起。

3. 空中景观

"空中景观"主要是利用高速铁路车站屋面或者站场上盖所创造的次级地面来营造开放的广场、公园等公共空间环境，为旅客或周边人群提供休闲游憩场地，增强枢纽区域的常态化交通特性。

旧金山港湾枢纽利用枢纽建筑延绵的屋面，营造了一个长 426 m、面积 2.18 万 m^2 的巨型屋顶城市公园。公园内设置多种活动场地和休闲设施：可举办演出和小型博览会的露天剧场、儿童游戏场、开放绿地。屋顶公园与周边多个建筑产生直接的通道联系，加上枢纽本身的垂直交通，共有 9 个入口可以进入公园，大大提高了城市公园的可达性，扩大了公园的服务范围。枢纽屋顶公园既是新建社区的必要公共设施和元素，也弥补了高密度城市中心区对高品质公共空间的需求，面向旅客、社区居民以及周边城市人群服务，构成旧金山市中心区公共空间的一部分，成为整个区域的活力中心，如图 8.39 所示。

涩谷站正在进行新一轮的更新再建工程，包括车站及其上盖开发的涩谷站街区（中央栋、东塔和西塔）以及周边街区的开发（图 8.40）。其中涩谷站街区的中央栋四层和十层屋顶塑造为公共广场空间，设置高新技术发布会场和国际交流设施，打造出可举办各种活动的场所。此外，东塔楼约 230 m 高屋顶设置 360°无遮挡的观景平台，在这里，可以眺望到代代木公园后方成片的新宿摩天大厦群、六本木方向的市中心，乃至富士山的景象，扩展城市景观，为涩谷站区带来新的城市吸引点。

广州白云站铁路枢纽利用车站与上盖开发之间的站场上盖设置广场和景观绿地，一方面可以作为乘车高峰时期的人流集散广场，另一方面作为城市公共空间结合枢纽内部的捷运设施，可以吸引周边城市人群为上盖商业开发提供客流支撑，如图 8.41 和图 8.42 所示。

图 8.39 旧金山港湾枢纽屋顶公园

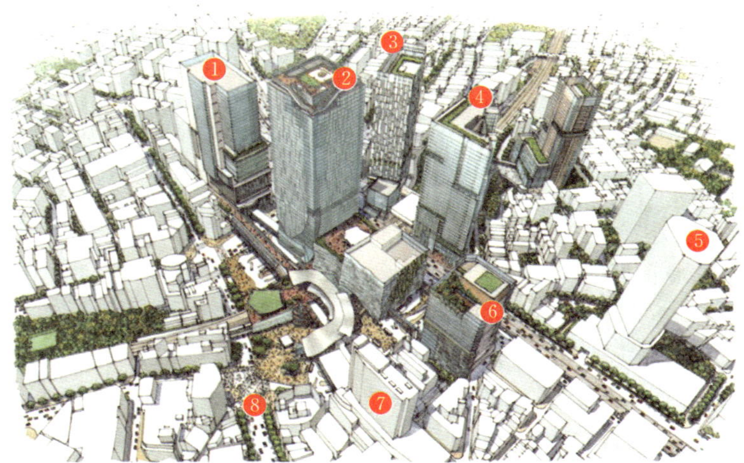

图 8.40 2027 年的涩谷站周围地区

①—涩谷 Hikarie；②—涩谷站街区；③—涩谷 Stream 大厦；④—涩谷站樱丘口地区；⑤—蔚蓝塔；⑥—道玄坂一丁目站前地区；⑦—涩谷马克城；⑧—全向十字路口

图 8.41 白云站枢纽鸟瞰图

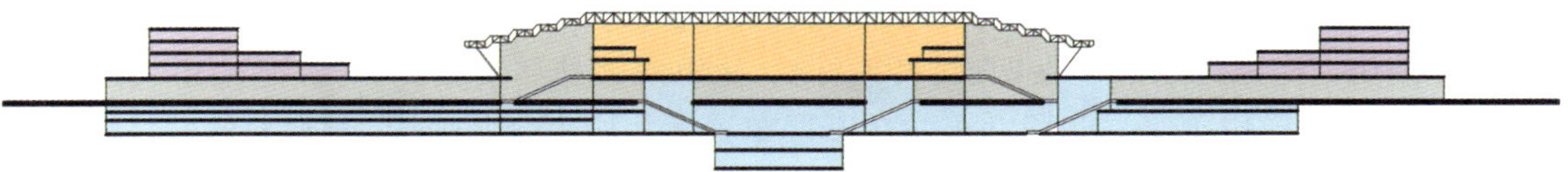

图 8.42 白云站上盖开发利用剖面示意

8.3.2 换乘便捷的公共交通

1. 接驳轨道交通车站

城市轨道交通主要指地铁、轻轨、机场快线等短距离轨道交通。城市轨道交通具有准时、舒适、连续、运量大的优点，其便捷性对于高速铁路车站的大运量交通疏解以及连接城市其他地点具有显著的作用。城市轨道交通与高速铁路的换乘衔接是高速铁路枢纽交通组织的重要构成，合理而便捷的换乘系统对旅客出行效率具有直接影响，可以认为大、中运量的城市轨道交通接驳高速铁路客运是不可或缺的、最为重要的交通工具。

通常的城市轨道交通车站独立于高速铁路车站而设置在铁路车场或者站前广场的地下。随着铁道技术发展和系统管理水平的提升，高速铁路与城市轨道交通(城市快线、机场快线等)逐步得以协同布置、统一规划。由于发达地区间的通勤交通需要，近年来高速铁路枢纽建设新增了轨道交通与高速铁路站台之间客流交换的快速进站厅，或以方便城市通勤客流无需进入高速铁路车站的候车大厅，而以两点间的最小距离直接联系。另有少数车站实现了高速铁路车场与轨道交通线路同标高平行布置，以减少通勤旅客绕行。

新建的雄安站将城际站场(R1 城市轨道快线、R2 机场快线)与京港台站场、津雄站场整合在同一站场标高，城际铁路候乘与高速铁路候乘短距离衔接，极大提高了旅客中转换乘时间(图 8.43)。雄安城际站(图 8.44)，将地铁站台、城市快线与高速铁路站台统一设置于地下三层，地下二层同标高设置换乘厅与高速铁路车站候车厅，地下一层通过下沉广场与地下商业街组织接纳地面城市客流，极大提高了换乘效率，方便旅客出行。成都犀浦站将城际站场和地铁同场布置，整合了车站空间，压缩了换乘距离和时间，实现了同台换乘。

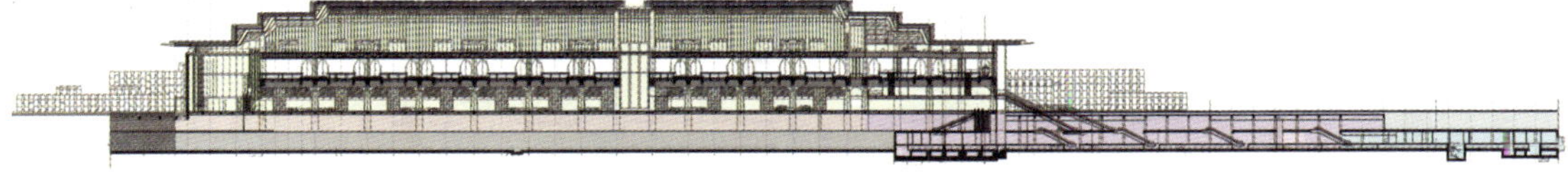

图 8.43 雄安站剖面图

图 8.44 雄安城际站剖透视图

城市轨道交通与高速铁路的整合，在国外比较常见。如位于日本九州市小仓北区的小仓站，是一个集洲际轨道交通、城际轨道交通、城市高架轻轨于一体的轨道交通综合枢纽，作为九州市城际公共交通与城市公共交通转换设施，是城市外界人员进入九州市的门户(图 8.45)。小仓站将三种轨道交通线路集中布局,城际轨道线路与洲际轨道线路是高架线路,分别位于车站二层和车站四层,呈平行状,轻轨线路是尽端线路,与洲际轨道线路成平层 T 形相交,同样位于车站四层。车站在三层布置南北城市公共通廊,通廊上分设轻轨站厅和城际线路站厅,并直接连接洲际线路站台。车站将三种轨道线路分层布局,在中间层布置贯通的换乘空间,形成车站整体换乘空间组织的高度集约化。借助贯通车站三层的南北城市通廊,在车站两侧进行高差处理,并向车站外部延伸,形成贯穿车站前、中、后空间的空中步行平台,同时车站南侧的空中步道与同样高架的轻轨线空中相互呼应,形成层次丰富的站南空间,如图 8.46 所示。

图 8.45 小仓站枢纽总图分析

小仓站;空中步行系统

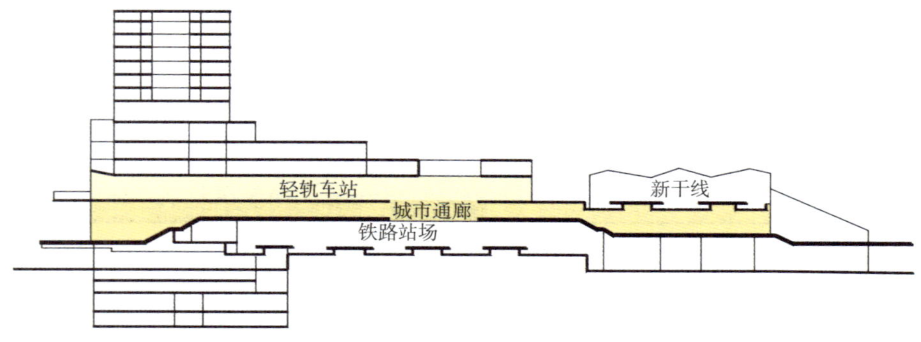

图 8.46 小仓站剖面分析图

2. 接驳机动车场

高速铁路枢纽中的机动车交通衔接和场地分布,对于优化枢纽流线和空间组织结构,节约空间资源都有重要的意义。机动车交通的集约布置基本上有水平集中整合和竖向分区立体整合两种模式。目前在我国高速铁路枢纽的建设实践中,多以水平集中整合或者水平集中整合加半立体整合的模式为主。

如新建郑州南站高速铁路枢纽,机动车场利用站场桥下空间集中布置在出站厅和城市通廊两侧，与换乘通道共同形成九宫格式空间结构(图 8.47)。雄安站利用桥下空间将公交、出站车、社会车、大巴车设置在以地面候车厅和光谷为核心的四个方向，相互之间以城市通廊相连接，在地面与站场之间的出站夹层对角布置公交车和出租车场，并通过光谷廊道连接，最大程度方便旅客同层进出站换乘(图 8.48)。与之类似的杭州西站也利用桥下空间将长途、公交、出租和社会车场集中设置在以城市通廊和光谷为核心划分的四个空间象限内，并在夹层设置配套社会车停车场，如图 8.49 和图 8.50 所示。重庆东站的各类公共交通和机动车接驳交通，围绕出站层设置在铁路站场下方的 4 层空间内；其中出站换乘层出站厅两侧分别设置公交、长途车场和团体旅客车场，分流疏解旅客，提供市内换乘离站服务；出站夹层设置社会车场以及出租车场，地铁站厅层设智能服务停车场、市政车场和铁路自营车场；与城市轨道交通的换乘客流可便捷通往综合交通中心，如图 8.51 所示。

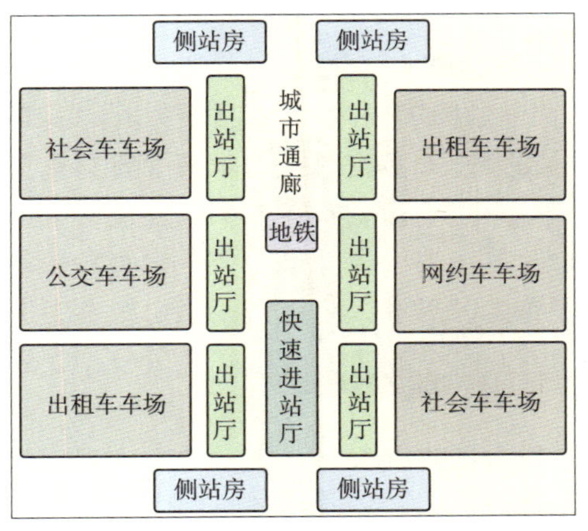

图 8.47　郑州南站机动车布置图

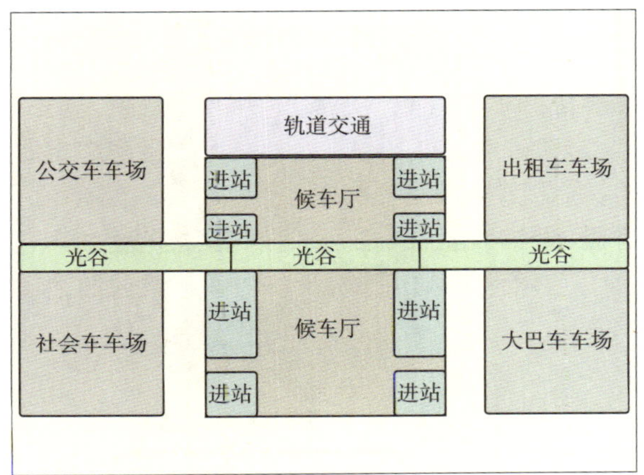

图 8.48　雄安站机动车场平面布置图

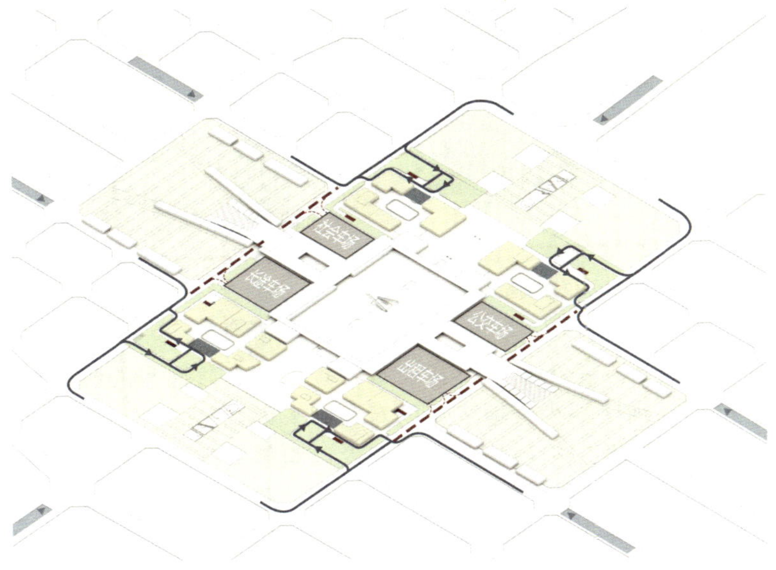

图 8.49　杭州西站机动车场布置示意

落实区；综合体车流；站房专用管制道路；地下车库入口

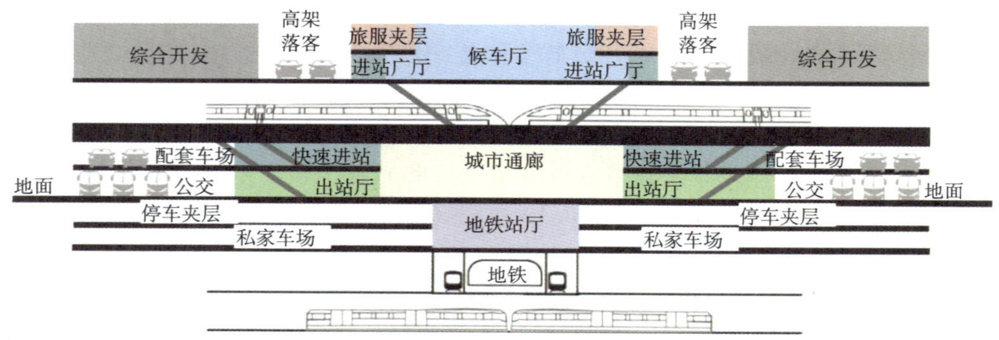

图 8.50 杭州西站机动车场布置示意

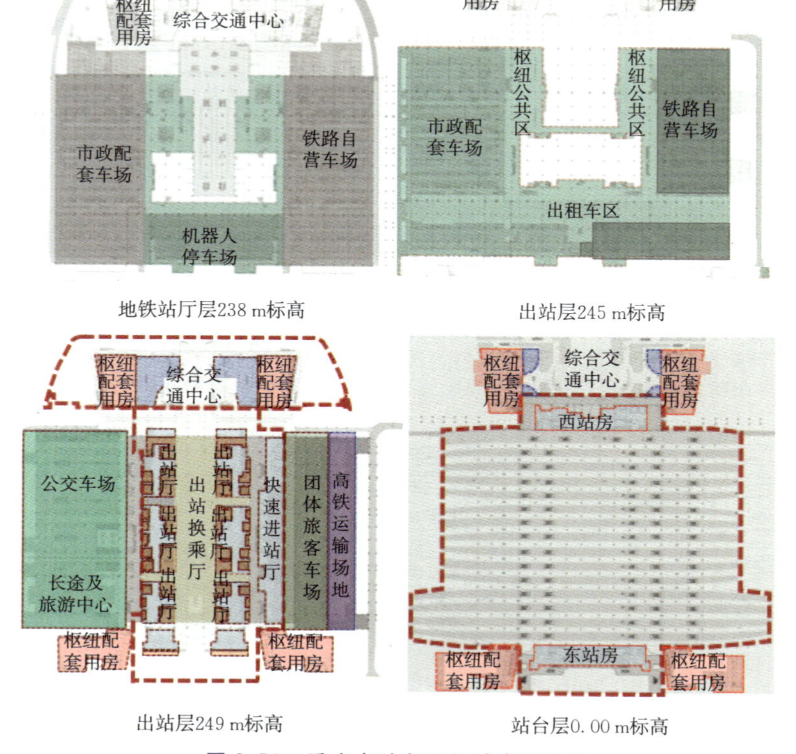

图 8.51 重庆东站各层机动车场布置

新宿站新南口开发主要是为了解决新宿站公共接驳交通饱和的问题而进行的一次扩建。对位于高密度中心街区缺少土地资源的新宿站来说，利用铁路线上空间，竖向垂直规划或许是唯一的策略。因此新宿站新南口的开发以跨越 6 条铁道线路 120 m 的人造平台为起点，在竖向营造 3 层的交通基础设施，同时临接铁路车场的位置设置约 170 m 高的商业办公综合体。其中 3 层的交通基础设施，平台层设置车站检票口和部分商业，二层设置为出租车、小型客车的换乘中心，三层是高速巴士的换乘中心（图 8.52）。平台层南侧留有开放的广场空间，作为同两侧街区和高层办公商业综合体的步行连接空间，不仅确保了通勤等人行流线的顺畅性，还通过设置高差、绿化等手法，营造出人性化尺度的停留空间（图 8.53）。

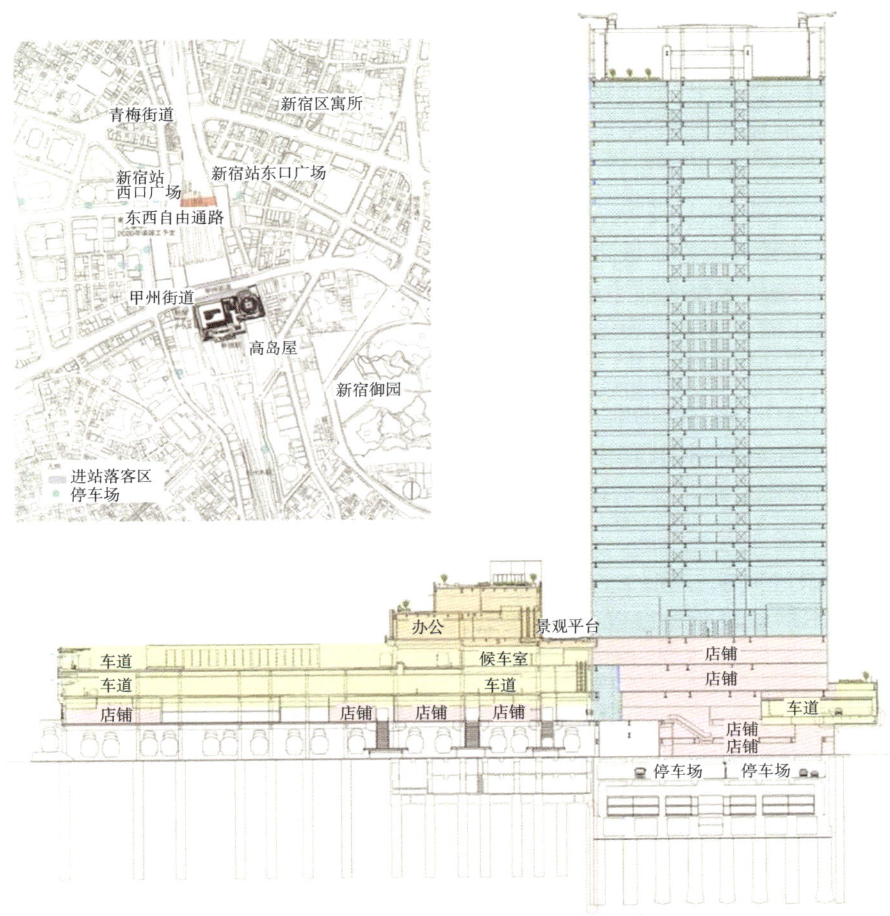

图 8.52　新宿站南口开发剖面图

图 8.53　新宿站南口开发鸟瞰图

8.3.3　多元融合的城市触媒

多中心发展是大城市社会经济发展的客观要求，而我国当前多数城市都为单中心城市，新建高速铁路枢纽作为城市的交通触媒和区域中重要的人流集聚因子，将逐步引导城市人口和资本向车站地区集中，形成城市生产要素的重新分配，也将会促使城市空间结构逐渐由“单中心”单点发展模式向“多中心”的网络化协同发展模式演变，实现大城市从单中心向多中心空间格局转变。据统计东京 320 个商业中心中，营业面积大于 10 000 m^2，年营业额大于 100 亿日元的商业中心（即 1～3 级商业中心）近百个，其中约 95%紧邻轨道交通或高速铁路车站，表明车站显然成为了城市结构调整的重要触媒。

高速铁路枢纽的触媒效应主要表现在两方面：一是直接触媒效应，车站建设加快了区域基础设施的发展，而大规模投资建设活动又为区域快速发展提供了更多可能；二是间接触媒效应，在于新的城市经济增长点的培育过程，使车站通过与周边组团、中心城区的联系不断加强，形成分工协作，成为新的职能中心。或者说，大型高速铁路车站作为其所处的环境区域中的一个开放性环节，其触媒作用主要体现在其改造或新建的过程中，成为城市连锁开发的催化剂，助推城市功能不断完善，产业结构、空间结构逐渐走向合理化，带动整个城市经济、社会、形象的全面进步。

1. 综合开发、竖向确权

高速铁路枢纽建设具有城市区域发展的引擎作用，不再仅是交通功能的载体，更需要融合办公、零售、娱乐、文化艺术、购物和公共服务设施等城市的职能来更大的发挥高速铁路枢纽的综合效益，并涉及土地产权、投资界面划分等管理机制问题。传统的铁路客站通过平面红线与城市行政分界的方法明显已不能适应当代高速铁路枢纽与城市全面融合的诉求。减少铁路于城市空间发展的限制，提高城市的土地综合利用效率，实现车站功能与城市空间环境的相互渗透，而确立新的权属分配方案。新近建设中的一些高速铁路枢纽建设正努力在这一层面尝试一些有益的探索。

如杭州西站正在践行的大红线、竖向分层确权策略。首先经过与地方的协商，将传统铁路与地方市政各自独立划分的平面红线范围，协同合作设定为高速铁路与地方一体化联合建设的大红线（图 8.54），依据集约化利用土地的原则，参建的各方形成统一的利益共同体。其次在大红线空间范围内整体规划，通过竖向分层确权划分（图 8.55），引入不同开发商共同投资参建，最终在红线范围内形成一个集酒店、公寓、商务办公、科创交流、商业娱乐等多种职能的高速铁路枢纽建筑集群。并通过空中慢行系统设计将枢纽内所有公共景观空间串联

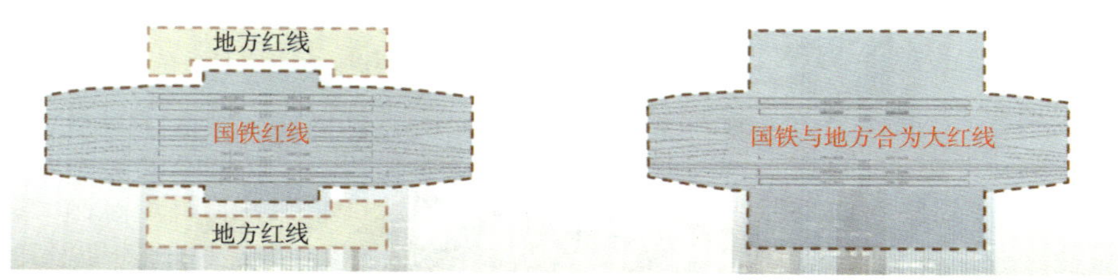

图 8.54　杭州西站大红线图解

在一起，使枢纽成为周边区域的公共活动场所，同时也增加了旅客的洄游路径。与之类似的，重庆东站也提出了“统一设计、统一审批、统一建设、分类确权、投资分摊”的路地合作模式。在 620 m×653 m 的核心设计范围内（图 8.56），统一规划设计高速铁路车站、铁路配套、市政配套、综合换乘等 122 万 m^2 建筑规模，涉及铁路运营管理部门、枢纽集团、交运集团、轨道公司等多家单位参与建设投资管理。

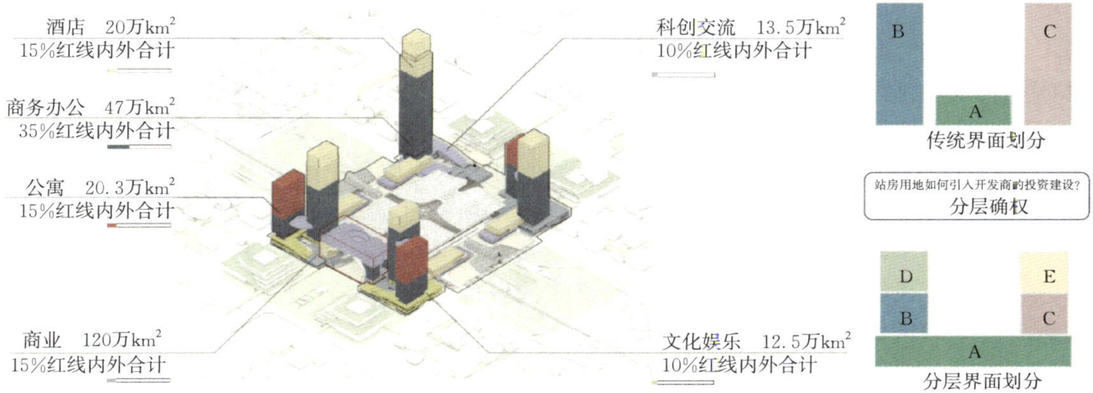

图 8.55 杭州西站竖向分权图解

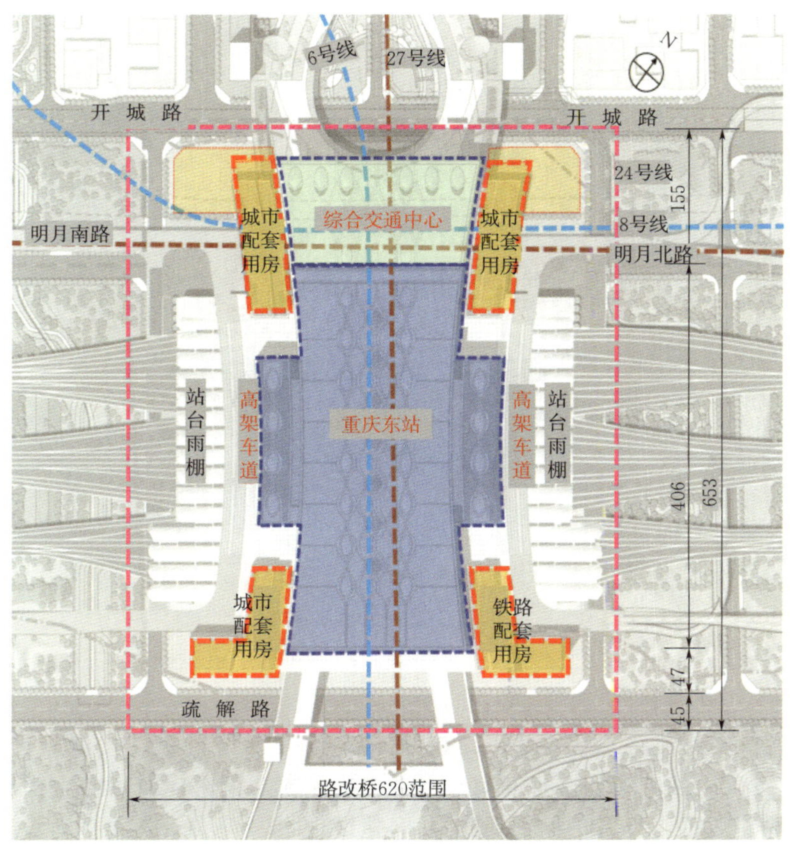

图 8.56 重庆东站设计范围图解（单位：m）

2. 因地制宜、层级分明

高速铁路枢纽的规划建设需要因地制宜，充分考虑所在城市的经济、人口、自然、人文环境、土地利用等因素，结合车站的规模合理确定开发模式。高密度、高强度的集合开发模式并非适用所有城市的高速铁路枢纽区域建设，也并不是实现高速铁路枢纽协同城市发展的唯一模式。针对土地资源紧张的大型城市、特大型城市、中小型城市、自然资源型或历史文化型旅游城市以及不同气候条件和地理条件的城市，高速铁路车站建设应采取不同的应对模式。既要避免不必要的过度集中开发，又要避免盲目圈地，以低密度建设占用大量城市用地，而需要因地制宜、层级分明地区别对待。

嘉兴站位于嘉兴市低密度的老城中心区，毗邻著名的中共一大会址的南湖景区，属于旧站扩建项目。改造的方案采用低密度策略，将枢纽定义为城市中的公园，以公共绿地的形式融入城市接纳旅客(图 8.57)。将原火车站地面广场紊乱的交通设施放置地下，将站前商业活动引入地下与市内各类公共交通站点设施相连，并且通过下沉庭院竖向贯通连接地面，扩大了“人民公园”范围，形成以绿色覆盖的城市交通枢纽，重塑了临湖绿洲空间形态。改造后的车站区域由精心设计的公共景观、无边界的公园协同构成，以开放的姿态迎接旅客和市民；历史站房建筑风貌为主的文化轴线贯穿始终，站前种满大冠乔木，林荫怡人，化嘈杂为安静惬意，吸引人群停留，共享自然环境，高速铁路枢纽俨然成为城市生活的生态花园。

图 8.57　嘉兴站总平面图

①—北/南候车大厅；②—公交首末站；③—地铁站；④—有轨电车站；⑤—地下进站口；⑥—人民公园

3. 公共开放、资源共享

近年来，新建高速铁路车站的城市角色开始转型，从传统的被动接纳旅客乘降服务，变化为主动创造条件向城市和社会打开门户。许多高速铁路枢纽建设正在全面融入城市整体规划，并参与城市交通、文化和经济环境的共同建设，在基础设施、公共空间、环境景观、地下空间利用、多功能商业服务等多方面与城市合作共建。在进一步优化完善高速铁路枢纽本体功能的基础上，提升服务品质和旅客出行体验，并发挥交通优势、开放公共空间环境、吸纳城市资源、扩大枢纽区域的城市公共场所作用和综合交通发展的社会影响力，再塑高速铁路车站枢纽在城市环境中的新形象，如图 8.58 和图 8.59 所示。

图 8.58　北京城市副中心枢纽——城市与枢纽结合 1

图 8.59　北京城市副中心枢纽——城市与枢纽结合 2

当代高速铁路车站建设正随着城市发展的变革、现代科技进步的支撑、社会经济的全面提升而愈加完善，以车站交通建设为核心引导的区域综合开发模式，在大量建设实践中成效逐步显现。未来，在站城融合、协同发展的策略引导下，高速铁路枢纽不再是一个封闭的城市终端式交通节点，而将会在站城共享交通便利的基础上，成为更加开放的城市多功能、多元化的综合场所，协同城市发展，携手高速铁路枢纽区域规划，共享资源，为未来谋求互利共赢的站城一体化建设和发展。

参 考 文 献

[1] 郑健,贾坚,魏崴.中国高铁丛书:高铁车站[M].上海:上海科学技术文献出版社,2019.

[2] 郑健,魏崴,戚广平.新时代铁路客站设计理论创新与实践[M].上海:上海科学技术文献出版社,2020.

[3] 郑健,沈中伟,蔡申夫.中国当代铁路客站设计理论探索[M].北京:人民交通出版社,2009.

[4] 贾坚.城市地下综合体设计实践[M].上海:同济大学出版社,2015.

[5] 金士宣,徐文述.中国铁路发展史[M].北京:中国铁道出版社,1986.

[6] 潘谷西.中国建筑史[M].北京:中国建筑工业出版社,2004.

[7] 王建国.城市设计[M].3 版.南京:东南大学出版社,2011.

[8] 李传成.高铁新区规划理论与实践[M].北京:中国建筑工业出版社,2012.

[9] 上海建筑设计研究院有限公司.区域整体开发的设计总控[M].上海:上海科学技术出版社,2021.

[10] 刘其斌,马桂贞.铁路车站及枢纽[M].北京:中国铁道出版社,2009.

[11] 卫大可,刘德明,郭春燕.建筑形态的结构逻辑[M].北京:中国建筑工业出版社,2013.

[12] 丁洁民,张峥.大跨度建筑钢屋盖结构选型与设计[M].上海:同济大学出版社,2013.

[13] 中国建筑设计研究院有限公司.建筑给水排水设计手册[M].北京:中国建筑工业出版社,2019.

[14] 阎玉芹,于海,苑玉振,等.建筑幕墙技术[M].北京:化学工业出版社,2019.

[15] 杨嗣信.玻璃幕墙设计与施工[M].北京:中国建筑工业出版社,2005.

[16] 左鑫.机场航站楼能效提升适宜技术[M].北京:中国建筑工业出版社,2020.

[17] 日建设计站场一体开发研究会.站城一体开发:新一代公共交通指向型城市建设[M].北京:中国建筑工业出版社,2014.

[18] 戴帅,程颖,盛志前.高铁时代的城市交通规划[M].北京:中国建筑工业出版社,2011.

[19] 中国大百科全书出版社编辑部,中国大百科全书总编辑委员会土木工程编辑委员会.中国大百科全书:土木工程[M].北京:中国大百科全书出版社,1992.

[20] 培根.城市设计[M].黄富厢,朱琪,译.北京:中国建筑工业出版社,2003.

[21] 林奇.城市意象[M].2 版.方益萍,何晓军,译.北京:华夏出版社,2017.

[22] 科斯托夫.城市的形成:历史进程中的城市模式和城市意义[M].单皓,译.北京:中国建筑工业出版社,2005.

[23] 诺伯舒兹.场所精神:迈向建筑现象学[M].施植明,译.武汉:华中科技大学出版社,2010.

[24] 矢岛隆,家田仁.轨道创造的世界都市:东京[M].陆化普,译.北京:中国建筑工业出版社,2016.

[25] 卡尔索普.未来美国大都市:生态·社区·美国梦[M].郭亮,译.北京:中国建筑工业出版社,2009.

[26] 罗西.城市建筑学[M].黄士钧,译.北京:中国建筑工业出版社,2006.

[27] 沃尔玛尔.钢铁之路:技术、资本、战略的 200 年铁路史[M].陈帅,译.北京:中信出版社,2017.

[28] 沃尔玛尔.铁路改变世界[M].刘媺,译.上海:上海人民出版社,2020.

[29] MEEKS C L V. The railroad station: An architecture history[M]. New York: Yale University Press, 1956.

[30] 郑健.大型铁路客站的城市角色[J].时代建筑,2009(5):6-11.

[31] 郑健.中国高铁客站的创新与实践[J].铁道经济研究,2010(6):1-3.

[32] 郑健.当代中国铁路旅客车站设计综述[J].建筑学报,2009(4):1-6.

[33] 郑健.空间结构在大型铁路客站中的应用[J].空间结构,2009,15(3):52-65.

[34] 魏崴.综合交通枢纽的城市同构[J].城市建筑,2014(3):19-21.

[35] 徐尚奎.源而意:意而像:探索中国大型铁路站房形态设计及发展方向[J].时代建筑,2011(3):128-131.

[36] 周铁征，鲍宁.以地下铁路客站为中心的综合交通枢纽规划设计思路[C] //中国铁路经济规划研究院有限公司，中国交通运输协会现代客运枢纽分会，同济大学建筑设计研究院(集团)有限公司.现代客运枢纽分会技术交流会论文集.上海：同济大学出版社，2020：85-99.

[37] 周铁征.新型铁路客站综合交通枢纽的形成与建设思路[J].铁道工程学报，2008(z1)：80-86.

[38] 贾磊.兰州铁路枢纽总图方案研究[J].铁道运输与经济，2021，43(2)：110-117，130.

[39] 殷炜，杜凯鑫.基于站城融合的杭州西站站房暨站城综合体方案设计[C] //中国铁路经济规划研究院有限公司，中国交通运输协会现代客运枢纽分会，同济大学建筑设计研究院(集团)有限公司.现代客运枢纽分会技术交流会论文集，2020：197.

[40] 盛晖，李传成，顾亚静.铁路旅客站站房规模基础参数研究[J].华中建筑，2013，31(5)：68-71.

[41] 杨健，吴清，李传成.高速铁路客运站站房建筑面积合理性探讨[J].华中建筑，2013，31(10)：31-35.

[42] 周正.高铁客运站站前广场规划设计思路的探讨与浅析：以广西来宾高铁站站前广场为例[J].华中建筑，2016，34(10)：93-97.

[43] 戚广平，张晨阳，于圣飞，等.性能化方法在城市设计中的应用与研究[J].建筑技艺，2018(9)：116-120.

[44] 魏志达.上海铁路新客站[J].建筑学报，1988(6)：2-7.

[45] 齐康.建筑·空间·形态：建筑形态研究提要[J].东南大学学报(自然科学版)，2000(1)：1-9.

[46] 崔愷.浅议火车站的地域特色[J].建筑学报，2009(4)：86-88.

[47] 韩志伟.铁路客站雨棚金属屋面系统设计研究[J].铁道经济研究，2012(5)：23-27，31.

[48] 朱晓华，高敏杰.中美屋面系统抗风揭对比试验及结果分析[J].中国建筑防水，2011(19)：6-12，23.

[49] 贾坚，刘传平，张羽.在软土深基坑栈桥上运行铁路列车的安全稳定控制技术[J].岩土工程学报，2012，34(S1)：324-329.

[50] 褚松涛，魏崴.重庆西站站房金属屋面防水设计与施工解析[J].中国建筑防水，2018(7)：10-14.

[51] 刘燕，邓光蔚，彭琛，等.铁路客站无组织渗风现状调研及数值模拟研究[J].暖通空调，2012，42(12)：53-59.

[52] 庄宇.要素和关系：当代城市设计实践中的议题和思考[J].时代建筑，2021(1)：16-21.

[53] 李春舫.综合交通枢纽与城市交通体系的整合[J].铁道经济研究，2013(6)：47-52.

[54] 李松涛.高铁客运站站区空间形态研究[D].天津：天津大学，2010.

[55] 王晶.基于绿色换乘的高铁枢纽交通接驳规划理论研究[D].天津：天津大学，2011.

[56] 桂汪洋.大型铁路客站站域空间整体性发展途径研究[D].南京：东南大学，2018.

[57] 何佳.高速铁路车站导向标识系统设计研究[D].兰州：兰州交通大学，2016.

[58] 张帆.高铁客运站建筑设计的地域性表达研究[D].长沙：中南大学，2013.

[59] 张娜.新时期我国铁路客站建筑形态研究[D].成都：西南交通大学，2008.

[60] 韦诚龙.地下火车站空间导识系统设计研究[D].北京：北京交通大学，2016.

[61] 刘智.我国当代铁路客站建筑设计形式美的研究[D].天津：天津大学，2010.

[62] 郝晓培.基于大数据的铁路客运用户画像系统研究及应用[D].北京：中国铁道科学研究院，2018.

[63] 顾亚静.铁路旅客站站房规模基础参数研究[D].武汉：武汉理工大学，2012.

[64] 夏胜利.高铁客运枢纽交通流线设计理论与方法研究[D].北京：北京交通大学，2016.

[65] 何佳.高速铁路车站导向标识系统设计研究：以兰州西客站导向标识系统设计为例[D].兰州：兰州交通大学，2016.

[66] 谭笑.基于认知的复杂型交通枢纽空间导识性设计方法研究[D].北京：北京交通大学，2020.

[67] 张书义.基于低碳节能技术的公共建筑幕墙优化设计研究[D].济南：山东大学，2018.

[68] 国家铁路局.铁路旅客车站设计规范：TB 10100—2018[S].北京：中国铁道出版社，2018.

[69] 中华人民共和国住房和城乡建设部.建筑给水排水设计标准：GB 50015—2019[S].北京：中国计划出版

社，2019.

[70] 中华人民共和国住房和城乡建设部，中华人民共和国国家质量监督检验检疫总局.消防给水及消火栓系统技术规范：GB 50974—2014[S].北京：中国计划出版社，2014.

[71] 中华人民共和国住房和城乡建设部，中华人民共和国国家质量监督检验检疫总局.自动喷水灭火系统设计规范：GB 50084—2017[S].北京：中国计划出版社，2017.

[72] 国家铁路局.铁路给水排水设计规范：TB 10010—2016[S].北京：中国铁道出版社，2016.

[73] 国家铁路局.铁路电力设计规范：TB 10008—2015[S].北京：中国铁道出版社，2015.

[74] 国家铁路局.铁路照明设计规范：TB 10089—2015[S].北京：中国铁道出版社，2015.

[75] 国家铁路局.铁路防雷及接地工程技术规范：TB 10180—2016[S].北京：中国铁道出版社，2016.

[76] 中华人民共和国国家质量监督检验检疫总局，中国国家标准化管理委员会.建筑幕墙：GB/T 21086—2007[S].北京：中国标准出版社，2008.

[77] 中华人民共和国建设部.玻璃幕墙工程技术规范：JGJ 102—2003[S].北京：中国建筑工业出版社，2003.

[78] 中华人民共和国住房和城乡建设部，中华人民共和国国家质量监督检验检疫总局.建筑防火设计规范（2018 年版）：GB 50016—2014[S].北京：中国计划出版社，2018.

[79] 中华人民共和国住房和城乡建设部，中华人民共和国国家质量监督检验检疫总局.火灾自动报警系统设计规范：GB 50116—2013[S].北京：中国计划出版社，2014.